엘도라도, 혹은 사라진 신의 왕국들

THE LOST REALMS

Copyright ⓒ 2007 by Zecharia Sitchin
All rights reserved.

No part of this book may be reproduced or transmitted in any form
or by any means without the prior written permission of the author.
Korean translation copyright ⓒ 2010 by eMorning Book Pub.

이 책의 한국어판 저작권은 저작권자와의 독점계약으로
도서출판 이른아침에 있습니다. 신저작권법에 의해 한국 내에서
보호를 받는 저작물이므로 무단전재와 복제를 금합니다.

시친의 지구연대기 IV THE EARTH CHRONICLES

엘도라도, 혹은
사라진 신의 왕국들

제카리아 시친 지음 | 이재황 옮김

AK

유럽의 역사에서 신대륙 발견은 황금에 대한 집요한 탐색, 엘도라도(El Dorado)*로 각인 지워진다. 그러나 신대륙 정복자들 가운데, 자기네가 다만 아주 먼 옛날에 지구상의 그 새로운 땅에서 누군가가 했었던 탐색을 되풀이하고 있을 뿐이라는 사실을 알아차린 이는 거의 없었다!

이 새로 발견된 부(富)로 인해 촉발된 탐욕과 약탈, 그리고 마구잡이의 파괴에 관한 기록들과 소문들 속에 파묻혀버렸지만, 그 시대의 역사를 들춰보면 유럽인들이 구대륙 문명과 너무나도 흡사한 문명에 맞닥뜨려 얼마나 당황했었는지를 전해주는 증거도 있다. 그 문명은 왕국과 궁정, 도시와 신성 구역, 미술과 시, 우뚝 솟은 신전들, 사제들, 그리고 십자가 상징과 '만물의 창조자'에 대한 믿음 등을 지녔다. 끝으로 가장 중요한 것으로, 돌아오겠다는 약속을 남기고 떠났던 수염 난 백인 신들에 관한 전설도 있었다.

신대륙 정복자들을 곤혹케 했던 마야(Maya)·아스테카(Aztēcah, 아즈텍)·잉카(Inca) 및 그 조상들의 신비와 수수께끼는 500년이 지난 지금도 학자들과 일반인들 모두를 당혹스럽게 하고 있다.

그러한 거대 문명들이 신대륙에서 어떻게, 언제, 왜 일어났을까? 그리고 그들에 대해 더 많이 알수록 그들이 더욱더 고대 근동 문명들을 본떠 만든 것처럼 보이는 것은 단순한 우연의 일치일까?

그 해답은 아눈나키(Anunnaki), 곧 '천상에서 지구로 온 자들'이 지구상에 존재했음을 신화가 아니라 사실로서 받아들여야만 찾을 수 있다는 것이 우리의 주장이다.

이 책은 그 증거를 제시한다.

---

*'엘도라도'는 에스파냐어로 '황금'이라는 뜻. 신대륙 발견을 전후해 유럽인들은 남아메리카 아마존(Amazon) 강변에 황금의 나라가 있다고 믿고 이를 찾기 위해 열을 올렸다. (옮긴이)

| 저자 서문 |

아메리카에 흔적을 남긴, 하늘에서 내려온 신들

'지구 연대기' 시리즈의 네 번째 책 『엘도라도, 혹은 사라진 신의 왕국들』은 신대륙에 유럽인들이 들어오기 이전의 문명 유적지들을 여행하는 사람들이 꼭 읽어야 할 책이 됐다. 이 책이 그 주요 고고학 유적지들을 자세히 묘사하고 있어서만이 아니라, '구대륙'과의 연결 및 지구로 내려와 이곳을 차지한 신들과 인간들의 이야기라는 맥락에서 묘사하고 있기 때문이다.

이 시리즈의 다른 책들과 마찬가지로, 이 책에 담겨 있는 주장들과 믿을 수 없는 결론들은 책이 처음 출판된 이후의 발견들과 과학적 진보들에 의해 입증되고 강화됐다. 선사 시대에 관해서는, 초기의 아메리카 정착자들이 빙하기 동안에 북쪽에서 육로로 도착한 것이 아니라 배를 타고 태평양을 건너 남쪽으로 왔음이 확인됐다. 그러나 기성 학계에서는 이를 전혀 받아들이지 않고 있다. 위 사실은 이 책에서 메소아메리카와 남아메리카 민족들의 전승과 '신화'들에 근거해 파악한 것이다. 이런 새로운 과학적 발견은 학자들이 상상 속의 신화라고 일축했던 인류의 선사 설화들 속에 사실은 실제 일어났던 사건들과 고대의 지식들에 대한 기억이 들어 있다는 저자의 오랜 믿음을 확인해 주었다.

역사 시대에 관해서는, 새로운 발견들이 수천 년 전부터 있었던 신대륙과 구대륙 사이의 연관 관계들과 신대륙에 문명을 가져온 것으로 생각되는 신들의 정체에 관한 이 책의 결론들을 입증해 주었다. 그 신들은 남아메리카에서 위라코차(Wiragucha, 비라코차)로 나오는 수메르/히타이트 신 아다드(Adad)/타르훈(Tarhun, 테슙Teshub)과, 메소아메리카의 '켓살코와틀(Quetzalcohuātl)'인 수메르/이집트 신 닌기쉬지다(Ningishzida)/토트(Thoth)다.

아프리카계 올메카(Olmeca, 올멕)인들의 수수께끼에 관해서는 두 개의 단절됐으면서도 연관된 사건들이 우리 결론의 타당성을 입증한다. 나는 그들이 서기전 3113년에 토트와 함께 메소아메리카에 도착했다고 썼다.

이는 우주비행사 고든 쿠퍼(Gordon Cooper)가 임무 차 멕시코로 갔다가 동료들과 함께 올메카 유적을 발견한 일을 묘사한 『기적 만들기 Leap of faith』(2000)라는 책에서 확인됐다. 관변 고고학자들은 "이 유적들의 연대가 서기전 3000년으로 확인됐다고 했다"고 그는 적었다. 그는 나와 함께한 라디오 인터뷰에 출연해 올메카의 연대가 서기전 3000년이라고 재확인했다.

(근동 민족임이 분명한) 수염 난 존재들의 수수께끼는 남아 있다. 그러나 그들이 마야 시대에 있었음을 입증하는 흔적들은 무척 많다. 아마도 지중해 땅에 아틀란티스 설화들을 가지고 돌아온 것은 그들이었을 것이다. 그렇다면 아틀란티스(Atlantis) 설화는 인류의 기억에 관한 또 하나의 자취라고 할 수 있을 것이다. 이 책 역시 마찬가지다.

2006년 10월, 뉴욕에서
제카리아 시친

| 차례 |

저자 서문 | 아메리카에 흔적을 남긴, 하늘에서 내려온 신들 6

1 엘도라도 11

2 사라진 카인의 왕국? 41

3 '뱀의 신들'의 왕국 81

4 밀림 속의 천문학자들 115

5 바다를 건너온 이방인들 149

6 금지팡이 왕국 187

7 태양이 머물러 선 날 223

8 천상의 길들 261

9 사라진 도시, 찾아낸 도시 293

10 '신대륙의 바알벡' 339

11 금덩이가 나는 땅 375

12 황금 눈물의 신들 417

역자 후기 454
참고 문헌 456

1

엘도라도

엘도라도

　톨레도(Toledo)는 지금 마드리드(Madrid)에서 남쪽으로 차를 타고 가면 한 시간 거리에 있는 한적한 지방 도시다. 그러나 에스파냐를 찾는 사람들은 꼭 이곳을 찾는다. 그 성벽 안에는 다양한 문화와 역사의 교훈이 담긴 유물들이 보존돼 있기 때문이다.
　지역 전승에 따르면 이 도시의 기원은 서기전 2000년까지 거슬러 올라간다고 한다. 구약에 나오는 노아(Noah)의 후손들이 건설했다는 것이다. 많은 사람들은 그 도시 이름이 '일족의 역사'를 뜻하는 히브리어 '톨레도트(Toledoth)'에서 왔다고 믿고 있다. 도시의 오래된 집들과 웅장한 신전들은 에스파냐의 기독교화 과정을 생생하게 증언하고 있다. 모로(Moro, 무어)인들과 그들이 세운 이슬람 왕국의 성쇠, 그리고 빛나는 유대 전통의 절멸을 말이다.
　톨레도에게나 에스파냐에게, 그리고 다른 모든 나라에게도 1492년은 전환기적인 해였다. 그해에 세 가지의 역사적인 일이 겹쳐 일어났기 때문이다. 그 세 가지 사건은 모두 에스파냐에서 일어났다. 에스파냐는

지리학상 '이베리아(Iberia)'로 알려진 땅인데, 그 이름에 대한 설명은 오직 '히브리(Hebrew)'를 뜻하는 이브리(Ibri)에서 찾을 수밖에 없고, 이를 통해 그 초기 정착민들을 짐작할 수 있다. 이베리아의 대부분을 이슬람교도들에게 빼앗긴 채 갈라져서 대립하고 있던 반도의 여러 왕국들은 1469년 아라곤(Aragon)의 페르난도 2세(Fernando Ⅱ, 1452~1516)와 카스티야(Castilla)의 이사벨 1세(Isabel Ⅰ, 1451~1504)가 결혼하면서 처음으로 대체적인 통합을 이루었다. 통합된 지 10년이 채 되지 않아서 그들은 모로인들을 몰아내고 에스파냐 전역에 가톨릭의 깃발을 꽂기 위한 군사 행동에 착수했다. 1492년 1월에 그라나다(Granada)가 함락되면서 모로인들은 결정적으로 패퇴했고, 에스파냐는 기독교도들의 땅이 됐다. 같은 해 3월에 왕과 여왕은, 그해 7월 31일까지 기독교로 개종하지 않는 모든 유대인들을 추방한다는 포고에 서명했다. 그리고 같은 해 8월 3일에는, 에스파냐인들에게는 크리스토발 콜론(Cristóbal Colón)으로 불렸던 크리스토포루스 콜룸부스(Christophorus Columbus, 콜럼버스, 1451~1506)가 에스파냐 깃발을 달고 인도로 가는 서쪽 항로를 찾아 떠났다.

콜룸부스는 1492년 10월 12일 육지를 발견했다. 그는 1493년 1월 에스파냐로 돌아왔는데, 자신이 성공을 거두었다는 징표로 '인디언' 넷을 데리고 왔다. 자신의 지휘 아래 두 번째이자 더욱 큰 규모의 원정이 필요하다는 주장을 정당화시키기 위해, 그 근거로 그는 원주민들에게서 입수한 금 장신구 더미와 황금의 도시에 관한 이야기를 가져왔다. 그 도시에서는 사람들이 팔과 다리에 황금 팔찌와 발찌를 두르고, 목과 귀·코를 금으로 장식하며, 이 금은 모두 그 도시 부근에 있는 전설적인 광산에서 난다는 것이었다.

이렇게 새로운 땅에서 에스파냐로 가져온 첫 번째 금에 대해, 너무나도 독실한 나머지 '가톨릭'으로 불렸던 이사벨 여왕은 정교한 보관함을 만들어 그것들을 톨레도 대성당에 기증하도록 명령했다. 톨레도 대성당은 전통적으로 에스파냐 가톨릭 지도자가 자리 잡고 있던 곳이었다. 지금도 그렇지만 대성당 방문객들은 그 보관실로 안내돼 묵직한 격자창으로 보호된 방 안에 수백 년 전 교회에 기증된 진기한 보물들이 가득 차 있는 모습을 보게 된다. 비록 만질 수는 없지만, 콜룸부스가 가져온 바로 그 첫 번째 금을 볼 수 있는 것이다.

이제는 이 항해가 인도로 가는 새로운 길을 찾는 것 외에 다른 목적도 갖고 있었음이 인정되고 있다. 분명한 여러 증거들은 콜룸부스가 개종 압력을 받고 있던 유대인이었음을 시사한다. 역시 개종한 그의 재정 후원자들은 이 사업을 통해 보다 자유로운 땅으로 가는 탈출로를 발견할 수 있었다. 페르난도와 이사벨은 에덴(Eden)동산의 강과 영원한 젊음을 발견한다는 희망을 가지고 있었다. 그리고 콜룸부스 자신은 혼자만의 야망을 품고 있었다. 그는 일기 속에서 그 일부만을 드러내고 있다. 그는 자신이, "지구의 끝에서" 새로운 땅을 발견함으로써 시작될 새 시대에 관한 고대 예언의 이행자라고 생각했다.

그러나 콜룸부스는 충분히 현실적이었다. 첫 번째 항해에서 가져온 모든 정보들 가운데 금에 대한 이야기가 주목의 대상임을 인식했던 것이다. 그는 "금이 나는" 비밀스런 장소를 "하느님께서 자신에게 보여주실 것"이라고 주장함으로써 페르난도와 이사벨을 설득했다. 이로써 더욱 큰 규모의 선단으로 이루어지는 두 번째 항해와, 그에 이어지는 세 번째 항해에 대한 지원을 약속받았다. 그러나 이번에는 군주들이 여러 관리들과 부하들을 딸려 보냈다. 상상력은 부족하고 행동만 앞서는 그들이 지휘자인 콜룸부스의 운영과 결정을 감독하고 간섭했다. 갈등은 불가피했고, 결국 콜럼부스는 쇠사슬에 묶여 에스파냐로 송환되고 말았다. 그가 부하들을 혹사했다는 것이 그 이유였다. 왕과 여왕은 바로 그를 풀어주고 금전적인 보상도 해주었지만, 콜럼부스가 선단을 이끄는 데는 유능했지만 행정가로서는 무능했다는 평가를 인정했다. 그리고 그것은 분명히 그가 인디언들을 몰아세워 '황금의 도시'의 진짜 위치가 어딘지 알아낼 수 없을 것이라는 판단이었다.

콜럼부스는 이 모든 것에 대해 더 많은 고대의 예언들과 구약 구절들을 들먹이며 반박했다. 그는 이 모든 자료들을 『예언집』이라는 한 책으로 모아 왕과 여왕에게 바쳤다. 그들에게 에스파냐가 예루살렘(Jerusalem)을 통치하도록 돼 있다는 것과, 콜럼부스 자신은 금이 나는 곳을 처음 발견함으로써 그것을 이루도록 선택된 자임을 확신케 하려는 의도였다.

경전을 믿었던 페르난도와 이사벨은 콜럼부스에게 한 번 더 항해를 하도록 허락했다. 특히 지금 오리노코(Orinoco) 강으로 불리는, 그가 발견한 강의 하구가 에덴동산의 네 강 가운데 하나라는 그의 주장에 이끌린 것이었다. 구약에는 그 강들 가운데 하나가 "금이 나는" 하빌라(Havila, 하윌라) 땅을 돌아 흐른다고 나와 있다. 이 마지막 항해에서는 이전의 세 번보다 더 심한 난관과 비탄에 봉착했다.

콜럼부스는 나은 듯했던 관절염이 도져 절름거리며 1504년 11월 7일 에스파냐로 돌아왔다. 그 달이 채 지나기도 전에 이사벨 여왕이 죽었다. 그리고 페르난도 왕은 여전히 콜럼부스에 대해 애착을 가지고는 있었지만, 콜럼부스가 준비한 마지막 메모를 다른 사람들로 하여금 실행케 하기로 결정했다. 거기에는 새로운 땅에 주요 금 매장지가 있다는 근거가 수집돼 있었다.

"에스파뇰라(Española)는 위대하신 폐하께 필요한 모든 금을 제공해 줄 것입니다."

콜럼부스는 그를 후원하고 있는 통치자들에게, 지금 아이티(Ayiti)와 도미니카(Dominica)공화국*으로 나뉘어 있는 이 섬에 관해 이렇게 설득했다. 에스파냐 식민자들은 거기서 현지 인디언들을 일꾼 노예로 부려 실제로 믿기지 않는 양의 금을 캐내는 데 성공했다. 채 20년이 되지 않는 기간 동안 에스파냐 국고에는 에스파뇰라로부터 50만 두캇(ducat)**에 상당하는 금이 쏟아져 들어왔다.

나중에 드러나듯이 에스파냐가 에스파뇰라 섬에서 경험했던 일은 이 광대한 대륙에서 계속 반복된다. 그 20년이 안 되는 기간 동안 원주민들이 죽어버리고 도망자가 속출하는 데다 금맥까지 비어버리자 에스파냐인들의 도취감은 실망과 낙담으로 바뀌었고, 그들은 부를 찾아 또 다른 미지의 해안에 상륙하기 위해 더욱 대담한 일을 벌였다. 초기에 눈독을 들였던 곳 가운데 하나가 유카탄(Yucatán) 반도였다. 1511년 그곳에 처음 도착한 에스파냐인들은 난파선 생존자들이었다. 그러나 1517년에는 프란시스코 에르난데스 데 코르도바(Francisco Hernández de Córdoba, ?~1517)가 이끄는 세 척의 호송 함대가 임무를 띠고 쿠바에서 유카탄으로 항해했다. 일꾼 노예를 조달하기 위한 것이었다. 놀랍게도 그들은 거기서 석조 건물과 신전, 여신상 등을 발견했다. 에스파냐인들이 거기서 "얼마만큼의 금도 발견해 가지고 간 것"은 현지 주민들에게는 불운이었다. 에스파냐인들은 원주민들이 자신들을 '마야'라고 부르는 것으

---

*카리브(Caribe) 해 북쪽에 위치한 이 나라는 카리브 해 동쪽에 있는 도미니카연방과는 별개의 나라다. (옮긴이)
**제1차 세계대전 이전 유럽에서 통용되던 금화. 98.6퍼센트 순도의 금 3.4909그램으로 만들어졌다. (옮긴이)

로 알아들었다.

　에스파냐인들의 유카탄 반도 도착과 정복에 관한 기록은 주로 탁발 수도사 디에고 데 란다(Diego de Landa Calderón, 1524~1579)가 1566년에 펴낸 『유카탄 풍물기(風物記) Relación de las cosas de Yucatán』*라는 제목의 보고서에 근거하고 있다. 디에고 데 란다는 에르난데스와 그의 부하들이 이 원정에서 거대한 계단식 피라미드와 동물 모형 및 조각상들, 그리고 대규모의 내륙 도시 하나를 발견했다고 적었다. 그러나 그들이 붙잡으려 했던 인디언들은 매우 용감하게 싸워, 배에서 대포를 쏘는데도 굴하지 않았다. 에르난데스 자신이 심하게 부상을 당하는 등 중상자들이 생겨 그들은 부득이 퇴각할 수밖에 없었다. 그러나 에르난데스는 쿠바로 돌아가서는 "그 땅에 금이 있어 살기 좋고 부유하다"며 다시 원정할 것을 주장했다.

　1년 뒤 또 하나의 원정대가 쿠바를 떠나 유카탄으로 향했다. 그들은 코수멜(Cozumel) 섬에 상륙했고, 누에바에스파냐(Nueva España), 곧 파누코(Pánuco)와 타바스코(Tabasco)를 발견했다(새로 발견된 곳들은 이렇게 이름 붙여졌다). 에스파냐인들은 무기뿐만 아니라 여러 가지 교환할 물건들을 가지고 갔는데, 이번에는 적대적인 인디언들만이 아니라 호의적인 인디언들도 만났다. 그들은 더 많은 석조 건축물들과 유물들을 발견했고, 날카로운 흑요석을 끝에 붙인 화살촉과 창을 만져보았으며, 솜씨 있게 만들어진 물건들을 살펴보았다. 이들 대부분은 일반적인 돌이나 준(準)보석으로 만들어졌다. 어떤 것들은 금처럼 빛났는데, 자세히 살펴보니 사실은 구리로 만든 것이었다. 기대했던 것과는 달리 금으로 만든

---

*영역본으로 윌리엄 게이츠(William Gates)의 『Yucatan, Before and After the Conquest』가 있다.

물건은 매우 적었다. 그리고 그 땅에는 금이나 다른 어떤 광물의 광산이나 매장지도 전혀 없었다.

그렇다면 거기 있는 만큼의 금은 어디서 왔을까? 마야인들은 그것을, 교역을 통해 얻었다고 말했다. 그 금들은 북서쪽에서 왔는데, 그곳 아스테카 땅에 금이 매우 많다는 것이었다.

멕시코 산악지대 중앙부에 있는 아스테카 왕국의 발견과 정복은 역사적으로 에르난 코르테스(Hernán Cortés de Monroy y Pizarro, 1485~1547)의 이름과 연결돼 있다. 그는 1519년에 열한 척으로 이루어진 실제 함대를 이끌고 쿠바를 출발해 항해에 나섰다. 600명의 부하와 비장(秘藏)했던 귀한 말들을 태운 채였다. 그는 배를 정박시키고, 상륙하고, 재승선하기를 반복하며 천천히 유카탄 반도 해안을 더듬어 나아갔다. 마야의 영향권에서 벗어나 아스테카의 지배권이 미치기 시작하는 곳에 그는 전진기지를 세우고 그곳을 베라크루스(Veracruz)라 불렀다(그곳은 지금도 그 이름으로 불리고 있다).

에스파냐인들이 깜짝 놀란 것은 바로 그곳에서였다. 아스테카 통치자의 사절이 환영을 표시하며 진귀한 선물 보따리를 들고 나타난 것이다. 목격자인 베르날 디아스 델 카스티요(Bernal Díaz del Castillo, 1492?~1581)의 『누에바에스파냐 정복 실기(實記) Historia verdadera de la conquista de la Nueva España』*에 따르면 그 선물 보따리에는 이런 것들이 포함돼 있었다.

태양처럼 생긴 바퀴였다. 수레바퀴만 한 크기였는데, 거기에는 여러 가

---

*모즐리(A. P. Maudslay)의 영역본이 있다.

지 그림이 그려져 있었다. 전체가 순금이었고, 바라보면 황홀하기 그지없었다. 나중에 그것들을 달아본 사람들에 따르면 그 가치는 1만 달러를 넘었다.

그리고 또 하나의 더욱 큰 바퀴는 "매우 반짝거리는 은으로, 달을 본떠 만든 것"이었다. 금가루로 테를 두른 투구도 있었으며, 진귀한 켓살(Quetzal)* 새 깃털로 만든 머리장식도 있었다. 그 유물 가운데 하나가 지금도 오스트리아 빈(Wien)의 민족학박물관에 보관돼 있다.

사절들은 이것이 자신들의 통치자 목테수마 2세(Moctezuma Ⅱ, 1466~1520)**가 켓살코와틀 신에게 바치는 선물이라고 설명했다. 켓살코와틀은 아스테카의 '깃털 달린 뱀' 신으로 위대한 시혜자였는데, 오래 전 '전쟁의 신'에 의해 아스테카 땅을 떠나게 됐다고 한다. 그 신은 수하들을 거느리고 유카탄으로 간 뒤 동쪽을 향해 항해에 나섰는데, '한 바퀴' 도는 해 자신의 생일에 돌아오겠다는 약속을 남겼다. 아스테카 책력으로 해[年]의 주기는 52년으로 마무리되는데, 따라서 돌아오기로 약속한 '한 바퀴' 도는 해는 52년에 한 번씩 있게 된다. 서력기원으로 이는 1363년·1415년·1467년·1519년이었는데, 코르테스가 아스테카 왕국 관문의 동쪽 바다에서 모습을 나타낸 때가 바로 1519년이었다. 코르테스는 켓살코와틀처럼 수염이 나고 투구를 썼기 때문에(일부에서는 그 신이 흰 피부를 가졌다고도 생각했다) 예언과 들어맞는 것처럼 보였던 것이다.

---

*멕시코 남부와 과테말라·코스타리카 등지의 고지 열대림에 분포하는 새. 수컷의 경우 녹색·갈색·노란색 등 화려한 색깔의 조합으로 이루어져 있다. 과테말라에서는 국조(國鳥)로 정해져 있고 그 이름이 화폐 단위로도 쓰이고 있다. (옮긴이)
**몬테수마(Montezuma) 또는 모테쿠소마 소코욧신(Motecuhzoma Xocoyotzin)으로도 불린다. (옮긴이)

【그림 1】 돌판 위에 새겨진 달력

아스테카 통치자가 바친 선물은 되는 대로 고른 것이 아니었다. 오히려 그 선물들은 고도의 상징성을 지닌 것들이었다. 많은 금가루는 금이 신들에게 소유권이 있는 신의 금속이었기 때문에 바쳐졌다. 달을 상징하는 은 원반은, 일부 전승에서 켓살코와틀이 천상으로 돌아가서 달을 거처로 삼았다고 믿었기 때문에 들어간 것이었다. 깃털로 만든 머리장식과 화려하게 장식된 옷은 돌아온 신이 입을 것이었다. 그리고 황금 원반은 52년 주기를 묘사하고 귀환의 해를 표시한 신의 달력이었다. 우리는 그 원반이 그러한 달력이었음을, 비록 순금이 아니라 돌로 만들어지긴 했지만 그와 비슷한 것이 그 뒤에 발견됐기에 알 수 있다. 【그림 1】

에스파냐인들이 그러한 상징을 알아차렸는지의 여부에 대해서는 기록이 없다. 만약 그것을 알아차렸다면 이를 존중하지 않은 것이다. 그들에게 이 물건들이 의미하는 바는 단 한 가지였다. 그것은 아스테카 왕국에서 그들을 기다리고 있는 엄청난 부의 증거였다. 이 귀중한 물건들은 코르테스가 에스파냐로 보낸 첫 번째 보물선에 실려 멕시코를 출발한 뒤 1519년 12월 9일 세비야(Sevilla)에 도착했다. 페르난도의 손자인 에스파냐 왕 카를로스 1세(Carlos I, 1500~1558)는 신성로마제국 카를 5세(Karl V) 황제로서 다른 유럽 땅들도 다스리고 있었는데, 이때 플랑드르(Flandre)에 있었기 때문에 배는 브뤼셀(Brussel)로 보내졌다. 이 황금 보물 가운데는 상징적인 선물들 외에도 금으로 만든 오리·개·호랑이·사자·원숭이 상(像)들과 금으로 만든 활과 화살 등도 들어 있었다. 그러나 그들 가운데 압권은 지름 2미터에 두께가 실제 주화 네 개의 두께에 해당하는 '태양 원반'이었다. 위대한 화가이자 예술가인 알브레히트 뒤러(Albrecht Dürer, 1471~1528)는 '새로운 황금의 땅'에서 도착한 보물을 보고 이렇게 썼다.

이 물건들은 모두 몹시 진귀한 것들이어서 가격이 10만 굴덴(gulden)*에 달하는 것으로 평가됐다. 그러나 나는 내 평생 이 물건들처럼 내 마음을 즐겁게 하는 것들은 본 적이 없다. 그 가운데는 놀라운 예술품들이 들어 있고, 나는 이 먼 땅 사람들의 천재적인 솜씨에 경탄을 금할 수 없었기 때문이다. 나는 정말로 내 앞에 있는 것들에 대해 할 말을 잃었다.

---

*네덜란드와 독일의 옛 금화. 영어로 길더(guilder)라고도 한다. (옮긴이)

그러나 "이 물건들"이 얼마나 대단한 예술적·종교적·문화적·역사적 가치를 지니고 있든, 왕에게 그것은 순전히 금을 의미할 뿐이었다. 그가 대내적인 폭동과 대외적인 전쟁을 치를 자금원이 되는 금이었다. 카를로스는 곧바로 이것들과 앞으로 도착할 귀금속 제품들을 도착 즉시 녹여 금괴와 은괴로 개주(改鑄)하라고 명령했다.

멕시코에서는 코르테스와 그 부하들이 같은 태도를 취했다. 에스파냐인들은 천천히 전진했다. 거치적거리는 것은 모두 우세한 무기의 힘이나 외교술·속임수로 헤쳐나가면서 1519년 11월에 아스테카의 도읍 테노치티틀란(Tenōchtitlan)에 도착했다. 그곳은 오늘날의 멕시코 시다. 호수 가운데 위치했던 이 도시는 한정된 둑길을 통해서만 들어갈 수 있었고, 따라서 방어가 매우 용이했다. 그러나 여전히 '돌아오는 신'에 대한 예언에 외경심을 지니고 있던 목테수마와 모든 귀족들은 코르테스 일행을 맞이하기 위해 나왔다. 목테수마만 신발을 신었을 뿐, 나머지는 모두 맨발이었다. 흰 피부의 신에 대해 자신들을 낮추기 위해서였다. 목테수마는 에스파냐인들을 자신의 화려한 왕궁으로 맞아들였다. 어디를 가나 금이었고, 심지어 식탁용품들까지도 금으로 만들어진 것이었다. 그리고 에스파냐인들은 금 공예품이 가득 찬 창고도 구경했다. 에스파냐인들은 계략을 써서 목테수마를 잡아 자기네 막사에 가두고는 그를 풀어주는 몸값을 금으로 치르도록 요구했다. 그러자 귀족들은 몸값을 모으기 위해 왕국 전역에 심부름꾼들을 보냈다. 넘겨진 금 제품들이 배 하나를 가득 채워 에스파냐로 보내졌다. 그러나 그 배는 프랑스인들에게 빼앗겼고, 그 바람에 전쟁이 일어났다.

코르테스는 잔꾀를 부려 금을 얻어내고 아스테카인들 사이에 분란을 조장해 그들을 약화시킨 뒤 목테수마를 풀어주어 허수아비 통치자로 권좌를 유지토록 할 계획이었다. 그러나 그의 부사령관이 인내심을 발휘하지 못하고 아스테카 귀족들과 지도자들에 대한 대학살을 지시하고 말았다. 그 이후의 혼란 속에서 목테수마가 살해되고 에스파냐인들은 전면전을 치르게 됐다. 코르테스는 많은 손실을 입고 도시에서 퇴각했다. 그는 쿠바로부터 병력을 대폭 증강 받고 지루한 전투를 벌인 끝에 1521년 8월에 이르러서야 그 도시에 재입성할 수 있었다. 그때가 돼서야 에스파냐의 지배력이 궤멸된 아스테카에 돌이킬 수 없게 지워졌고, 그들은 60만 페소에 달하는 금을 강요해 약탈한 뒤 녹여서 금괴로 만들었다.

정복된 곳이기는 하지만 멕시코는 정말로 '새로운 황금의 땅'이었다. 그러나 수백 년, 어쩌면 수천 년 동안에 걸쳐 만들어지고 축적돼 온 금 공예품들이 실려 나가고 나자, 멕시코는 구약의 하빌라 땅이 아니고 테노치티틀란은 전설에 나오는 '황금의 도시'가 아니었음이 분명해졌다. 그리고 투기꾼들이나 왕들 모두 금에 대한 추구를 포기할 태세가 아니었기 때문에 관심은 곧바로 신대륙의 다른 부분으로 옮겨갔다.

그 무렵 에스파냐인들은 아메리카의 태평양 연안에 파나마(Panama) 기지를 건설하고 그곳으로부터 중앙아메리카와 남아메리카로 원정대들과 염탐꾼들을 보내고 있었다. 그들은 이를 통해 솔깃한 엘도라도 전설을 주워들었다. 엘도라도는 '황금 인간'을 뜻하는 '엘 옴브레 도라도(el hombre dorado)'의 간략형이었다. 그는 어느 왕국의 왕이었는데, 그 나라에는 금이 하도 많아서 매일 아침 금가루를 뿌린 진액이나 기름을 머리부터 발끝까지 바른다는 것이었다. 저녁에는 연못에 몸을 담그고 금과 기름을 씻어냈다. 이튿날 그 습관을 반복하기 위해서였다. 그는 호수 한가운데에 있는 황금의 섬에 위치한 도시에서 통치한다고 했다.

『인도 영웅의 엘레지 Elejias de Varones Ilustres de Indias』라는 제목의 기록에 따르면 엘도라도에 관한 구체적인 첫 보고는 파나마에 있던 프란시스코 피사로(Francisco Pizarro González, 1471?~1541) 휘하의 한 선장이 그에게 다음과 같은 내용으로 전했다고 한다. 콜롬비아의 한 인디언이 들었다는 얘기다.

에메랄드와 금이 풍부한 나라입니다. 그들이 하는 일들 가운데는 이런 것도 있다고 합니다. 그들의 왕이 옷을 벗은 채 뗏목을 타고 호수 한가운데로 가서 신들에게 제물을 바칩니다. 그의 당당한 몸에는 향유가 뿌려지고 발바닥에서 머리끝까지 금가루로 한 꺼풀 덮어 씌워 그를 햇빛이 비치는 것처럼 눈부시게 만듭니다.

이 의식을 보기 위해 순례자들이 잔뜩 몰려들고 "금붙이들과 희귀한 에메랄드, 그리고 자신들의 다른 여러 가지 장신구 등을 풍성하게 봉헌한다"고 했다. 그것들을 신성한 호수에 던지는 것이다.

그 신성한 호수가 콜롬비아 북부 어딘가에 있다고 하는 또 다른 설은 그 황금을 바른 왕이 "엄청난 양의 금과 에메랄드"를 호수 가운데로 가지고 간다고 전한다. 거기서 왕은, 호수 주변에 서서 소리치며 악기들을 연주하고 있는 군중을 대표해서 보물을 호수에 던져 넣는다. 자기네 신에 대한 봉헌이다. 또 다른 설은 그 황금 도시 이름이 마노아(Manoa)라 하고, 그 도시는 비루(Biru) 땅에 있다고 한다. 곧, 에스파냐어로 페루(Perú)다.

엘도라도라는 말은 삽시간에 신대륙에 있던 유럽인들 사이에 퍼져 나갔고, 곧 유럽 본토에까지 알려졌다. 입으로 전해지던 말은 곧 글로

【그림 2】 황금 나라 왕이 온몸에 금을 바르는 의식을 묘사한 그림

옮겨졌다. 아직 아무도 본 적이 없는 그 땅과 그 호수와 그 도시와 그 왕에 대해 묘사한 팸플릿들과 책들이 유럽에서 나돌기 시작했다. 심지어 그 왕이 매일 아침 금을 바르는 실제 의식까지도 그려냈다. 【그림 2】

캘리포니아(California)로 간 코르테스나 베네수엘라로 간 다른 사람들처럼 독자적으로 방향을 잡고 탐색에 나선 사람들도 있었지만, 프란시스코 피사로와 그 휘하 장교들은 전적으로 인디언들의 보고에 의존했다. 일부는 실제로 콜롬비아로 가서 과타비타(Guatavita) 호수의 물속을 뒤졌다. 그런 수색은 400년에 걸쳐 단속적으로 계속돼 금붙이 봉헌물들을 찾아냈고, 후대의 보물 사냥꾼들로 하여금 호수의 물을 다 퍼내기만 하면 그 바닥에서 많은 금을 찾아낼 수 있으리라는 확신을 품게 했다.

피사로를 포함한 다른 사람들은 페루가 바로 그곳이라고 생각했다. 두 팀의 원정대가 파나마 기지를 출발해 남아메리카의 태평양 연안을 탐사하면서 상당한 양의 금을 찾아냈다. 페루를 본격적으로 뒤지면 성

과가 있으리라고 확신할 만한 양이었다. 피사로는 이 일을 하기 위한 왕의 허가와 (아직 정복되지 않은 지역의) 총사령관 겸 총독이라는 직함을 얻어낸 뒤 200명의 부하를 이끌고 페루를 향해 출항했다. 이해가 1530년이었다.

그는 어떻게 그런 소규모 병력으로 자기네 군주 '잉카'에 지극히 충성스런 수천의 전사들이 지키는 거대한 나라를 정복할 수 있다고 생각했을까? 그 전사들은 잉카가 신의 화신이라고 생각했는데 말이다. 피사로의 계획은 코르테스가 써먹어 성공을 거둔 전략을 되풀이하는 것이었다. 통치자를 유인해 사로잡고 몸값으로 금을 받은 뒤, 그를 풀어주어 에스파냐의 꼭두각시로 만든다는 작전이었다.

에스파냐인들이 상륙했을 때 잉카인들(그들은 그렇게 불리게 된다)이 내전을 벌이고 있었다는 사실은 뜻밖의 행운이었다. 잉카 군주가 죽자 그 '부실(副室)'에게서 난 맏아들이 정실에게서 난 아들의 승계가 옳지 않다며 반란을 일으켰음을 그들은 알게 됐다. 아타왈파(Atawallpa, 1497~1533)라는 이름의 이 도전자는 에스파냐인들의 진격 소식이 전해지자 에스파냐인들을 내륙으로 들어오게 하고(그럼으로써 그들의 배에서 멀어져 증원군이 올 수 없도록 한 것이다) 그사이에 자신은 수도 코스코(Qusqu, 쿠스코) 점령을 마무리 지었다. 안데스(Andes)의 대도시에 도착한 에스파냐인들은 그에게 사절을 보내 선물과 평화적인 대화 제의를 전하도록 했다. 그들은 양측 지도자가 선의의 표시로 무기를 버리고 군사들의 호위도 없이 도시 광장에서 만날 것을 제안했다. 아타왈파는 이를 받아들였다. 그러나 아타왈파가 광장에 도착하자 에스파냐인들은 그의 호위대를 공격하고 잉카를 사로잡았다.

잉카를 풀어주는 대가로 그들은 몸값을 요구했다. 커다란 방에 사람이 천정으로 손을 뻗쳐 닿을 만한 높이만큼 금을 채우라는 것이었다. 아타왈파는 그 말을 금붙이로 방을 채우라는 말로 알아듣고 그러마고 했다. 그의 명령에 따라 금으로 만든 집기들이 신전들과 궁궐들에서 실려 왔다. 다양한 모양과 크기의 술잔·주전자·쟁반·병 들이었다. 동물과 식물의 모습을 본뜬 것 등 장식품들과 공공건물 벽에 붙였던 황금 판자들도 있었다. 몇 주에 걸쳐 보물들이 실려와 방을 채웠다. 그러자 에스파냐인들은 협상 조건이 방을 순금으로 채우라는 것이었지 공간을 차지하는 금붙이로 채우라는 것이 아니었다고 주장했다. 그리고 한 달 넘게 잉카 금장들은 모든 공예품들을 녹여 금괴로 만드는 일에 매달렸다.

역사는 반복되는 습성이 있다는 듯이,· 아타왈파의 운명은 목테수마를 덮쳤던 것과 완전히 똑같았다. 피사로는 그를 풀어주어 꼭두각시 왕으로 권좌에 올리려 했다. 그러나 열성적인 부관들과 교회 대표들은 약식 재판에서 아타왈파에게 사형을 선고했다. 우상을 숭배하고 왕위 경쟁자였던 그의 이복동생을 죽였다는 죄목이었다.

잉카 군주에게서 받은 몸값은 당시의 한 기록에 따르면 132만 6,539 페소데오로(peso de oro)*, 곧 약 20만 온스(ounce) 상당이었다. 이 재물은 왕의 몫으로 5분의 1을 떼어놓은 뒤 재빨리 피사로와 그 부하들이 나누어 가졌다. 그러나 각자가 분배받은 것만으로도 그들이 한껏 꿈꾸었던 수준을 훨씬 넘어섰고, 여태껏 실현된 어떤 것과도 비교할 수 없는 성공이었다.

정복자들은 수도 코스코에 입성한 뒤 신전들과 궁궐들이 말 그대로 금으로 뒤덮이고 가득 차 있는 것을 발견했다. 왕궁에는 금으로 된 집

---

* '금의 무게'라는 뜻으로, 금의 무게를 재는 단위다. (옮긴이)

기가 가득 찬 방이 세 개 있었고, 은 제품은 방 다섯 개를 차지했다. 또 5파운드짜리 금괴 10만 개가 쌓여 있었다. 공예품을 만들기 위해 준비해 놓은 귀금속들이었다. 황금 발판을 갖춘 황금 보좌는 깔개로 전환해 그 위에 왕이 누울 수 있도록 한 것이었는데, 무게가 2만 5,000페소(약 4,000 온스)였다. 그것은 심지어 지지용 기둥에까지도 금이 입혀졌다. 곳곳에 조상들을 기리기 위한 사당과 묘실이 있었는데, 새와 물고기와 작은 동물들의 형상 및 소상(小像), 귀 보호대, 흉갑(胸甲) 등으로 가득 차 있었다. 에스파냐인들이 '태양의 신전'이라고 이름 붙인 대신전에는 벽들이 두꺼운 황금 판자로 덮여 있었다. 그 정원은 나무와 떨기, 꽃과 새, 분수대 등 모든 것이 금으로 만들어진 인공 정원이었다. 뜰에는 줄기가 모두 은으로 만들어지고 이삭은 금으로 만들어진 옥수수밭이 있었다. 그 밭은 가로 100미터, 세로 200미터에 이르는 황금 옥수수밭이었다!

페루에서 에스파냐 정복자들은 처음에 짧은 시간 동안 손쉬운 승리를 거두었지만 곧 잉카 반란자들과 힘겨운 싸움을 벌여야 했고, 그때 얻은 부는 인플레이션이라는 천벌을 받아야 했다. 아스테카인들의 경우와 마찬가지로 잉카인들에게도 금은 신들의 선물 또는 신들의 재산이었지 교환 수단이 아니었다. 그들은 금을 상품이나 화폐로 쓴 적이 없었다. 에스파냐인들에게 금은 자기네가 원하는 것은 무엇이든지 얻을 수 있는 수단이었다. 그러나 금은 많았지만 본국산 사치품이나 심지어 생활필수품조차도 모자랐기 때문에 에스파냐인들은 곧 포도주 한 병에 60페소, 외투 한 벌에 100페소, 말 한 마리에 1만 페소를 지불해야 했다.

한편 유럽 본토에서는 금·은과 보석들이 쏟아져 들어오면서 금 열풍을 일으켰고 엘도라도에 대한 투기를 더욱 부채질했다. 얼마나 많은 보물들이 쏟아져 들어오든 간에, 엘도라도는 아직 발견되지 않았고 끈기와 행운, 인디언들이 풀어놓는 실마리와 난해한 지도에 대한 올바른 독법을 갖추기만 하면 누군가가 그것을 발견할 수 있으리라는 확신은 여전했다. 독일 탐험가들은 그 황금의 도시가 베네수엘라나 어쩌면 콜롬비아의 오리노코 강 상류에서 발견될 수 있다고 확신했다. 다른 사람들은 뒤져야 할 강이 또 다른 강이라고 결론지었고, 심지어 브라질의 아마존 강이라고도 했다. 그러나 본인의 배경으로 보나 그를 후원하는 왕으로 보나 이들 가운데 가장 낭만적인 경우는 아마도 월터 롤리(Walter Raleigh, 1552~1618)였을 것이다. 그는 전설의 마노아를 찾고 엘리자베스 1세(Elizabeth Ⅰ, 1533~1603) 여왕의 왕국에 황금의 영광을 더하기 위해 1595년 플리머스(Plymouth)를 떠나 항해에 나섰다.

그가 상상한 마노아는 이런 곳이었다.

장엄한 엘도라도, 황금으로 뒤덮인 곳!
아무리 변화에 놀라고
어떤 급변이 일어나더라도
그에 대한 환상에
인간은 간절한 소망으로 매달린다.
그 소망은 사라지지 않는다.

그는 그 이전이나 이후의 다른 사람들과 마찬가지로 여전히 엘도라도를, 그 왕과 그 도시와 그 땅을 아직 이루어지지 않은 꿈, "사라지지 않는 간절한 소망"으로 보았다. 그런 점에서 엘도라도를 찾아 나선 모든 사람들은, 파라오들 이전으로부터 시작해 우리의 결혼반지와 국보로까지 이어지는 사슬의 한 고리였다.

그러나 그 몽상가들, 그 모험가들이 바로 열심히 금을 찾는 과정에서 아메리카에 있는 미지의 사람들과 문명들을 유럽인들에게 보여준 사람들이었다. 그리고 이를 통해 그들은 잊힌 시대에 존재했던 연결을 무의식중에 회복시킨 것이다.

왜 엘도라도에 대한 탐사가, 약탈이 심하지 않았던 곳은 차치하고라도 멕시코와 페루에서 믿기지 않을 만큼의 금·은 보물들을 발견한 이후에도 그토록 오랫동안 강도 높게 이루어졌을까? 이 지속적이고 강도 높은 탐사는 주로 그 모든 부의 원천이 아직 발견되지 않았다는 확신에 기인한 것이었다.

에스파냐인들은 원주민들에게 축적된 보물들의 원천에 대해 강도 높게 추궁했고, 모든 실마리를 지칠 줄 모르고 추적했다. 그들은 곧 카리브 제도(諸島)와 유카탄 반도가 주요 매장지가 전혀 아님을 알아차렸다. 마야인들은 실제로 자신들이 금을 대부분 남쪽과 서쪽의 이웃들과 교역해서 얻었다고 했으며, 그들의 금세공 기술들은 이전 정착민들로부터 배웠다고 설명했다. 그 이전 정착민이란 학자들이 지금 톨테카(Tolteca, 톨텍)인이라는 이름으로 부르는 사람들이다. 에스파냐인들은 그렇다면 그들은 어디서 금을 얻었느냐고 물었다. 마야인들은 그들이 신들로부터 얻었다고 대답했다. 현지어로 금은 '테오키틀라틀(teocuitlatl)'이라 부르는데, 문자 그대로 '신들의 배설물'이라는 뜻이다. 그들의 땀이고 그들의 눈물이다.

아스테카의 수도에서 에스파냐인들은 금이 정말로 신들의 금속으로 여겨지고 있음을 알게 됐다. 그것을 훔치는 것은 중대 범죄였다. 아스테카인들 역시 금세공 기술의 전수자로 톨테카인들을 지목했다. 그렇다면 톨테카인들은 어디서 배웠을까? 위대한 신 켓살코와틀로부터라고 아스테카인들은 대답했다. 코르테스는 에스파냐 왕에게 보내는 보고에서 자신이 아스테카 왕 목테수마에게 금의 원천에 대해 집중적으로 추궁했다고 적었다. 목테수마는 금이 자기 왕국의 세 지역에서 난다고 털어놓았다. 하나는 태평양 연안에 있고, 다른 하나는 멕시코 만 연안에 있으며, 또 다른 하나는 남서 내륙의 광산이 있는 곳이라고 했다. 코르테스는 지목된 세 곳에 부하들을 보내 조사하도록 했다. 세 곳 모두에서 그들은 인디언들이 실제로 강바닥에서 금을 얻거나 비로 씻겨나간 지표에서 금덩이를 캐냈음을 알 수 있었다. 광산이 있는 지역에서는 과거에만 채굴한 듯했다. 에스파냐인들이 만난 인디언들은 전혀 광산에서 일하지 않고 있었다. 코르테스는 보고서에서 이렇게 썼다.

가동되고 있는 광산은 전혀 없었습니다. 금덩이들은 지표에서 발견됐습니다. 주요 매장지는 강바닥의 모래였습니다. 금은 작은 대롱이나 봉지 속에 가루 형태로 보관됐고, 아니면 작은 단지에 넣어져 녹여진 뒤 막대 모양의 금괴로 주조되었습니다.

금들이 준비되면 수도로 보내졌고, 금의 영원한 소유자인 신들에게로 되돌려졌다.

아스테카인들은 지표와 강바닥에서 금덩이와 사금을 골라내는 사금 채취만 했을 뿐 산허리에 갱도와 굴을 파는 실제 채굴은 하지 않았다는 게 코르테스의 결론이다. 대부분의 채광 및 야금 전문가들이 여기에 동의하고 있지만 문제가 해결된 것은 전혀 아니다. 에스파냐인 정복자들과 이후 수백 년 동안의 채광 기술자들은 끊임없이 멕시코의 여러 지역에서 발견된 선사 시대의 금광에 대해 이야기하고 있다. 서력기원 수백 년 전으로까지 거슬러 올라가는 톨테카인들 같은 초기 멕시코 정착민들이 후대의(따라서 더욱 진보했다고 생각되는) 아스테카인들보다 더 수준 높은 채광 기술을 가졌으리라고는 생각할 수 없기 때문에, 연구자들은 '선사 시대 광산'이라고 주장되는 것들은 에스파냐인 정복자들이 팠다가 폐기한 옛 갱도라고 일축해 왔다. 20세기 초에 당대의 관점을 표명한 알렉산더 델마(Alexander Del Mar, 1836~1926)는 『귀금속의 역사 A History of the Precious Metals from the Earliest Times to the Present』(1885)에서 이렇게 쓰고 있다.

선사 시대 채광에 관해서 말하자면 아스테카인들에게는 철에 대한 지식이 없었음을 전제로 해야 한다. 따라서 지하에서의 채광은 (…) 실제로 전혀 가능한 얘기가 아니다. 현대의 탐광자(探鑛者)들이 멕시코에서, 그들이 보기에 선사 시대 채광 현장인 듯한 옛 갱도들과 채굴 작업 유물들을 발견한 것은 사실이다.

그러한 보고가 공식 출판되기에 이르렀지만 델마는 이런 현장들이 "고대의 채굴장들에 화산 폭발이 일어났거나 용암이나 타르 퇴적물이 복합된 것이며 용암과 타르 등은 아주 오랜 옛날의 것으로 생각된다"고 했다. 그는 "이런 추론을 장담하기는 어렵다"고 결론지었다.

그러나 이는 아스테카인들이 스스로 했던 얘기와는 다르다. 그들은 선주자들인 톨테카인들이 기술뿐만 아니라 금이 숨겨져 있는 곳에 대한 지식과 바위산에서 그것을 캐낼 수 있는 능력도 전해주었다고 말했다. 「왕립 아카데미의 마드리드 코덱스 Codice Matritense de la Real Academia」

(8권)*로 알려진 아스테카인들의 필사 원고는 톨테카인들을 이렇게 묘사하고 있다.

톨테카인들은 솜씨가 좋은 사람들이었다. 그들의 작품은 모두 훌륭했고, 모두 꼼꼼했으며, 잘 만들어져 찬탄을 자아냈다. (…) 화가와 조각가, 보석 세공사, 깃털 예술가, 도예가, 방적공, 직조공 등 모두가 솜씨 좋게 물건들을 만들어냈다. 그들은 푸른 보석인 터키옥(玉)을 발견했다. 그들은 터키옥과 그 광산을 알았다. 그들은 그 광산을 발견했고, 은과 금, 구리와 주석, 그리고 달의 금속이 묻혀 있는 산을 발견했다.

톨테카인들은 서력기원이 시작되기 수백 년 전에 멕시코 중앙 고원으로 왔다는 데 대부분의 역사가들이 동의하고 있다. 그때는 아스테카족이 그 장소에 나타나기 최소 1,000년 전, 어쩌면 1,500년 전이다. 그들이 채광을, 금과 다른 금속들, 그리고 터키옥 같은 보석들을 실제로 캐내는 방법을 어떻게 알 수 있었을까? 그들 이후에 나타난 아스테카인들은 지표에서 금덩이를 캐내는 것밖에 할 수 없었는데 말이다. 그리고 톨테카인들에게 채광의 비밀을 가르쳐준 이는 누구였을까?
우리가 봤듯이 그 해답은 바로 '깃털 달린 뱀' 켓살코와틀 신이었다.

한편에 귀중한 금이 잔뜩 쌓여 있는데도 아스테카인들에게 그것을 얻어낼 능력은 부족했다는 이 수수께끼는 잉카 땅에서도 마찬가지였다. 멕시코에서와 마찬가지로 페루에서도 원주민들은 산에서 강바닥으로

---

*미겔 레온 포르티야(Miguel León-Portilla)가 『Aztec Thought & Culture: A Study of the Ancient Nahuatl Mind』에 영역해 실었다.

쓸려 내려온 사금과 금덩이를 채취했다. 그러나 이런 방법을 통한 연례적인 생산만으로는 잉카인들의 수중에 들어 있는 엄청난 양의 금을 도저히 설명할 수 없다. 그 저장된 양의 방대함은 신대륙의 부가 에스파냐로 들어오는 공식 관문인 세비야에 보관된 에스파냐 측 기록을 보면 분명해진다. 아직도 뒤져볼 수 있는 「인도 관계 문서」에는 1521년부터 1525년까지 5년 동안 들어온 것이 13만 4,000페소데오로라고 기록돼 있다. 그 다음 5년에는(멕시코에서 약탈한 것이다!) 그 양이 103만 8,000페소였다. 페루에서 실려온 것이 멕시코에서 보낸 것에 더해지기 시작한 1531년에서 1535년 사이에는 그 양이 165만 페소로 늘었다. 페루가 최대의 공급원이 된 1536년에서 1540년 사이에는 금 유입이 393만 7,000페소에 달했다. 그리고 1550년대의 10년 동안에는 유입된 금이 거의 1,100만 페소에 달했다.

그 당시의 주요 역사가 중 한 사람인 페드로 시에사 데 레온(Pedro Cieza de León, 1520~1554)의 『페루 연대기 *Crónicas del Perú*』는 에스파냐가 잉카 제국을 정복한 이후 그곳에서 해마다 1만 5,000아로바(arroba)*의 금과 5만 아로바의 은을 "뽑아갔다"고 전했다. 이는 해마다 금 600만 온스와 은 2,000만 온스에 해당하는 양이다! 시에사 데 레온은 이런 어마어마한 양을 몇 년 동안이나 "뽑아갔는지" 언급하지 않았지만, 그가 제시한 숫자는 에스파냐인들이 잉카 땅에서 강탈해 갈 수 있었던 귀금속의 양을 짐작할 수 있게 해준다.

역사 기록들은 에스파냐인들이 처음에 잉카 군주에게서 엄청난 몸값을 받고 코스코의 부를 약탈했으며, 해안의 파차카막(Pachacamac)에 있

---

*에스파냐와 포르투갈에서 쓰던 무게 단위로, 에스파냐의 경우 25파운드(11.5킬로그램)를 나타냈다. (옮긴이)

는 성스러운 신전을 헤집어놓은 뒤 여러 지역에서 똑같이 엄청난 양의 금을 "뽑아내는" 데 전문가가 됐다고 말한다. 잉카 제국 전역에 있는 각 지역의 궁궐들과 신전들은 금으로 화려하게 장식돼 있었다. 또 다른 원천은 금붙이가 들어 있는 매장지였다. 에스파냐인들은 잉카의 습속에 귀족과 지배자가 죽으면 그 무덤에 미라로 만든 그 시신과 함께 고인이 생전에 소유했던 모든 귀중품들을 넣고 묻는다는 것을 알아차렸다. 에스파냐인들은 또한 인디언들이 은닉처를 만들어 금붙이들을 보관했을 것이라 생각했고 그것은 사실이었다. 일부는 동굴 속에 감추었고, 일부는 파묻었으며, 호수 속에 던져 넣기도 했다. 그리고 '와카(huaca)'라는 것도 있었다. 숭배나 신과 관련된 용도로 마련된 곳으로, 거기에 금을 쌓아놓아 그 진짜 주인인 신들이 마음대로 쓸 수 있도록 한 것이었다.

보물을 발견했다는 소문들은 인디언들에게 은닉 장소를 대라고 고문을 해서 얻어낸 것만큼은 아니지만 정복 이후 50년 동안의 기록에 자주 끼어들었고, 심지어 17세기와 18세기 기록에까지 들어갔다. 이렇게 해서 곤살로 피사로(Gonzalo Pizarro y Alonso, 1510?~1548)는 한 세기 전에 통치한 잉카 군주의 숨겨진 보물들을 찾아냈다. 가르시아 구티에레스 데 톨레도(Garcia Gutiérrez de Toledo)라는 사람은 신성한 보물들이 숨겨져 있는 여러 개의 흙무더기들을 발견해 거기서 1566년에서 1592년 사이에 100만 페소 어치 이상의 금을 뽑아냈다. 1602년에 에스코바르 코르추엘로(Escobar Corchuelo)는 라토스카(La Tosca) 와카에서 6만 페소 상당의 물건을 확보했다. 그리고 모체(Moche) 강의 물길을 돌린 뒤 60만 페소 상당의 보물들을 발견했다. 그 가운데는 "거대한 황금 인형"도 있었다고 역사 기록들은 전한다.

지금보다 훨씬 더 사건들에 가까웠던 시기인 150년 전에 기록을 남긴 리베로(M. A. Ribero)와 요한 야코프 폰 추디(Johann Jakob von Tschudi, 1818~1889)라는 두 탐험가는 『페루의 고대 유물 The Peruvian Antiquities』에서 그 상황을 이렇게 묘사했다.

> 16세기 후반의 25년이라는 짧은 기간 동안에 에스파냐인들은 4억 두캇 이상의 금과 은을 페루에서 모국으로 실어갔고, 그 물량의 90퍼센트는 정복자들의 단순한 노획물이었음을 확신할 수 있을 것이다. 이 계산에는 원주민들이 외국 침략자들의 탐욕을 피해 숨겨놓은 방대한 양의 귀금속은 들어가지 않았다. 잉카인 와이나카팍(Wayna Qhapaq)이 자신의 맏아들 와스카르(Inti Cusi Wallapa Waskhar)의 탄생을 기념해서 만들라고 명령했던 유명한 황금 사슬* 역시 마찬가지다. 그것은 우르코스(Urcos) 호수에 던져졌다고 한다. 또한 불행했던 아타왈파가 자신의 생명과 자유를 사기 위해 금으로 만든 병에 사금을 담아 1만 1,000마리의 야마(llama, 라마)에 실었던 것, 그리고 그 신하들이 자신들의 숭앙하는 군주가 믿을 수 없는 새로운 처분을 받았다는 소식을 듣자마자 푸나(Puna)에 묻었던 것도 들어가지 않았다.

이러한 어마어마한 양이 축적된 재물의 약탈에 따른 것이지 계속적인 생산으로 인한 것이 아니었다는 사실은 역사 기록뿐만 아니라 그 수량에 의해서도 확인된다. 수십 년이 지나 드러나거나 숨겨진 보물들을 모두 가져온 뒤 세비야의 금 유입은 한 해 6,000~7,000파운드 수준으로 줄었다. 그때부터 에스파냐인들은 원주민들을 잡아다가 자기네 철제

---

*그 사슬은 남자 손목 굵기에 200여 미터의 길이였다고 한다.

연장들을 쥐여주고 광산에서 금을 파내게 하기 시작했다. 노역은 매우 고통스러웠다. 이에 따라 16세기 말이 되자 그 땅에 사람의 씨가 말랐고, 에스파냐 법원은 원주민 노동력 착취에 대해 제한을 가했다. 포토시(Potosi)의 경우와 같은 거대한 은 광맥도 발견돼 가동에 들어갔다. 그러나 얻어진 금의 양은 에스파냐인들의 도착 이전에 축적된 방대한 보물들과 부합하지도 않았고, 그것을 설명할 수도 없었다.

이 수수께끼에 대한 해답을 탐구한 리베로와 폰 추디는 이렇게 썼다.

금은 페루인들이 가장 소중히 여기는 금속이지만 그들은 다른 나라 사람들에 비해 훨씬 많은 양을 소유하고 있다. 잉카 시대의 그 풍부함을 400년의 기간 동안에 에스파냐인들이 광산과 강바닥에서 뽑아갈 수 있었던 양과 비교하면, 인디언들은 그 정복자들이나 후손들이 결코 찾아낼 수 없었던 광맥에 대한 지식을 가졌었음이 분명해진다.

그들은 또한 이렇게 예측했다.

페루가, 지금 캘리포니아에 주어진 것보다 더 놀라운 재물을 숨기고 있는 장막을 그 품에서 걷어낼 날이 올 것이다.

그리고 19세기 말의 골드러시로 유럽이 새로운 금 열풍에 휩싸였을 때 많은 광업 전문가들은 지구상 모든 금의 궁극적 원천인 '주(主)광맥'이 페루에서 발견될 것이라고 믿게 됐다.

멕시코에서와 마찬가지로 안데스 땅에 대해 일반적으로 받아들여진 생각은, 델마의 말을 빌자면 이런 것이었다.

페루에서 에스파냐의 정복 이전에 얻어진 귀금속은 강바닥의 자갈들 사이에서 얻어낸 금이 거의 전부였다. 원주민들이 판 갱도는 전혀 발견되지 않았다. 금과 은이 있는 산허리의 노두(露頭)를 판 것이 몇 개 있을 뿐이었다.

그것은 안데스의 잉카(그리고 멕시코의 아스테카)에 관한 한 사실이다. 그러나 안데스 땅이나 멕시코에서의 선사 시대 채광 문제는 결말이 나지 않았다. 광맥이 있는 바위에서 금속을 캐내는 일 말이다.

축적된 재물들에 대한 그럴싸한 설명으로는 잉카보다 훨씬 이전에 누군가가 (잉카인들이 발견하거나 알지조차 못했던) 광맥 속에 들어 있는 금을 캐냈을 가능성이 남는다. 사실 이 문제에 관한 현대의 가장 뛰어난 연구 가운데 하나인 로스럽(S. K. Lothrop)의 『에스파냐 역사가들이 묘사한 잉카의 보물 Inca Treasure As Depicted by Spanish Historians』은 이렇게 말한다.

현대의 광산들은 예전에 가동되던 곳에 위치한다. 옛날의 갱도와 함께 태곳적 연장들, 심지어 파묻힌 광부의 시신들까지도 자주 보고되고 있다.

아메리카 원주민들의 금 축적은 그것을 어떻게 모았느냐의 문제와 상관없이 또 하나의, 그리고 매우 근본적인 문제를 제기한다. 그것을 왜 모았을까?

역사 기록자들과 현대 학자들은 수백 년의 연구 끝에 이 사람들이 금을 실제로 사용하지 않았다는 데 의견을 모으고 있다. 예외가 있다면 신들을 위한 신전과 그 신들의 이름으로 사람들을 통치하던 자들을 장식하는 것뿐이었다. 아스테카인들은 자신들의 금을 에스파냐인들의 발아래에 말 그대로 쏟아부었다. 그들이 돌아온 신이라고 생각했기 때문이다. 처음에 역시 에스파냐인들의 도착을 자기네 신이 귀환 약속을 실현한 것이라고 생각했던 잉카인들은 그 이후 에스파냐인들이 왜 그렇게 멀리서 왔고 '사람'에게 전혀 소용이 없는 물건 때문에 왜 그토록 이상하게 행동하는지 이해할 수 없었다. 모든 학자들은 잉카인들과 아스테카인들이 금을 통화 용도로 쓰지 않았고 거기에 상업적 가치를 부여하지 않았다는 데 의견을 같이하고 있다. 그러나 그들은 자기네 부용국(附庸國)들로부터 금을 공물로 받았다. 왜 그랬을까?

페루 해안의 치무(Chimú)에 있는 잉카 이전 문화 유적지에서 광산 기술자였던 19세기의 위대한 탐험가 알렉산데르 폰 훔볼트(Friedrich Wilhelm Heinrich Alexander Freiherr von Humboldt, 1769~1859)가 무덤에 시신들과 함께 묻혀 있는 다량의 금을 발견했다. 금을 발견한 그는 실제적인 용도가 없다고 생각되는 금을 왜 시신과 함께 묻었을까 하는 의문을 품었다. 어떻든 그것이 사후 세계에서 필요하다고 믿었던 것일까, 아니면 자기네 조상들에게 합류하기 위해 조상들이 했던 방식대로 금을 사용해야 한다고 생각한 것일까?

누가 그러한 관습과 믿음을 들여왔고, 그 시기는 언제였을까?

누가 금을 그렇게 가치 있는 것으로 만들고 매장지를 찾아다니도록 했을까?

에스파냐인들이 들었던 유일한 답변은 "신들"이라는 것이었다.

금은 신들의 눈물로 만들어진 것이라고 잉카인들은 말했다.

그리고 그렇게 신들을 지목함으로써 그들은 무의식중에 구약의 하느님이 하가이(Haggai, 하깨/학개)를 통해 한 말을 되풀이했다.

"은도 내 것이고
금도 내 것이다."
그렇게 만물의 주인께서 말씀하셨다.

_「하가이」 2:8

   신들과 인간들, 그리고 아메리카 고대 문명들의 수수께끼와 불가사의와 비밀을 푸는 열쇠를 쥐고 있는 것이 바로 이 말이라고 우리는 생각한다.

2 사라진 카인의 왕국?

사라진 카인의 왕국?

　에스파냐인들이 도착했을 때 아스테카의 도읍 테노치티틀란은 인상적인 도회지였다. 에스파냐인들이 남긴 기록들을 보면 그곳은 당시 유럽의 여러 도시들보다 크지는 않았지만 제법 큰 도시였으며, 잘 구획되고 관리된 곳이었다. 테노치티틀란은 고원의 중앙 계곡에 있는 테스코코(Texcoco) 호의 한 섬에 있었는데, 물로 둘러싸이고 운하가 가로지르는 신대륙의 베네치아(Venezia)였다. 이 도시와 본토를 연결한 넓고 긴 둑길들은 에스파냐인들에게 깊은 인상을 심어주었다. 운하를 휘젓고 돌아다니는 수많은 쪽배들과 사람들이 붐비는 거리, 왕국 전역에서 온 장사치들과 상품들로 가득 찬 시장도 마찬가지였다. 왕궁에는 수많은 방들이 있었고, 재물이 가득 찼으며, 주위는 새 우리와 동물원이 있는 정원으로 둘러싸여 있었다. 활기가 넘치는 대광장은 축제와 열병(閱兵)을 위한 장소였다.

　그러나 도시와 제국의 심장부는 웅대한 종교 센터였다. 네모꼴로 10만 제곱미터에 이르는, 뱀이 몸을 비트는 모습으로 만들어진 벽이 둘러

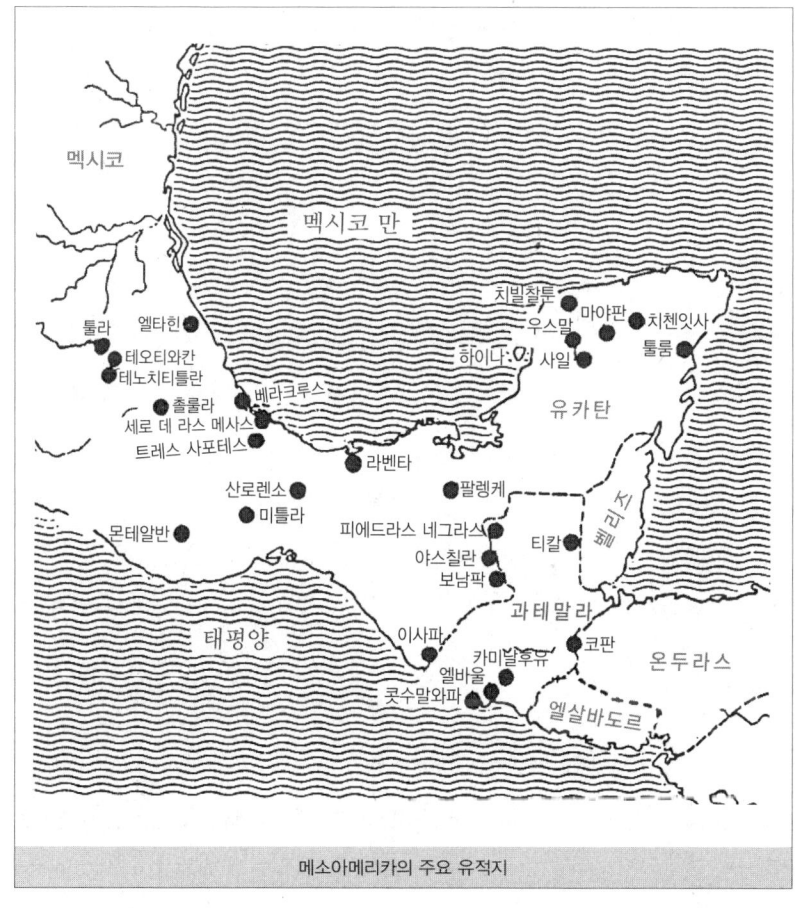

메소아메리카의 주요 유적지

쳐진 곳이었다. 이 신성 구역 안에는 많은 건물들이 있었다. 건물들 가운데 가장 눈에 띄는 것은 두 개의 탑이 있는 대신전과 둥근 부분이 있는 켓살코와틀 신전이었다. 지금 멕시코 시의 대광장과 성당이 고대 신성 구역의 일부를 차지하며, 나머지 부분은 인접한 여러 거리들과 건물들로 변해 있다. 1978년에 이루어진 우연한 발굴 이후 대신전의 주요 부분을 들어가 볼 수 있게 됐고, 지난 10년 동안 많은 것을 알아내 이 구역을 전성기에 있었던 그대로 축척 모형으로 만들 수 있게 됐다.

대신전은 계단식 피라미드 형태였는데, 단계적으로 50미터 높이까지 솟아 있었다. 바닥은 대략 가로-세로 각각 45미터의 크기였다. 그것은 몇 단계의 건축을 통해 완성되었다. 러시아 인형*과 마찬가지로 바깥 구조물이 좀 더 작은 이전 것을 둘러싸고 건설되며 그것은 다시 더 먼저 것을 둘러싼 형태다. 모두 해서 일곱 개의 구조물이 서로를 둘러쌌다. 고고학자들은 켜를 벗겨내 기원후 1400년 무렵에 세워진 신전 II에 이를 수 있었다. 그것은 마지막 것과 마찬가지로 이미 분명한 쌍둥이 탑을 그 꼭대기에 얹고 있었다.

두 개의 탑은 기묘한 이중 숭배의 표현이었다. 북쪽 탑은 폭풍과 지진의 신 틀랄록(Tlaloc)【그림 3a】에게 바쳐진 사당이었다. 남쪽 탑은 아스테카의 부족신인 전쟁의 신 윗실로포치틀리(Uitzilopochtli)에게 바쳐졌다. 그는 언제나 '불의 뱀'이라 불리는 마법의 무기를 들고 있는 것으로 묘사된다.【그림 3b】그 무기로 그는 작은 신 400명을 물리쳤다.

두 개의 큰 계단이 피라미드의 서쪽에 있는 그 꼭대기로 이어진다. 각각의 탑(사당)에 하나씩이다. 각각은 바닥 부분에 돌로 조각된 두 개의 사나운 뱀 머리로 장식돼 있다. 하나는 윗실로포치틀리의 '불의 뱀'이고, 다른 하나는 틀랄록을 상징하는 '물의 뱀'이다. 피라미드 바닥에서 발굴자들은 거대하고 두꺼운 돌 원반을 발견했는데, 그 꼭대기에는 코욜샤우키(Coyolxauhqui) 여신의 절단된 신체를 상징하는 것이 새겨져 있었다.【그림 3c】아스테카 전승에 따르면 그녀는 윗실로포치틀리의 누이인데, 자신이 연관된 400 신들의 반란 와중에 스스로 재난을 선택했

---

*큰 인형 안에 점차 작은 인형이 들어가는 구조로 몇 개의 인형을 담은 인형 세트. 마트료슈카(matryoshka) 또는 바부슈카(babushka) 인형이라고도 한다. (옮긴이)

【그림 3a】 폭풍과 지진의 신 틀랄록
【그림 3b】 마법의 무기를 들고 있는 전쟁의 신 윗실로포치틀리
【그림 3c】 신체가 절단된 코욜샤우키 여신

다고 한다. 아스테카인들이 인간 희생자의 심장을 잘라 윗실로포치틀리에게 바쳐야 그를 달랠 수 있다고 믿은 이유 가운데 하나가 바로 그녀의 이런 운명이었던 듯하다.

쌍둥이 탑 모티프는 꼭대기에 탑이 있는 두 개의 피라미드를 세움으로써 신성 구역 안에서 더욱 강화됐다. 대신전 양옆에 세운 것이었다. 그리고 약간 뒤쪽, 서쪽으로 두 개가 더 세워졌다. 마지막 두 개는 켓살코와틀 신전 옆에 있었다. 켓살코와틀 신전은 좀 특이한 모양이었다.

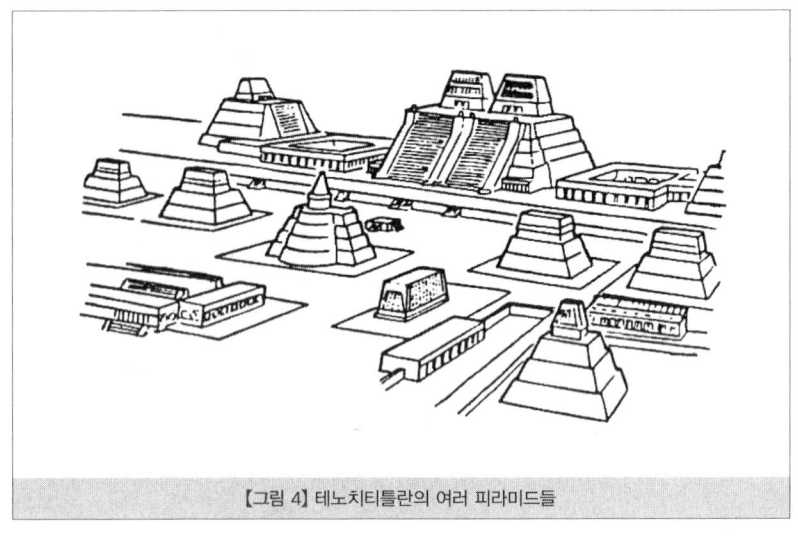

【그림 4】테노치티틀란의 여러 피라미드들

앞쪽은 정상적인 계단식 피라미드였지만 뒤쪽은 둥그런 모양의 계단 구조여서, 나선형으로 올라가 둥그런 탑이 되어 있었고 원뿔 모양의 돔이 얹혀 있었다. 【그림 4】 많은 사람들은 이 신전이 태양 관측소 역할을 했다고 생각했다. 앤서니 아베니(Anthony Francis Aveni, 1938~)는 1974년 『고대 메소아메리카*의 천문학 Astronomy in Ancient Mesoamerica』에서 춘·추분(3월 21일과 9월 21일)에 태양이 동쪽에서 정확히 적도 위로 떠오를 때 대신전 꼭대기의 두 탑 한가운데에 있는 켓살코와틀 탑에서 일출을 볼 수 있음을 밝혀냈다. 이는 신성 구역 설계자들이, 정확히 기본 방위에 따라 정렬된 것이 아니라 남동쪽으로 7.5도 기울어진 건축의 축선을

---

*고대에 마야·톨테카·아스테카 등의 문명이 번성했던 멕시코 남부에서 남쪽으로 온두라스 또는 니카라과까지에 이르는 지역을 가리킨다. 이는 문명사적인 개념으로, 지리적인 개념인 중앙아메리카(Central America)와는 구별된다. 그러나 중앙아메리카도 대륙 중앙의 멕시코 이남, 파나마 이북과 카리브 해 전역을 가리키는 넓은 의미에서부터 과테말라 이남 코스타리카 이북을 가리키는 좁은 개념까지 여러 의미로 쓰여 혼동되고 있다. (옮긴이)

따라 신전들을 세웠기 때문에 비로소 가능했다. 이것이 적도의 북쪽이라는 테노치티틀란의 지리적 위치를 정확하게 보완해 그 결정적인 날짜에 두 탑 사이에서 떠오르는 태양을 볼 수 있도록 만들었다.

에스파냐인들이 신성 구역의 이 정교한 형태를 인식하지는 못했을지라도, 남긴 기록들은 그들이 문화를 갖춘 사람들과 맞닥뜨렸을 뿐만 아니라 그것이 에스파냐인들 자신의 것과 너무나도 흡사한 문명이었다는 데서 느꼈던 놀라움을 전해준다. 여기, 접근할 수 없었던 바다 건너에, 어느 모로 보나 문명 세계와 격리된 곳에, 유럽에서와 똑같이 왕이 이끄는 나라가 있었다. 귀족들과 관원들이 왕궁을 메우고 있었다. 사절들이 오갔다. 부용 종족들로부터 공물이 들어오고, 충성스런 국민들은 조세를 바쳤다. 왕실 보관소에는 종족의 역사와 왕조들에 대한 기록들과 재물들이 보관돼 있었다. 위계에 의해 통제되는, 훌륭한 무기를 지닌 군대가 있었다. 예술과 기술, 음악과 춤이 있었다. 철 따라 벌어지는 축제들과 종교 관련 기념일들이 있었다. 그것은 유럽에서와 똑같이 국가 종교였다. 그리고 신전과 예배당과 주거지로 이루어진 신성 구역이 담으로 둘러싸여 있었다. 로마(Roma)의 바티칸(Vatican)과 똑같았다. 그곳을 고위 사제들이 운영했는데, 그들은 당시 유럽에서와 마찬가지로 신앙의 수호자이고 신의 의지에 대한 해석자일 뿐만 아니라 과학적 지식의 비밀을 다루는 사람들이기도 했다. 그 가운데 점성학과 천문학, 그리고 책력의 비밀이 가장 중요했다.

『누에바에스파냐 정복 실기』를 쓴 베르날 디아스 델 카스티요 같은 당시의 일부 에스파냐 역사가들은 인도 야만인들이어야 할 사람들에게서 받은 당황스러울 정도로 긍정적인 인상을 누그러뜨리기 위해 목테수마가 "신이 아닌 우상(그러나 악의적으로 '악마'라고 이름 붙인)"을 숭배했다

【그림 5】 십자가가 그려진 방패를 들고 있는 켓살코와틀

고 비난한 것을 코르테스의 탓으로 돌렸다. 그것은 아마도 코르테스가 피라미드 꼭대기에 십자가와 "유럽인들의 성모(聖母)상"이 있는 사당을 짓기 위해 내놓은 것으로 보이는 잘못된 조치였다. 그러나 에스파냐인들에게는 놀라운 일이었지만, 아스테카인들은 십자가 상징조차도 알고 있었고 그것을 천상과 관련된 상징으로 생각했다. 그것은 켓살코와틀의 방패에 문양으로 그려져 있었다. 【그림 5】

더구나 여러 신들이 뒤섞여 혼란스러운 가운데서도 최고신, 곧 '만물의 창조자'에 대한 믿음이 바탕에 깔려 있음을 발견할 수 있었다. 그 신에 대한 기도 가운데 어떤 것은 친숙하게 들리기까지 한다. 본래의 나와틀(Nahuatl)어로부터 에스파냐어로 옮겨진 아스테카인들의 기도문 몇 구절을 보자.

천상에 사시는 이여,

산들을 떠받치고 계신 이여 (…)

당신은 어디에나 계시고, 영원하십니다.

당신께 간구하고 간청합니다.

당신의 영광이 찬란합니다.

이런 여러 가지 당혹스런 유사성이 있지만, 아스테카 문명에는 꺼림칙한 차이가 있었다. 그것은 탁발 수도사들과 신부들이 몰려들어 전쟁을 선포할 구실이 되는 단순한 '우상 숭배'가 아니었다. 심지어 포로의 심장을 잘라내 펄떡이는 그것을 윗실로포치틀리에게 희생으로 바치는 야만적인 습속도 아니었다. 그 습속은 분명히 목테수마 이전 왕이 1486년에야 도입한 우연적인 일이었다. 그보다는 어떤 과정이 진행되다가 중단된 결과로 그렇게 된 듯한, 아니면 외부에서 들여온 고도 문화가 얇은 겉켜처럼 조악한 하부 구조를 덮고 있는 듯한 이 문명 전체가 문제였다.

건물들은 인상적이고 정교하게 배치됐다. 그러나 그것들은 다듬은 돌로 지어지지 않았다. 벽돌 건물로, 자연석을 간단한 모르타르(mortar)로 대충 붙인 것이었다. 교역은 광범위하게 이루어졌다. 그러나 그것은 모두 물물교환이었다. 공물은 현물로 바쳤다. 조세는 각자의 노역으로 충당됐다. 어떤 식이든 화폐에 대한 지식이 전혀 없었다. 직물은 가장 원시적인 베틀로 짰다. 목화는 점토 물레로 자았다. 그 비슷한 것이 구세계에서도 발견됐다. 서기전 제2천년기 트로야(Troia, 트로이) 유적과 서기전 제3천년기 팔레스티나(Palestina) 유적에서다. 연장과 무기 면에서 아스테카인들은 석기 시대에 살았다. 이해할 수 없는 일이었지만 그들

【그림 6a】아스테카의 그림문자

【그림 6b】나르메르 왕 석판의 문자

은 금세공 기술을 지녔는데도 금속으로 만든 연장과 무기는 전혀 쓰지 않았다. 자르는 데는 유리 같은 흑요석 조각을 사용했다. 아스테카 시대에 많이 쓰인 것이 포로의 심장을 잘라내는 데 쓰인 흑요석 칼이었다.

아메리카의 다른 민족들은 문자가 없는 것으로 여겨져 왔기 때문에 아스테카인들은 최소한 그 부분에서는 좀 더 진보한 것으로 생각됐다. 그들은 문자 체계를 가지고 있었던 것이다. 그러나 그 문자는 자모(字母) 형태를 갖추지도, 음성학적이지도 않았다. 그것은 하나의 연속적인 그림으로, 여러 컷 만화 같은 것이었다. 【그림 6a】이에 반해 서기전 3800년 무렵 수메르에서 그림문자 형태로 문자가 만들어진 고대 근동에서는 곧바로 양식화를 통해 쐐기문자로 변화했고, 부호가 음절을 나타내는 표음문자로 발전했다. 그리고 서기전 제2천년기 말에는 완전한 자모문자가 됐다. 이집트에서는 그곳에 왕정이 시작되는 시기인 서기전 3100년 무렵에 그림문자가 나타났고, 곧 신성문자 체계로 진화했다.

아멜리아 헤르츠(Amelia Hertz) 같은 전문가들의 연구는 서기 1500년의 아스테카 그림문자가, 일부에서 그보다 4500년 전인 이집트 제1왕조 왕이라고 보는 나르메르(Narmer) 왕 석판에 쓰여 있는 것과 같은 초기 이집트 문자와 비슷하다고 결론지었다. 【그림 6b】 헤르츠는 아스테카인들의 멕시코와 초기 왕조 이집트 사이에 흥미로운 유사점이 하나 더 있음을 발견했다. 양쪽 모두 구리 야금술은 아직 개발되지 않았는데도 금세공술은 아주 발달해 금 제품에 터키옥을 박아 넣을 수 있었다는 점이다. 터키옥은 두 곳 모두에서 귀하게 여기는 준보석이었다.

멕시코 시의 국립인류학박물관(MNA)은 분명히 이 분야에서 세계적으로 손꼽히는 박물관 가운데 하나다. 여기에는 이 나라의 고고학 유산이 U자형의 건물에 전시되고 있다. 그곳은 서로 연결된 구획들이나 방들로 이루어져 관람객들을 시간적·공간적으로 이동시킨다. 선사 시대의 그 기원으로부터 아스테카 시대까지, 남부와 북부에서 동부와 서부까지 말이다. 그 한가운데 구역이 아스테카 시대에 배정돼 있다. 그것은 멕시코 국가 고고학의 중심이고 자랑이다. '아스테카'라는 이름은 나중에야 이 사람들에게 붙여진 이름이었다. 그들은 스스로를 '메시카(Mexica)'라 불렀다. 그래서 그들이 좋아하는 이름을 수도(아스테카인들의 테노치티틀란이 있었던 곳에 건설된 도시다)에뿐만 아니라 전체 나라 이름으로도 쓰고 있는 것이다.

'메시카실(室)'이라고 부르는 곳을 박물관에서는 이렇게 묘사한다.

가장 중요한 방이다. (…) 그 면적이 넓은 것은 메시카인들의 문화를 상세하게 이해할 수 있도록 하기 위해 설계된 것이다.

무게가 25톤이나 나가는 거대한 돌판 달력도 그곳에 있는 불후의 석조 조각품 가운데 하나다. 【그림 1 참조】 여러 남녀 신들의 거대한 조각상도 있고, 둥그렇게 깎은 크고 두꺼운 석조 원반도 있다. 작은 석상과 토우(土偶), 오지그릇, 무기, 금 장신구와 기타 아스테카 유물들에 신성 구역의 축척 모형까지 이 인상적인 방을 채우고 있다.

한편에 초보적인 점토 및 나무 제품들과 기괴한 조각상들이 있고 다른 한편에 힘찬 석조 조각품과 불후의 신성 구역 모형이 공존하는 이 대비는 놀라울 뿐이다. 이는 아스테카인들이 멕시코에 400년이 채 안 되는 기간 동안 존재했음을 생각하면 불가사의한 일이다. 그러한 두 개의 문화층을 어떻게 설명할 수 있을까? 밝혀진 역사에서 그 해답을 찾아보면 아스테카인들은 보다 발달한 문화를 지닌 종족이 살고 있는 동네에 들어온, 수준 낮은 떠돌이 종족이었던 것으로 나타난다. 그들은 처음에는 대부분 품팔이로서 정착 종족의 시중을 드는 것으로 생계를 삼았다. 그러다가 곧 그들을 꺾고 그들의 문화뿐만 아니라 그들의 기술까지도 도입할 수 있었다. 윗실로포치틀리 신봉자였던 아스테카인들은 이웃 종족의 신들을 받아들였다. 그중에는 비의 신 틀랄록과 자비로운 켓살코와틀도 있었다. 켓살코와틀은 기술과 문자, 수학과 천문학, 시간 측정의 신이었다.

그러나 학자들이 '이주 신화'라 부르는 전승들은 사건들을 다른 방식으로 조명한다. 거기서는 대개 이야기가 훨씬 이른 시기부터 시작된다.

이 정보의 원천은 구전 전승뿐만 아니라 코덱스(codex)*라 불리는 여러 가지 책들도 포함한다. 「보투리니(Boturini) 코덱스」 같은 책들은 아스테카 종족 조상들의 고향이 아스틀란(Azt-lán), 곧 '하얀 곳'이라 불렸다고 전한다. 그곳은 첫 족장 부부인 잇삭미스코아틀(Itzác-mixcóatl), 곧 '흰 구름의 뱀'과 그의 아내 일란케(Ilan-cue), 곧 '늙은 여인'이 살던 곳이었다. 그들이 아들들을 낳아 나와틀어를 쓰는 종족들이 생겨났고, 아스테카인이 그 하나였다. 톨테카인들 역시 잇삭미스코아틀의 후손이었지만 그들은 어머니가 달랐다. 따라서 그들은 아스테카인들과는 이복형제간일 뿐이었다.

아스틀란이 어디에 있었는지는 아무도 확실하게 말할 수 없다. 이 문제를 다룬 연구들이 많은데, 그 가운데는 전설의 아틀란티스가 그곳이었다는 이론도 있다. 그 연구들 중에서 가장 훌륭한 축에 속하는 것이 에두아르트 젤러(Eduard Georg Seler, 1849~1922)의 『아스테카인들의 고향 아스틀란은 어디였나? *Wo lag Aztlan, die Heimat der Azteken?*』다. 그곳은 분명히 숫자 7과 연관된 곳이었다. 종종 '일곱 동굴의 아스틀란'으로 불렸기 때문이다. 그곳은 또한 코덱스들에서 일곱 개의 신전이 특징적인 곳으로 묘사되고 있다. 중앙에 커다란 계단식 피라미드가 있고, 그 둘레에 여섯 개의 작은 사당이 있는 곳이다.

탁발 수도사 베르나르디노 데 사하군(Bernardino de Sahagún, 1499~1590)은 그의 노작 『누에바에스파냐 통사(通史) *Historia general de las cosas de la Nueva España*』에서 에스파냐인들의 정복 직후 토착 나와틀어로 쓰인 원본 문서를 인용해 여러 종족이 아스틀란으로부터 이주한 일을 다루고

---

*예전 서양에서 나무나 얇은 금속의 판을 끈이나 금속으로 묶어 만들던 책을 말한다. (옮긴이)

있다. 이주한 종족은 모두 일곱이었다. 그들은 배를 타고 아스틀란을 떠났다. 이 그림책은 그들이 어떤 표적물을 지녔음을 보여주고 있지만, 그 그림문자는 수수께끼로 남아 있다. 사하군은 중간 기착지 이름을 여럿 들고 있는데, 상륙 지점을 '파노틀란(Panotlan)'이라 불렀다. 그것은 그저 '바다를 통해 도착한 곳'이라는 뜻이었다. 그러나 여러 가지 실마리들을 통해 학자들은 그곳이 현재의 과테말라라고 결론지었다.

도착한 종족들에게는 그들을 안내하고 이끄는 네 명의 '현자(賢者)'가 있었다. 그들은 종교 경전을 가지고 있었고, 책력의 비밀도 알고 있었다. 거기서 종족들은 '구름의 뱀이 있는 곳' 쪽으로 방향을 잡았고, 그러면서 틀림없이 흩어졌던 듯하다. 마침내 아스테카인들과 톨테카인들을 포함한 일부는 테오티와칸(Teotihuácan)이라는 곳에 도착했다. 거기에는 피라미드 두 개가 서 있었는데, 하나는 태양에게 바친 것이었고 다른 하나는 달에게 바친 것이었다.

왕들은 테오티와칸에서 통치했고 거기에 묻혔다. 테오티와칸에 묻히는 것은 사후 세계에서 신들의 대열에 합류하는 것이었기 때문이다. 그들이 얼마나 오래 거기서 머물다가 다음 이주 여행을 떠났는지는 분명치 않다. 그러나 어느 순간 종족들은 그 신성한 도시를 버리기 시작했다. 가장 먼저 떠난 것은 톨테카인들이었다. 그들은 그곳을 떠나 자신들의 도시 톨란(Tollan)을 건설했다. 마지막으로 떠난 것이 아스테카인들이었다. 그들은 여러 곳을 떠돌아다녔으나 안식처를 찾지 못했다. 그들이 마지막으로 이주할 때의 지도자 이름은 메시틀리(Mexitli)로, '신의 임명을 받은 자'라는 뜻이었다. 『멕시코 연대기 개략 *Ojeada sobre cronologia Mexicana*』의 마누엘 오로스코 이 베라(Manuel Orozco y Berra, 1816~1881) 같은 일부 학자들에 따르면 그것이 '메시카'라는 종족 이름의 유래였다고 한다. '신의 선택을 받은 사람들'이라는 뜻이다.

아스테카(메시카)인들의 마지막 이주에 대한 신호는 그들의 신 윗실로포치틀리로부터 왔다. 신은 그들에게 "금·은으로 꾸며진 집과 울긋불긋한 솜, 여러 색깔의 카카오"가 있는 땅을 약속했다. 그들은 물로 둘러싸여 바위 위에서 자라고 있는 선인장 위에 독수리가 올라앉은 모습이 눈에 띌 때까지 지시된 방향으로 계속 가야 했다. 그들은 그곳에 정착해 스스로를 '메시카'라 부르도록 돼 있었다. 그들은 다른 종족들을 지배하기 위해 선택받은 사람들이었던 것이다.

이렇게 해서 아스테카인들은 멕시코 골짜기에 도착했다. 이 전승들에 따르면 그들은 그곳의 두 번째 주인이었다. 그들은 톨란에 도착했다. '중간 지역'으로도 알려진 곳이었다. 그 주민들은 조상의 친척이었지만 아스테카인들을 기꺼이 받아들이지 않았다. 아스테카인들은 200년 가까이 중앙 호수의 늪가에서 살았다. 힘과 지식을 얻고 나서야 그들은 마침내 자신들의 도시 테노치티틀란을 건설할 수 있었다.

그 이름은 '테노치(Tenoch)의 도시'라는 뜻이었다. 어떤 사람들은 그 도시의 실질적인 건설자인 당시의 아스테카 지도자 이름이 테노치여서 그렇게 불렸다고 생각한다. 그러나 당시 아스테카인들이 스스로를 테노차(Tenocha), 곧 테노치의 후손이라 생각했음이 밝혀졌기 때문에 다른 사람들은 테노치가 종족의 한 조상 이름이었다고 생각한다. 아주 머나먼 옛날의 전설상 아버지인 셈이다.

학자들은 지금 일반적으로 메시카 또는 테노차인들이 서기 1140년 무렵에 이 골짜기에 도착했고 테노치티틀란을 건설한 것은 서기 1325년 무렵이라고 생각한다. 그들은 그때서야 영향력을 지니게 됐고, 여러 차례에 걸쳐 어떤 종족들과는 동맹을 맺고 다른 종족들과는 전쟁을 벌인 이후에 건설했다는 것이다. 일부 연구자들은 아스테카인들이 진짜로 제국을 지배했었는지 의문을 품고 있다. 사실을 말하자면 에스파냐인들이 도착했을 때 그들은 중앙 멕시코의 지배 세력이었고, 동맹국들과 복속된 적국들 위에 군림하고 있었다. 복속된 적국들은 바로 희생으로 바치는 포로의 공급원이었다. 에스파냐인들의 정복은 그들이 아스테카의 압제에 맞서 반기를 들고 나섬으로써 쉽게 이루어질 수 있었다.

구약의 히브리인들은 자신들의 혈통을 족장 부부에서 그치는 것이 아니라 인류의 시작으로까지 거슬러 올라가 추적했는데, 아스테카인들과 톨테카인들도 마찬가지였다. 다른 나와틀 종족들도 같은 주제로 만들어진 창조 전승들을 가지고 있었다. 그러나 구약이 창조 과정에서 활약한 여러 신들을 하나의 복수형 존재 엘로힘(Elohim)으로 표현함으로써 상세한 수메르 원전을 압축한 데 반해, 나와틀 설화들은 여러 신적인 존재들이 홀로 또는 함께 행동하는 수메르 및 이집트의 틀을 유지하고 있다.

북쪽의 미국 남서부에서부터 남쪽으로 오늘날의 니카라과(메소아메리카)에 이르기까지 널리 퍼져 있는 종족 신앙들은 맨 처음에 '늙은 신'이 하나 있었다고 생각한다. 그는 천상과 지구에 있는 '만물의 창조자'이며, 그의 거처는 가장 높은 하늘, 곧 열두 번째 하늘이었다. 사하군이 이용한 자료들은 이런 지식의 원천이 톨테카인들이라고 했다.

그리고 톨테카인들은
하늘이 여럿 있는 것을 알았다.
그들은 열두 겹의 구분이 있다고 말했다.

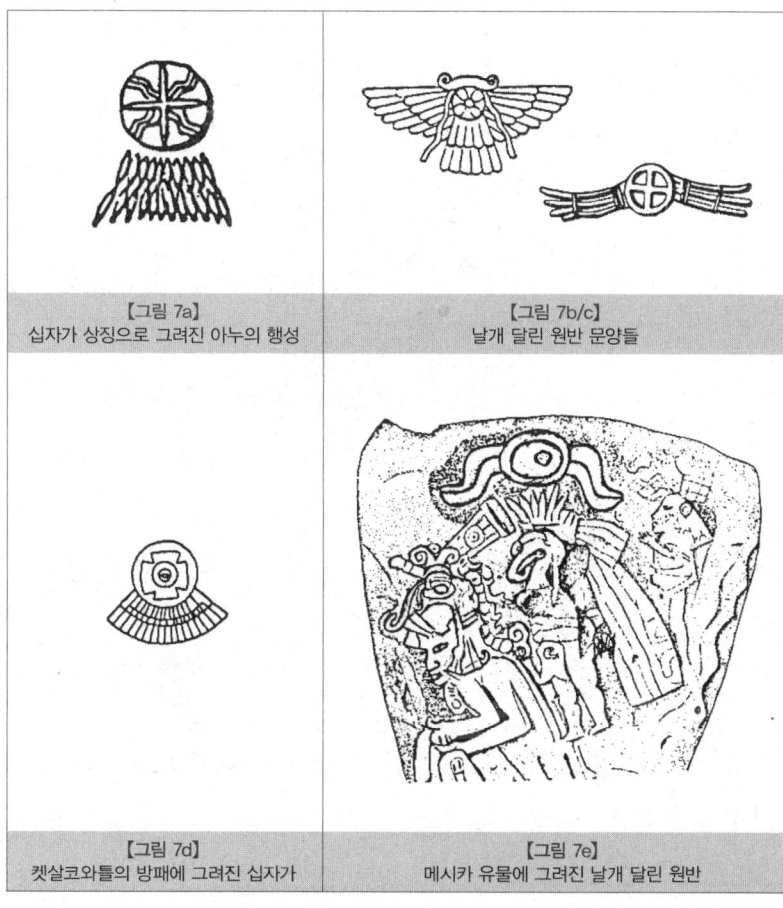

【그림 7a】
십자가 상징으로 그려진 아누의 행성

【그림 7b/c】
날개 달린 원반 문양들

【그림 7d】
켓살코와틀의 방패에 그려진 십자가

【그림 7e】
메시카 유물에 그려진 날개 달린 원반

거기에 진짜 신과 그 배우자가 산다.

그는 천상의 신이고 둘의 주인이다.

그의 배우자는 둘의 귀부인이고 천상의 귀부인이다.

그것은 말 그대로의 의미다.

그는 열두 하늘 위에 있는 왕이고 신이다.

【그림 8】 수염이 난 '늙은 신'

이는 놀라울 정도로 메소포타미아에서 하늘과 종교에 대한 믿음을 표현한 것과 비슷하게 들린다. 그 믿음에 따르면 신들의 우두머리는 '천상의 주인' 아누(Anu)라 불렸고, 그는 배우자인 '천상의 귀부인' 안투(Antu)와 함께 가장 바깥쪽에 있는 행성에 살았다. 그 행성은 우리 태양계의 열두 번째 식구다. 수메르인들은 이를 빛을 뿜는 행성으로 묘사했으며, 그 상징은 십자가였다. 【그림 7a】 이 상징은 그 이후 고대 세계의 모든 민족이 사용했고, 도처에서 볼 수 있는 날개 달린 원반 문양으로 발전했다. 【그림 7b/c】 켓살코와틀의 방패와 초기 메시카 유물에 그려진 상징들은 신비스럽게도 이와 유사하다. 【그림 7d/e】

나와틀 문서들이 전설적인 이야기들로 전한 '늙은 신'은 수염 난 남자로 그려졌다. 【그림 8】 수염 난 켓살코와틀의 조상답다. 메소포타미아와 이집트의 신들 계보에서와 마찬가지로 여기에도 부부 신들과 자기 누이를 배우자로 맞는 오라비들의 이야기가 있다. 아스테카인들과 근본적이고 직접적인 관계가 있는 것은 네 형제 신들이다. 출생 순서대로 틀라틀라우키(Tlatlauhqui)·테스카틀리포카야오틀(Tezcatlipoca-Yaotl)·켓살코와틀·윗실로포치틀리다. 이들은 네 기본 방위와 네 주요 원소를 나타낸다. 네 주요 원소는 흙·바람·불·물을 가리키는데, '만물의 근원'에 대한 개념으로 구대륙 전역에서는 잘 알려진 이야기다. 이 네 신은 또한 빨강·검정·하양·파랑의 네 색깔도 상징하며, 인류의 네 인종도 나타낸다. 인류는 종종 그들의 상징이나 나무·동물 들과 함께 해당되는 색깔로 그려지기도 했다. 「페헤르바리마예르(Fejérváry-Mayer) 코덱스」의 첫 페이지가 대표적인 예다.

인류의 네 분파에 대한 이러한 인식은 흥미롭고 어쩌면 중요하기까지 할 것이다. 노아의 아들들인 셈(Shem)·함(Ham)·야페트(Japhet, 야벳) 계통에서 생겨난 아시아·아프리카·유럽의 분기라는 메소포타미아 및 구약의 개념과 다르다는 점에서다. 네 번째 민족인 빨강색의 민족이 나와틀 종족에 의해 추가됐는데, 이는 바로 아메리카 민족들이다.

나와틀 설화들은 신들 사이의 갈등과 심지어는 전쟁까지도 이야기한다. 윗실로포치틀리가 400명의 작은 신들을 물리친 일, 그리고 테스카틀리포카야오틀과 켓살코와틀 사이의 싸움 등이 그런 전쟁의 실례다. 지구나 그 자원의 지배권을 둘러싼 이러한 전쟁들은 모든 고대 민족들의 전승, 곧 '신화' 속에 묘사돼 왔다. 타르훈(테슙) 또는 인드라(Indra)와 그 형제들 사이의 전쟁에 관한 히타이트와 인도·유럽계 민족들의 설화는 소아시아를 거쳐 그리스에 전해졌다. 셈계 카나안(Canaan, 가나안)인들과 페니키아(Phoenicia)인들은 바알(Ba'al)과 그 형제들의 싸움을 기록으로 남겼다. 그 싸움에서 바알은 그의 승전 축하연에 수백 명의 어린 '신들의 아들들'을 꾀어 참석시킨 뒤 학살했다. 그리고 함의 땅인 아프리카에서는 세트(Seth)가 그 형 오시리스(Osiris)의 사지를 절단한 일과 뒤이어 오시리스의 아들로 그 복수를 위해 나선 호루스(Horus)와 세트 사이에서 벌어진 길고도 치열한 전쟁 이야기를 이집트 문서들이 들려주고 있다.

메시카인들의 신들은 독자적인 생각인가, 아니면 고대 근동에 뿌리를 둔 믿음과 설화의 기억인가? 그 해답은 우리가 나와틀의 창조 및 선사 시대 설화가 지닌 또 다른 측면을 살펴보면 나올 것이다.

비교를 계속해 보자면 '만물의 창조자'는 "삶과 죽음, 행운과 불행을 주관하는" 신이다. 『통사(通史) Historia general』를 쓴 역사가 안토니오 데 에레라 이 토르데시야스(Antonio de Herrera y Tordesillas, 1549~1625)는 인디언들이 "고난에 빠졌을 때 그 신이 있는 곳이라 생각했던 하늘을 쳐다보며 신을 불렀다"고 썼다. 그 신은 먼저 하늘과 지구를 창조했다. 그러고는 진흙으로 남자와 여자를 만들었다. 그러나 그들은 오래 존재하지 않았다. 계속된 노력 끝에 재(灰)와 금속으로 한 쌍의 인간을 만들었고, 그들로 말미암아 이 세상에 사람들이 채워졌다. 그러나 이 모든 남자들과 여자들은 홍수로 절멸됐다. 다만 어떤 사제와 그 아내가 씨앗들과 동물들을 싣고 통나무배에 타서 살아남았다. 사제는 새들을 날려 보내서 뭍을 발견했다. 또 다른 역사가인 탁발 수도사 그레고리오 가르시아(Gregorio Garcia)에 따르면 홍수는 1년 하고도 하루 동안 지속됐으며, 그동안 지구 전체는 물로 덮였고 세계는 혼란에 빠져 있었다.

전승과 그림의 묘사, 돌판 달력 같은 돌 조각물들을 보면 인류와 나와틀 종족의 조상들에게 영향을 끼친 초기(선사 시대)의 일들은 네 개의 시대 곧 네 '태양'으로 나뉜다. 아스테카인들은 그들의 시대가 다섯 시대 가운데 가장 최근이라고 생각했다. '다섯 번째 태양의 시대'다. 이전의 네 '태양'은 모두 대재앙으로 막을 내렸다. 어떤 때는 대홍수 같은 자연재해였고, 어떤 때는 신들 사이의 전쟁으로 인해 촉발된 참화였다.

신성 구역 안에서 발견된 거대한 아스테카 돌판 달력은 다섯 시대에 대해 돌에 기록한 것으로 생각되고 있다. 가운데 판을 둘러싸고 있는 상징들과 가운데에 묘사된 것 자체는 수많은 연구의 주제가 됐다. 첫 번째 안쪽 고리는 분명히 아스테카인들의 한 달인 20일의 각각에 해당하는 20개의 부호를 그린 것이다. 중앙의 그림을 둘러싸고 있는 네 개의 사각판은 지난 네 시대와 그 각 시대를 마감케 했던 재난들을 나타내는 그림문자로 받아들여졌다. 각기 물, 바람, 지진과 폭풍, 표범이다.

네 시대에 관한 설화들은 각 시기의 기간과 그때 있었던 주요 사건들에 관한 정보를 담고 있어 유익하다. 기록의 시기 이전에 오랜 구두 전승의 시기가 있었기 때문에 판본은 여러 가지지만, 이들은 모두 첫 번째 시대가 지구를 뒤덮은 대홍수로 막을 내렸다는 데 일치하고 있다. 인류는 한 쌍의 부부가 통나무배에 타고 목숨을 보전함으로써 살아남았다. 그 부부는 네네(Nene)와 그 아내 타타(Tata)였다.

첫 번째 시대와 두 번째 시대는 '흰머리 거인들'의 시대였다. '두 번째 태양'은 총쿠스티케(Tzoncuztique), 곧 '황금시대'로 기억됐다. 그 시대는 '바람의 뱀'에 의해 마감됐다. '세 번째 태양'은 '불의 뱀'이 주재했다. 그 시대는 '붉은 머리 사람들'의 시대였다. 역사가 페르난도 이스틀릴소치틀(Fernando de Alva Cortés Ixtlilxóchitl, 1568?~1648)에 따르면 그들은 두 번째 시대의 생존자들이었다. 그들은 동쪽에서 배를 타고 신대륙으로 와서, 그가 보톤찬(Botonchán)이라고 부른 곳에 정착했다. 그들은 거기서 역시 두 번째 시대의 생존자들인 거인들과 만났고, 그들의 노예가 됐다.

'네 번째 태양'은 '검은 머리 사람들'의 시대였다. 켓살코와틀이 멕시코에 나타난 것이 그 시대였다. 켓살코와틀은 헌칠한 키에 밝은 표정을 하고 수염이 났으며, 긴 웃옷 차림이었다. 뱀 모습을 한 그의 지팡이는 검고 희고 붉게 그려졌다. 거기에는 보석이 박혀 있었고 여섯 개의 별로 장식돼 있었다. 멕시코의 첫 번째 주교였던 후안 데 수마라가(Juan de Zumárraga, 1468~1548)의 지팡이가 켓살코와틀의 지팡이와 비슷하게 만들어졌음은 아마도 우연은 아니었을 것이다. 톨테카인들의 수도 톨란이 건설된 것이 바로 이 시대였다. 지혜와 지식의 신인 켓살코와틀은 학문·기술·법률과 52년 주기에 따른 시간 계산법을 도입했다.

'네 번째 태양'이 끝날 무렵에 신들 사이에서 전쟁이 일어났다. 켓살코와틀은 그곳을 떠나 동쪽의 그가 왔던 곳으로 돌아갔다. 신들의 전쟁은 그 땅을 아수라장으로 만들었다. 야생 동물들이 인간들에게 덤벼들었고, 톨란은 버려졌다. 5년 뒤에 치치멕(Chichimec) 종족, 곧 아스테카인들이 도착했다. 그리고 아스테카인들의 시대인 '다섯 번째 태양'이 시작됐다.

각 시대는 왜 '태양'이라 불렸고, 그 시대들은 얼마나 오래 지속됐을까? 그 이유는 분명치 않고, 여러 시대의 길이는 명시되지 않았거나 판본에 따라 다르다. 그 가운데 체계적인 듯하고 우리가 보게 되듯이 놀랍도록 그럴듯한 것이 「바티칸-라틴 코덱스 3738」이다. 거기에는 첫 번째 태양이 4,008년, 두 번째가 4,010년, 세 번째가 4,081년 동안 지속된 것으로 기록돼 있다. 네 번째 태양은 "5,042년 전에 시작됐다"고 했지만 그 종말 시기는 말하지 않고 있다. 어떻든 그것이 기록된 시기로부터 1만 7,141년을 거슬러 올라간 시기의 사건들에 관한 설화인 것이다.

이는 미개하다고 생각되는 사람들이 기억하기에는 벅찬 기간이다.

따라서 학자들은 네 번째 태양의 사건들은 역사적인 요소를 지닌다고 인정하면서도 그 이전 시대들은 순전한 신화로 치부하는 경향을 보인다. 그렇다면 아담(Adam)과 하와(Hawwāh, 이브)나 지구 전체를 휩쓴 대홍수, 살아남은 한 쌍의 부부 이야기를 어떻게 설명할 수 있겠는가? 알렉산더(H. B. Alexander)의 『라틴아메리카의 신화 Latin-American Mythology』에 나오는 대로 "놀라울 정도로「창세기」2장의 창조 설화와 바빌로니아의 우주 기원론을 떠올리게 하는" 에피소드인데 말이다. 일부 학자들은 나와틀 문서들이 구약을 읊어대는 에스파냐인들에게서 이미 들은 내용을 어떤 식으로든 반영한 것이라고 주장한다. 그러나 코덱스들이 모두 에스파냐인들의 정복 이후의 것은 아니기에 구약 및 메소포타미아와의 유사성은 메시카 종족이 조상 적에 메소포타미아와 어떤 연계를 가지고 있었음을 인정해야만 설명될 수 있다.

더구나 메시카/나와틀의 연대표는 모든 사람이 깜짝 놀랄 만큼 과학적·역사적으로 정확하게 사건과 시대를 연결시키고 있다. 첫 번째 태양을 마감한 대홍수의 시기는 그 코덱스가 쓰이기 1만 3,133년 전이라고 했는데, 이는 서기전 11600년 무렵이다. 그런데 우리는 『수메르, 혹은 신들의 고향 The 12th Planet』에서 지구 전체를 휩쓴 대홍수가 정말로 서기전 11000년 무렵에 지구를 덮쳤다는 결론을 내린 바 있다. 이야기 자체는 물론이고 그 대략적인 시기에 대한 일치는 아스테카 설화에 신화 이상의 것이 있음을 시사한다.

우리는 이 설화에서 네 번째 시대가 '검은 머리 사람들'의 시대였다는 말에도 똑같이 흥미를 느꼈다(이전 시기는 흰머리 거인들의 시대로 생각됐고, 그 뒤에 붉은 머리 사람들의 시대가 이어졌다고 했다). 이는 수메르인들이 그들의 문서 속에서 불렸던 것과 완전히 똑같은 용어다. 그렇다면 이 아스테카 설화는 수메르인들이 인류사에 나타났던 시대를 네 번째 태양이라고 생각한 것일까? 수메르 문명은 서기전 3800년 무렵에 시작됐다. 이미 놀랐을지도 모르지만, 네 번째 시대가 그들의 시대로부터 5,026년 전에 시작됐으니 아스테카인들이 사실상 서기전 3500년 무렵으로 꼽고 있었다고 해서 놀랄 필요는 없다. 서기전 3500년은 '검은 머리 사람들'의 시대가 시작된 시기로서 놀랍도록 정확한 것이다.

아스테카인들이 전에 에스파냐인들로부터 들었던 내용을 그들에게 이야기했다는 '메아리' 설은 수메르인들과 관계된다는 점에서 전혀 말이 되지 않는다. 서구 세계가 위대한 수메르 문명의 유적과 유산을 밝혀낸 것은 에스파냐의 정복이 있은 지 400년이나 지난 뒤의 일이었던 것이다.

「창세기」와 유사한 이 설화는 나와틀 종족이 자기네 조상들로부터 들은 얘기여야 한다는 결론을 내릴 수밖에 없다. 그러나 어떤 과정을 거쳐서였을까?

이 문제는 이미 에스파냐인들 스스로를 당혹케 했다. 신대륙에 문명이 있고 그것이 유럽의 것과 매우 유사한 데다 "많은 사람들이 거기에 살고 있음"을 발견하고 놀란 그들은 아스테카의 이야기 속에 구약과 연결되는 내용이 있어서 두 배로 혼란스러웠다. 설명을 찾으려 애써보니 해답은 간단한 것처럼 보였다. 이들은 서기전 722년에 아시리아(Assyria, 앗시리아/앗수르)인들에 의해 추방돼 흔적도 없이 사라진 이스라엘의 '사라진 열 종족'의 후예라는 것이었다. 이들이 사라진 뒤에 남겨진 유대(Judea) 왕국은 유다(Judah)와 벤야민(Benjamin, 베냐민)의 두 종족만으로 꾸려졌다.

비록 최초 주장자는 아니지만 이를 처음으로 자세히 글로 써서 설명한 사람이 도미니쿠스(Dominicus)수도회 탁발 수도사 디에고 두란(Diego Durán, 1537~1588)이다. 그는 1542년 다섯 살의 나이에 누에바에스파냐로 왔고, 『신들과 의례에 관한 책 Libro de Dioses y Ritos』(1574~1576)과 『고대의 책력 Calendario Antiguo』(1579), 『누에바에스파냐 인도 제도(諸島)의 역사 Historia de las Indias de Nueva España』(1581) 등을 썼다.* 마지막 책에서 두란은 여러 가지 유사성을 제시하며 "인도 제도와 신대륙 본토의" 원주민들에 관한 자신의 결론을 단호하게 제시했다. "그들은 유대인들이고 히브리 민족"이라는 것이었다. 그의 이론은 "그들의 특징에 의해" 입증됐다고 그는 썼다.

> 이들 원주민들은 아시리아 왕 샬마네세르 5세(Shalmaneser V)가 붙잡아 아시리아로 데려간 이스라엘의 열 종족 가운데 일부다.

그가 인디언 노인들과 나눈 대화에서는 오래 전의 일에 대한 부족 전승이 드러나고 있다.

> 엄청나게 키가 큰 사람들이 나타나서 나라를 차지했다. (…) 그리고 이 거인들은 태양에 닿을 수 있는 길을 찾지 못하자 꼭대기가 하늘까지 닿는 아주 높은 탑을 쌓기로 결정했다.

구약의 바벨(Babel)탑 이야기와 비슷한 이런 에피소드는 의미상 「출애

---

*헤이든(D. Heyden)과 호르케시타스(F. Horcasitas)의 영역본들이 있다.

굽기」같은 또 하나의 이주 이야기와 부합한다.

그렇다면 그러한 보고들이 증가함에 따라 '사라진 열 종족' 이론이 16~17세기에 총아가 됐다는 것도 그리 놀라운 일이 아니다. 그 전제는 이스라엘인들이 아시리아 영토 동쪽과 그 너머에서 떠돌다가 어떤 식으로든 아메리카에 도착했다는 것이다.

'사라진 열 종족'이라는 생각은 절정기에 유럽 왕실들의 후원을 받기도 했지만 후대 학자들로부터 비웃음을 샀다. 현재의 이론은 인류가 2만 년에서 3만 년 전쯤에 아시아에서 얼어붙은 육교를 건너 알래스카에 닿음으로써 처음 신대륙에 도착했고, 점차 남쪽으로 퍼져 나갔다고 한다. 공예품이나 언어, 민족학적·인류학적 평가 등 상당히 많은 증거들은 태평양 건너의 인도·동남아시아와 중국·일본, 폴리네시아로부터 영향받았음을 보여준다. 학자들은 이에 대해 그쪽 사람들이 시차를 두고 아메리카에 도착했다고 설명한다. 그러나 그들은 이런 일들이 서력기원 후, 곧 에스파냐의 정복이 있기 수백 년 전에 일어났지 서력기원 이전의 어느 시기에 일어난 일은 아니라고 강조한다.

제도권의 학자들은 줄곧 대서양 양안 구대륙과 신대륙 사이의 접촉에 관한 모든 증거들을 경시해 왔다. 그들은 상대적으로 최근에 일어난 태평양 양안의 접촉을 들어「창세기」같은 이야기가 아메리카에 유포된 것을 설명하고 있다. 사실 지구 전체를 휩쓴 대홍수와 진흙 또는 비슷한 재료로 인간을 창조했다는 전설들은 세계 전역에 걸쳐 신화의 주제가 됐고, 그 이야기들이 만들어졌던 근동으로부터 아메리카에 이르는 길은 동남아시아와 태평양의 여러 섬들일 수도 있다.

그러나 나와틀 판본에는 에스파냐의 정복 이전인 비교적 최근 시대와 관계된 게 아니라 매우 이른 시기의 자료에서 나온 것임을 나타내는 요소들이 있다. 그 가운데 하나는 나와틀의 인간 창조 이야기가 「창세기」에도 들어가지 않았던 상당히 이른 시기의 메소포타미아 판본을 따르고 있다는 점이다!

사실 구약에는 한 가지가 아니라 두 가지 판본의 인간 창조 이야기가 실려 있다. 둘 다 그 이전의 메소포타미아 판본들을 베낀 것이다. 그러나 둘은 모두 세 번째 판본, 아마도 가장 오래된 것이었을 판본을 무시하고 있다. 거기서 인간은 진흙이 아니라 신의 피로 만들어졌다. 이 판본이 근거한 수메르 문서에서는 에아(Ea) 신이 닌티(Ninti) 여신과 함께 "정화 욕조를 준비했다"고 한다. 그는 이렇게 명령했다.

"남자 신으로부터 피를 받고 닌티로 하여금 그 살과 피를 진흙과 섞게 하라."

이 혼합물에서 남자와 여자가 만들어졌다.

아스테카 신화에서 반복된 것이 구약에 들어 있지 않은 이 판본이라는 사실은 매우 중요하다. 이에 해당하는 아스테카 문서는 「1558년 필사본」으로 알려져 있다. 이 문서는 네 번째 태양의 비참한 종말 이후 신들이 테오티와칸에 모였다고 전한다.

신들은 모이자마자 이렇게 말했다.
"누가 지구에서 살 것인가?
하늘은 이미 만들어졌고
지구도 이미 만들어졌는데
오, 신들이여, 누가 지구에서 살 것인가?"

모인 신들은 "슬픔에 싸였다"고 한다. 그러나 지혜와 과학의 신인 켓살코와틀이 아이디어를 냈다. 그는 '죽음의 땅' 믹틀란(Mictlan)으로 가서 그곳을 맡고 있는 부부 신에게 말했다.

"나는 당신들이 여기 보관하고 있는 귀중한 뼈를 찾으러 왔소."

켓살코와틀은 반대와 속임수를 물리치고 결국 '귀중한 뼈'를 손에 넣었다.

그는 귀중한 뼈들을 모았다.
남자의 뼈들이 한쪽에 모아졌고
여자의 뼈들은 다른 쪽에 모아졌다.
켓살코와틀은 그것들을 가져다 묶었다.

그는 마른 뼈들을 '우리가 원래 있던 곳' 또는 '우리가 내려오기 전에 있던 곳' 타모안찬(Tamoanchan)으로 가져갔다. 거기서 그는 뼈들을 '뱀 여신' 시와코아틀(Cihuacóatl)에게 주었다. 그녀는 마법의 여신이었다.

그녀는 뼈를 갈아 가루로 만든 뒤
그것을 멋진 오지그릇에 담았다.
켓살코와틀은 거기에 자신의 남성 기관(器官)의 피를 흘려 넣었다.

그녀는 다른 신들이 지켜보는 가운데 간 뼈에 그 신의 피를 섞었다. 진흙 같은 혼합물에서 '마세왈레(Macehuale)'들이 만들어졌다. 인류가 재생된 것이다!

수메르 설화에서 인간을 만든 것은 '물에 사는 자' 에아 신이었다. 그는 '지구의 주인' 엔키(Enki)로도 알려졌는데, 그의 통칭들과 상징들은

【그림 9a】 실험실 안의 에아와 닌티를 묘사한 원통인장 그림

【그림 9b】 나와틀 코덱스의 인간 창조 묘사

종종 그가 기술을 지닌 야금 전문가임을 드러낸다. 언어학적으로 '뱀'이라는 말과 연관이 있는 낱말들이다. 그 위업을 함께 이룬 동료인 '생명을 주는 여신' 닌티는 의료의 여신이었다. 의료는 옛날부터 뒤엉킨 뱀으로 상징되던 기술이었다. 원통인장에 그려진 수메르의 그림들은 두 신이 플라스크 등 실험실 같은 배경 속에 있는 모습을 보여준다. 【그림 9a】

이 모든 요소들을 나와틀 설화에서 발견한다는 것은 참으로 놀라운 일이다. '깃털 달린 뱀'으로 알려진 지식의 신과 '뱀 여신'으로 불리는 마력을 지닌 여신, 땅의 요소들이 신의 정수(精髓)/피와 섞인 곳인 목욕

사라진 카인의 왕국? **69**

통, 그리고 그러한 혼합으로 남녀 '인간'을 만든 일 등이다. 더욱 놀라운 일은 미스테카(Mixteca) 종족의 영역에서 발견된 나와틀 코덱스에 이 신화가 그림으로 묘사됐다는 사실이다. 이 그림은 한 남신과 한 여신이 커다란 플라스크 또는 통으로 흘러드는 어떤 요소를 플라스크 안으로 떨어져 들어오는 한 남신의 피와 섞는 모습을 보여준다. 이 혼합의 결과로 인간이 태어났다. 【그림 9b】

다른 수메르 관련 자료 및 용어들과 더불어 매우 이른 시기에 접촉이 있었음을 시사하는 것이다. 이런 증거는 인간의 첫 아메리카 이주에 관한 현재의 이론 또한 반박하고 있는 듯하다. 이는 단순히 이주가 아시아로부터 북쪽의 베링(Bering) 해협을 건너 이루어진 것이 아니라 오스트레일리아·뉴질랜드로부터 남극 대륙을 거쳐 남아메리카로 건너왔다는 주장이 옳다고 말하는 것은 아니다. 이 주장은 20세기 초 아메리카 연구자 국제회의에서 제기됐고 최근 칠레 북쪽의 페루 접경 부근에서 9,000년 된 인간 미라가 발굴된 뒤 되살아난 이론이다.

두 이론 모두의 난점은 그들 남녀노소가 얼어붙은 땅을 수천 킬로미터나 가로질러 고된 이동을 해야 했다는 점이다. 우리는 2만 년이나 3만 년 전에 어떻게 그것이 가능했는지 의문을 가지고 있다. 게다가 왜 그런 여행을 해야 했는지도 의문이다. 그 남녀노소들은 더 많은 얼음을 구경하는 것밖에는 얻을 게 아무것도 없어 보이는데, 왜 얼어붙은 땅을 수천 킬로미터나 여행했을까? 그 얼음 너머에 '약속의 땅'이 있음을 알지 못했다면 말이다.

그러나 그들이 아직 거기에 가보지도 않았고 그들 이전에 다른 어느 누구도 가본 적이 없었다면, 그 끝없는 얼음 너머에 무엇이 있는지 그들이 어떻게 알 수 있었겠는가? 정의상 그들은 아메리카로 건너간 첫 번째 사람들이니 말이다.

구약의 이집트 탈출 설화에서 하느님은 '약속의 땅'을 이렇게 묘사했었다.

밀과 보리가 나고
포도나무가 자라고 무화과나무가 자라고 석류가 자라는 땅,
올리브나무와 꿀이 나는 땅이다. (…)
돌에서 쇠를 얻고 산에서 구리를 캘 수 있는 땅이다.

「신명기(申命記)」 8:8~9

아스테카의 신은 그들의 '약속의 땅'을 "금·은으로 꾸며진 집과 울긋불긋한 솜, 여러 색깔의 카카오"가 있는 곳이라고 아스테카인들에게 설명했다. 처음 아메리카로 이주한 사람들은 누군가가, 그들의 신이 가라고 말하지 않고 기대할 수 있는 바를 설명하지 않았다면 그런 불가능한 이동을 과연 해냈을까? 그리고 만약 그 신이 단순한 관념 속의 존재가 아니라 지구상에 실재하는 존재였다면 그는 이주자들이 여행하는 과정에서 봉착하는 난관들을 극복하게 도와줄 수 있지 않았을까? 구약의 하느님이 이스라엘인들을 위해 했던 것과 똑같이 말이다.

우리가 나와틀의 이주 및 네 시대에 관한 설화들을 읽고 또 읽은 것은 바로 왜, 그리고 어떻게 불가능한 여행이 이루어졌는지에 대한 그런 생각 때문이었다. 첫 번째 태양은 대홍수로 마감됐기 때문에 이 시대는 마지막 빙하기의 최종 국면이어야 한다. 우리는『수메르, 혹은 신들의 고향』에서 대홍수가 남극의 빙상(氷床)이 대양으로 미끄러져 들어가는 바람에 일어났고 이로 인해 마지막 빙하기가 서기전 11000년 무렵에 갑

자기 끝났다고 결론지은 바 있다.

 아스틀란으로 불린 전설 속 나와틀 종족의 본향은 그곳이 예나 지금이나 눈 덮인 땅이라는 단순한 이유로 아스틀란, 곧 '하얀 곳'으로 불렸을까? 그래서 '첫 번째 태양'이 '흰머리 거인들'의 시대로 간주된 것일까? 아스테카인들의 과거 회상은 1만 7,141년 전 첫 번째 태양의 시작으로 되돌아감으로써 사실상 얼음이 구대륙과의 육교를 형성했던 서기 전 15000년 무렵에 일어난 아메리카 이주에 대해 말하는 것일까? 더구나 그 횡단은 아예 빙상을 건너는 것이 아니고 나와틀 전설이 말하듯이 배로 태평양을 건너는 것이었을까?

 선사 시대에 바다를 통해 도착했고 태평양 연안에 상륙했다는 전승은 메시카인들에만 한정된 것이 아니다. 훨씬 남쪽의 안데스 사람들도 본질상 비슷한 기억을 가지고 있고 전승으로 남겼다. 그 가운데 하나인 「나임랍(Naymlap) 전승」은 다른 곳에서 온 사람들이 해안 지방에 처음으로 정착했음을 이야기하는 듯하다. 전승은 발사(balsa)나무* 배의 대선단이 도착한 것으로 돼 있다. 토르 헤위에르달(Thor Heyerdahl, 1914~2002)이 수메르인들의 갈대 배 항해를 재현하기 위해 사용했던 것과 같은 종류의 배였다. 민족신의 말을 전해주는 푸른 돌이 선도 배에 실려서 이 주민들의 지도자 나임랍을 선택된 해안으로 인도했다. 그리고 푸른 신상(神像)을 통해 말을 전하는 그들의 신은 이때 사람들에게 농사와 건축, 수공예 기술을 가르쳤다.

 푸른 신상 전승의 어떤 판본들은 상륙 장소로 에콰도르의 산타헬레

---

*에콰도르 등 남아메리카와 중앙아메리카에 분포하는 나무로, 가볍기 때문에 부표(浮標)나 구명용구, 모형 비행기, 장난감 등을 만드는 데 쓰이며 절연성을 이용한 방음 장치 등에도 쓰인다. (옮긴이)

나(Santa Helena) 곶을 콕 찍어 제시하기도 했다. 남아메리카 대륙이 서쪽 태평양으로 쑥 내민 부분이다. 후안 데 벨라스코(Juan de Velasco y Pérez Petroche, 1727~1792) 같은 몇몇 역사가들은 적도 지방에 처음 정착한 것이 거인들이었다는 원주민 전승을 전하고 있다. 그 뒤를 이어 정착한 사람들은 태양과 달을 필두로 한 열두 명의 신을 숭배했다. 정착민들은 에콰도르의 수도가 위치한 곳에 서로 마주보고 있는 두 개의 신전을 지었다고 벨라스코는 적었다. 태양에 바쳐진 신전 문 앞에는 두 개의 돌기둥이 세워져 있었고, 앞마당에는 열두 개의 돌기둥이 둥그렇게 늘어서 있었다.

그 뒤 임무를 이행한 지도자 나임랍이 떠나야 할 시간이 됐다. 그 후계자들과는 달리 그는 죽지 않았다. 날개가 돋아난 그는 날아갔고, 다시는 볼 수 없었다. 말하는 돌의 신이 하늘 쪽으로 데려간 것이다.

신의 명령을 '말하는 돌'을 통해 들을 수 있다고 믿은 것은 아메리카 인디언들만이 아니었다. 고대의 모든 구대륙 사람들은 계시의 돌을 묘사했고 그것을 믿었다. 그리고 이스라엘인들이 이집트 탈출 때 가지고 갔던 성궤(聖櫃)에는 꼭대기에 문자적으로 '말하는 것'이라는 뜻인 드비르(Dvir)가 달려 있었다. 그 휴대용 설비를 통해 모세(Moshe)는 하느님의 명령을 들을 수 있었던 것이다. 나임랍을 하늘 쪽으로 데려갔다는 그의 마지막에 관한 세부 내용 역시 구약에 비슷한 것이 있다. 「창세기」 5장을 보면 세트(Seth)를 통해 이어진 아담의 7세손에 해당하는 족장은 에녹(Enoch, 에녹)였다. 그는 365세 때 지구에서 "사라졌다"고 한다. 하느님이 하늘 쪽으로 데려간 것이다.

학자들은 1만 5,000년 전이나 2만 년 전에 배를 타고 대양을 건넜다는 데 의문을 품고 있다. 그들은 인간이 그때는 너무 원시적이어서 원양 항해용 선박을 가지지 못했고, 원양을 항해할 수 없었다고 생각한다. 서기전 제4천년기 초의 수메르 문명에 이르러서야 비로소 인류는 육상 및 수상의 장거리 운송 수단인 바퀴 달린 탈것과 배를 가지기 시작했다는 것이다.

그러나 수메르인들 자신에 따르면 그것은 대홍수 이후의 과정이었다. 그들이 거듭거듭 말한 바에 따르면 대홍수 이전에 지구상에 고도 문명이 있었다. 그 문명은 아누의 행성에서 온 자들에 의해 지구상에서 시작됐고, 외계인 곧 구약에 나오는 '네필림(Nefilim)'과 '인간의 딸들'의 결혼으로 태어난 자손들인 수명이 긴 '반신반인(半神半人)'의 혈통에 의해 이어졌다. 사제 마네토(Manetho)의 저작 같은 이집트 기록들 역시 동일한 생각을 따른다. 물론 구약도 마찬가지다. 거기서는 대홍수 이전에 농업이나 목축 등 시골 생활과 시가지나 야금 같은 도시 문명이 함께 있었음을 묘사한다. 그러나 그 모든 고대의 자료들에 따르면 이 모든 것은 대홍수로 인해 지구 표면에서 쓸려나갔고, 모든 것은 출발점에서 새로 시작해야 했다.

「창세기」는 창조 설화로 시작되는데, 그것은 더욱 자세한 수메르 문서들의 요약판이다. 거기서는 계속 '인류(the Adam)', 문자적으로는 '지구인'에 대해 이야기한다. 그러다가 아담이라는 특정 조상의 가계로 눈길을 돌린다.

이것은 아담의 가보(家譜)다.

_「창세기」 5:1

그는 처음에 아들을 둘 두었다. 카인(Cain, 가인)과 아벨(Abel)이었다.

카인이 동생을 죽인 뒤 그는 야웨(Yahweh, 야훼/여호와)에 의해 추방됐다.

그리고 아담이 다시 그의 아내와 접촉하니,
아내가 아들을 낳아 이름을 세트라 했다.

_「창세기」 4:25

구약은 이 혈통, 세트의 혈통을 따라 족장들의 가계를 추적해 대홍수 이야기의 주인공 노아에까지 이른다. 그리고 설화는 여기서 아시아·아프리카·유럽 민족들에 초점을 맞춘다.

그러나 카인과 그 혈통에는 어떤 일이 일어났을까? 우리가 구약에서 볼 수 있는 것은 10여 절(節)이 고작이다. 야웨는 카인에게 벌을 주어 그가 유랑자, 즉 "지구상의 도망자, 떠돌이"(「창세기」 4:12)가 되게 했다.

그리고 카인은 야웨가 계신 곳에서 떠나
에덴의 동쪽 노드(Nod, 놋) 땅에서 살았다.
그 뒤 카인은 그의 아내와 접촉했고
아내가 잉태해 에노크(Enoch, 에녹)를 낳았다.
그리고 그는 도시를 건설하고
자기 아들 이름을 따서 그 도시를 에노크라 불렀다.

_「창세기」 4:16~17

몇 세대 뒤에 라메크(Lamech, 라멕)가 태어났다. 그의 아내는 둘이었다. 한 아내에게서는 야발(Jabal)이 태어났다. "그는 장막에 살면서 가축을 치는 사람들의 조상이었다."(「창세기」 4:20) 다른 아내에게서는 두 아들이 태어났다. 하나는 유발(Jubal)이었는데, "현악기와 관악기를 다루는 사람들의 조상이었다"(「창세기」 4:21). 또 한 아들 투발카인(Tubal-Cain, 두발가인)은 "금·동·철을 다루는 대장장이였다"(「창세기」 4:22).

이 빈약한 구약의 정보는 서기전 2세기에 그 이전 자료들을 가지고 만든 것으로 보이는 위경(僞經) 「희년서(禧年書)」에 의해 얼마간 확충된다. 희년(yobel)* 단위로 사건들을 기록한 이 문서는 이렇게 적고 있다.

> 카인은 자신의 누이 아완(Awan)을 아내로 삼았고
> 아내가 제4요벨(yobel) 말에 에노크를 낳았다.
> 그리고 제5요벨 제1쉬미타(shmita) 첫해에 집들이 땅에 지어졌고,
> 카인이 도시를 건설한 뒤
> 자기 아들 이름을 따 에노크라고 이름 붙였다.

구약을 연구하는 학자들은 오랫동안 세트 계통과 카인 계통으로 이어진 아담의 후손이 모두 '토대'라는 뜻의 '에노크'로 명명된 데 대해 의문을 품어왔다. 후손 이름의 다른 유사성도 마찬가지였다. 그 이유야 어쨌든, 구약 편찬자들이 근거한 자료들은 두 에노크(아마도 선사 시대의 한 사람이었을 것이다)가 이례적인 업적을 이루었다고 보았음이 분명하다. 「희년서」는 이렇게 말한다.

> (에노크는) 지구상에 태어난 사람들 가운데 처음으로
> 문자와 학문과 지혜를 배우고

---

*희년은 유대 전통에서 신의 명령에 따라 49년마다 이루어지는 경제·사회적 대사면의 해를 가리키며, 그것이 7년 단위인 안식년(shmita)과 함께 시기의 구분 단위가 됐다. (옮긴이)

월별로 하늘의 징조를 책에 기록한 사람이었다.

「에노크서(書)」에 따르면 이 족장은 천상을 여행하는 동안 수학과 행성 및 책력에 관한 지식을 배웠다. 그리고 지구상에 있는 "광물이 나는 서쪽의 일곱 산"의 위치에 대해서도 들었다.

「수메르 왕 명부」로 알려진 구약 이전의 수메르 문서들 역시 신들로부터 온갖 지식을 전수받은 대홍수 이전 통치자의 이야기를 싣고 있다. 그의 통칭은 엔메두르안키(Enmeduranki), 곧 '천상과 지구의 토대에 관한 지식의 신'이었다. 이 이름은 구약에 나오는 에노크의 원형일 가능성이 매우 높다.

나와틀 설화에도 유랑과 최종 목적지 도착과 도시 건설로 특징지어지는 정착 이야기가 있고, 두 아내와 아들들을 두어 그로부터 민족이 형성된 족장 이야기가 있고, 금속 기술로 유명해진 사람의 이야기가 있다. 구약 이야기들과 거의 비슷하게 들리지 않는가? 심지어 나와틀에서 숫자 7을 강조하는 것도 구약 이야기들에 반영돼 있다. 카인 계통으로 이어진 7세손 라메크는 알 수 없게도 이런 주장을 한다.

> 카인을 위한 복수는 일곱 배이고
> 라메크를 위한 복수는 일흔일곱 배이다.
>
> _「창세기」 4:24

그렇다면 우리는 나와틀 일곱 종족의 전승들 속에서 사라진 카인과 그 아들 에노크 혈통의 흔적(옛 기억)을 마주친 것일까?

아스테카인들은 자기네 수도를 테노치티틀란, 곧 '테노치의 도시'라 불렀다. 자기네 조상 이름을 따서 명명한 것이다. 아스테카인들이 사투리에서 여러 단어에 T음을 접두시키고 있음을 감안하면 테노치(Tenoch)는 본래 에노크(Enoch)였을 가능성이 있다. 앞에 붙인 T를 빼면 그렇게 된다.

학자들이 서기전 제3천년기의 수메르 문서에 근거한 것으로 보는 한 바빌로니아 문서는 불가사의하게도 살인으로 끝나는, 농사짓고 양을 치는 형제 사이의 갈등을 그리고 있다. 구약에 나오는 카인과 아벨 이야기와 똑같다. "슬픔 속에 떠돌게 된" 추방당한 지도자는 카인(Ka'in)으로 불렸는데, 둔누(Dunnu) 땅에 정착했고 거기에 "쌍둥이 탑이 있는 도시를 건설했다"고 한다.

신전 피라미드 꼭대기의 쌍둥이 탑은 아스테카 건축의 특징이었다. 이것은 카인이 세운 "쌍둥이 탑이 있는 도시"의 건설을 기념한 것이었을까? 그리고 '테노치의 도시' 테노치티틀란은 수천 년 전 카인이 "도시를 건설하고 그 도시를 자기 아들 이름 에노크를 따서 불렀"기 때문에 그렇게 명명되고 건설된 것일까?

우리는 메소아메리카에서 '사라진 카인의 왕국'을, 에노크를 따서 이름 붙인 도시를 발견한 것일까? 그 가능성은 분명히 그 지역에 인간이 처음 발을 디딘 문제에 관한 수수께끼에 그럴듯한 해답을 제공한다.

이는 또한 다른 두 가지 수수께끼도 밝혀줄 것이다. '카인의 표지'의 수수께끼와, 얼굴에 털이 없다는 모든 아메리카 원주민들에게 공통된 유전적 특성의 수수께끼다.

구약의 설화에 따르면 하느님이 카인을 정착지에서 추방하고 그가 동쪽 땅에서 유랑할 것이라고 선언한 뒤 카인은 자신이 복수하려는 자들의 손에 죽게 될 것을 걱정했다. 그래서 하느님은 카인이 하느님의 보호 아래 유랑한다는 것을 드러내도록 했다.

카인에게 표시를 해서
그를 찾아내는 어느 누구도
그를 죽일 수 없도록 했다.

_「창세기」 4:15

이 구별 '표시'가 어떤 것이었는지는 아무도 모르지만, 대체로 카인의 이마에 어떤 문신 같은 것을 했으리라고 생각해 왔다. 그러나 이어지는 구약의 이야기를 보면 복수와 그로부터의 보호 문제는 7세손이나 그 이후까지도 계속된 듯하다. 이마의 문신은 그렇게 오래 남아 있을 수도, 위 세대에서 아래 세대로 전해질 수도 없다. 오직 유전적으로 전해지는 유전적 특성만이 구약의 자료와 부합할 수 있다.

그리고 얼굴에 털이 없다는 아메리카 원주민들의 특정한 유전적 특성을 보면 '카인(과 그 후손들)의 표식'은 바로 이 유전적 변화가 아니었을까 하고 생각하게 된다. 우리의 추측이 맞는다면 메소아메리카야말로 사라진 카인의 왕국이고 거기서 신대륙의 남과 북으로 아메리카 원주민들이 퍼져 나갔다고 할 수 있다.

3 '뱀의 신들'의 왕국

'뱀의 신들'의 왕국

　테노치티틀란이 번성할 무렵, 툴라(Tula)에 있던 톨테카인들의 수도는 이미 전설 속의 톨란으로 기억되고 있었다. 그리고 톨테카인들이 자기네 도시를 건설했을 때 테오티와칸은 이미 신화가 돼 있었다. 그 이름은 '신들의 거처'라는 뜻이었고, 기록된 설화들에 따르면 그것은 바로 과거의 상황을 그대로 반영한 것이었다.
　지구에 재앙이 일어나고 태양이 떠오르지 않아 지구가 어둠 속에 빠졌던 때가 있었다고 한다. 오직 테오티와칸에만 빛이 있었다. 거기서 신성한 불꽃이 여전히 타오르고 있었기 때문이다. 걱정에 싸인 신들이 테오티와칸에 모여 어떻게 해야 할지 머리를 짜내고 있었다.
　"누가 세계를 통치하고 지도해야 하는가?"
　신들은 서로에게 물었다. 태양을 다시 떠오르게 할 수 없으니 말이다.
　그들은 신들 가운데서 신성한 불꽃에 뛰어들어 자신을 희생함으로써 태양을 다시 떠오르게 할 지원자를 찾았다. 테쿠시스테카틀(Tecuciztecatl) 신이 나섰다. 번쩍거리는 옷을 입고 그는 불꽃을 향해 걸어 들어갔다.

그러나 불에 가까이 다가서면 매번 용기를 잃고 뒷걸음질쳤다. 그러자 나나왓신(Nanauatzin) 신이 지원해 주저 없이 불로 뛰어들었다. 부끄러워진 테쿠시스테카틀도 그 뒤를 따랐다. 그러나 그는 겨우 불꽃의 가장자리에 떨어졌다. 두 신이 모두 타고 나자 태양과 달이 다시 하늘에 나타났다.

그러나 태양과 달이 다시 나타났지만 그것들은 하늘에서 움직이지 않고 떠 있었다. 한 판본에 따르면 태양은 한 신이 거기에 화살을 쏘고 나서야 움직이기 시작했다. 다른 판본은 바람 신이 거기에 입김을 내뿜은 뒤 태양이 움직이기 시작했다고 말한다. 태양이 다시 움직이기 시작하자 달도 움직이기 시작했다. 그리고 낮과 밤의 순환이 재개돼 지구가 위기를 벗어났다.

이 설화는 테오티와칸의 가장 유명한 유적인 '태양의 피라미드' 및 '달의 피라미드'와 밀접하게 연관돼 있다. 한 판본은 스스로를 희생한 두 신을 기리기 위해 신들이 두 피라미드를 세웠다고 한다. 또 다른 판본은 그 사건이 일어났을 때 두 피라미드는 이미 존재했고 두 신은 이미 있던 그 피라미드들의 꼭대기에서 신성한 불로 뛰어들었다고 말한다.

어느 전승이 옳든, '태양의 피라미드'와 '달의 피라미드'가 오늘날까지 여전히 장엄하게 서 있음은 분명한 사실이다. 수십 년 전까지만 해도 초목이 우거진 언덕이었던 곳이 이제는 인기 있는 관광지가 됐다. 멕시코 시에서 북쪽으로 불과 50킬로미터 거리에 있는 곳이다. 주위 산들을 영원한 무대의 배경으로 삼아서 솟아 있는 두 피라미드는 방문객들의 눈길을 위로 향한 그 경사면으로 이끌고, 그 너머에 있는 산들과 상공의 하늘 풍경으로 인도한다. 【그림 10】 이 유적들에서는 힘과 지식과 의지가 배어 나오고, 그 배경은 지구와 하늘의 의도적인 연결을 말해준

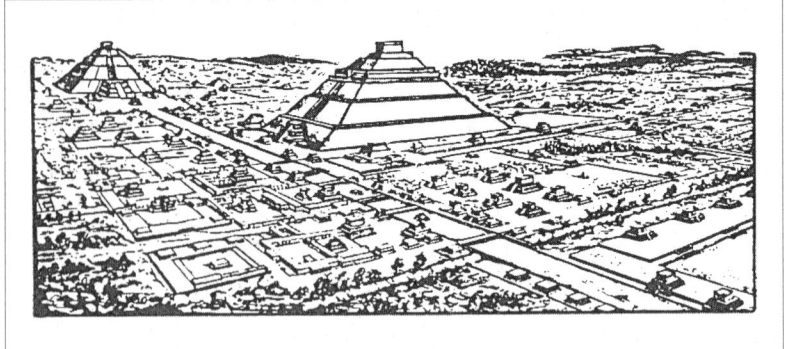

【그림 10】 테오티와칸에 서 있는 '태양의 피라미드'와 '달의 피라미드'

다. 누구도 역사적 의미를, 놀라운 과거의 실재를 놓칠 수 없다.

과거로 얼마나 거슬러 올라가야 할까? 고고학자들은 처음에 테오티와칸이 서력기원 초에 건설됐다고 추정했다. 그러나 그 시기는 계속 뒷걸음질쳤다. 현장 연구 결과 이 도시의 의례 센터는 서기전 200년에 이미 12제곱킬로미터의 면적을 차지하고 있었다. 1950년대에 뛰어난 고고학자 호세 미겔 코바루비아스(José Miguel Covarrubias, 1904~1957)는 『멕시코와 중앙아메리카의 인디언 미술 Indian Art of Mexico and Central America』(1957)에서 방사성탄소 연대 측정 결과 그곳에서 "서기전 900년이라는 거의 불가능한 연대"가 나왔다고 미심쩍어하며 인정했다. 사실 추가 방사성탄소 측정에서는 서기전 1474년이라는 연대가 나왔다(어느 쪽이나 약간의 오차 가능성은 있다). 지금은 서기전 1400년 무렵이라는 연대가 널리 받아들여지고 있다. 이때는 테오티와칸에 있는 불후의 건조물들을 실제로 만들어냈던 올메카인들이 멕시코의 다른 지역에 거대한 '의례 센터들'을 건설하고 있을 때였다.

테오티와칸은 분명히 여러 발전 단계를 거쳤고, 그 피라미드들은 내부에 이전 구조물들의 흔적을 지니고 있다. 일부 학자들은 이 유적들로부터 6,000년 전, 곧 서기전 제4천년기에 시작됐을 설화 하나를 읽어내고 있다. 이는 틀림없이 이 '신들의 거처'가 '네 번째 태양' 시대에 존재했다고 말하는 아스테카 전승과 합치할 것이다. 그렇다면 거대한 두 피라미드는 서기전 1400년 무렵 암흑의 날이 발생했을 때 그 엄청난 규모로 세워졌던 것이다.

'달의 피라미드'는 이 의례 센터의 북쪽 끝에 솟아 있다. 옆에는 작은 보조 구조물들이 있고, 앞에는 커다란 광장이 있다. 거기서 널따란 대로가 남쪽으로 시야 끝까지 달리고 있다. 그 옆에는 그리 두드러지지 않는 사당들과 신전들, 그리고 무덤으로 보이는 다른 구조물들이 있다. 그래서 이 대로는 '죽은 자의 거리'라는 이름을 얻었다. '죽은 자의 거리'를 따라 600미터쯤 남쪽으로 내려가면 거리 동쪽에 '태양의 피라미드'가 있다.【그림 11】이것은 광장 하나와 여러 개의 사당 및 다른 구조물들 너머에 있다.

'태양의 피라미드'를 지나 남쪽으로 900미터 더 가면 시우다델라(Ciudadela, 성채)에 닿는다. 그 내부 동쪽에 켓살코와틀 피라미드라 불리는 테오티와칸의 세 번째 피라미드가 있는 네모꼴의 건물이다. 지금은 이 시우다델라와 마주해 '죽은 자의 거리' 건너편에 비슷한 네모꼴 건물이 있었음이 알려져 있다. 주로 속인(俗人)들을 위한 관리 및 상업 센터로 쓰였던 곳이다. 그리고 대로는 더 남쪽으로 계속 뻗어 있다. 1960년대에 르네 미용(René Millon)이 이끈 테오티와칸 지도 작성 프로젝트는 이 남-북 대로가 8킬로미터 가까이 뻗어 있었음을 밝혀냈다. 가장 긴 현대의 공항 활주로보다도 더 길다. 그런 엄청난 길이에도 불구하고 이 널따란 대로는 화살처럼 똑바르다. 어느 시대라도 상당한 기술적 위업이

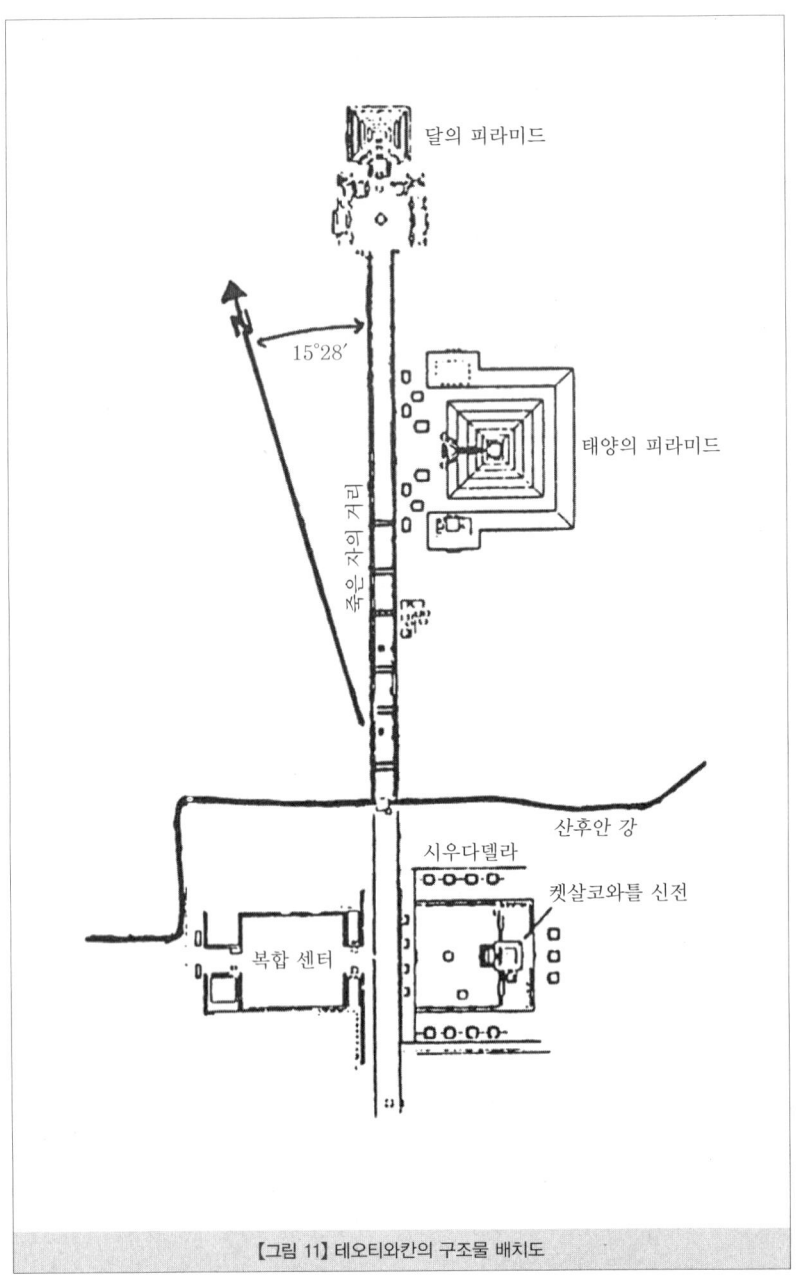

【그림 11】 테오티와칸의 구조물 배치도

라 하지 않을 수 없다.

남-북 대로와 수직인 동-서 축은 시우다델라에서 동쪽으로, 그리고 관리용 네모꼴 건물에서 서쪽으로 뻗어 있다. 테오티와칸 지도 작성 프로젝트 참여자들은 '태양의 피라미드' 남쪽에서 표지 하나를 발견했다. 두 개의 동심원 안에 있는 십자가 모양을 바위에 새긴 것이었다. 비슷한 표지가 서쪽으로 약 3킬로미터 되는 산허리에서도 발견됐다. 두 표지를 잇는 선은 정확하게 동-서 축 방향을 가리켰다. 그리고 두 십자가의 또 다른 가지들은 남-북 축의 방향과 일치했다. 연구자들은 자신들이 발견한 것이 그 도시의 설계자들이 사용했던 표지라고 결론지었다. 그들은 그 옛날에 그렇게 멀리 떨어진 두 지점 사이의 연결선을 긋는 데 어떤 수단을 사용했는지를 설명하는 이론은 세우지 않았다.

의례 센터가 계획에 따라 방향을 잡고 배치됐다는 것은 몇 가지 다른 사실들을 보아도 분명하다. 첫 번째는 테오티와칸 지역을 흐르는 산후안(San Juan) 강이 이 의례 센터를 가로지르는 곳에서 의도적으로 물길이 돌려졌다는 사실이다. 인공 수로가 강을 시우다델라와 네모꼴 건물을 따라 흐르도록 돌렸고, 그 방향은 정확하게 동-서 축에 나란하도록 맞추었다. 그러고는 두 번을 완전한 직각으로 꺾어 서쪽으로 향하는 거리를 따라갔다.

계획적인 방향 설정을 시사하는 두 번째 사실은 두 축이 기본 방위를 가리키지 않고 남동쪽으로 15.28도 기울어져 있다는 것이다. 【그림 11 참조】 여러 연구는 이것이 우연이나 고대 설계자의 계산 착오가 아니었음을 보여준다. 아베니는 『고대 메소아메리카의 천문학』에서 이를 '신성한 방향 설정'으로 부르고, 툴라나 심지어 그보다 더 먼 데 위치한 것들 같은 나중의 의례 센터들이 각자의 위치나 그것들이 건설될 시점에서 보

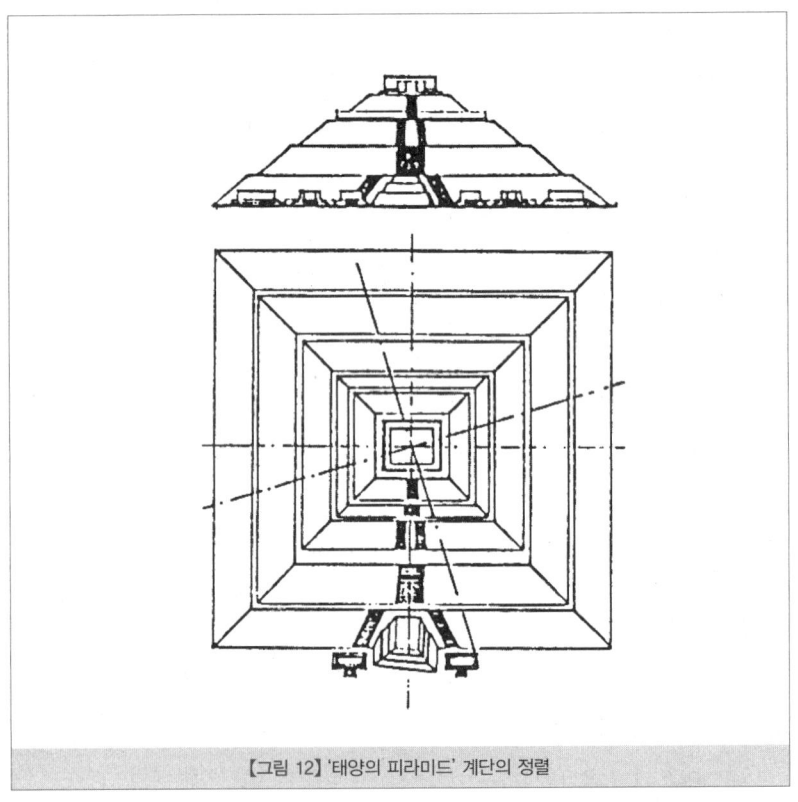

【그림 12】 '태양의 피라미드' 계단의 정렬

아 아무런 의미가 없음에도 불구하고 이 방향을 따랐음을 지적했다. 그가 연구를 통해 내린 결론은 테오티와칸에서, 그리고 구조물들이 건설될 때 그 방향은 책력상의 어떤 중요한 날짜에 천문 관측이 가능하도록 고안됐다는 것이었다.

젤리아 누탈(Zelia Nuttall, 1857~1933)은 1926년 로마에서 열린 제22회 아메리카 연구자 국제회의에 제출한 논문에서, 이 방향 설정은 관찰자의 머리 위로 태양이 지나가는 것에 맞추어져 있다고 주장했다. 이런 일은 해마다 두 번씩 일어나는데, 태양이 북쪽에서 남쪽으로 움직이는 것처럼 보이는 경우와 그 반대 경우다. 그러한 천문 관측이 피라미드의 목적이라면, 그 궁극적인 형태가 맨 꼭대기 층의 관측용으로 보이는 신전으로 올라가는 계단이 있는 계단식 피라미드라는 것은 합리적이다. 그러나 우리가 지금 보는 것은 후대에 만들어진 두 피라미드의 바깥 켜라는(그리고 고고학자들이 보강을 위해 멋대로 표면을 다시 꾸민 것이라는) 분명한 증거들이 있기 때문에, 이 피라미드들의 본래 목적이 꼭 그런 것이었다고 분명히 말할 수는 없다. 계단이 후대에 추가된 것이라는 가능성 내지 개연성은 '태양의 피라미드' 큰 계단의 첫 번째 단이 기울어지고 부적절하게 피라미드의 방향과 맞춰져 있다는 사실에서 시사되고 있다. 【그림 12】

테오티와칸에 있는 세 피라미드들 가운데 가장 작은 것이 '시우다델라'에 있는 켓살코와틀 피라미드다. 나중에 부가된 부분 중 일부가 발굴돼 본래의 계단식 피라미드를 드러냈다. 부분적으로 드러난 표면은 조각으로 꾸며진 모습인데, 켓살코와틀의 뱀 상징과 파도치는 물을 배경으로 한 양식화된 틀랄록의 얼굴이 번갈아 나타나고 있다. 【그림 13】 이 피라미드는 톨테카 시대의 것으로 생각되며, 다른 여러 멕시코 피라미드들과 유사하다.

반면에 두 큰 피라미드들에는 장식이 전혀 없다. 그 피라미드들은 규모와 모양이 다르며, 거대하고 오래됐다는 점에서 특이하다. 이런 모든 점에서 두 피라미드는 기자(Giza)의 두 거대 피라미드를 닮았다. 기자 피라미드들도 똑같이 이런 모든 점에서 후대 이집트의 다른 모든 피라미드들과 다르다. 후대의 피라미드들은 파라오들이 건설한 반면, 기자에 있는 독특한 두 피라미드는 '신들'이 건설했다. 아마 테오티와칸에서도 같은 일이 일어났을 것이다. 이 경우에는 '태양의 피라미드'와 '달의

【그림 13】 켓살코와틀 피라미드의 조각물들

피라미드'가 어떻게 해서 생겨나게 됐는지에 대한 전승이 고고학적 증거로 뒷받침되고 있다.

테오티와칸의 두 거대 피라미드가 관측소로 사용할 수 있도록 메소포타미아의 지구라트(ziggurat)들처럼 꼭대기에 단을 만들고 계단을 갖춘 계단식 피라미드로 건설되기는 했지만, 그 건축가들이 이집트의 기자 피라미드들을 잘 알고 있었고 독특한 기자 피라미드들을 그대로 모방했다는 데는 의문의 여지가 없다(다만 외양은 조금 조정했다). 무엇보다도 놀라운 유사성이 하나 있다. 기자의 두 번째 피라미드가 대피라미드보다 작기는 하지만 그 꼭대기는 해수면을 기준으로 같은 높이에 있다. 두 번째 피라미드가 그만큼 높은 땅에 세워졌기 때문이다. 테오티와칸에서도 마찬가지다. 좀 더 작은 '달의 피라미드'가 '태양의 피라미드'보다 9

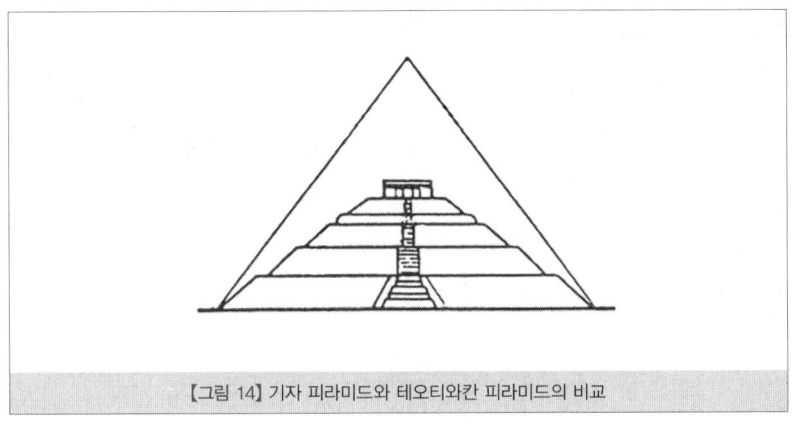

【그림 14】 기자 피라미드와 테오티와칸 피라미드의 비교

미터쯤 높은 땅에 세워져서 그 둘의 꼭대기가 해수면 기준으로 같은 높이가 됐다.

그 유사성은 특히 두 큰 피라미드들 사이에서 뚜렷하다. 둘은 모두 인공 기단 위에 세워졌다. 그 변들은 거의 같은 크기다. 기자의 것은 약 230미터, 테오티와칸의 것은 약 227미터여서 후자가 전자 안에 쏙 들어간다. 【그림 14】

이런 유사성들과 일치점들은 두 쌍의 피라미드들 사이의 숨은 연계를 말해주고 있지만, 분명하고 무시하지 못할 차이가 있음도 간과할 수 없다. 기자의 대피라미드는 커다란 돌 토막들로 지어졌다. 꼼꼼하게 모양을 만들고 맞추었으며 모르타르 없이 붙였다. 전체 무게는 700만 톤이고 부피는 260만 세제곱미터. '태양의 피라미드'는 흙벽돌과 자갈 등을 안에 채워 넣고 겉은 원석과 벽토로 마무리해 지어졌다. 전체 부피는 30만 세제곱미터밖에 되지 않는다. 기자 피라미드는 회랑과 통로, 방들이 내부에 복합돼 있는 복잡하고 정밀한 건축물이다. 테오티와칸 피라미드는 그런 내부 구조를 지니지 않은 것으로 보인다. 기자에 있는 것은 146미터나 솟아 있는데, '태양의 피라미드'는 전에 있었던 꼭대기의 신전을 포함해도 76미터밖에 되지 않는다. 대피라미드는 네 개의 삼각형 변이 52도라는 위험한 각도로 올라가고 있다. 테오티와칸에 있는 두 피라미드는 하나의 단 위에 또 하나의 단이 올라가 있는 형태를 지닌 여러 개의 단으로 이루어져 있다. 안정성을 위해 안쪽으로 기울어진 경사면은 맨 아래 것이 43.5도다.

이런 것들은 중대한 차이로, 각 쌍의 피라미드의 세워진 시기가 다르고 목적이 달랐음을 반영한 것이다. 그러나 아직껏 이전 연구자 중 어느 누구도 알아차리지 못했던 마지막 차이점에 몇 가지 수수께끼를 푸는 열쇠가 들어 있다.

보다 가파른 52도 각도는 이집트에서 기자 피라미드들만이 이루어냈다. 그것은 '지구 연대기'의 이전 책들에서 입증됐듯이 쿠푸(Khufu)나 다른 어떤 파라오에 의해 건설된 것이 아니라 고대 근동의 신들이 시나이(Sinai) 반도에 있던 그들의 우주공항 착륙을 위한 표지로서 건설한 것이었다. 이집트의 다른 모든 피라미드들은 정말로 파라오들이 지은 것들로, 보다 작고 퇴락하거나 붕괴됐다. 수천 년 뒤에 신들의 '하늘에 이르는 계단'을 모방한 것들이다. 그러나 어느 것도 52도의 완전한 각도를 얻는 데는 성공하지 못했고, 그런 시도를 한 경우에는 반드시 무너지는 것으로 끝났다.

서기전 2650년 무렵에 파라오 스네페루(Sneferu)가 자신의 기념물을 영광스럽게 지으려 나섰다가 교훈을 얻었다. 『피라미드의 수수께끼 The Riddle of the Pyramids』(1974)에서 고대의 사건들을 훌륭하게 분석한 쿠르트 멘델스존(Kurt Alfred Georg Mendelssohn, 1906~1980)은 메이둠(Meidum)에 52도 각도로 세운 첫 번째 피라미드가 무너졌을 때 스네페루의 건축

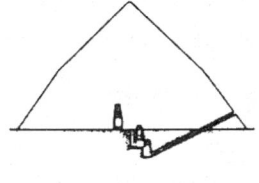

【그림 15a】 스네페루의 '꺾어진 피라미드'

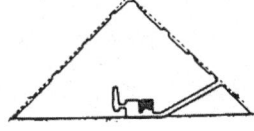

【그림 15b】 43.5도 각도로 세워진 스네페루의 세 번째 피라미드

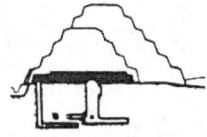

【그림 15c】 사카라에 있는 조세르의 계단식 피라미드

가들이 다슈르(Dahshur)에 두 번째 것을 세우고 있었다고 주장했다. 첫 번째 피라미드가 붕괴되자 건축가들은 건축 도중에 서둘러 다슈르 피라미드의 각도를 보다 안전한 43.5도로 변경했다. 그래서 그 피라미드는 지금과 같은 모양이 됐고, '꺾어진 피라미드'라는 이름을 얻었다. 【그림 15a】 그리고도 진짜 피라미드를 후세에 남겨야겠다고 생각한 스네페루는 근처에 세 번째 것을 짓기에 이르렀다. 그것은 그 돌의 색깔 때문에 '붉은 피라미드'로 불리며, 안전한 각도인 43.5도로 올라갔다. 【그림 15b】

그러나 이렇게 보다 안전한 43.5도로 후퇴함으로써 스네페루의 건축가들은 사실상 100년 이상 전인 서기전 2700년 무렵에 파라오 조세르

(Djoser)가 선택했던 방식으로 물러났다. 지금까지 서 있는 파라오 피라미드 가운데 가장 이른 것인 조세르의 피라미드는 사카라(Saqqara)에 있는데, 여섯 단으로 이루어진 계단식 피라미드로 완만한 43.5도의 각도를 따르고 있다. 【그림 15c】

'태양의 피라미드'와 기자에 있는 대피라미드의 바닥 크기가 같은 것은 단지 우연일까? 아마 그럴 것이다. 파라오 조세르가 정확히 43.5도의 각도를 택해 계단식 피라미드를 완성했는데, 테오티와칸의 것이 이를 따랐음은 순전한 우연의 일치일까? 우리는 의문스럽다. 서투른 건축가라면 그저 직각(90도)을 반으로 뚝 잘라 45도 같은 완만한 각도를 얻을 수도 있었을 텐데, 이집트에서는 43.5도 각도를 썼다. 유식하게도 지름에 대한 원주의 비율인 계수 π(약 3.14)를 적용해 얻은 것이다.

기자 피라미드의 52도 각도는 이 계수와 친숙해야만 얻을 수 있다. 그것은 피라미드의 높이를, 밑면 변의 절반(230÷2=115)을 π로 나누고(115÷3.14=36.6) 거기에 4를 곱한 수치(36.6×4=146.4)로 정해 얻은 것이다. 43.5도 각도는 높이를 마지막의 4곱에서 3곱으로 줄여 얻은 것이다. 어느 경우에나 모두 π에 대한 지식이 필요하다. 그리고 메소아메리카 사람들에게 그런 지식이 있었음을 시사하는 증거는 전혀 없다. 그렇다면 이 두 개의 (메소아메리카에서는) 독특한 피라미드의 구조에서 43.5도라는 각도가 어떻게 나올 수 있었을까? 이집트 피라미드의 건설에 대해 잘 알고 있는 누군가를 통하지 않았다면 말이다.

독특한 기자의 대피라미드를 제외하면 이집트 피라미드들에는 오직 내려가는 통로들만 만들어져 있다. 【그림 15a/b/c 참조】 그것은 언제나 피라미드 바닥 끝 또는 그에 가까운 곳에서 시작돼 그 밑으로 이어진다. '태양의 피라미드' 아래에 그런 통로가 존재한다는 사실을 단순한 우연으로 치부할 수 있을까?

그 우연한 발견은 1971년에 이루어졌다. 폭우가 쏟아진 뒤였다. 그 피라미드의 중앙 계단 바로 앞에 지하 공동(空洞)이 드러났다. 거기에는 옛날에 만들어진 계단이 있었고, 6미터쯤 내려가니 수평 통로의 입구가 나왔다. 발굴자들은 그것이 자연 동굴인데 인공적으로 확장되고 개조됐으며, 피라미드가 세워진 기반암 밑에 난 것이라고 결론지었다. 본래의 동굴을 어떤 목적을 위해 의도적으로 개조했음은, 그 천정을 무거운 돌 토막으로 만들었고 터널 벽에 회반죽을 발라 매끄럽게 만들었다는 사실로 입증됐다. 이 지하 통로의 여러 곳에서 흙벽이 급격하게 꺾여 진로가 바뀐 곳들이 있었다.

옛날 계단에서 50미터쯤 떨어진 곳에 터널에서 날개를 펼친 듯이 두 개의 곁방이 나와 있었다. 계단식 피라미드 첫 단 바로 아래 지점이었다. 대체로 높이가 2미터쯤 되는 지하 통로는 거기서 60미터를 더 들어갔다.. 이 안쪽 부분에서 이 구조물은 여러 가지 요소들을 설비해 더욱 복잡해졌다. 조각들을 이어 붙인 바닥은 인공적인 것이었다. 지금은 알 수 없는 목적을 위해 배수관도 설치됐다. 아마도 지금은 없어진 물줄기와 연결됐을 것이다. 결국 터널은 피라미드의 네 번째 단 아래, 입체 교차로처럼 파내어진 부분에서 끝났다. 그것은 벽돌 기둥과 현무암 석판으로 지지돼 있었다.

그 복잡한 지하 구조물의 목적은 무엇이었을까? 갈라진 벽들은 현대에 와서 발견되기 전에 갈라졌기 때문에 오지그릇과 흑요석 칼, 목탄재 등의 잔존물들이 터널 사용 초기 단계의 것인지에 대해서는 말하기 어렵다. 그러나 테오티와칸에서 천문 관측 외에 어떤 일이 이루어지고 있었는가 하는 문제는 다른 발견들에 의해 더욱 복잡해졌다.

'죽은 자의 거리'는 '달의 피라미드' 광장으로부터 남쪽 지평선까지 널 따랗고 평탄한 통로로 뻗어 있는 것처럼 보인다. 그러나 사실은 그 평탄한 흐름이 '태양의 피라미드'와 산후안 강 사이에 위치한 한 부분에서 중단되고 있다. '달의 피라미드'에서 '태양의 피라미드'까지 이르는 전반적인 경사는 '죽은 자의 거리'의 이 부분에서 더욱 급격하게 내려간다. 그리고 현장 조사 결과, 그 경사는 그곳의 바위를 일부러 깎아 이루어진 것임이 분명했다. 전체적으로 보아 '달의 피라미드'에서 시우다델라를 지난 지점에 이르면 고도는 30미터쯤 낮아진다. 여기서 거리의 방향에 직각으로 몇 쌍의 벽을 세움으로써 여섯 개의 구획이 만들어졌다. 거리의 움푹한 곳에는 벽들과 낮은 구조물들이 더 늘어서 여섯 개의 반(半)지하 구획이 하늘을 향해 드러나 있었다. 수직의 벽들은 그 바닥 높이에서 수문들과 맞춰져 있었다. 이 단지 전체가 거리 아래를 흐르는 물에 길을 열어주는 데 소용되는 설비들인 듯했다. 그 흐름은 주위를 둘러싸고 있는 지하 터널이 발견된 '달의 피라미드'에서 시작됐을 가능성이 있고, 어떤 방식이든 '태양의 피라미드'의 지하 터널과 연결됐을 수 있다. 그리고 일련의 구획들은 물을 담고 있다가 한 구획에서 다른 구획으로 차례차례 넘겨주어 최종적으로 산후안 강의 돌린 수로에 도달하게 된다.

인공적으로 흘러 폭포처럼 떨어지는 이 물이, 바다에서 수백 킬로미터 떨어진 내륙 지역에 있는 켓살코와틀 피라미드 표면에 파도치는 물을 장식한 이유였을까?

이 내륙 유적지가 물과 관련이 있을 가능성은 거대한 찰치위틀리케(Chalcihuitlicue) 석상 발견으로 더욱 높아졌다.【그림 16】그녀는 물의 여신이며 비의 신 틀랄록의 배우자다. 지금 멕시코 시의 국립인류학박물

【그림 16】 찰치위틀리케 여신 석상

관에 전시되고 있는 이 석상은 '달의 피라미드' 앞에 펼쳐진 광장 한가운데 서 있는 채로 발견됐다. 이 여신의 이름은 '물의 귀부인'이라는 뜻인데, 그녀를 그린 그림들은 통상 조개껍데기 무늬의 비취색 치마를 입은 모습으로 묘사된다. 그녀의 장신구는 터키옥 귀걸이, 비취 또는 다른 청록색 보석으로 만든 목걸이다. 거기에 금으로 만든 메달이 달려 있다. 그 석상은 이런 옷과 장식 요소들을 답습하고 있고, 금 장식이 실제로 박혀 있던 자리로 보이는 구멍도 있는데, 금 장식은 도둑들이 빼 갔다. 그녀를 그린 그림 가운데는 종종 뱀 모양의 왕관을 쓰고 있거나 뱀들로 장식된 모습을 묘사한 것이 있는데, 그녀가 메시카인들에게 뱀의 신 가운데 하나였음을 보여준다.

테오티와칸은 일종의 수로 시설로 설계되고 건설돼서 물을 어떤 기술적인 공정을 위해 썼던 것일까? 그 문제에 대답하기 전에 거기서 발견된 또 다른 수수께끼부터 살펴보자.

'태양의 피라미드'에서 내려와 세 번째 구획 옆으로 서로 연결된 지하 방들이 여럿 발굴됐는데, 일부 바닥에는 두꺼운 운모 시트가 한 켜 깔려 있었다. 운모는 물과 열, 전기의 흐름을 차단하는 특성을 지닌 실리콘이다. 따라서 이것은 여러 화학 공정과 전기·전자 응용에서 절연체로 사용돼 왔고, 최근에는 핵과 우주 기술에 사용되고 있다.

운모의 이런 특성은 대체로 그것이 다른 미량(微量) 광물질을 함유하고 있기 때문이며, 따라서 그 산지의 지질에 영향을 받는다. 전문가들의 견해에 따르면 테오티와칸에서 발견된 운모는 머나먼 브라질에서만 발견되는 것과 같은 유형이다. 이 운모의 흔적은 20세기 초 '태양의 피라미드' 층층대들이 드러났을 때, 거기서 떨어져 나온 잔해들에서도 발견됐다. 테오티와칸에서 이 절연 물질을 사용한 까닭은 무엇이었을까?

우리 생각에 물의 신과 물의 귀부인이 최고신 켓살코와틀 곁에 있는 것, 경사진 거리, 일련의 구조물들과 지하의 방들과 터널들, 물길이 돌려진 강, 수문이 있는 반지하 구획들, 그리고 운모가 깔린 지하 구획 등은 모두 광물질의 분리·정제·정련을 위해 과학적으로 고려된 시설의 구성 요소로 보인다.

서기전 제1천년기 중반이나, 아니면 좀 더 가능성을 높이자면 서기전 제2천년기 중반에 피라미드 건설의 비밀을 잘 알고 있는 누군가가 이 지역으로 왔고, 또한 마찬가지로 자연과학에 지식이 있는 누군가가 이 지역에서 얻을 수 있는 재료들로 정교한 처리 시설을 만들었다. 이 누군가는 '물의 귀부인'이 달고 있는 장식물이 시사하듯이 금이나 아니면 다른 광물, 심지어 희소 광물을 찾아온 것이었을까?

그리고 그 누군가가 '인간'이 아니었다면, 테오티와칸에 관한 전승들과 그 이름 자체가 처음부터 시사했듯이 그것은 그들의 신들이었을까?

신들 외에, 테오티와칸에 당초 거주하던 자들은 누구였을까? 누가 그 첫 번째 피라미드를 세우기 위해 돌과 모르타르를 날랐을까? 누가 물길을 열고 수문을 관리했을까?

테오티와칸이 서기전 몇 세기에서 더 올라가지 않는다고 생각하는 사람들은 간단한 해답을 가지고 있다. 바로 톨테카인들이다. 이제 훨씬 이른 시기에 시작됐다는 생각에 기우는 사람들은 서기전 제2천년기 중반 무렵 메소아메리카 무대에 나타난 수수께끼의 민족 올메카인들을 지목하기 시작했다. 그러나 올메카인들은 그 자체가 많은 의문을 제기한다. 그들은 검은아프리카* 사람들처럼 보이고, 그러한 사실 역시 수천 년 전의 대서양 횡단을 도저히 받아들일 수 없는 사람들에게는 끔찍한 일인 것이다.

테오티와칸과 그 건설자들의 기원이 안갯속에 싸여 있다 하더라도 서력기원 개시 전 시기에 톨테카 종족 사람들이 흘러들어 오기 시작했음은 거의 확실하다. 그들은 처음에는 몸으로 하는 허드렛일을 하다가 점차 그 도시의 기술을 배우고 그 기술자들의 문화를 받아들이기 시작했다. 그들이 받아들인 것은 그림문자와 금세공술의 비밀, 천문학과 책력에 관한 지식, 신들에 대한 숭배 등이었다. 테오티와칸을 통치한 것이 누구였는지는 모르지만 서기전 200년 무렵에 짐을 꾸려 떠났고, 그곳은 톨테카인들의 도시가 됐다. 수백 년 동안 그곳은 그들이 만든 연장과 무기, 그리고 흑요석 공예품으로 유명했고, 그 문화·종교적 영향력이 널리 파급됐다. 그리고 톨테카인들 역시 흘러들어 온 지 1,000년

---

*아랍계 민족들이 주류를 이루고 있는 사하라(Sahara) 사막 이북 지역을 제외한 중·남아프리카를 일컫는 말. 반투(Bantu)족·수단(Sudan)족 등 짙은 피부색의 흑인들이 사는 곳이어서 이런 이름이 붙었다. (옮긴이)

뒤에 짐을 꾸려 떠났다. 그 까닭은 아무도 모른다. 그러나 그들은 깡그리 떠났고, 테오티와칸은 황량한 곳으로 변해 활기찼던 과거에 대한 기억으로만 남았다.

어떤 사람들은 그 사건이 서기 700년 무렵 톨란이 톨테카인들의 새 수도로 건설될 때 일어났다고 생각한다. 수천 년 동안 인간의 정착지였던 툴라 강의 기슭에 자리 잡은 톨란은 톨테카인들이 테오티와칸의 축소판으로 건설한 곳이었다. 코덱스들과 전승들은 톨란을 전설적인 도시, 예술과 기술의 중심지, 화려한 궁궐과 신전이 있고 금과 보석으로 빛나는 곳이라고 묘사한다. 하지만 학자들은 오랫동안 그 존재 자체도 의문시했다… 하지만 이제는 톨란이 지금 툴라라고 부르는 곳, 멕시코시에서 북서쪽으로 80킬로미터쯤 떨어진 곳에 실제로 존재했었음이 의문의 여지 없이 알려져 있다.

톨란의 재발견은 19세기 말로 접어들면서 시작됐고, 그 과정의 단초는 주로 『신대륙의 고대 도시들 Les Anciennes villes du Nouveau Monde』(1885)을 쓴 프랑스 여행가 데지레 샤르네(Claude-Joseph Désiré Charnay, 1828~1915)와 연관돼 있다. 체계적인 발굴 작업은 1940년대가 돼서야 멕시코 고고학자 호르헤 아코스타(Jorge Ruffier Acosta, 1908~1975)의 지휘 아래 이루어졌다. 이 발굴 및 복구 작업은 툴라그란데(Tula Grande)라는 주요 종교 단지에 초점을 맞추었다. 이후의 작업은 미시시피(Mississippi)대학 팀의 작업과 마찬가지로 역사 발굴의 폭을 더 넓혔다.

거기서 발견된 것들은 그 도시의 존재뿐만 아니라 여러 코덱스, 특히 『콰우티틀란 실록 Anales de Cuautitlán』으로 알려진 코덱스에서 말한 그 역사까지도 확인해 주었다. 톨란은 켓살코와틀 신의 후예라고 주장하는 사제 왕들이 통치했고 그래서 그들은 이름에다가 부칭(父稱) 격인 신의 이름을 덧붙였다는 사실이 지금 알려져 있다. 이런 관습은 이집트 파라오들 사이에 성행했었다. 이 사제 왕들 가운데 일부는 톨테카의 지배 범위를 확장하고자 했던 전사들이었다. 다른 사람들은 신앙에 좀 더 관심을 기울였다. 서기 10세기 후반에 통치한 사람은 세 아카틀 토필친켓살코와틀(Ce Acatl Topiltzin-Quetzalcóatl)이었다. 그의 이름과 시대는 확실하다. 그의 초상이 서기 968년에 해당하는 날짜와 함께 그 도시 유적을 내려다보는 바위에 새겨져 지금도 볼 수 있기 때문이다.

톨테카인들 사이에 종교 분쟁이 일어난 때가 바로 그의 시대였다. 이 분쟁은 사제 일부가 '전쟁의 신'을 달래기 위해 인신 공양 도입을 요구한 것과 관련이 있는 듯하다. 서기 987년에 토필친켓살코와틀과 그 추종자들은 톨란을 떠나 동쪽으로 옮겨갔다. 이전에 전설 속에서 켓살코와틀 신이 떠난 일을 뒤따른 것이다. 그들은 유카탄 반도에 정착했다.

200년 뒤 자연재해와 다른 부족민들의 습격으로 톨테카인들이 멸망했다. 재해는 신이 분노했다는 표시여서 도시의 운명을 예고하는 것으로 받아들여졌다. 역사가 사하군은 결국 통치자가 톨란을 떠나야 한다며 톨테카인들을 설득했다고 적었다. 그 통치자는 사람들이 우에막(Huemac)이라는 이름을 지녔었다고 생각하는, 그러나 역시 켓살코와틀이라는 부칭을 달고 있던 사람이었다.

그래서 그의 명령에 따라 그들은 떠났다. 거기에 오랫동안 살았고, 크고 멋진 집과 신전과 궁궐 들을 지었지만 말이다. (…) 마침내 그들은 떠나야 했다. 집과 땅과 도시와 재산을 남겨놓은 채였다. 그렇지만 그들은 자신들의 모든 재산을 가지고 갈 수 없었기 때문에 여러 가지 물건들을 땅에 묻었다. 오늘날에도 그 가운데 일부가 땅속에서 나오는데, 그 아름다움과

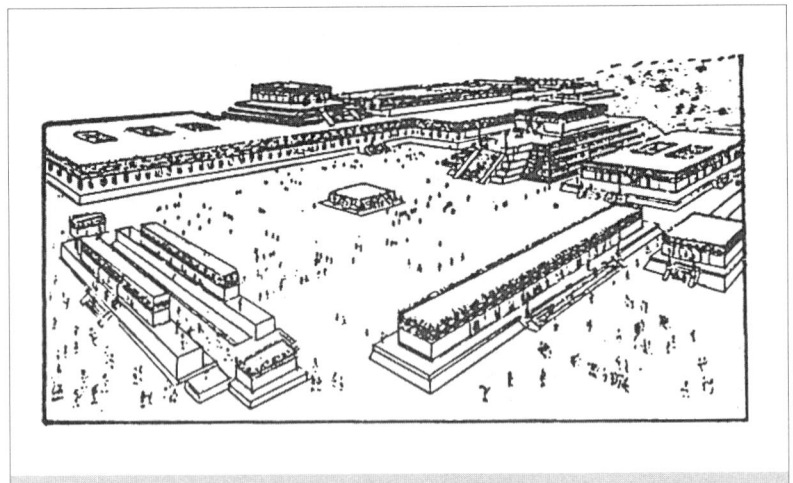

【그림 17】 톨란의 중심 의례 단지

솜씨에 찬탄을 금할 수 없다.

결국 서기 1168년이나 그 무렵에 톨란은 황량한 도시로 변해 쇠퇴하고 붕괴했다. 아스테카의 첫 족장은 이 도시의 유적을 발견하고 비통하게 울부짖었다고 한다. 자연의 파괴 작용과 함께 침략자·약탈자·도둑들이 신전을 더럽히고 기념물을 쓰러뜨렸으며, 남아 있는 것은 무엇이든지 부숴버렸다. 이에 따라 톨란은 무너지고 잊혀서 다만 전설로 남았다.

800년 뒤 톨란에 관해 알려진 내용들은 '여러 이웃들이 모이는 곳'이라는 뜻인 그 이름이 적절한 것이었음을 입증한다. 18제곱킬로미터에 이르는 땅이 여러 구역으로 구획된 곳이었던 것으로 보이기 때문이다. 톨란에는 그 설계자들이 모델로 삼았던 테오티와칸과 마찬가지로 중심부에 남-북 축으로 1.5킬로미터쯤 뻗쳐 있는 신성 구역이 있었다. 그 옆에는 남-북 축과 직각인 동-서 방향으로 지어진 의례용 건물군이 있었다. 이미 지적했듯이 방향 설정에는 테오티와칸의 '신성한 기울기'가 적용됐다. 그 시대와 톨란의 지리적 위치에서는 더 이상 천문학적인 의미를 지니지 않는 것이긴 했지만 말이다.

신성 구역의 북쪽 경계라 할 만한 곳에서 특이한 건물 유적이 발견됐다. 앞부분은 계단이 있는 정상적인 계단식 피라미드처럼 만들어졌다. 그러나 뒤쪽은 둥그런 구조였고, 아마도 위에 탑이 있었던 듯했다. 관측소로 쓰였던 모양인 이 건물은 틀림없이 테노치티틀란에 있는 후대 아스테카인들의 켓살코와틀 신전과 멕시코 다른 곳들에 세워진 다른 관측용 원형 피라미드의 모델이 됐던 것으로 보인다.

남쪽으로 1.5킬로미터쯤 떨어진 중심 의례 단지는 커다란 중앙 광장 주위에 배치돼 있었고, 광장 안에는 '대제단'이 있었다. 중심 신전은 광장 동쪽에 있는 거대한 5층 피라미드 꼭대기에 서 있었다. 북쪽에 있는 조금 작은 5층 피라미드는 또 다른 신전의 돋운 기단으로 쓰였다. 그 옆에는 여러 개의 방을 지닌 건물들이 있었는데, 불을 땐 흔적이 있어 어떤 공업적 목적으로 쓰였던 듯하다. 이어지는 건물들이나 회랑들의 늘어선 기둥 위에 지붕이 올라가 있었는데, 두 개의 피라미드와 연결돼 있었고 또한 광장의 남쪽으로 뻗어 있었다. 광장의 서쪽 끝에는 신성한 구기(球技) 경기인 틀라치틀리(tlachtli)를 할 수 있는 경기장이 있었다. 【그림 17】*

이 툴라그란데 중심 단지와 신성 구역의 북쪽 끝 사이에는 분명히 여러 건물들과 건물군들이 존재했었다. 또 다른 구기 경기장도 발굴됐다. 이 특별한 단지와 구역 전체에 걸쳐 비교적 많은 석상들이 발견됐다.

---

*【그림 17】은 고고학자 살라사르 오르테곤(P. Salazar Ortegón)이 제시한 바에 따라 미술적으로 재구성한 것이다.

【그림 18】 몸을 눕힌 자세의 반신반인 차크모올

그 가운데는 흔한 코요틀(cóyotl, 코요테)이나 생소한 호랑이 등 동물들을 형상화한 것은 물론, 몸을 눕힌 차크모올(Chacmool)이라는 반신반인도 있다. 【그림 18】 톨테카인들은 또한 자기네 족장의 조각상도 만들었는데, 대체로 그들을 키가 작은 사람들로 묘사하고 있다. 전사 차림에다가 왼손에 구부러진 창 또는 화살 발사기인 아틀아틀(atl-atl)이라는 무기를 든 다른 사람들은 네모기둥 부조로 새겨졌는데, 옆모습과 함께 뒷모습도 있다. 【그림 19a/b】

1940년대에 호르헤 아코스타의 지휘 아래 조직적이고 지속적인 고고학 연구가 시작되자 대피라미드로 관심이 쏠렸다. 대제단을 바라보고 있는 그 피라미드는 분명히 천문학적인 목적으로 세운 것임이 드러났다. 당시 고고학자들은 이 지역 인디언들이 왜 이 황량한 언덕을 엘테소로(El Tesoro), 곧 '보물'이라고 했는지 의문스러워했다. 그러나 발굴이 시작된 뒤 몇 가지 금 공예품들이 발견되자 일꾼들은 피라미드가 '황금 벌판' 위에 세워졌다며 더 이상 작업을 하지 않겠다고 고집을 부렸다. 아코스타는 이렇게 썼다.

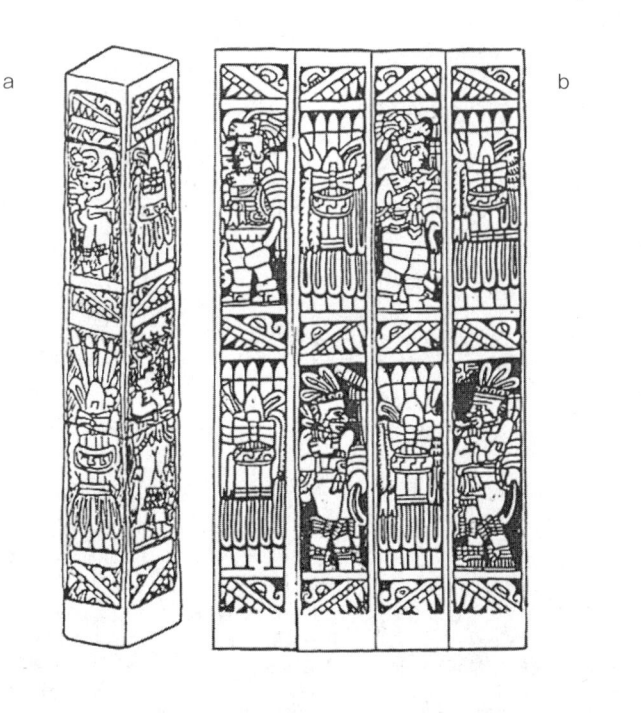

【그림 19a/b】 전사의 모습을 담은 네모기둥 부조(b는 펼친 모습)

그것이 실제로 그러한 것이었든 미신이었든 관계없이, 결과적으로 연구가 중단되고 다시는 재개되지 않았다.

그러자 연구는 처음에 임시로 '달의 피라미드'라고 했다가 나중에 '피라미드 B'로 불렀던 작은 피라미드로 집중됐다. 그것은 나중에 '켓살코와틀 피라미드'로 불렸다. 이런 칭호는 주로 현지에서 오래 불렸던 언덕 이름에서 나왔는데, '샛별의 신'이라는 뜻인 그 이름은 아마도 켓살코와틀의 통칭 가운데 하나였던 듯하다. 그리고 피라미드의 계단들을 장식

【그림 20】 켓살코와틀 피라미드에서 발굴된 기둥 조각상들

한 여러 색깔의 벽토와 얕은 부조의 잔존물들에서도 화려한 장식의 거의 대부분이 '깃털 달린 뱀' 모티프임이 입증됐다. 고고학자들은 또한 '깃털 달린 뱀' 모습이 새겨진 두 개의 둥근 돌기둥이 이 피라미드 꼭대기 신전 입구에 현관 기둥으로 세워져 있었을 것으로 추측했다. 그 기둥의 파편 몇 개도 발견됐다.

가장 큰 고고학적 보물단지는 피라미드의 북쪽 면이 에스파냐인들의 정복 이전 시기에 손상 입었음을 아코스타 팀이 깨달은 뒤 발견됐다. 램프 같은 부분이 이 면 중간으로 내려간 듯, 계단 경사로를 대신하고 있었다. 그곳을 파낸 고고학자들은 피라미드의 이 면에 굴이 나 있어 그 내부 깊숙한 곳으로 연결되고 있음을 발견했다. 피라미드 높이의 그 굴은 상당히 많은 양의 돌 조각상을 안에 묻기 위한 것이었다. 그것들을 꺼내어 세우고 맞춰보니 두 개의 둥근 현관 기둥과 피라미드의 신전 지붕을 떠받쳤던 것으로 생각되는 네 개의 네모꼴 기둥, 아틀라스(Atlas)*로 알려지게 되는 높이 4.5미터 이상의 인간 모양을 한 거대한 조각상 네 개 등의 일부분이었다. 【그림 20】 이들은 지붕이나 도리 등을 떠받치는 벽 기둥으로 쓰인 조각품들이었던 것으로 보이는데, 고고학자들이 복구 작업을 마무리하면서 피라미드 꼭대기에 다시 세웠다.

각각의 아틀라스는 네 부분으로 이루어져 서로 짜 맞춰지도록 조각됐다. 【그림 21】 맨 윗부분은 조각상의 머리인데, 별 모양으로 장식된 띠로 묶은 깃털 머리장식을 한 거인의 모습이다. 두 개의 늘어진 부분이 양쪽 귀를 덮고 있다. 얼굴 생김새는 얼른 무엇을 닮았다고 하기 어려워, 아직 어떤 알려진 인종 집단과도 섣불리 비교할 수가 없다. 네 개의 얼굴이 모두 똑같이 낯선 모습으로 표현됐지만, 그것들을 자세히 살펴보면 약간씩 다르고 개별적인 모습이 나타난다.

몸통은 두 부분으로 이루어졌다. 윗부분, 곧 가슴 부분에서 가장 두드러진 모습은 두꺼운 가슴받이인데, 그 모양은 나비와 비교된다. 몸통

---

*옛 서양 건축에서 남자 신의 모습을 한 기둥. 고대 그리스에서 하늘을 떠받치는 벌을 받았다는 거인 아틀라스의 형상을 본떠서 만들었기 때문에 이런 이름이 붙었다. 남상(男像) 기둥이라고도 한다. (옮긴이)

【그림 21】 아틀라스를 네 방향에서 본 모습

의 아랫부분에서 두드러진 모습은 뒤쪽에 있다. 그것은 한가운데에 인간의 얼굴을 그린 원반이며, 그 주변은 해독되지 않은 상징들로 둘러싸여 있는데 일부의 견해로는 두 마리의 얽힌 뱀 모습을 한 '화관(花冠)'이라고 한다. 맨 아랫부분은 거인의 허벅지와 다리, 신발을 신은 발이다. 이런 차림의 적당한 곳에 리본이 매어져 있다. 완장과 양말, 허리장식이 세심한 차림새에 포함돼 있다. 【그림 21 참조】

이 거인상들은 누구를 나타낸 것일까? 이것들을 처음 발견한 사람들은 이들을 '우상(偶像)'이라 불렀다. 그들이 신이라고 확신한 것이다. 대중 작가들은 그들에게 '아틀라스'라는 별명을 붙였다. 그것은 두 가지 의미를 지닌다. 그들이 '물에서 빛나는 여신' 아틀란토나(Atlantona)의 자손이리라는 것과, 또한 그들이 전설의 아틀란티스에서 왔으리라는 것이다. 상상에 덜 의존하는 학자들은 그들을 그저 톨테카 전사들로 본다. 그들은 왼손에 화살 한 다발, 오른손에 아틀아틀을 들고 있다. 그러

【그림 22a】 아틀라스가 오른손에 들고 있는 무기

【그림 22b/c】 톨테카 유적 속의 '플라스마 총' 그림(c는 해당 부분 개념도)

나 이런 해석은 맞는다고 볼 수 없겠다. 왼손에 든 '화살들'은 똑바르지 않고 구부러졌기 때문이다. 그리고 우리는 아틀아틀이 왼손에 드는 무기임을 본 바 있다. 동시에 오른손에 든 무기는 아틀아틀이라면 구부러져 있어야 하는데 그렇지 않다.【그림 22a】 그렇다면 그것은 무엇일까?

이 도구는 차라리 권총집에 들어 있는 권총처럼 보이는데, 아틀라스가 두 손가락으로 잡고 있다. 헤라르도 레베트(Gerardo Levet)는 『결정적인 미션 *Misión Fatal*』에서 그것은 무기가 아니라 '플라스마 총'이라는 도구였다는 재미있는 이론을 제기했다. 그는 톨테카 족장들을 그린 네모꼴 벽 기둥 하나에서 왼쪽 위 구석에 배낭을 메고 문제의 도구를 들고 있는 사람의 모습이 새겨진 것을 발견했다.【그림 22b】그는 돌을 다듬기 위해 이것을 화염방사기처럼 사용하고 있다.【그림 22c】이 도구는 의심할 여지 없이 그 거인들의 오른손에 들려 있는 도구들과 같은 것이다. 레베트는 그것이 돌을 자르고 새기는 데 사용하는 고성능 '총'이라 주장하고, 그러한 발염(發炎)분사기가 현대 미국의 조지아(Georgia) 주 스톤마운틴(Stone Mountain)에서 거대 기념물을 새기는 데 사용됐음을 지적했다.

레베트가 발견한 것은 그의 이론에만 의미가 있는 것이 아닌 듯하다. 메소아메리카 곳곳에서 그곳 예술가들의 작품인 돌기둥들과 조각물들이 발견됐기 때문에 그 돌 조각물들을 설명하려고 고성능 도구들을 찾을 필요가 없다. 반면에 그려진 도구는 톨란의 또 다른 불가사의한 측면을 설명하는 데 도움이 될 것이다.

고고학자들은 램프의 흙을 치우고 피라미드 안쪽을 조사했다. 그들은 겉의 드러난 피라미드가 먼저 세워진 피라미드 위에 세워져 그것을 숨기고 있고, 먼저 세워진 피라미드의 층층대는 각 변에서 2.5미터쯤 되는 곳에 있음을 발견했다. 그들은 또한 먼젓번 피라미드 안에 방들과 통로들이 있었음을 시사하는 수직 벽들의 잔해를 발견했다(그러나 그것을 따라가 보지는 않았다). 그들은 특이한 구조물도 발견했다. 꼭 맞는 통 모양의 구획으로 이루어진 석관(石管)이었는데, 내부 지름이 45센티미터쯤이었다.【그림 23】이 긴 관은 피라미드 안에 그 본래의 경사와 같은 각도로 매설돼 있었고, 그 꼭대기까지 이어져 있었다.

아코스타와 그의 팀은 이 통로가 빗물을 빼내는 용도로 쓰였을 것이

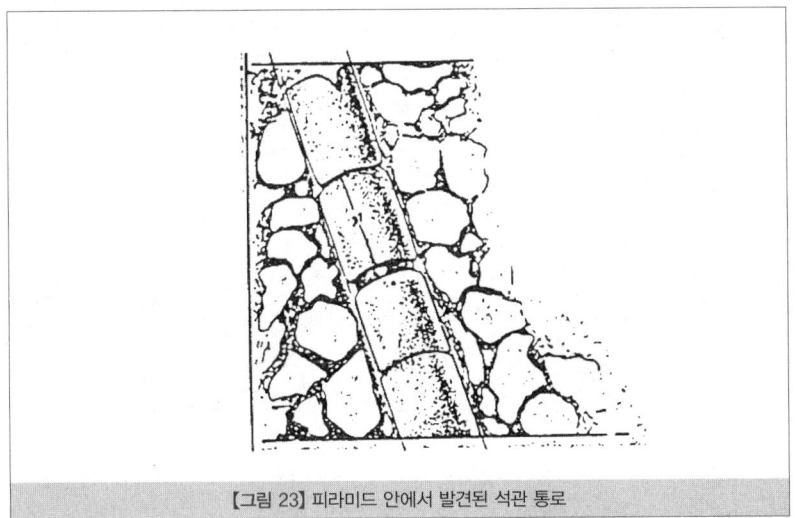

【그림 23】 피라미드 안에서 발견된 석관 통로

라고 추정했다. 그러나 그것은 그런 공들인 내부 설비 없이도 할 수 있고, 정밀하게 파낸 석관 대신 보통의 도관(陶管) 정도로도 가능하다. 이 이례적이고 더 나아가 독특한 장치의 위치와 기울기는 분명히 피라미드의 당초 계획의 일부이고 구조물의 목적에 필수불가결한 것이었다. 옆에 여러 개의 방이 있고 여러 층으로 된 건물들의 잔해가 있다는 사실은 어떤 공업적인 처리 과정을 시사하며, 또한 옛날 툴라 강에서 끌어온 물이 이 건물들 옆을 흘렀다는 사실은 매우 이른 시기에 이곳에서도 테오티와칸에서처럼 어떤 정제와 정련 과정이 이루어졌을 가능성을 제기한다.

우리는 이런 생각을 해본다. 그 수수께끼의 도구는 돌에 조각을 하기 위한 것이 아니라 광석을 얻기 위해 돌을 깨는 도구가 아니었을까? 다시 말해서 그것은 고차원적인 광업용 도구가 아니었을까?

그리고 찾던 그 광물은 금이 아니었을까?

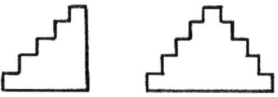

【그림 24a】 계단식 피라미드로 그려진 '하늘에 이르는 계단' 신성문자

【그림 24b】 톨란 피라미드 주위 벽에 장식된 계단식 피라미드

   1,000년 이상 전에 중앙 멕시코의 '아틀라스들'이 첨단기술 도구를 가지고 있었다는 것은 그들이 누구냐 하는 문제로 이어진다. 그들의 얼굴 모습으로 판단컨대 분명히 메소아메리카 사람들은 아니다. 그리고 조각상의 크기가 숭배의 척도라면 아마도 인간이 아니라 '신들'이었을 것이다. 이 거대한 조각상들 옆에 보통 크기로 톨테카 통치자들의 모습이 새겨진 네모꼴 기둥이 세워져 있기 때문이다. 에스파냐인들의 정복 이전 어느 시기에 거대한 조각상들이 해체돼 조심스럽게 피라미드 안으로 내려지고 거기 묻혔던 것은 그것을 신성시하는 조처였던 듯하다. 정말로 이 모든 일들은 앞서 인용했던 사하군의 이야기를 확인한다. 톨테카인들이 톨란을 버리면서 "그들은 여러 가지 물건들을 땅에 묻었으며", 그 가운데 일부가 사하군의 시대에도 "땅속에서 나왔고, 그 아름다움과 솜씨에 찬탄을 금할 수 없었다"는 얘기 말이다.

   고고학자들은 네 아틀라스들이 켓살코와틀 신전 꼭대기에 서서 '하늘

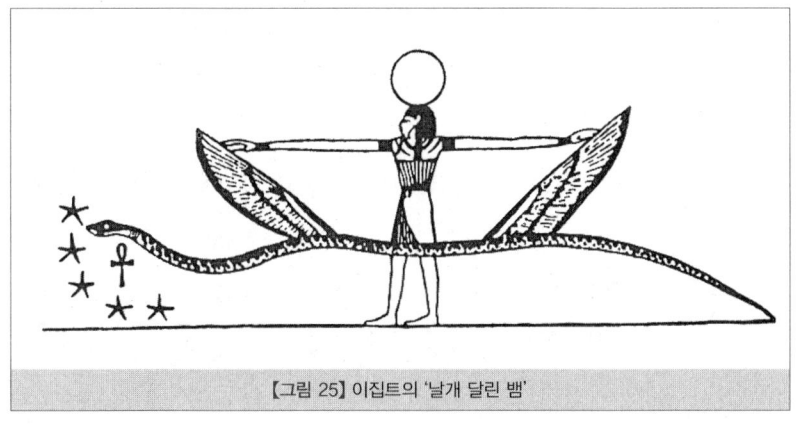

【그림 25】 이집트의 '날개 달린 뱀'

의 덮개'를 받치고라도 있는 것처럼 피라미드 꼭대기의 신전 천정을 떠받치고 있었다고 생각했다. 이것은 이집트인들의 신앙에서 호루스의 네 아들들이 맡았던 역할이었다. 그들은 네 기본 방위에 서서 하늘을 떠받치고 있었다. 이집트의 「죽은 자의 책 *The Book of Dead*」에 따르면 천상과 지구를 연결하는 것이 이들 네 신이었다. 그들은 죽은 파라오를 따라 신성한 계단으로 가서 그가 영원한 내세를 살기 위해 하늘로 올라갈 수 있도록 했다. 이 '하늘에 이르는 계단'은 신성문자로 한 개 또는 두 개의 계단으로 묘사됐는데, 두 개의 계단은 계단식 피라미드를 의미했다.【그림 24a】이 계단 표시가 톨란의 피라미드 주위 벽에 장식돼 있고 그것이 아스테카의 중요한 상징 도상이 된 것이 그저 우연일까?【그림 24b】

이 모든 상징들과 나와틀 사람들의 종교적 신념들의 한가운데 있는 것이 그들의 주신(主神)이자 그들에게 모든 지식을 전수해 준 켓살코와틀, 곧 '깃털 달린 뱀'이다. 그러나 새처럼 날개를 가지고 날 수 없는 뱀이라면 '깃털 달린' 뱀이란 무엇인가 하는 의문이 들 수 있다.

그리고 만약 그렇다면 '깃털 달린 뱀'으로서 켓살코와틀의 개념은 바로 죽은 파라오가 영생하는 신들의 나라로 갈 수 있도록 도와주는 이집트의 '날개 달린 뱀' 개념과 같다.【그림 25】

켓살코와틀 외에도, 나와틀 신들의 전당은 뱀과 관련된 신들로 채워졌다. 시와코아틀은 '뱀 여신'이었다. 치코메코아틀(Chicomecóatl)은 '일곱의 뱀'이었다. 에에카코아미스틀리(Ehecacoamixtli)는 '흘러가는 구름의 뱀'이었다. 높은 신 틀랄록은 종종 두 얼굴의 뱀으로 그려졌다.

그리고 결국, 현실적인 학자들은 받아들이기 어렵겠지만, 신화학·고고학과 상징들은 중앙 멕시코, 더 나아가 메소아메리카 전역이 '뱀 신들', 곧 고대 이집트 신들의 왕국이었다는 결론을 내릴 수밖에 없는 것이다.

4 밀림 속의 천문학자들

밀림 속의 천문학자들

마야.

이 이름은 신비와 수수께끼와 모험을 생각나게 한다. 사람들은 남아 있지만 사라져버린, 그래서 지금은 없는 문명이다. 통째로 버려져 푸른 밀림 숲에 삼켜진 놀라운 도시들. 하늘 높이 솟아 신들에게 손을 뻗치고 있는 피라미드들. 그리고 공들여 새기고 장식해 예술적인 상형문자로 말하고 있지만 그 의미는 대부분 세월의 뒤안길에서 잊힌 유물들.

마야의 신비는 에스파냐인들이 처음 유카탄 반도에 발을 내딛고 밀림 속으로 사라진 도시들의 자취를 본 순간부터 유럽인들의 상상력과 호기심을 사로잡았다. 모든 것은 정말로 믿을 수 없었지만, 그것들은 거기 있었다. 계단식 피라미드들, 기단 위에 선 신전들, 장식된 궁궐들, 조각된 돌기둥들이 있었다. 그리고 에스파냐인들은 그 놀라운 유적들을 바라보면서 왕국과 도시국가와 한때 존재했던 번영에 관한 원주민들의 설화를 들을 수 있었다. 에스파냐인들의 정복 시기와 그 이후 유카탄 및 마야에 대해 썼던 가장 유명한 에스파냐 사제들 중 하나인 탁발 수도사

(나중에 주교가 됐다) 디에고 데 란다는 『유카탄 풍물기』에서 이렇게 썼다.

> 유카탄에는 매우 아름다운 건축물들이 많다. 서인도 제도에서 발견된 모든 것들 가운데 가장 뛰어난 것들이다. 그것들은 모두 돌로 지어졌고 화려하게 장식됐다. 그러나 이 나라에서는 이를 깎는 데 썼을 금속이 전혀 발견되지 않았다.

에스파냐인들은 마음속에 보물을 찾는다든지 원주민들을 기독교로 개종시킨다든지 하는 다른 관심들을 품고 있었으므로 관심을 유적들에 돌리는 데 거의 200년이 걸렸다. 1785년이 돼서야 영국 왕립위원회(RC)가 당시 발견된 팔렝케(Palenque) 유적을 조사했다. 다행히 도판이 딸린 위원회 보고서 한 부가 런던(London)으로 전해졌다. 결국 그것이 출판되고, 마야의 수수께끼가 돈 많은 귀족 킹스버러(Viscount Kingsborough, 1795~1837)의 관심을 끌었다. 그는 메소아메리카 주민들이 이스라엘의 '사라진 열 종족'의 후예임을 굳게 믿고 남은 생애와 자신의 모든 재산을 멕시코의 고대 유물과 저작에 대한 조사와 해석에 쏟아부었다. 그의 『멕시코의 고대 유적 Antiquities of Mexico : Comprising Facsimiles of Ancient Mexican Paintings and Hieroglyphics』(1830~1848)은 란다의 『유카탄 풍물기』와 함께 마야의 과거에 관한 귀중한 정보원 노릇을 해왔다.

그러나 대중들의 마음속에서 마야 문명에 대한 고고학적 발견을 시작한 영예는 미국 뉴저지(New Jersey) 주 출신의 존 스티븐스(John Lloyd Stephens, 1805~1852)의 것으로 생각되고 있다. 그는 중앙아메리카연방*

---

*1823년부터 1840년까지 중앙아메리카에 존재했던 나라. 과테말라·니카라과·엘살바도르·온두라스·코스타리카로 구성돼 연방공화국을 이루려 했으나 1838년부터 시작된 내전으로 와해됐다. (옮긴이)

주재 미국 공사로 임명되자 뛰어난 미술가인 친구 프레더릭 캐서우드(Frederick Catherwood, 1799~1854)와 함께 마야 땅으로 갔다. 스티븐스가 쓰고 캐서우드가 그림을 그린 두 책 『중앙아메리카·치아파스·유카탄 여행기 Incidents of Travel in Central America, Chiapas and Yucatán』(1841)와 『유카탄 여행기 Incidents of Travel in Yucatán』(1843)는 출판된 지 150년 이상이 지난 지금까지도 추천 도서 감이다. 캐서우드가 혼자 쓴 책 『중앙아메리카·치아파스·유카탄의 고대 유적 Views of Ancient Monuments in Central America, Chiapas and Yucatán』(1844)은 이 문제에 대한 관심을 더욱 부채질했다. 캐서우드의 스케치를 현대의 사진과 나란히 놓고 보면 그의 작업이 정확했음에 놀라게 된다(그리고 그 이후 침식이 일어났음을 깨달으면 슬픔을 금할 수 없다).

이들의 보고는 특히 팔렝케·우스말(Uxmal)·치첸잇사(Chichén Itzá)·코판(Copán) 등 큰 유적지들에 관해 자세하다. 무엇보다 코판은 스티븐스와 관련이 있다. 그는 방해받지 않고 그곳을 조사하기 위해 그 유적지를 현지의 땅 주인으로부터 미국 돈 50달러에 사버렸다. 두 사람은 모두 해서 50개 가까운 마야 도시들을 탐사했다. 이렇게 여러 군데를 다니는 동안 상상에 의존하던 부분이 줄었을 뿐 아니라, 우림지대의 푸른 덮개가 몇 개의 사라진 거주지뿐만 아니라 사라진 문명 전체를 숨기고 있음을 의심치 않게 됐다. 특히 중요한 것은 유물들에 새겨진 상징들과 그림문자들 가운데 일부가 사실은 그것들이 만들어진 이후의 시간을 말해주고 있어서 마야 문명을 시간의 틀 속에 넣을 수 있게 됐음을 인식한 것이었다. 마야의 그림문자를 완전히 해독하려면 아직 멀었지만, 학자들은 시간과 관련된 새김글들을 읽어내는 데 성공해, 서기로 환산한 연대를 확인할 수 있게 됐다.

우리는 마야인들이 남긴 방대한 문헌들을 통해 그들에 대해 더 많은 것을 알 수도 있었다. 나무껍질을 잘라 만든 종이 위에 쓴 책들이다. 그 종이는 그림 그릴 바탕을 만들기 위해 백회(白灰)로 처리했다. 그러나 이 책들은 에스파냐 사제들에 의해 수백 권씩 조직적으로 폐기됐다. 그 가운데 가장 유명한 사람은 바로 자신의 저작 속에 많은 '이교도'들에 관한 정보를 남기게 되는 주교 란다였다.

코덱스('그림책')는 단지 세 개(그것들이 진짜라면 4분의 1이다)만이 남았다. 거기서 학자들이 가장 관심을 기울인 부분이 천문학을 다룬 부분이었다. 다른 두 개의 주요 문헌 역시 이용할 수 있다. 그것들은 원본 그림책이나 구전 전승을 원주민 언어로, 그러나 라틴 문자로 재기록한 것이다.

그 책들 가운데 하나가 『칠람 발람 Chilam Balam』이다. '사제 발람의 계시(또는 말)'라는 뜻이다. 유카탄의 여러 마을에 이 책의 사본들이 보관돼 있었다.* 발람은 아마도 마야판 '에드거 케이시(Edgar Cayce, 1877~1945)'**였던 듯하다. 이 책들은 신화 속 과거와 예언 속의 미래에 관한 정보를 기록하고 있다. 관습과 의식, 점성술, 의학적 조언 등의 정보다.

'발람'이라는 말은 원주민 말로 '표범'을 뜻하기 때문에 학자들은 깜짝 놀랐다. 그것은 계시와는 직접적인 연관이 전혀 없었기 때문이다. 그러나 고대 이집트에서 '셈(Shem) 사제'라 불리는 한 사제 계급이 표범 가죽을 걸쳤다는 사실이 매우 흥미롭다. 【그림 26a】그들은 특정 왕실 의식이나, 죽은 파라오가 내세에 신들의 세계에 합류할 수 있도록 '입을 벌리는' 비밀 의식에서 계시를 전해주는 사람들이었다. 마야 그림에서도 비

---

*가장 잘 보존되고 영어로 번역된 것 중 하나가 『Book of Chilam Balam of Chumayel』이다.
**20세기 초 미국의 예언가. 최면 상태에서 과거와 미래의 일들에 대해 이야기했다. (옮긴이)

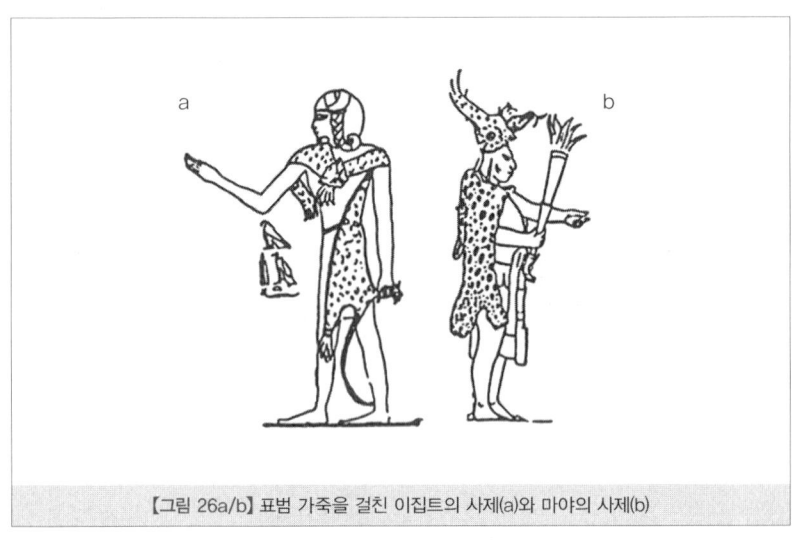

【그림 26a/b】 표범 가죽을 걸친 이집트의 사제(a)와 마야의 사제(b)

숫한 차림의 사제 모습이 발견됐다.【그림 26b】아메리카 표범과 아프리카 표범은 종(種)이 다르기는 하지만, 이로써 발람이라는 이름과 '표범'의 연관성은 설명될 수 있다. 이는 또한 이집트 종교의 영향을 다시 한 번 드러내는 것이기도 하다.

이 계시를 전해주는 마야 사제의 이름과 구약에 나오는 현자 발라암(Balaam, 발람)의 이름이 유사한 것은 더욱 흥미롭다. 구약에 따르면 발라암은 이스라엘인들의 이집트 탈출 때 그들에게 저주를 내려달라고 모아브(Moab, 모압) 왕이 초빙했지만 결국 이스라엘인들에게 호의적인 계시를 전해준 사람이다. 이것이 단지 우연의 일치일까?

또 다른 책은 고지(高地) 마야의 「포폴 우흐 *Popol Wu'uj*」다. '마을의 책'이라는 뜻이다. 이 책은 신과 인간의 기원, 왕실의 가계 등을 설명한다. 그 우주 기원론과 창조 전승들은 기본적으로 나와틀인들의 것과 비슷해서 같은 원본에서 나왔음을 시사한다. 마야인의 뿌리에 관해 「포폴 우흐」는 그들의 조상이 "바다 건너편에서" 왔다고 말한다. 란다는 이렇게 썼다.

(인디언들은) 동쪽에서 온, 신이 바다에 열두 개의 길을 열어 구해준 종족이 이 땅을 차지하고 있었다는 이야기를 조상들에게서 들었다.

이런 이야기들은 「보탄(Votan) 전설」로 알려진 마야 설화와 일치한다. 이 설화는 몇몇 에스파냐 역사가, 특히 탁발 수도사 라몬 오르도녜스 이 아기아르(Ramon Ordóñez y Aguiar)와 주교 누녜스 데 라 베가(Francisco Núñez de la Vega) 등이 전해준다. 수도원장 샤를 에티엔 브라쇠르 드 부르부르(Charles-Étienne Brasseur de Bourbourg, 1814~1874)가 여러 자료들을 모아 『멕시코 및 중앙아메리카 문명사 Histoire des nations civilisées du Mexique et de l'Amérique Centrale, durant les siècles antérieurs à Christophe Colomb』(1857~1859)를 펴낸 것은 그 뒤의 일이었다. 역사가들의 계산에 따르면 이 전설은 서기전 1000년 무렵에 "첫 번째 인간"이 유카탄에 도착했음을 이야기한다. 그의 이름은 보탄(의미는 알 수 없다)이었고, 그의 상징은 뱀이었다.

지금 아메리카라고 부르는 이 지역에 신이 그를 보내 나누어 살게 한 것이었다. (…) 그는 '수호자들'의 후예였고, 칸(Can) 종족의 후예였다. 그의 고향은 치빔(Chivim)이라고 불리는 땅이었다.

보탄은 네 번 항해했다. 그는 처음 상륙해서는 해안 가까이에 정착촌을 건설했다. 얼마 뒤 그는 내륙으로 좀 더 진출했고, "큰 강의 지류에

이 문명의 요람이 되는 도시를 건설했다"고 전해진다. 그는 그 도시를 나찬(Nachan)이라고 불렀다. "그것은 '뱀들의 땅'이라는 뜻이었다." 두 번째로 찾아왔을 때 그는 새로 발견한 땅을 조사하고 그 지하 구역들과 지하 통로들을 살폈다. 그런 통로들 가운데 하나가 바로 나찬 부근의 한 산을 지나갔다고 한다. 그가 네 번째로 아메리카에 돌아왔을 때 그는 사람들 사이에 불화와 경쟁이 있음을 발견했다. 그래서 그는 영토를 네 지역으로 나누고 각 지역의 수도 역할을 할 도시를 건설했다. 팔렝케가 그 하나로 언급돼 있으며, 또 하나는 태평양 연안에 있었던 듯하다. 나머지는 알 수가 없다.

누녜스 데 라 베가는 보탄이 볼리비아 접경 지역에서 왔다고 확신했다. 오르도녜스는 치빔이 히비(Hivi, 히위)인들의 땅이라고 결론지었다. 히비인은 구약(「창세기」 10장)에 이집트인들의 사촌인 카나안의 자손으로 나와 있다. 좀 더 최근에는 젤리아 누탈이 『피바디(Peabody)박물관 논문집』(하버드대학)에 기고하면서 '뱀'에 해당하는 마야어 '칸(Can)'은 히브리어 '카나안(Canaan)'과 대비된다고 지적했다. 만약 그렇다면 보단이 간 종족이고 그의 상징이 뱀이라고 말하는 마야 전설은 보탄이 카나안에서 왔음을 이야기하기 위해 말장난을 한 것일 수 있다. 이렇게 보면 왜 '뱀들의 땅' 나찬(Nachan)이 '뱀'을 뜻하는 히브리어 나카쉬(Nachash)와 실질적으로 동일한가 하는 우리의 의문은 틀림없이 근거가 있는 것이다.

그러한 전설들은 유카탄 문명(마야뿐만 아니라 더 이른 시기의 올메카 문명까지도)이 멕시코 만 연안 지역에서 시작됐다고 생각하는 학자들의 입장을 뒷받침해 준다. 이런 관점에서 사람들에게 별로 알려지지 않은 한 유적지에 더 많은 관심을 기울일 필요가 있다. 그곳은 툴레인(Tulane)대학과 미국지리학회(NGS)의 발굴 팀에 따르면 "서기전 2000년에서 서기전 1000년 사이(어쩌면 그 이전)"의 마야 문명 초창기에 해당하는 유적이다. 치빌찰툰(Ts'íibil Cháaltun)이라 불리는 이곳은 유카탄 반도의 북서쪽 해안에 있는 항구 도시 프로그레소(Progreso) 부근에 위치해 있다. 이 유적은 50제곱킬로미터의 지역에 펼쳐져 있는데, 이른 시기부터 에스파냐인들의 정복 이후까지 도시가 들어서 있었음을 보여준다. 도시의 건물들은 짓고 다시 짓고 더 지었으며, 절단되고 장식된 그 돌들은 파내어져 에스파냐의 정복기 이후 현대에 이르기까지 멀고 가까운 지역의 건축 공사에 이용됐다. 거대한 신전들과 피라미드들 이외에 이 도시의 두드러진 특색은 '흰 큰길'다. 석회석이 깔린 간선 도로인데, 도시의 동-서 축을 이루며 똑바로 2.5킬로미터나 뻗어 있다.

고고학자들뿐만 아니라 수백만 방문객들에게도 잘 알려진 이름을 지닌 마야의 주요 도시들이 유카탄 반도 북쪽 끝에 죽 늘어서 있다. 우스말·이사말(Izamal)·마야판(Mayapán)·치첸잇사·툴룸(Tulum) 등이 가장 유명한 유적지들이다. 각 도시는 마야 역사에서 일정한 역할을 했다. 마야판은 한 도시국가 동맹의 중심지였고, 치첸잇사는 톨테카 이주자들에 의해 번성했다. 에스파냐 역사가 디에고 가르시아 데 팔라시오(Diego García de Palacio, ?~1595)에 따르면 그 가운데 어느 하나는 유카탄 출신의 한 위대한 마야 군주의 수도였을 가능성이 있다. 거기서 남쪽 고원지대를 정복하고 최남단의 마야 중심지 코판을 건설했던 것이다. 가르시아는 이런 사실이 모두, 자신이 코판을 찾아갔을 때 그곳 인디언들이 자신에게 보여준 책에 적혀 있었다고 썼다.

이 모든 전승들과 고고학적 증거들에도 불구하고 또 다른 그룹의 고고학자들은 마야 문화가(또는 적어도 마야인들 자체는) 지금의 과테말라인 남쪽의 고원지대에서 시작됐고, 거기서 북쪽으로 퍼져 나갔다고 본다.

모랄레스(D. S. Morales)의 『마야 세계 *The Maya World*』 같은 마야어에 대한 연구들은 그 기원을 "아마도 서기전 2600년 무렵에 지금의 과테말라 북서부 웨웨테낭고(Huehuetenango) 지역에 있었던 것으로 보이는 원(原)마야 공동체"로 추적해 올라간다. 그러나 마야 문명이 어디서, 그리고 어떻게 발전했든 학자들은 서기전 제2천년기를 그 '전고전(前古典)' 단계로 보고 전성기인 '고전' 단계의 시작을 서기 200년 무렵으로 본다. 서기 900년쯤에는 마야의 영토가 태평양 연안에서 멕시코 만과 카리브 해 연안으로 확장됐다. 그 수백 년 동안에 마야인들은 많은 도시들을 건설했다. 그 피라미드·신전·궁궐·광장, 돌기둥·조각상·새김글·장식 등이 그 물량과 다양성과 아름다움으로 학자들과 관광객들 모두를 당혹스럽게 만들었다. 그 엄청난 규모와 상상력 풍부한 건축은 말할 것도 없다. 성벽으로 둘러싸인 몇몇 도시들을 제외하면 마야의 도시들은 사실상 개방적인 의례 중심지였다. 관리들과 기술자들과 장사꾼들이 모여 살았던 그 도시들은 광대한 촌락 주민들에 의해 뒷받침됐다. 이들 중심지에서 역대 통치자들은 건물들을 새로 짓거나 옛 건물들을 확장했다. 양파 껍질에 새 켜가 생겨나듯이 기존 건물 위에 더 큰 건물을 지은 것이었다.

그리고 에스파냐인들이 도착하기 500년 전에, 마야인들은 알 수 없는 이유로 자신들의 신성한 도시들을 버려 밀림이 그것들을 삼키게 했다.

초기 마야 도시들 가운데 하나인 팔렝케는 멕시코와 과테말라 접경 부근에 위치하며, 현대의 도시 비야에르모사(Villahermosa)의 지척에 있다. 서기 7세기에 그곳은 마야 세력이 뻗어 나가던 서쪽 경계였다. 그 도시의 존재는 1773년 이후 유럽인들에게 알려졌다. 그 신전들과 궁궐 유적들이 발굴되고, 그곳의 많은 회벽 장식들과 그림문자 새김글들이

【그림 27】 팔렝케의 묘실이 있는 피라미드

1920년대 이래 고고학자들에 의해 연구됐다. 그러나 그 명성과 매력은 1949년 알베르토 루스 루이예르(Alberto Ruz Lhuillier, 1906~1979)의 발견 이후에야 비로소 시작됐다. '새김글의 신전'이라 불린 그 계단식 피라미드에 아래로 바닥까지 이어지는 비밀 내부 계단이 있었던 것이다. 내부 구조물에 가득 차 그것을 가렸던 흙과 쓰레기들을 몇 년에 걸쳐 치우고 보니 마침내 매우 호기심을 불러일으키는 모습이 드러났다. 바로 묘실(墓室)이었다. 【그림 27】 갈지(之)자로 난 계단 밑에 삼각형의 돌 토막이 빈 벽에 나 있는 출입 통로를 가리고 있었고, 거기에는 아직도 마야 전사들의 해골이 지키고 서 있었다. 그 뒤에는 둥근 천장의 지하실이 있었고, 그 벽에는 벽화가 그려져 있었다. 그 안에는 석관(石棺) 하나가 거대한 사각형 석판으로 덮여 있었는데, 석판만 해도 무게가 약 5톤에 길

【그림 28】 팔렝케 피라미드 묘실의 관 뚜껑에 그려진 그림

이는 3.8미터나 됐다. 이 돌 뚜껑을 치우자 키 큰 사람의 유해가 보였는데, 아직도 진주와 비취 장신구로 장식된 채였다. 그의 얼굴은 쪽매붙임을 한 비취 마스크로 덮여 있었다. 어떤 신의 모습이 새겨진 작은 비취 장식이 한때 비취 깃이었을 구슬들 사이에 놓여 있었다.

그 발견은 놀라운 것이었다. 당시까지 멕시코의 다른 피라미드나 신전들 가운데 무덤으로 쓰인 것이 발견된 적은 없었기 때문이다. 무덤과 그 주인에 대한 의문은 돌 뚜껑 위에 새겨진 그림 때문에 더욱 증폭됐다. 그것은 복잡한 방 안에서 깃털이 난(또는 불꽃이 타오르는) 옥좌에 앉아 기계 장치를 작동하는 맨발의 마야인 모습이었다. 【그림 28】 고대우주인연구회(AAS)와 그 후원자인 에리히 폰 대니켄(Erich Anton Paul von Däniken, 1935~)은 이 그림이 불꽃을 내뿜는 제트엔진으로 추진되는 우주선 안에 우주비행사가 있는 모습을 그렸다고 생각했다. 그들은 외계인(ET)이 여기에 묻혀 있다고 주장했다.

고고학자들과 다른 학자들은 이러한 생각을 비웃는다. 이 장례용 건물과 부근의 구조물들의 벽에 있는 새김글들을 근거로 그들은 여기 묻힌 사람이 서기 615년에서 683년 사이에 팔렝케를 통치했던 '방패' 파칼(K'inich Janaab' Pakal, 603~683)이라고 확신했다. 어떤 사람들은 이 그림이, 죽은 파칼을 '저승의 용'이 죽은 자들의 나라로 데리고 가는 모습이라고 본다. 그들은 동짓날 태양이 '새김글의 신전' 바로 뒤에서 지는 사실을 파칼 왕이 지는 태양의 신과 함께 떠나는 것에 대한 또 하나의 상징으로 생각한다. 다른 사람들은 이 그림이 '하늘의 띠'(천체들과 황도대 별자리들을 상징하는 연속적인 그림문자들)로 둘러져 있다는 사실에서 나온 수정 해석으로 옮겨간다. 이 장면은 파칼 왕이 '천상의 뱀'에 의해 신들의 천상 세계로 옮겨지고 있는 장면이라는 것이다. 죽은 자의 앞에 있는 십자가 같은 물건은 지금 양식화된 '생명나무'로 받아들여지고 있다. 파칼 왕이 영원한 내세로 옮겨지고 있음을 시사하는 것이다.

사실 '무덤 116'으로 알려진 비슷한 무덤이 티칼(Tikal) 대광장의 주요 피라미드 가운데 하나의 발치 부근에서 발견됐다. 지하 6미터쯤에서 이례적으로 키가 큰 사람의 유해가 묻혀 있는 것을 찾아냈다. 그 유해는 석축 기단 위에 놓여 있었다. 그는 비취 장신구로 꾸며져 있었고, 팔렝케에서와 마찬가지로 진주들과 비취 제품들, 항아리 같은 것들이 주위에 널려 있었다. 또한 불을 뿜는 뱀(학자들은 그것을 '하늘의 신'이라고 부른다)의 입에 사람이 물려 옮겨지고 있는 모습도 여러 마야 유적지에서 발

【그림 29】 치첸잇사에서 발견된, 불을 뿜으며 사람을 옮기는 뱀 그림

견됐다. 치첸잇사에서 발견된 것도 그 하나다. 【그림 29】

이 모든 것을 감안해 학자들이 인정한 내용을, 《내셔널 지오그래픽 National Geographic》에 「시간의 아이들 마야 The Maya, Children of Time」라는 제목으로 글을 실은 라파이(H. La Fay)의 말로 들어보자.

이는 무의식중에 이집트 파라오들의 지하 묘실과 비교하게 된다. 파칼의 무덤과 그보다 이른 시기에 나일(Nile) 강 유역을 통치했던 자들의 무덤 사이에는 놀라운 유사성이 있다.

정말로 파칼의 석관에 그려진 장면은 파라오가 '날개 달린 뱀'에 의해 영원한 내세로 옮겨지고 있는 것과 완전히 똑같은 모습을 전한다. 그 내세는 천상에서 온 신들과 함께하는 것인데, 우주인이 아니었던 파라오들은 죽은 뒤에 그들 무리에 끼이게 되는 것이다. 새겨진 장면은 파칼 역시 그러함을 암시하고 있다고 우리는 생각한다.

메소아메리카와 중앙아메리카, 그리고 남아메리카 적도지대의 밀림에서 무덤들만 발견된 것은 아니었다. 열대 초목이 무성한 언덕들이 거듭 피라미드로 판명됐다. 피라미드군(群)들은 사라진 도시의 꼭대기였다. 1978년 멕시코-과테말라 경계에 자리 잡은 밀림 유적지 엘미라도르(El Mirador)가 발굴되기 시작해 서기전 400년까지 거슬러 올라가는 16제곱킬로미터 넓이의 마야 대도시가 드러나기 전까지, 『고대 마야 The Ancient Maya』(1946)의 실베이너스 몰리(Sylvanus Griswold Morley, 1883~1948)처럼 남방 기원을 주장하는 학자들은 티칼이 마야에서 가장 큰 도시였을 뿐 아니라 가장 이른 도시였다고 생각했다. 과테말라의 페텐(Petén) 주 북동부에 위치한 티칼에는 아직도 밀림의 푸른 바다 위로 키 큰 피라미드들이 솟아 있다. 그 도시는 매우 거대해서, 더 많은 유적들이 발견되면서 그 영역이 계속 확대되는 것처럼 보이고 있다. 그 중앙 의례 센터만도 2.5제곱킬로미터를 넘는다. 그 유적지의 공간은 우림지대를 베어낸 곳에만 국한된 것이 아니었다. 그것은 실제로 공들여 망치로 고른 산등성이 꼭대기에 지어졌다. 옆의 골짜기는 저수지로 바꿔버리고 여러 개의 둑으로 연결했다.

몇 개의 구역에 오밀조밀 모여 있는 티칼의 피라미드들은 건축의 경이다. 높고 폭이 좁은 그 피라미드들은 진짜 마천루(摩天樓)다. 60미터 가까이, 또는 심지어 그 이상까지 가파르게 솟아 있는 것이다. 피라미드들은 가파른 층층대로 세워져 그 꼭대기에 만들어진 신전들을 위해 돋운 기단 노릇을 하고 있다. 두 개의 좁은 방만으로 이루어진 사각의 신전들은 다시 꼭대기에 거대한 장식용의 상부 구조물을 얹고 있고 그것이 피라미드의 높이를 더욱 높게 하고 있다. 【그림 30】 그런 건축의 결과로 그 성소(聖所)는 지구와 하늘 사이에 걸려 있으며 정말 상징적으로

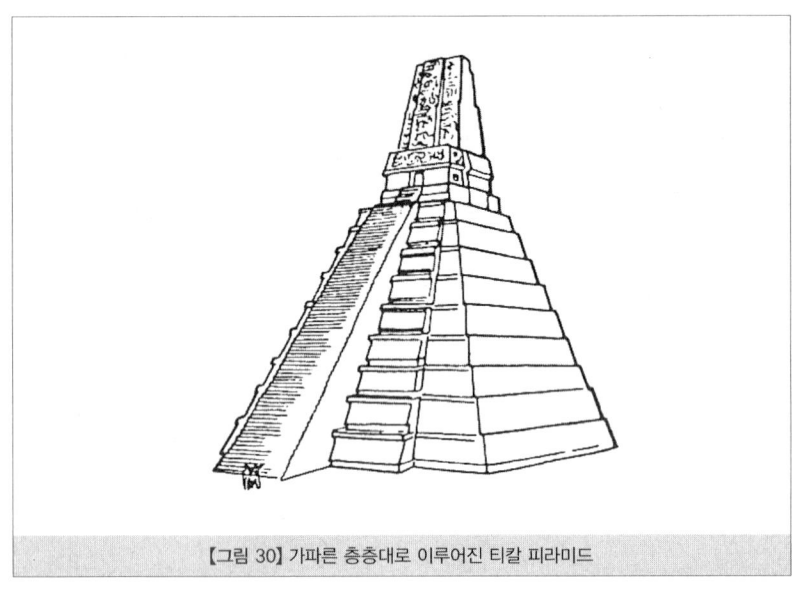

【그림 30】 가파른 층층대로 이루어진 티칼 피라미드

하늘에 이르는 계단인 가파른 계단을 통해 하늘에 도달할 수 있는 듯이 보인다. 각 신전 안에는 몇 개의 현관이 밖에서 안으로 늘어서 있고, 각 현관은 그 이전 현관보다 한 단씩 높다. 문의 윗가름대는 좋은 재목으로 만들어졌고 정교하게 조각됐다. 거기에는 예외 없이 실외에 다섯 개, 실내에 일곱 개 등 모두 열두 개의 현관이 있었다. 그 상징의 의미는 아직껏 특별한 관심을 끌지 못했다.

티칼 유적 부근에 비행장이 건설되면서 1950년대 이후 그 조사가 활발해졌고, 거기서 폭넓은 고고학적 연구가 이루어졌다. 특히 펜실베이니아(Pennsylvania)대학 고고인류학박물관 팀의 연구가 두드러졌다. 그들은 대광장들이 지배자들과 귀족들이 묻히는 공동묘지 노릇을 했음을 발견했다. 또한 작은 구조물들 가운데 상당수는 사실상 장례용 신전이었고, 그것들은 무덤 위가 아니라 그 옆에 세워져 기념비 노릇을 했음도

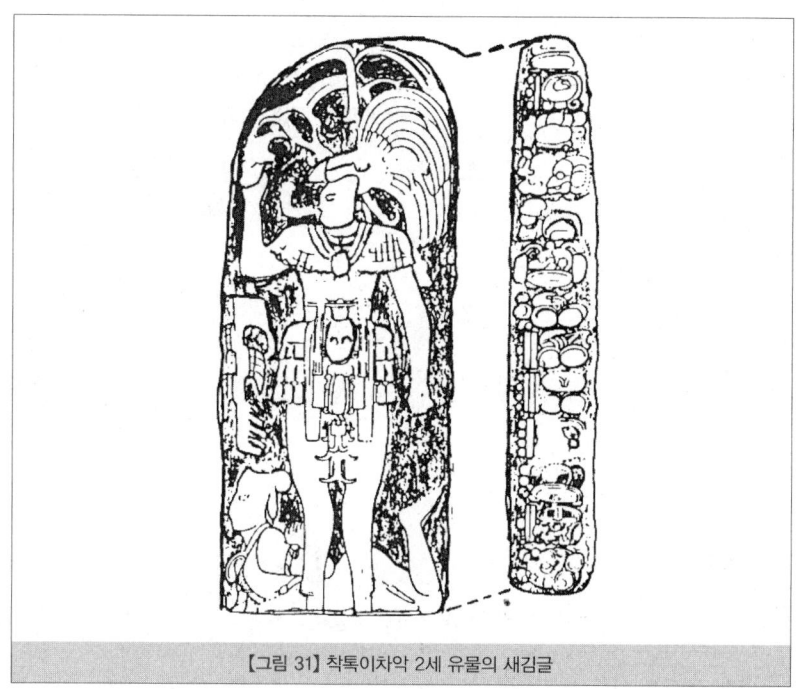

【그림 31】 착톡이차악 2세 유물의 새김글

발견했다. 그들은 또한 150개의 돌기둥과 조각된 석판이 대부분 동쪽이나 서쪽을 향해 세워져 있음도 밝혀냈다. 거기에는 실제 지배자들의 초상이 있고, 그들이 살며 통치하던 동안에 일어난 일들을 기념했음도 확인했다. 거기에 새겨진 그림문자 새김글들은 이 사건들과 관련된 정확한 날짜를 적었고, 지배자를 그에 해당하는 그림문자로 적었으며, 해당 사건을 밝혔다. 서기 488년의 착톡이차악 2세(Chak Tok Ich'aak Ⅱ) 유물이 그러한 실례다. 【그림 31】 학자들은 현재 여기에 나오는 그림문자들이 단순한 그림이나 표의문자가 아니라고 확신하고 있다. 아서 밀러(Arthur G. Miller, 1942~)는 『시간의 지배자 마야 *Maya Rulers of Time*』에서 "(그것이) 또한 수메르·바빌로니아·이집트의 것과 비슷하게 음절 단위로 쓰

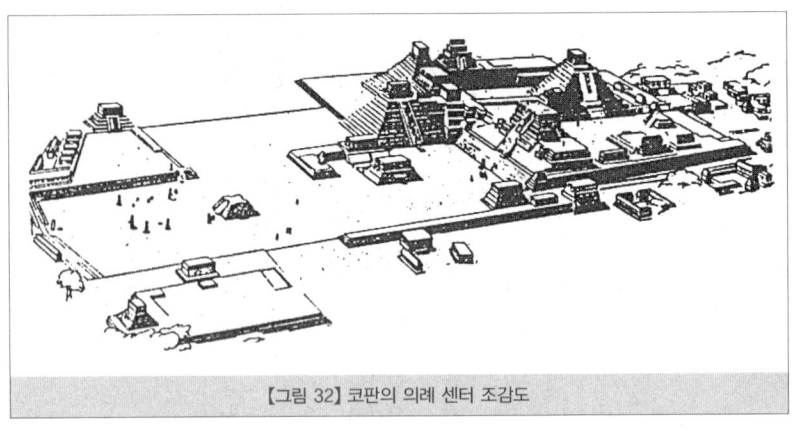

【그림 32】 코판의 의례 센터 조감도

여 있다"고 했다.

고고학자들이 서기 317년에서 869년까지 통치했던 티칼의 열네 지배자들의 순서를 밝혀낼 수 있었던 것은 그런 돌기둥들의 도움을 받아서였다. 그러나 티칼이 오래 전 마야 왕가의 시설이었음은 분명하다. 일부 왕릉의 유물에 대한 방사성탄소 연대 측정에서는 서기전 600년까지 거슬러 올라가는 연대가 나왔다.

티칼에서 남동쪽으로 약 240킬로미터 떨어진 곳에 있는 것이 스티븐스가 사들인 도시 코판이다. 코판은 마야 영토의 남동쪽 변경으로, 오늘날의 온두라스에 있다. 티칼처럼 가파른 마천루는 없지만 코판은 그 넓이와 배치 면에서 아마도 보다 전형적인 마야 도시였을 것이다. 그 광대한 의례 센터는 30만 제곱미터의 땅에 펼쳐져 있고, 몇 개의 대광장 주위에 모여 있는 피라미드 신전들로 이루어져 있다.【그림 32】 바닥이 넓고 높이가 20미터 정도밖에 되지 않는 피라미드들은 공들인 조각과 그림문자 새김글이 장식된 넓고 웅장한 계단이 특징적이다. 여러 광장에는 곳곳에 사당과 제단이 있고, 역사가들에게 가장 중요한 것이지만 지배자의 초상을 그려 넣고 그들의 연대를 새겨 넣은 조각된 돌기둥들이 있다. 이들은 중심 피라미드가 서기 756년에 완성됐으며 코판은 서기 9세기에 전성기를 맞았음을 드러내준다. 9세기는 바로 마야 문명이 갑작스레 붕괴하기 직전이다.

그러나 계속되는 발견과 발굴이 보여주었지만, 과테말라·온두라스·벨리즈(Belize)의 유적지 곳곳에는 서기전 600년까지 거슬러 올라가는 기념물들과 날짜가 적힌 돌기둥들이 있었다. 모든 학자들이 동의하듯이 앞선 발전 단계나 근원이 있는 발전된 문자 시스템을 드러내고 있는 것이다.

곧 보게 되겠지만 코판은 마야의 생활과 문화에서 특별한 역할을 한 도시였다.

마야 문명 연구자들은 마야의 시간 계산이 정확하고 독창적이며 다양한 데 특히 감명을 받았으며, 그것이 발달한 마야 천문학 덕분이라고 생각했다.

마야인들은 사실, 하나가 아니라 세 개의 역법을 가지고 있었다. 그러나 그 가운데 하나는 우리 생각에 가장 중요한 것이면서도 천문학과 전혀 관계가 없다. 이것이 이른바 만년력(萬年曆, Long Count)이다. 그것은 어떤 기산일(起算日)로부터 마야인들이 돌기둥이나 비석에 사건을 기록한 날까지 흐른 날 수를 계산해 어떤 날짜를 나타냈다. 그 수수께끼의 '기산일'은 현재의 서력으로 서기전 3113년 8월 13일이었다는 데 지금 대부분의 학자들이 동의하고 있다. 분명히 마야 문명이 일어나기 전의 시대이고 사건이다.

만년력은 다른 두 시간 계산법과 마찬가지로 마야의 20진법 계수 시스템에 바탕을 두고 있다. 또한 고대 수메르에서와 마찬가지로 '자릿수'

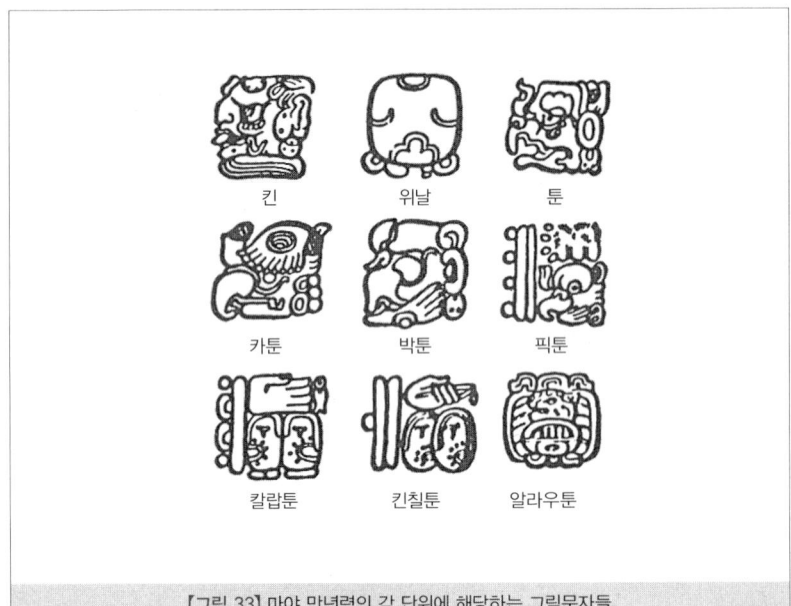

【그림 33】 마야 만년력의 각 단위에 해당하는 그림문자들

개념을 도입했다. 1이 첫 번째 칸에 있으면 1이지만 다음 칸에서는 20이고 그 다음 칸에서는 400이 되는 식이다. 마야의 만년력 역법은 칸을 세로로 배열하는데, 바닥을 가장 낮은 자릿수로 해서 이들 여러 자릿수의 이름을 붙이고 그것을 그림문자로 나타낸다. 【그림 33】 1에 해당하는 것이 킨(kin)이고, 20은 위날(uinal)이며, 이런 식으로 해서 그림문자 알라우툰(alau-tun)에 이르면 그것은 230억 4,000만 일이라는 엄청난 숫자에 이른다. 6,308만 82년에 해당하는 기간이다!

그러나 앞서 말했듯이 마야인들은 기념물 위에 새기는 실제 날짜 사용에서 공룡 시대까지 거슬러 올라가는 것이 아니라 자신들에게 중요한 사건이 있었던 특정한 날로부터 시작한다. 서력기원 사용자들에게 예수의 탄생 날짜가 중요한 것과 마찬가지다. 그래서 그곳 왕실 기념물에

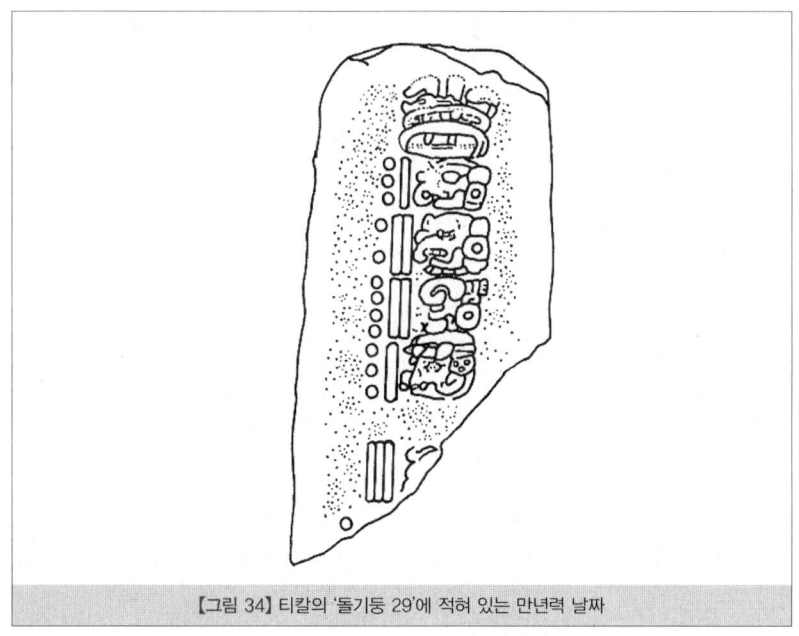

【그림 34】 티칼의 '돌기둥 29'에 적혀 있는 만년력 날짜

서 지금까지 발견된 것 가운데 가장 이른 날짜가 적혀 있는 티칼의 '돌기둥 29'에는 숫자 1에 해당하는 점과 5를 나타내는 막대를 이용해 만년력 날짜 8.12.14.8.15가 적혀 있다. 【그림 34】

$$
\begin{array}{rlcr}
8\,\text{박툰} & (8 \times 400 \times 360) & = & 115\text{만 } 2{,}000\text{일} \\
12\,\text{카툰} & (12 \times 20 \times 360) & = & 8\text{만 } 6{,}400\text{일} \\
14\,\text{툰} & (14 \times 360) & = & 5{,}040\text{일} \\
8\,\text{위날} & (8 \times 20) & = & 160\text{일} \\
15\,\text{킨} & (15 \times 1) & = & 15\text{일} \\
\hline
& & \text{계} = & 124\text{만 } 3{,}615\text{일}
\end{array}
$$

124만 3,615일을 태양력 1년의 날짜 수 365.25로 나누면 돌기둥에 새겨진 날짜 또는 거기서 말하는 사건이 일어난 날짜는 수수께끼의 기산일(서기전 3113년 8월 13일) 이후 3,404년 304일 뒤다. 따라서 지금 받아들여지고 있는 상관관계를 받아들인다면 돌기둥에 쓰인 날짜는 서기 292년이다(3,405-3,113=292). 일부 학자들은 마야인들이 박툰 7의 시대, 곧 서기전 4세기부터 만년력을 사용하기 시작했다는 근거를 제시하고 있다. 다른 사람들은 그보다도 이른 시기에 만년력을 사용했을 가능성을 배제하지 않고 있다.

이 연속적인 책력과 함께, 두 가지의 순환하는 책력이 있다. 하나는 365일의 태양력 하압(Haab')으로, 1년을 20일씩 열여덟 달로 나누고 연말에 5일을 붙이는 것이다. 또 하나는 성년력(聖年曆) 촐킨(Tzolk'in)인데, 기본인 20일씩 13번을 돌아 결국 260일짜리 '성년'이 이루어진다. 그리고 두 순환 책력은 톱니바퀴처럼 맞물려 돌아가는데, 여기서 태양년 52년의 신성주기(神聖週期)가 만들어진다. 13과 20과 365의 조합은 1만 8,980일이 돼야 비로소 한 번씩 되풀이되며, 그것은 52년에 해당한다. 이 52년의 책력주기는 고대 메소아메리카의 모든 사람들에게 신성한 것이었고, 그들은 과거와 미래의 사건들을 이와 연관시켰다. 켓살코와틀의 귀환이라는 구세주에 대한 기대 같은 것이 그 한 사례다.

가장 이른 시기의 신성주기 날짜는 멕시코 와하카(Oaxaca) 계곡에서 발견됐으며, 이는 서기전 500년으로 거슬러 올라간다. 연속적인 것과 신성주기가 만들어지는 것 등 두 가지 시간 계산법은 모두 매우 오래된 것이다. 하나는 역사적인데, 먼 옛날의 어떤 사건으로부터 지난 시간(날짜)을 계산한다. 다만 그 기산일의 의미와 본질은 여전히 수수께끼다. 다른 하나는 순환적인데, 260일이라는 특이한 기간과 맞물려 돌아간다.

학자들은 아직도 260일마다 한 번씩 어떤 일이 일어났고 지금도 일어나고 있는지 추측해 내려 애쓰고 있다.

어떤 사람들은 이 주기가 순전히 계산상의 문제라고 생각한다. 52년이 다섯 번 돌면 260년이 되는데, 아무래도 짧은 기간인 260일이 채택됐다는 것이다. 그러나 260에 대한 그런 설명은 문제를 52를 설명해야 할 필요성 쪽으로 떠넘길 뿐이다. 그렇다면 52는 어디서 왔고 그것을 채택한 이유는 어디에 있는가?

다른 사람들은 260일이라는 기간이 농사와 관계가 있다고 주장한다. 우기 또는 건기의 길이 같은 것이라는 얘기다. 마야인들의 천문학 편집증에 착안한 다른 사람들은 어떻게든 260일과 금성 또는 화성의 움직임 사이에 관계가 있음을 계산해 내려 한다. 그런데 1926년 로마에서 열린 제22회 아메리카 연구자 국제회의에서 젤리아 누탈이 제시한 해법이 합당한 인정을 받지 못한 까닭을 알 수 없다. 그녀는 신대륙 사람들이 태양의 움직임을 자기네 지역에 적용시키는 가장 손쉬운 방법은 태양이 한낮에 정확히 머리 위를 지나가는 '천정일(天頂日)'*을 확인하는 것이었다고 지적했다. 이런 일은 한 해에 두 번 일어난다. 태양이 북쪽으로 옮아가려 할 때 한 번, 그리고 남쪽으로 옮아가려 할 때 한 번 해서 모두 두 번 머리 위를 지나는 것이다. 그녀는 인디언들이 두 정점일 사이의 간격을 측정했고 그 결과 나온 숫자를 책력주기의 바탕으로 삼았다고 주장했다.

이 간격은 적도에서 태양력 반년이다. 그것은 적도에서 북쪽이나 남쪽으로 이동하면 길어진다. 예컨대 북위 15도에서는 그것이 263일(8월

---

* '천정'은 지구 표면의 관측 지점에서 연직선을 위쪽으로 연장했을 때 천구(天球)와 만나는 점을 가리키며, 천정일은 태양이 정확히 천정을 지나는 날이다. (옮긴이)

12일에서 이듬해 5월 1일 사이)이다. 이때가 우기이고, 마야인의 후예들은 오늘날까지도 5월 3일에 농사를 시작한다. 이날은 공교롭게도 멕시코의 성(聖)십자가의 날이다. 이 간격은 코판의 위도인 북위 14도 42분에서 정확히 260일이었다.

누탈이 260일이라는 종교적 주기를 확정한 방식에 대해 올바른 설명을 할 수 있었던 것은 코판을 마야의 천문학 중심지로 생각했기 때문이었다. 건물들의 방향을 천체에 맞추어 정한 통상적인 일 이외에, 그곳의 돌기둥 가운데 일부는 책력상의 중요한 날짜를 나타내는 방식으로 정렬됐음이 드러났다. 또 하나의 사례로 서기 733년의 어느 날에 해당하는 만년력 날짜가 새겨져 있는 한 돌기둥('돌기둥 A')에는 만년력 날짜가 두 개 더 나오는데, 하나는 그보다 200일 이후를 나타내고 하나는 그보다 60일 이전을 나타내고 있다. 260일이 한 주기인 것이다. 아베니는 『고대 멕시코의 천문학자들 Skywatchers of Ancient Mexico』(1980)에서 이것이 365.25일의 실제 1년을 계산하는 만년력을 365일의 순환적인 하압에 맞추어 재조정하기 위한 시도였다고 추측했다. 책력들을 재조정하거나 개혁할 필요성이 있었기 때문에 서기 763년 코판에서 천문학자들의 비밀회의가 열리게 됐을 것이다. '제단 Q'로 알려진 사각의 기념물은 그 회의를 기념하는 것이었는데, 거기에는 한 면에 네 명씩 모두 열여섯 명의 참석 천문학자들 초상이 그려져 있다. 【그림 35】파칼의 묘사에서도 그랬지만 그들의 코앞에 '눈물방울' 그림문자가 있어서 그들이 천문학자들임을 확인할 수 있다. 이 기념물에 새겨진 날짜는 다른 마야 유적지의 기념물들에도 나타나고 있어, 코판에서 내려진 결정이 나라 전체에 적용됐음을 시사한다.

뛰어난 천문학자로서의 마야인들의 명성은 그들의 여러 코덱스에 일

【그림 35】 천문학자들의 회의를 기념한 '제단 Q'의 그림

식·월식과 행성인 금성을 다루는 천문학 부분이 들어 있다는 사실로 더욱 고양되어 왔다. 그러나 자료를 자세히 연구해 본 결과, 이것들은 마야 천문학자들의 관찰 기록이 아니었음이 드러났다. 오히려 이것들은 어떤 이전 자료에서 베껴온 책력이었다. 그 이전 자료는 마야인들이 260일 주기에 적용할 수 있는 현상을 찾을 수 있도록 제공된, 완성된 자료였다. 하딩엄(E. Hadingham)이 『초기 인류와 우주 Early Man and the Cosmos』에서 말했듯이 이 책력들은 "장기적으로는 정확하지만 단기적으로는 부정확한 기묘한 혼합"을 보여주고 있었다.

이곳 천문학자들의 주된 임무는 260일짜리 '성년'을 이른 시기부터 내려온 천체의 움직임에 관한 자료로써 확인하거나 그에 맞추어 조정하는 것이었다. 실제로 유카탄 반도에 아직도 서 있는 가장 유명한 관측소로 치첸잇사의 엘카라콜(El Caracol)이 있는데, 여러 연구자들이 잇달아 그 방향과 창을 통한 시선(視線)에서 하·동지 및 춘·추분과의 관련을 찾아내려 했지만 모두 헛수고로 끝났다. 【그림 36】 그러나 어떤 시선들은 260일 촐킨주기와 관련이 있는 듯하다.

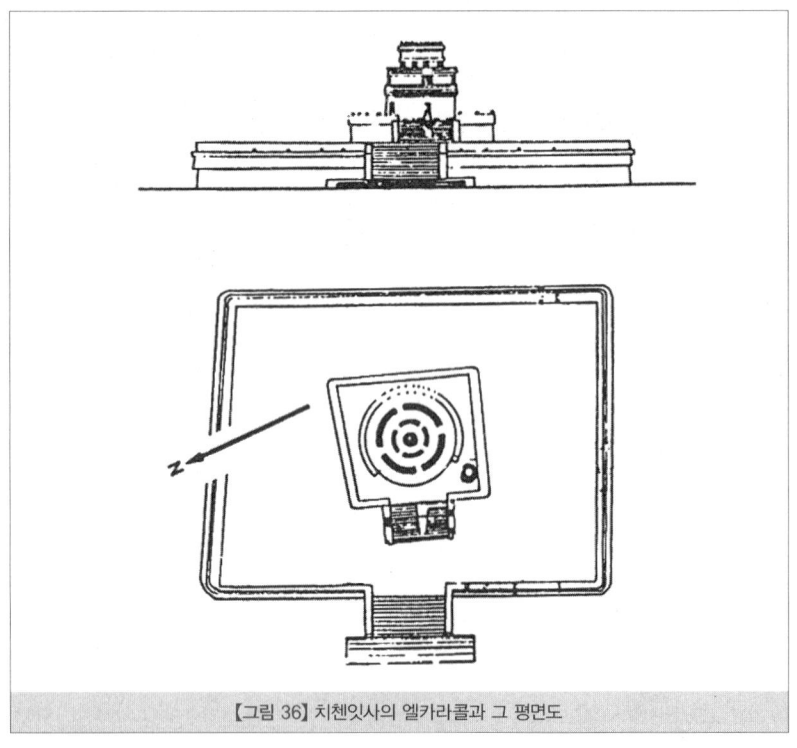

【그림 36】치첸잇사의 엘카라콜과 그 평면도

그러나 왜 260이라는 숫자일까? 그저 코판에서의 두 천정일들 사이의 날짜 수와 같았기 때문일까? 왜 예컨대 더 쉬운 숫자 300은 아니었을까? 테오티와칸처럼 북위 20도 부근에 있는 유적지를 골랐다면 가능한 숫자인데 말이다.

숫자 260은 임의적이고 계획적인 선택이었던 것처럼 보인다. 그것이 손가락·발가락의 수인 자연수 20을 13으로 곱해서 나왔다는 설명은 문제를 "왜, 그리고 어디서 13이 나왔는가?" 하는 질문으로 옮길 뿐이다. 만년력 역시 자의적인 숫자 360을 포함하고 있다. 알 수 없게도 그것은 순수한 20진법을 버리고 킨(1)과 위날(20) 다음에 툰(360)을 시스템에 넣고 있다. 하압 책력 역시 360을 그 기본 길이로 인식해 그 숫자를 20일씩 열여덟 '달'로 나누고 있다. 그것은 태양의 주기인 365일에 맞추기 위해 5일의 '궂은 날'을 추가함으로써 1년을 완성한다.

이렇게 세 책력 모두는 자연적인 숫자가 아닌, 계획적으로 선택한 숫자를 바탕으로 하고 있다. 이제 260이나 360이 모두 메소포타미아에서 이집트를 거쳐 메소아메리카로 왔음을 밝혀보자.

우리는 모두 360이라는 숫자에 익숙하다. 그것은 원의 각도를 나타내는 수다. 그러나 그 숫자가 수메르인들에게서 나왔으며 그들의 60진법('기본수 60') 계수 시스템에서 나왔음은 잘 모른다. 우리가 알고 있는 첫 책력은 수메르인들의 니푸르(Nippur) 책력이다. 그것은 360도 원을 열두 부분으로 나눔으로써 만들어졌다. 12는 신성한 천상의 숫자다. 거기서 1년의 열두 달이 나오고, 황도 12궁(宮)이 나오고, 올림포스(Olympos)의 열두 신이 나왔다. 나머지 5.25일의 문제는 윤달로 해결했다. 몇 년이 지난 뒤에 열세 번째 달을 추가한 것이다.

이집트의 계수 시스템은 60진법은 아니었지만, 이집트인들은 수메르의 시스템인 12×30=360을 받아들였다. 그러나 그들은 상호작용에 개재되는 매우 복잡한 계산을 따라갈 수 없었기에 해마다 연말에 5일짜리 짧은 '달'을 붙여 마무리함으로써 문제를 단순화시켰다. 메소아메리카에서 채택한 것은 바로 이 시스템이었다. 하압 책력은 이집트의 것과 그저 비슷한 것이 아니다. 그것은 이집트의 것과 똑같다. 게다가 메소아메리카 사람들이 태양력 외에 의례와 관련된 책력을 가졌던 것과 똑같이 이집트인들도 의례와 관련된 책력을 가졌다. 항성 시리우스(Sirius)가 뜨고 동시에 나일 강 물이 범람하는 일과 관련된 책력이다.

이집트 책력과 이를 답습한 메소아메리카 책력에 남은 수메르의 흔적은 60진법 숫자 360뿐만이 아니었다. 레코(B. P. Reko)가 초기에 『고대 멕시코 El México Antiguo』에서 주장한 내용 등 여러 연구들은 촐킨 책력의 13개월이 사실상 수메르인들의 12개월 시스템의 영향을 받은 것임을 조금도 의심치 않고 있다. 거기에 열세 번째 달인 윤달을 넣은 것인데, 다만 이집트에서는(그리고 따라서 메소아메리카에서는) 열세 번째 달이 매년 5일로 줄었을 뿐이다. 360에 해당하는 '툰'은 마야어에서 '천체'를 의미한다. 황도대 안의 어떤 항성 또는 행성인 것이다. 흥미롭게도 '별들의 무리'(별자리)는 '모올(Mool)'이라 불린다. 수메르인들이 '천체'를 의미하는 데 썼던 '물(Mul)'과 사실상 같은 단어다.

메소아메리카 책력이 구대륙과 연관돼 있음은 가장 신성한 숫자 52를 살펴보면 더욱 분명해진다. 거기에 메소아메리카의 모든 큰 사건들이 맞물려 있다. 그것이 4의 13배라는 식으로 설명하는 것 같은 여러 시도들은 그 가장 분명한 근원을 간과하고 있다. 바로 근동 책력의(그리고 따라서 유럽 책력의) 52주(週)다. 그러나 이러한 주의 수는 7일을 1주로 해야만 얻을 수 있다. 1주가 언제나 7일이었던 것은 아니다. 7일 1주의 기원은 거의 200년 동안 연구 주제가 돼왔는데, 가장 그럴듯한 이론은 그것이 달의 네 변화 단계에서 나왔다는 주장이다. 분명한 것은 그것이 구약 시대에 신이 정한 시간주기로 떠올랐다는 것이다. 이스라엘인들의 하느님은 이집트 탈출 때 그들에게 일곱 번째 날을 '안식일'로 지키라고 명령했던 것이다.

그렇다면 52가 메소아메리카 책력의 공통 요소였기 때문에 가장 신성한 주기가 된 것일까? 아니면 260일이라는 신성한 주기는 그것이 (예컨대 300이 아니라) 52의 배수(52×5=260)이기 때문에 채택된 것일까?

'일곱'이라는 통칭을 가진 신이 수메르의 주신(主神)이긴 했지만, 카나안 땅에서는 주로, 예컨대 '일곱의 우물' 베에르셰바(Beer-Sheba, 브엘세바)처럼 신의 이름을 내건 지명이나 엘리셰바(Elisheba, 엘리세바) 같은 개인 이름들로 그를 기렸다. 경외하는 숫자 7은 아브라함(Abraham)이 이집트로 가서 파라오의 궁중에 머문 이후에야 히브리 족장들의 설화에 나온다. 숫자 7은 구약의 요세프(Joseph, 요셉) 이야기에 배어들어 있다. 파라오의 꿈과 이어지는 이집트에서 일어난 사건들 속에 나온다. 그리고 52가 7을 책력의 기본 단위로 인식한 데서 나왔다는 측면에서 메소아메리카의 이 가장 신성한 주기가 이집트에서 온 것임을 밝힐 필요가 있다.

좀 더 구체적으로 얘기하자면 52는 이집트 신 토트와 연관된 마법의 숫자였다. 토트는 과학·문자·수학·책력의 신이다.

「미라와 함께하는 사트니 카모이스(Satni-Khamois)의 모험」으로 알려진 고대 이집트 설화는 현대의 어느 스릴러에도 필적할 만한 마법과 신비와 모험의 이야기인데, 플롯의 핵심 장면에서 마법의 숫자 52를 토트와, 그리고 책력의 비밀과 연관시키고 있다. 이 설화는 테베(Thebae)의 한 무덤에서 발견된 파피루스(카이로 30646)에 쓰여 있었는데, 연대가 서기전 3세기까지 거슬러 올라간다. 같은 이야기를 실은 다른 파피루스 파편들도 발견돼, 그것이 고대 이집트 문학에서 인정받은 책으로서 신들과 인간들에 관한 설화집의 한 부분이었음을 시사한다.

이야기의 주인공은 파라오의 아들인데, "모든 일들에 정통한 사람"이었다. 그는 당시 수도였던 멤피스(Memphis)의 유적지들을 돌아다니며 신전 벽과 돌기둥에 적힌 신의 문자들을 공부하고 고대의 마법 책들을 연구하곤 했다. 그는 곧 "이집트 땅에서는 필적할 사람이 없는 마법사"가 됐다. 어느 날 정체를 알 수 없는 노인 하나가 그에게 "토트 신이 직접 쓴 책이 들어 있는" 무덤에 관한 이야기를 들려주었다. 그 책은 지구의 신비와 하늘의 비밀을 밝혀주는 것으로, 그 가운데는 "태양이 뜨고 달이 나타나는 것과 태양의 궤도 안에 있는 신들(행성들)의 움직임"에 관한 신들의 지식이 들어 있었다. 바로 천문학과 책력의 비밀들이었다.

무덤은 이전 파라오(학자들은 서기전 1250년 무렵의 통치자라고 생각한다)의 아들 네노페르켑타(Nenoferkheptah)의 것이었다. 사트니가 예상대로 매우 흥미를 느껴 그 무덤의 위치를 묻자, 노인은 네노페르켑타가 비록 미라가 돼 있지만 아직 살아 있으며 그의 발에 꽂혀 있는 그 책을 가져가려는 사람은 누구라도 때려눕힐 수 있다고 경고했다. 사트니는 겁먹지 않고 그 무덤을 찾아 나섰다. 그것은 지하에 있었기 때문에 찾을 수 없었다. 그러나 사트니는 마침내 정확한 지점에 도착했다.

(사트니는) 그 위에서 주문을 외웠고, 땅에 틈새가 벌어지자 그는 그 책이 있는 곳으로 내려갔다.

사트니가 무덤 안에 들어서자 네노페르켑타와 그 누이이자 부인, 그리고 그들의 아들의 미라가 보였다. 그 책은 정말로 네노페르켑타의 발에 꽂혀 있었는데, "태양이 거기서 비치기라도 하듯이 빛을 내뿜고 있었다". 사트니가 책 쪽으로 다가가자 네노페르켑타 부인의 미라가 큰소리로 더 이상 다가서지 말라고 경고했다. 그녀는 토트가 비밀 장소에 숨겨놓은 그 책을 얻으려 했던 네노페르켑타의 모험 이야기를 들려주었다. 그 책은 황금 상자 안에 들어 있었고, 황금 상자는 은 상자 안에, 그것은 다시 다른 연속된 상자들 안에 들어 있었으며 마지막이자 제일 밖에 있던 것이 청동과 쇠로 된 상자였다. 네노페르켑타는 모든 경고를 무시하고 모든 난관을 이겨내 그 책을 손에 넣었다. 그러자 토트는 그들이 가사(假死) 상태에 있도록 처분을 내렸다. 그들은 살아 있지만 매장됐고, 미라가 됐지만 보고 듣고 말할 수 있었다. 그녀는 사트니가 그 책에 손을 대면 토트의 저주가 그에게 떨어질 것이라고 경고했다.

그러나 이미 돌이킬 수 없는 상태였던 사트니는 그 책을 손에 넣기로 결심했다. 그가 책 쪽으로 한발 더 다가서자 네노페르켑타의 미라가 소리 질렀다. 그는 토트의 분노를 피해 그 책을 손에 넣을 수 있는 방법이 하나 있다고 말했다. 그 방법이란 '쉰둘 게임'을 해서 이기는 것으로, 52는 토트의 마법의 숫자였다.

사트니는 선뜻 동의했다. 그는 첫 판을 졌고, 자기 몸의 일부가 땅속에 파묻혔음을 깨달았다. 그는 다음 판도 졌고 그 다음 판도 져서 점점 더 땅속에 파묻혔다. 그가 어떻게 해서 결국 책을 가지고 빠져나왔고 그 결과 그에게 어떤 재앙이 닥쳤으며, 어떻게 해서 그가 마침내 책을 숨겼던 곳에 돌려주었는가는 이 고대판 〈사라진 성궤(聖櫃)를 찾아서 Raiders of the Lost Ark〉*의 후반부를 이룬다.

이 이야기의 교훈은, 아무리 똑똑한 사람이라 할지라도 신의 허락 없이는 지구와 태양과 달과 행성들의 비밀을 알 수 없다는 것이다. 토트가 인정치 않으면 인간은 '쉰둘 게임'에서 진다. 그리고 인간은 지구의 광물과 금속으로 친 보호막을 벗겨 비밀을 알아내려 해도 알아낼 수가 없다.

우리는 메소아메리카 사람들에게 '쉰둘의 책력'과 다른 모든 지식을

---

*모세의 십계명 서판이 담긴 성궤를 찾기 위해 나치스와 경쟁을 벌이는 고고학자 인디애나 존스(Indiana Jones)의 모험을 그린 1981년도 미국 영화. (옮긴이)

【그림 37】 표범의 얼굴 속에 숨어 있는 뱀의 모습

전수한 것이 바로 그 토트, 다시 말해 켓살코와틀이었다고 생각한다. 유카탄에서는 마야인들이 그를 쿠쿨칸(Kukulcán)이라고 부른다. 과테말라와 엘살바도르의 태평양 연안 지역에서는 그를 시우테쿠틀리(Xiuhtecuhtli)라 부른다. 이 이름들은 모두 같은 의미다. 바로 '깃털(또는 날개) 달린 뱀'이다.

사라진 마야 도시들의 건축물과 새김글, 초상과 기념물 들이 남아 있기에 학자들은 마야인들과 그들 지배자들의 역사뿐만 아니라 그들의 종교 관념의 변화도 추적하고 재구성할 수 있었다. 처음에는 신전들이 계단식 피라미드 위에 지어져 '뱀의 신'을 숭배했으며, 중요한 천체주기를 살피기 위해 하늘을 관찰했다. 그러나 어느 순간에 신이(아니면 모든 천상의 신들이) 떠났다. 신이 더 이상 보이지 않자 마야인들은 신이 밤의 지배자 표범에게 먹혔다고 생각했다. 그리고 위대한 신의 모습은 이후

표범의 얼굴로 가려졌고, 그것을 통해 이전의 상징이었던 뱀들이 여전히 모습을 드러내고 있다.【그림 37】

그러나 켓살코와틀은 돌아온다고 약속하지 않았는가?

밀림의 천문학자들은 열심히 고대의 책력들을 뒤적였다. 사제들은 인간 희생자의 펄떡이는 심장을 바치면 사라진 신들이 돌아올 것이라는 생각을 발전시켰다.

그러나 서기 9세기의 어떤 책력상의 중요한 날에 예언된 일이 일어나지 않았다. 모든 주기가 한데 모이고 영(零)으로 합쳐졌다. 그리고 이에 따라 의례 센터들과 신들에게 바쳐진 도시들이 버려졌고, 밀림이 '뱀의 신들'의 왕국 위에 그 푸른 망토를 던졌다.

5 바다를 건너온 이방인들

바다를 건너온 이방인들

서기 987년, 톨테카인들은 토필친켓살코와틀의 지휘 아래 톨란을 떠나 유카탄 반도로 갔다. 혐오스런 종교적 현실에 넌더리가 나서 예전과 같은 숭배를 할 수 있는 곳을 찾아 나선 것이었다. 분명히 그들은 근처에서 새로운 정착지를 찾을 수도 있었다. 그다지 고된 여정을 거치지 않고, 그다지 호전적인 종족들과 부딪치지 않고서도 말이다. 그러나 그들은 1,500킬로미터의 장정(長征)을 택해, 모든 면에서 자신들의 것과는 다른 땅으로 갔다. 그곳은 평지였고, 강이 없었으며, 열대 지역이었다. 그들은 치첸잇사에 닿을 때까지 멈추지 않고 길을 갔다. 왜 그랬을까? 마야인들이 이미 버린 그 신성한 도시로 가야 할 필요성은 어디에 있었을까? 그 답을 찾기 위해서는 유적들을 뒤져보는 수밖에 없다.

유카탄 반도의 행정 중심지 메리다(Mérida)에서 가까운 치첸잇사는 이탈리아의 폼페이(Pompeii)와 비교돼 왔다. 도시를 덮었던 화산재를 걷어내자 거리들과 집들, 벽화들과 낙서들 등 모든 것들이 드러나게 됐던 그 로마의 도시다. 여기서는 벗겨낸 것이 밀림의 숲이었다. 그곳은 찾는 사람에게 두 가지 기쁨을 준다. 하나는 '옛 제국' 마야의 도시를 찾는 기쁨이고, 또 하나는 톨란을 떠난 사람들이 마지막으로 보았을 바로 그 톨란의 쌍둥이 같은 모습을 보는 것이다. 톨테카인들이 치첸잇사에 도착해서는 그들의 이전 수도의 모습대로 그곳에 건물을 세우고 덧세웠기 때문이다.

고고학자들은 이 유적지가 서기전 제1천년기에도 중요한 정착지였다고 생각한다. 「칠람 발람」의 기록들은 이곳이 서기 450년에는 유카탄의 가장 성스러운 도시였음을 확인하고 있다. 이곳은 당시 '우물 입구'라는 뜻의 '치첸'으로 불렸다. 거기서 가장 성스러운 곳이 성스러운 우물 세노테(cenote)*였고, 멀고 가까운 지역에서 순례자들이 찾아왔기 때문이다. 마야 왕국 시절의 유적 가운데 남아 있는 것의 대부분은 이 유적지 남부, 곧 '구(舊)치첸'에 위치한다. 스티븐스와 캐서우드가 묘사한 건축물들이 대부분 모여 있는 곳도 그곳이며, 아캅칩(Akab' Tz'ib), 곧 '신비한 문자가 쓰인 곳'이라거나, '수녀원', '첫 신전' 등등 낭만적인 이름들을 지닌 곳이다. 톨테카인들이 도착하기 전에 마지막으로 치첸잇사를 점유(재점유라고 하는 게 맞을지도 모르겠다)하고 있던 사람들이 잇사(Itzá) 인들이었다. 일부에서는 톨테카인들의 동족이라고도 하고 다른 사람들은 남쪽에서 이주해 왔다고도 한다. 그곳에 '잇사인들의 우물 입구'라는 뜻인 현재의 이름을 붙인 것이 그들이었다. 그들은 마야 유적지 북쪽에 자신들의 의례 센터를 건설했다. 이 유적지에서 가장 유명한 건축물인 중앙 대피라미드 '엘카스티요(El Castillo)'와 관측소 '엘카라콜'은 그들이 지은 것이다. 톨테카인들은 치첸잇사에서 톨란을 재건하면서 이것들을

---

*유카탄 반도의 석회암지대에 있는 함몰 구멍에 물이 고인 천연의 우물 또는 샘. 강과 호수가 없는 유카탄 반도 북부 평야지대에서 중요한 수원지였다. (옮긴이)

【그림 38】 잇사인들과 톨테카인들의 합작 피라미드인 '엘카스티요'

인수하고 그 위에 건설을 했을 뿐이다.

우연히 출입구를 발견한 덕분에 오늘날의 방문객들은 잇사인들의 피라미드와 그것을 가리고 있던 톨테카인들의 피라미드 사이 공간으로 들어가 잇사인들의 성소(聖所)로 가는 먼저 만들어진 계단을 올라갈 수 있다. 그 성소에 톨테카인들은 차크모올과 표범의 조각상을 설치해 놓았다. 밖에서는 톨테카인들의 건조물밖에 볼 수 없다. 그것은 9층으로 이루어지고 약 60미터 높이로 솟아 있는 피라미드다.【그림 38】'깃털 달린 뱀의 신' 켓살코와틀/쿠쿨칸에게 바쳐진 이 피라미드는 깃털 달린 뱀 장식뿐만 아니라 건조물에 여러 가지 책력의 요소들을 끼워 넣어 그 신을 기리고 있다. 예컨대 피라미드 사면의 계단은 91계단으로 건설됐는데, 거기에 맨 꼭대기 '계단' 곧 기단을 합치면 태양력 1년의 날짜 수가 된다(91×4+1=365). '전사들의 신전'이라 불리는 구조물은 그 위치나 방향, 계단, 옆의 돌에 새긴 깃털 달린 뱀, 장식, 조각상 등 여러 가지 모습에서 툴라에 있는 '아틀라스' 피라미드의 복제판이다.

툴라(톨란)에서와 마찬가지로 이 피라미드 신전과 마주보고 대광장 건너편에 있는 것이 주경기장이다. 그것은 매우 넓은 사각의 구기 경기장이다. 길이가 165미터에 달해 메소아메리카에서 가장 크다. 긴 쪽 양옆을 따라 높은 담이 둘러쳐져 있다. 양쪽 담 중앙에는 지면에서 10미터 높이에 뒤엉킨 뱀이 새겨진 돌로 만든 고리가 튀어나와 있다. 경기에서 이기려면 선수들은 딱딱한 고무로 만든 공을 고리에 던져 넣어야 한다. 각 팀의 선수는 일곱 명이다. 진 팀은 비싼 대가를 치러야 한다. 주장의 목이 잘리는 것이다. 얕은 돋을새김으로 장식된 석판이 긴 벽들을 따라 부착돼 있는데, 거기에 경기 장면이 그려져 있다. 동쪽 벽 중앙의 석판에는 이긴 팀 주장(왼쪽)이 진 팀 주장의 잘린 머리를 들고 있는 모습이 아직도 남아 있다.【그림 39】

이런 가혹한 결말은 이 구기 경기에 놀이나 오락 이상의 것이 있었음을 시사한다. 치첸잇사에도 툴라와 마찬가지로 몇 개의 구기 경기장이 있었다. 아마도 훈련이나 중요도가 덜한 경기를 위한 것이었던 듯하다. 주경기장은 그 크기나 화려함의 면에서 특출했다. 그리고 거기서 벌어지는 일의 중요성은 전사나 신화 속의 싸움, '생명나무', 두 개의 뿔이 나고 수염이 있는 날개 달린 신【그림 40】 등의 모습으로 화려하게 치장된 신전이 세 개나 딸려 있었다는 점으로도 입증된다.

이 모든 것과 구기 경기 선수들의 다양성 및 복장 등은 이것이 종족

【그림 39】 구기 경기 장면을 그린 석판 부조

【그림 40】 신전에 장식된 날개 달린 신의 모습

간 또는 국가 간의 대결 양상을 띤, 정치적·종교적으로 대단한 중요성을 지닌 사건임을 시사한다. 일곱이라는 선수 수와 패자의 머리를 바치는 일, 그리고 고무공을 쓰는 일 등은 「포폴 우흐」에 나오는, 고무공 경기로 치러진 신들 사이의 싸움이라는 신화적인 이야기를 흉내 낸 듯하다. 거기에는 '일곱 앵무' 부쿱카키스(Vucub Caquix) 신과 그 두 아들이 해·달·금성 등 여러 '하늘의 신들'과 대결하는 이야기가 나온다. 경기에 진 아들 '일곱 와나푸(Huanaphu)'는 처형된다.

그의 머리가 그의 몸에서 잘려 굴러떨어졌다.
그의 심장은 그의 가슴에서 도려내어 졌다.

그러나 그는 신이 돼서 부활하고 행성이 됐다.

그러한 신들의 사건 재현은 이 톨테카의 관습을 고대 근동의 종교극과 비슷하게 만들었을 것이다. 이집트에서는 오시리스의 사지 절단과 부활이 해마다 기적극(奇蹟劇)*으로 재현됐다. 여기서 파라오를 비롯한 배우들은 여러 신들의 역을 연기한다. 그리고 아시리아에서는 역시 해마다 복합극이 공연돼 두 신 사이의 싸움을 재현한다. 거기서 진 자가 처형되지만 '천상의 신'에게서 용서받고 부활하게 된다. 바빌론(Babylon)에서는 태양계의 창조를 묘사한 서사시 「에누마 엘리쉬 *Enûma Eliš*」가 해마다 신년 축하 행사의 하나로 낭송됐다. 그것은 일곱 번째 행성인 지구의 탄생으로 이어진 천체 충돌을 묘사한다. 바빌로니아 최고신 마르둑(Marduk)이 괴물 같은 티아마트(Tiamat)를 쪼개어 처형하는 이야기다.

---

*중세 유럽에서 유행한 종교극. 대부분 구약의 내용을 간략히 극화한 것이며, 예수와 성자들이 행한 기적이나 사적(事跡) 따위도 많이 다루었다. (옮긴이)

【그림 41】 뿔이 일곱 달린 별을 붙이고 있는 선수의 모습

근동의 '신화'와 그 재현을 흉내 낸 마야의 신화와 그 재현은 천체와 관련된 설화 요소 및 숫자 7과 관련된 상징성을 지니고 있는 듯하다. 7은 행성인 지구와 연관돼 있는 것이다. 그것은 구기 경기장 벽의 마야-톨테카 그림에 일부 선수들은 태양 원반을 붙이고 있고, 다른 선수들은 뿔이 일곱 개인 별을 붙이고 있다는 점에서 중요하다.【그림 41】 이것이 천체의 상징이지 결코 우연한 문양이 아니라는 것은 치첸잇사의 다른 곳에서 뿔이 넷 달린 별이 행성인 금성의 상징 '8'과 함께 거듭 그려지고 있다는 사실로 확인된다고 우리는 생각한다.【그림 42a】 또한 북서 유카탄의 다른 유적지에서는 신전 벽이 여섯 개의 뿔이 난 별들의 상징으로 장식되고 있다.【그림 42b】

행성을 뿔이 달린 별로 묘사하는 것은 너무도 일반적이어서 우리는

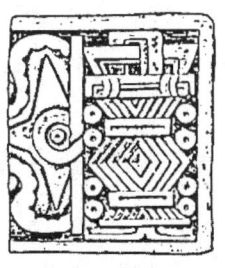

【그림 42a】
뿔이 넷인 별과 '8'의 상징이 함께 그려진 모습

【그림 42b】
뿔이 여섯인 별이 들어 있는 신전 벽의 장식

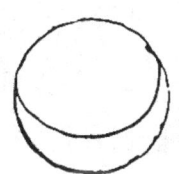
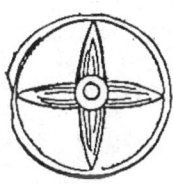

【그림 42c】 각기 다른 수의 뿔로 표현된 메소포타미아의 천체 상징들

이런 관습이 어떻게 생겨났는지 잊곤 한다. 다른 여러 가지가 그랬던 것처럼 그것도 수메르에서 시작됐다. 수메르인들은 그들이 네필림에게서 배운 대로 행성을 밖에서 안으로 들어오며 세었다. 지금 우리가 하는 것처럼 태양으로부터 밖으로 나가면서 세는 게 아니다. 그렇기 때문에 명왕성이 첫 번째가 되고 해왕성이 두 번째, 천왕성이 세 번째, 토성이 네 번째, 목성이 다섯 번째가 된다. 따라서 화성은 여섯 번째, 지구는 일곱 번째, 금성은 여덟 번째다. 왜 마야-톨테카인들이 금성을 8로

생각했는가에 대한 학자들의 일반적인 설명은 금성과의 합(合)* 정렬이 다시 이루어지기까지 금성이 다섯 번 공전(5×584=2,920일)해야 하며 지구 햇수로 8년(8×365=2,920일)이 걸린다는 데 있다. 그러나 그렇다면 금성이 '다섯'이고 지구가 '여덟'이어야 한다.

우리가 보기에 수메르의 방식이 훨씬 세련되고 정확하다. 마야-톨테카의 그림들이 근동의 그림을 따랐음을 시사하는 것이다. 그림을 보면 알 수 있듯이 치첸잇사나 유카탄의 다른 지역에서 발견된 상징들은 메소포타미아에서 여러 행성들을 묘사한 방식과 거의 동일하다. 【그림 42c】

사실 근동 방식의 뿔 달린 별 상징 채택은 유카탄 반도의 북서쪽 변경과 해안으로 갈수록 더욱 일반적이다. 가장 주목할 만한 조각물이 그 지역 체켈나(Tzekelna)라 불리는 유적지에서 발견돼 지금 메리다박물관에 전시되고 있다. 그 조각상은 커다란 돌 토막에 새긴 것이어서 그 등 부분은 아직도 돌 토막 그대로인데, 분명한 얼굴 모습을 지닌 남자를 묘사하고 있으며 아마도 헬멧을 쓰고 있는 듯하다. 그는 몸에 꽉 끼는 옷을 입었다. 옷은 미늘이나 곤충의 날개 맥(脈) 같은 것으로 만들어진 듯하다. 그는 구부린 팔 아래 어떤 물건을 끼고 있는데, 박물관에서는 그것을 "뿔이 다섯 개 난 별의 기하학적인 형태"라고 설명한다. 【그림 43】 그의 배에는 알 수 없는 둥그런 장치가 띠에 붙어 있다. 학자들은 그것이 아무래도 그림의 주인공이 '물의 신'임을 나타내는 듯하다고 생각한다.

거대한 돌 토막들에 새겨진 커다란 신의 조각상들이 오스킨톡(Oxkin-

---

*지구에서 보아 다른 행성이 태양과 같은 방향에 있게 되는 것. 다른 행성이 태양과 지구 사이에 있는 것을 내합(內合), 태양 너머에 있는 것을 외합(外合)이라 하는데, 따라서 외행성의 경우에는 내합이 없다. (옮긴이)

【그림 43】 특이한 복장을 하고, 뿔 달린 별을 지닌 모습의 조각상

tok)이라는 인근 유적지에서 발견됐다. 고고학자들은 그것들이 신전의 구조 지지용 기둥으로 쓰였던 것들이라고 추정했다. 그 가운데 하나는 위에 묘사한 남성의 상대역 여성 같은 모습이다.【그림 44】 날개 맥이나 미늘 같은 그녀의 차림은 가장 특이한 신전이 있는 이 유카탄 반도 북서부 앞바다의 하이나(Jaina) 섬에서 발견된 크고 작은 조각상들에서도 볼 수 있다. 그 섬은 신성화된 도시 노릇을 했다. 전승에 따르면 그곳은 잇사인들의 신 잇삼나(Itzamná)의 마지막 안식처였기 때문이다. 지위가 높고 나이 든 이 신은 바다를 건너 해안에 닿았으며, 그 이름은 '물에 사는 자'라는 뜻이다.

문서들과 전승들, 종교적 신념들은 이렇게 한데 어우러져 유카탄 반도의 멕시코 만 연안을 신 또는 신격화된 존재가 와서 상륙한 곳으로 지목한다. 그렇게 해서 이들 지역에 정착하고 문명을 일으킨 것이다. 이

【그림 44】 체켈나 출토 조각상을 꼭 닮은 오스킨톡 출토 조각상

강력한 끈과 이 공통 기억들이, 톨테카인들이 그들 본래의 신앙을 되찾고 순수성을 회복하기 위해 이주하면서 유카탄 반도의 이 변경, 특히 치첸잇사로 장정을 떠난 이유였음이 틀림없다. 모든 것이 시작된 곳, 돌아오는 신이 바다를 건너와서 다시 상륙할 곳으로 돌아간 것이다.

잇삼나와 켓살코와틀 숭배의 중심지, 그리고 어쩌면 보탄에 대한 기억의 중심지이기도 했을 듯한 곳이 치첸잇사의 '신성한 세노테'였다. 그곳은 치첸잇사라는 이름의 기원이 된 커다란 우물이다.

이 우물은 중심 피라미드 바로 북쪽에 있고, 긴 포장도로를 통해 의식이 펼쳐지던 광장과 연결돼 있다. 지금 지표에서 우물의 수면까지는 20미터에 이르고, 물의 깊이는 30미터쯤 되며, 그 아래에 침적토가 있다. 우물의 입구는 타원형인데, 길이가 약 80미터, 폭이 약 50미터다. 우물에는 인공적으로 확장된 흔적이 있고, 한때 내려가는 계단도 있었던 듯하다. 우물 입구에서는 아직도 기단과 사당을 볼 수 있다. 그곳에서 물과 비의 신을 위한 의식이 치러졌고, 희생으로 처녀가 던져졌으며, 사방에서 모여든 숭배자들이 귀중품, 특히 금붙이를 봉헌물로 던졌다고 란다 주교는 썼다.

『아틀란티스는 신화가 아니다 *Atlantis Not a Myth*』라는 제목의 글을 써서 명성을 쌓은 에드워드 톰슨(Edward Herbert Thompson, 1857~1935)이 1885년에 멕시코 주재 미국 영사로 임명됐다. 그는 오래 전에 250제곱킬로미터에 이르는 밀림을 75달러에 샀는데, 거기는 치첸잇사 유적을 포함하고 있었다. 그는 유적지를 집으로 삼고 하버드대학 피바디고고민족학박물관과 함께 신에게 바친 봉헌물을 건져내기 위한 조직적인 잠수를 추진했다.

인간 유골은 40구가량만이 발견됐다. 그러나 잠수부들은 수천 개의 풍성한 예술품들을 건져 올렸다. 300~400개 이상이 비취 제품으로, 비취는 마야인들과 아스테카인들이 가장 높이 치는 준보석이었다. 그 물건들은 목걸이·코걸이·귀마개·단추·반지·팔찌·유리알·원반·인형·입상(立像) 등이었다. 동물과 사람을 묘사한 조각품도 500개 이상 나왔다. 사람을 묘사한 것들 가운데 일부는 분명히 수염 난 모습이었다.【그림 45a/b】구기 경기장 신전 벽의 부조【그림 45c】와 닮은 것이었다.

더욱 중요한 것은 잠수부들이 건져 올린 금속 제품들이었다. 금으로 만든 것이 수백 개였고, 은과 구리 제품도 일부 있었다. 유카탄 반도에서는 금속이 산출되지 않기 때문에 그것은 중요한 발견이었다. 물건들 가운데 일부는 구리를 입혔거나 청동 등 구리 합금으로 만든 것이었다. 그것은 마야 땅에 알려지지 않은 야금 기술을 보여주고 있어, 이 물건들이 먼 곳에서 왔음을 입증하고 있다. 이 모든 것들 가운데 가장 알 수

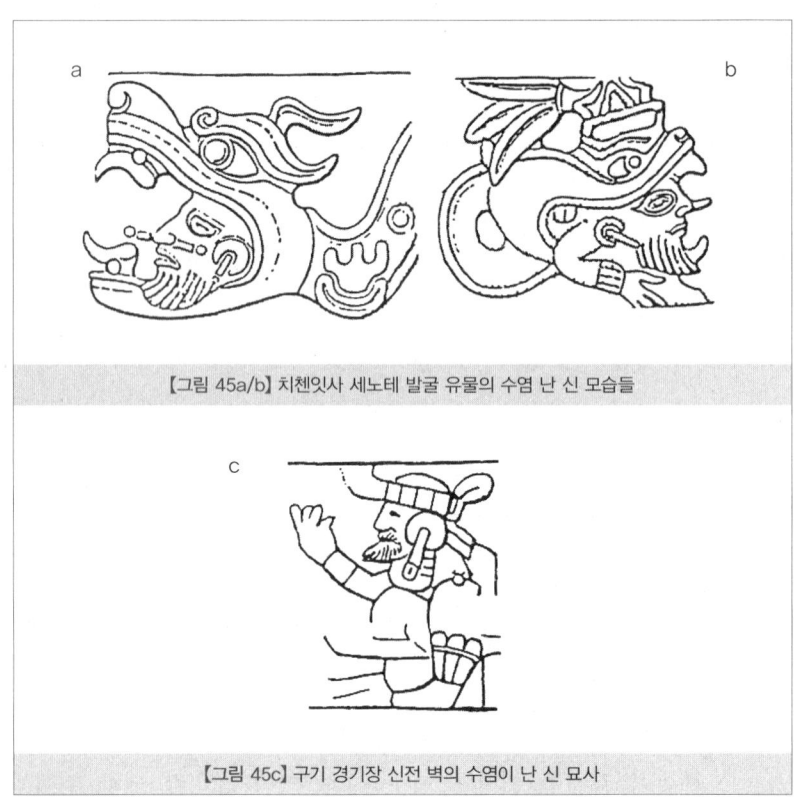

【그림 45a/b】 치첸잇사 세노테 발굴 유물의 수염 난 신 모습들

【그림 45c】 구기 경기장 신전 벽의 수염이 난 신 묘사

없는 것은 순수한 주석으로 만든 원반의 발견이었다. 주석은 자연 상태로는 전혀 발견되지 않는 금속으로, 광석을 복잡하게 정련해야만 얻을 수 있다. 메소아메리카에서는 전혀 나지 않는 광석이기도 했다.

정교하게 만들어진 금속 제품 가운데는 수많은 방울과 의례용 집기들(컵·대야), 반지, 관(冠), 가면이 있고, 장신구와 보석이 있으며, 홀(笏)이 있고, 무엇에 쓰는 물건인지 알 수 없는 것들도 있으며, 그리고 가장 중요한 것으로 교전 장면을 양각 또는 음각으로 묘사한 원반들이 있다. 여기에는 다양한 복장을 하고 여러 가지 모습을 한 사람들이 지상 또는

【그림 46a/b】 전투 장면을 묘사한 원반들

천상의 뱀들이나 '하늘의 신들' 앞에서 서로 맞서 싸우고 있는 듯하다. 우세를 보이고 있거나 승리한 영웅들은 언제나 수염이 난 모습으로 묘사되고 있다. 【그림 46a/b】

이들은 분명히 신들이 아니다. 뱀이나 '하늘'의 신들이 따로 나오고 있기 때문이다. 수염이 나고 날개 달린 '하늘의 신'【그림 40 참조】과는 구별되는 이들과 비슷한 것이, 다른 영웅들 및 전사들과 함께 치첸잇사의 벽과 기둥에 새겨진 부조에서 나타난다. 마찬가지로 길고 좁은 수염을 가지고 있어서 누군가가 '샘(Sam) 아저씨'라는 별명을 붙였다. 【그림 47】

이 수염 난 사람들의 정체는 수수께끼다. 분명한 것은 이들이 토착 인디언들은 아니었다는 사실이다. 인디언들은 얼굴에 털이 없었고 수염이 나지 않았다. 그렇다면 이 이방인들은 누구였을까? 이들은 '셈계'

【그림 47】 치첸잇사에서 발견된 '샘 아저씨' 부조

나 오히려 동지중해 사람들의 모습(얼굴 모습이 들어 있는 점토 제품들에서는 더욱 분명하다)이었기 때문에 여러 연구자들은 그들이 페니키아인이나 '유대인 뱃사람'이라고 생각했다. 아마도 서기전 1000년 무렵 솔로몬(Solomon) 왕과 페니키아의 히람(Hiram) 왕이 함께 금을 찾아 아프리카 여러 곳에 해상 원정대를 보냈을 때, 항로를 이탈한 뒤 대서양의 조류에 실려 유카탄 반도 해안에 닿은 사람들이라는 생각이다. 아니면 수백 년 뒤 페니키아인들이 동부 지중해의 자기네 항구 도시들에서 쫓겨나

카르타고(Karthago)를 건설하고 서부 아프리카로 항해해 나갔을 때의 사람일 수도 있다는 것이다.

그 뱃사람들이 누구였든, 그리고 언제 건넜다고 봤든, 기성 학계 연구자들은 계획적인 횡단이라는 생각만은 일축한다. 그들은 분명한 수염을 두고, 인디언들이 턱에 인공적으로 붙인 가짜 수염이라거나 우연히 들어온 난파선 생존자들의 것이라고 설명한다. 유명한 학자들이 진지하게 내놓은 첫 번째 주장은 분명히 논점을 교묘하게 회피하고 있을 뿐이다. 인디언들이 다른 수염 난 사람들을 흉내 냈다면, 그 다른 사람들은 누구란 말인가?

몇몇 난파선 생존자들이라는 설명도 설득력이 없어 보인다. 원주민들의 전승에서는 보탄 전설에 나오는 바와 같이 거듭된 항해와 탐험 이후의 정착(도시 건설)을 말하고 있다. 고고학적 증거는 어느 한 해안에 밀려온 몇몇 우연한 생존자라는 생각과 배치된다. 다양한 움직임을 보이는 자세와 배경 속에 있는 '수염 난 존재들'은 멕시코 만 연안 전체와 내륙 지역, 그리고 멀리 남쪽의 태평양 연안까지 이르는 유적지 곳곳에서 그려졌다. 양식화되지도, 신화화되지도 않았고 실제 인물의 초상으로 그려진 것이다.

그러한 그림 가운데 가장 놀라운 사례 몇이 베라크루스에서 발견됐다. 【그림 48a/b】 그들이 묘사하고 있는 사람들은 분명히 이집트 파라오들의 아시아 원정에서 그들에게 포로로 잡힌 서부 셈계 고관(高官)들과 동일하다. 정복자들이 신전 벽의 기념을 위한 새김글에 그려 넣은 그대로다. 【그림 49】

왜, 그리고 언제 그러한 지중해 뱃사람들이 메소아메리카로 왔을까? 고고학적 실마리들은 당혹스럽다. 그 실마리들은 더 큰 수수께끼를 불

【그림 48a/b】 베라크루스에서 발견된 정복자와 포로의 모습

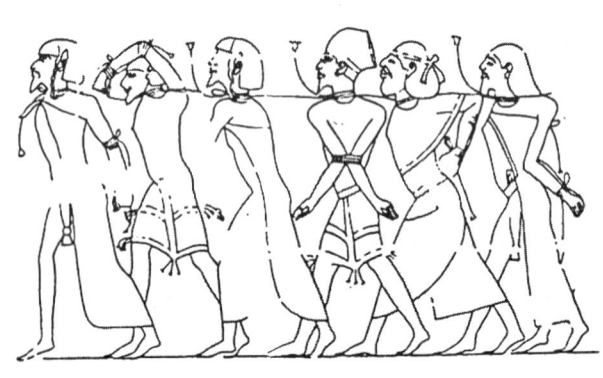

【그림 49】 이집트 파라오 기념물에 나오는 포로들

【그림 50】 알바라도에서 발견된 그림 속의 '수염 난 존재'와 올메카인

러오기 때문이다. 바로 올메카인들과 분명히 검은아프리카 쪽인 그들의 기원 문제다. 여러 그림들에 나타나듯이 '수염 난 존재들'과 올메카인들이 같은 공간에서 같은 시간에 직접 만나고 있는 것이다. 베라크루스의 알바라도(Alvarado)에서 발견된 유물의 그림이 그 한 예다.【그림 50】

메소아메리카의 모든 사라진 문명들 가운데 올메카인의 문명이 가장

오래된 것이고 또 가장 혼란스러운 것이다. 그것은 모든 면에서 '모태(母胎) 문명'이어서, 다른 모든 메소아메리카 문명들이 그것을 베끼고 채용했다. 그 문명은 멕시코 만 연안 지역에서 서기전 제2천년기 초에 시작됐다. 서기전 1200년 무렵(혹은 일부에서는 서기전 1500년 무렵이라고도 한다)이 되면 약 40개 정도의 지역에서 완전한 개화(開花)를 이루었다. 이 문명은 모든 방향으로 퍼져 나갔지만 특히 남쪽으로 더욱 확산됐고, 서기전 800년까지는 메소아메리카 전역을 석권했다.

메소아메리카의 첫 번째 그림문자는 올메카인들의 영토에서 나타난다. 점과 막대를 이용한 메소아메리카의 계수 시스템도 마찬가지다. 수수께끼의 기산일인 서기전 3113년이 함께 적힌 만년력에 관한 첫 번째 기록, 거대하고 훌륭한 첫 번째 조각 예술 작품들, 비취의 첫 사용, 휴대용 무기 또는 연장에 관한 첫 번째 묘사, 첫 번째 의례 센터 건설, 첫 번째 천체 방위 측정 등 모든 것을 올메카인들이 이루었다. 이렇게 많은 '첫 번째' 기록을 가지고 있기에 『올메카인들 Les Olmèques』을 쓴 자크 수스텔(Jacques Soustelle, 1912~1990) 같은 일부 사람들이 메소아메리카의 올메카인들을 고대 근동에서 모든 '첫 번째' 기록을 갖고 있는 메소포타미아의 수메르인들과 비교한 것도 놀랄 일은 아니다. 그리고 수메르 문명과 마찬가지로 올메카인들 역시 점진적으로 발전해 온 선행 과정 없이 갑자기 나타났다. 수메르인들은 자기네 문서에서 그들의 문명이 지구를 찾아온 신들의 선물이라고 묘사했다. 그 신들은 하늘을 날아다닐 수 있었고 따라서 종종 날개 달린 존재로 그려지곤 했다. 【그림 51a】 올메카인들은 자기네 '신화들'을 조각품에 남겼는데, 이사파(Izapa)의 한 돌기둥에는 날개 달린 한 신이 또 다른 날개 달린 신의 목을 베는 모습이 그려져 있다. 【그림 51b】 이 돌에 적힌 설화는 수메르의 묘사와 놀랍

【그림 51a】 수메르인들이 묘사한 날개 달린 신
【그림 51b】 이사파에서 발견된 그림 속의 날개 달린 신들
【그림 51c】 이사파 돌기둥 그림과 비슷한 내용의 수메르 그림

도록 비슷하다. 【그림 51c】

이런 위업을 이룬 사람들은 누구였을까? 그들이 살던 멕시코 만 연안 지역이 고무나무로 알려져 있기 때문에 '고무의 사람들'이라는 뜻인 '올메카(Olmeca)'라는 별명이 붙은 그들은 정말로 수수께끼다. 그들은 낯선 땅에 온 낯선 사람들이었고, 바다를 건너온 낯선 사람들이었다. 딴 곳의 사람들이었을 뿐만 아니라 딴 대륙의 사람들이었다. 그들은 돌이 귀한 해안 습지대에 돌로 만든 기념물들을 만들고 남겨놓아 오늘날까지도 사람들을 놀라게 하고 있다. 그런 유물들 가운데 가장 당혹스런 것은 올메카인들 자신의 모습을 나타낸 유물들이다.

바다를 건너온 이방인들 **169**

【그림 52】 트레스사포테스에서 발견된 흑인 두상

올메카 지도자들의 모습을 담기 위해 믿을 수 없는 기술과 알 수 없는 연장으로 조각한 거대한 석조 두상(頭像)들은 모든 면에서 독특하다. 그러한 거대한 두상은 호세 멜가르 이 세라노(José María Melgar y Serrano)가 베라크루스 주의 트레스사포테스(Tres Zapotes)에서 처음 발견했다. 그는 『멕시코 지리통계학회 회보』(1869)에서 이 두상을 이렇게 묘사했다.

> (그것은) 예술 작품이며 (…) 거대한 조각물로, 대단히 놀랍게도 에티오피아(Ethiopia)인을 그려내고 있다.

그는 스케치를 붙이며 흑인 모습을 한 두상을 충실하게 재현해 냈다. 【그림 52】

그런 거대한 석조 두상은 1925년이 돼서야 서구 학자들에 의해 그 존재가 확인됐다. 프란스 블롬(Frans Blom, 1893~1963)이 이끄는 툴레인대학 고고학 팀이 타바스코 주의 멕시코 만 연안 근처에 있는 유적지 라

【그림 53】라벤타에서 처음 발굴된 두상

벤타(La Venta)에서 "땅속 깊이 묻혀 있는 거대한 두상의 윗부분"을 발견한 것이다. 그 두상을 완전히 파내고 보니 그 크기는 높이가 약 2.5미터, 둘레가 6.4미터였으며, 무게는 24톤이나 나갔다. 【그림 53】그것은 의문의 여지 없이 아프리카 흑인을 묘사한 것이었고, 분명한 헬멧을 쓰고 있었다. 곧이어 비슷한 두상들이 라벤타에서 추가로 발견됐다. 분명히 각기 다른 인물이 자신만의 다른 헬멧을 쓰고 있었지만, 똑같은 인종의 모습이었다.

1940년대에 비슷한 거대 두상 다섯 개가 라벤타에서 남서쪽으로 100킬로미터쯤 떨어진 올메카 유적지 산로렌소(San Lorenzo)에서 발견됐다. 매튜 스털링(Matthew Williams Stirling, 1896~1975)과 필립 드러커(Philip Drucker, 1911~1982)가 이끈 고고학 탐사대에 의해서였다. 그 뒤 마이클 코(Michael D. Coe, 1929~)가 이끈 예일(Yale)대학 팀이 더 많은 두상들을

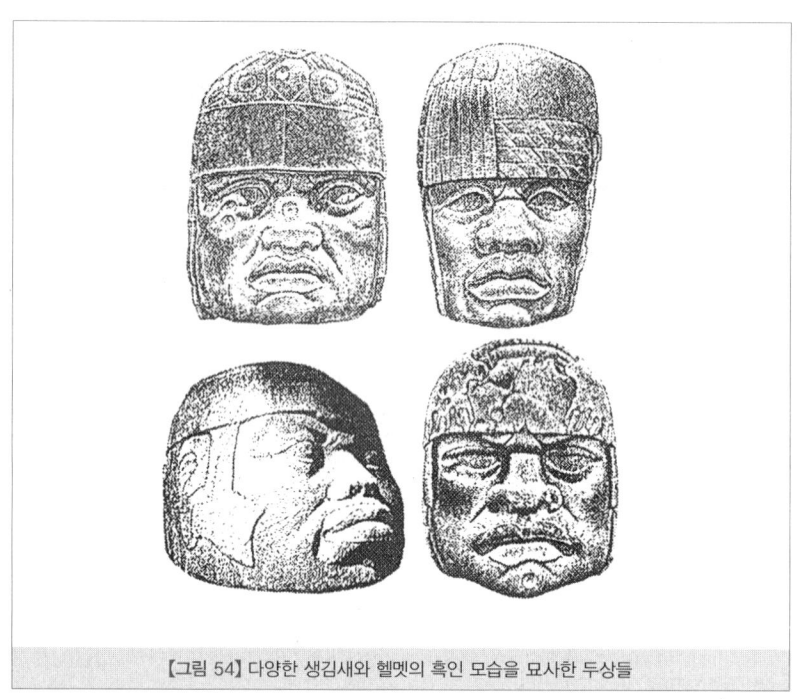

【그림 54】 다양한 생김새와 헬멧의 흑인 모습을 묘사한 두상들

발견했다. 그들이 방사성탄소 측정을 해본 결과, 서기전 1200년 무렵이라는 연대가 나왔다. 이는 그 유적지에서 발견된 유기물질(주로 목탄)이 그 정도로 오래됐다는 의미다. 그러나 그 유적지 자체와 그 유물들은 훨씬 더 오래됐을 수 있다. 실제로 트레스사포테스에서 또 다른 두상을 발견한 멕시코 고고학자 이그나시오 베르날(Ignacio Bernal y García Pimentel, 1910~1992)은 그 거대 조각물의 연대를 서기전 1500년으로 잡았다.

지금까지 그러한 거대 두상이 열여섯 개 발견됐다. 이들의 높이는 약 1.5미터에서 3미터, 무게는 최대 25톤에 이른다. 누군지는 모르지만 그것들을 조각한 사람들은 조각을 더 하려 했던 듯하다. 많은 양의 '자재', 곧 채석된 뒤 공 모양으로 다듬어진 커다란 돌들이 완성된 두상들과 함

【그림 55a/b】 돌기둥(a) 및 다른 기념물(b)에 새겨진 올메카인들의 체격

께 발견됐기 때문이다. 다듬은, 혹은 다듬지 않은 현무암들이 채석장에서 파내어져 밀림과 늪지대를 헤치고 100킬로미터 또는 그 이상의 거리를 지나 이 돌이 없는 땅에 온 것이다. 그런 거대한 돌 토막들이 어떻게 채석되고 옮겨지고 마침내 조각돼 정해진 위치에 세워졌는지는 미스터리로 남는다. 그러나 올메카인들은 분명히 그들의 지도자들을 이런 방식으로 기리는 것이 중요하다고 생각했다. 이들이 모두 같은 아프리카 흑인종이지만 각자 개성이 있고 다양한 헬멧을 쓴 별개의 인물들이라는 것은 이 두상들 가운데 몇 개를 모아놓은 사진만 보아도 금세 알 수 있다. 【그림 54】

돌기둥과 다른 기념물들에 새겨진 교전 장면들은 분명히 올메카인들을 키가 크고 몸무게가 많이 나가는, 근육질의 몸매를 지닌 사람들로 그리고 있다. 【그림 55a/b】 틀림없이 토착 인디언들의 눈에는 키가 큰 '거인'들이었을 것이다. 그러나 우리가 여기서 다루고 있는 것이 아프리카 흑인종 올메카인들의 몇몇 지도자들일 뿐이지 현실 속의 남녀노소 주민

【그림 56】 메소아메리카 각지에서 발견된 올메카인 인형들

들은 아니라고 생각해서는 안 된다. 그들은 멕시코 만과 태평양 연안을 연결하는 메소아메리카의 광활한 지역에 흩어져 살았고, 자신들을 묘사한 수백, 수천의 그림들을 남겼다. 돌들과 다른 재료들에 새긴 크고 작은 조각상들에서 우리는 같은 검은아프리카 사람들의 얼굴을 본다. 치첸잇사의 신성한 세노테에서 나온 비취와 거기서 발견된 황금 인형에서, 하이나로부터 멕시코 중·북부에 이르는 각지에서 발견된 수많은 테라코타나 심지어 엘타힌(El Tajín)의 부조에 나오는 구기 선수에게서 봤듯이 말이다. 【그림 56】 일부 테라코타와 심지어 올메카인들의 석조 조각품들은 아이를 안고 있는 모습을 그리고 있다. 【그림 57a/b】 자신들에게 특별한 중요성을 지녔다고 생각했던 행동이었을 것이다.

거대한 두상과 여타 올메카 그림들이 발견된 유적지들도 매우 흥미롭다. 그 크기와 규모, 구조 등을 보면 그저 난파선에 실려서 온 몇몇 방문자들이 아니라 조직된 정착민들의 작업임을 알 수 있다. 라벤타는 사실 해안 늪지대에 미리 생각한 계획에 따라 인공적으로 모양이 만들어지고 매립되어 건설된 작은 섬이었다. 특이한 원뿔 '피라미드' 등 커

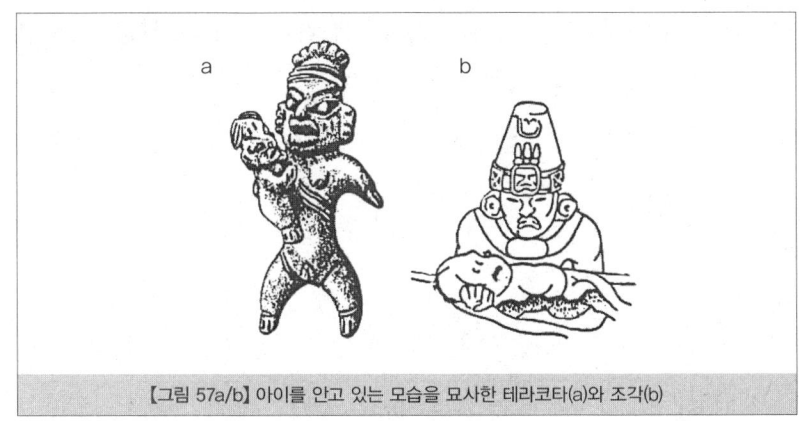

【그림 57a/b】 아이를 안고 있는 모습을 묘사한 테라코타(a)와 조각(b)

다란 건축물들, 길쭉하고 둥그런 언덕, 건물들, 포장된 안마당, 제단, 돌기둥, 그리고 기타 인공물들은 5킬로미터나 뻗어 있는 남-북 축을 따라 기하학적으로 대단히 정밀하게 배치됐다. 돌이 없는 곳에서 각기 그 특성에 맞게 고른 놀랍도록 다양한 돌들이 건물과 기념물과 돌기둥에 쓰였다. 그것들은 모두 아주 먼 거리를 옮겨와야 했는데도 말이다. 원뿔 피라미드 하나를 짓는 데만도 300만 세제곱미터의 흙을 가져다 쌓아야 했다. 그 모든 것은 엄청난 육체적 노고를 필요로 했다. 또한 메소아메리카에는 선례가 없는 높은 수준의 건축 및 석조 기술이 필요했다. 그 기술은 분명히 다른 곳에서 들여왔다.

라벤타에서의 특이한 발견 가운데는 현무암(거대한 두상을 조각하는 데 썼던 바로 그 재료다) 기둥으로 둘러친 사각의 담도 있다. 그 담은 석관 하나와, 역시 현무암 기둥들로 담이 쳐지고 지붕을 얹은 묘실을 보호하고 있었다. 그 안에는 낮은 기단 위에 몇 개의 유해가 놓여 있었다. 총체적으로 이 특이한 담은 그 안의 석관과 함께, 똑같이 특이한 팔렝케의 파칼 묘실의 모델이었던 것으로 보인다. 어떻든 멀리서 가져오더라도 기념물과 기념 조각, 무덤 등에 고집스럽게 거대한 돌 토막들을 썼다는 것은 올메카인들의 수수께끼 같은 기원을 푸는 데 한 실마리가 될 것임이 틀림없다.

라벤타에서 특이한 손도끼 등 진귀한 비취로 만든 예술적 조각품들이 수백 개 발견된 것도 당혹스럽다. 이 준보석은 이 지역에서는 나지 않는 것이다. 그리고 미스터리를 가중시키는 것은 이들을 모두 일부러 길고 깊은 도랑에 묻었다는 것이다. 그 도랑은 또 여러 층의 진흙층으로 채워졌는데, 각 진흙층은 서로 다른 종류와 색깔의 진흙으로 이루어졌다. 여러 군데의 먼 지역에서 수천 톤의 흙을 가져왔다는 얘기다. 놀랍게도 도랑의 맨 밑바닥에는 또 다른 푸른색의 준보석인 사문석(蛇紋石) 타일 수천 개가 깔려 있었다. 이 도랑들은 그 안에 귀중한 비취 제품들을 묻기 위해 팠다는 게 일반적인 생각이었다. 그러나 사문석 바닥은 이 도랑들이 미리, 전혀 다른 목적을 위해 만들어졌음을 시사하는 것일 수도 있다. 그러나 희귀한 손도끼처럼 매우 값나가는 물건을 묻는 데 사용되자 그 보물들(그리고 구덩이들)의 필요성은 그것으로 끝이었다. 올메카 유적지들이 서력기원 시작 무렵에 버려졌고 심지어 올메카인들이 거대한 두상 일부를 묻으려고까지 했다는 데는 정말로 의심할 여지가 없다. 이후 그들의 유적지에 들어간 사람들이 누구였는지 모르지만 그들은 복수를 위해 거기에 갔다. 두상 일부는 분명히 넘어지고 굴러 내려가 늪지대에 처박혔다. 훼손하려고 시도했던 흔적을 지닌 것들도 있다.

라벤타의 또 다른 수수께끼로 결정화(結晶化)한 철광석, 곧 자철석(磁鐵石)과 적철석(赤鐵石)으로 만들고 윤을 내 완성한 오목거울 구덩이를 들 수 있다. 미국 워싱턴(Washington, D. C.) 시 스미스소니언협회(Smithsonian Institution)의 학자들은 연구와 실험을 거친 뒤 이 거울들이 태양 광선을 모으는 데 쓸 수 있어, 불을 밝히기 위해서나 '의례 목적'으로 썼을 것이라고 결론지었다. '의례 목적'이란 학자들의 상투어로, 그들은 그것이 무엇에 쓰였는지 모른다는 얘기다.

라벤타의 마지막 수수께끼는 유적지 자체다. 그 유적지는 정북 방향에 대해 서쪽으로 8도 기울어진 남-북 축에 정확히 맞춰 자리 잡고 있다. 여러 연구들은 이것이 천문 관측을 할 수 있도록 하기 위한 의도적인 방향 설정임을 보여주었다. 아마도 원뿔 '피라미드' 꼭대기에서 그 눈에 띄는 축선이 방향 지시에 쓰일 수 있도록 했다는 것이다. 『올메카·마야 고고학 논문집』(캘리포니아대학) 13호에 실린 포페노에 데 하치(Marion Popenoe de Hatch)의 특별한 연구는 이렇게 결론지었다.

라벤타에서 서기전 1000년에 이루어졌던 관측 패턴은 그것이 그로부터 1,000년 전에 배운 총체적 지식으로 거슬러 올라갈 수 있음을 시사하고 있다. (…) 서기전 1000년의 라벤타 유적지와 그 관측 기술은 대체로 서기전 2000년 무렵의 하·동지 및 춘·추분에 일어난 별들의 자오선 통과에 맞춘 방식이 전해 내려와 이루어진 것으로 보인다.

서기전 2000년까지 거슬러 올라간다면 라벤타가 테오티와칸에 앞선 메소아메리카 최초의 '종교 중심지'가 된다. 거기에 신들만이 있었던 전설의 시대를 제외한다면 말이다. 그러나 그것조차도 올메카인들이 바다를 건너 도착한 진짜 시기는 아닐 것이다. 그들의 만년력은 서기전 3113년부터 시작되기 때문이다. 그러나 그것은 올메카인들의 문명이 유명한 마야·아스테카 문명보다 얼마나 먼저 있었던 것인지를 분명하게 보여준다.

트레스사포테스의 경우 고고학자들은 그 초기 단계가 서기전 1500년에서 서기전 1200년까지의 300년이라고 추정하는데, 돌이 귀한 그곳에 돌로 만든 건축물들과 테라스, 층계, 그리고 피라미드였던 것으로 보이는 언덕들이 유적지 곳곳에 흩어져 있다. 트레스사포테스의 반지름 25킬로미터 지역 안에 최소 여덟 개의 또 다른 유적지가 있어, 그곳이 위성 도시들로 둘러싸인 거대한 중심지였음을 드러내고 있다. 두상들과 다른 조각된 기념물들 외에 여러 개의 돌기둥이 거기서 발굴됐다. '돌기둥 C'라는 한 돌기둥에는 7.16.6.16.18이라는 만년력 날짜가 적혀 있다. 그 날짜는 서기전 31년에 해당하는데, 그 시기에 올메카인들이 거기서 살았음을 알려준다.

산로렌소에는 건축물과 언덕, 제방 등의 올메카 유적들이 인공 연못들과 함께 산재해 있다. 이 유적지의 중심부는 약 2.5제곱킬로미터의 인공 기단 위에 세워졌다. 기단은 인근 지대보다 60미터쯤 높게 돋워졌는데, 여러 현대 기업들을 무색케 할 정도의 토목 공사로 지어졌다. 고고학자들은 연못들이 지하 암거(暗渠) 시스템으로 서로 연결됐음을 발견했는데, "그 의미나 기능은 아직 알 수가 없다"고 결론지었다.

올메카 유적지에 대한 묘사는 계속 이어지고 또 이어질 수 있다. 지금까지 약 40군데가 발굴됐다. 어디에나 기념비적인 미술 작품과 석조 건축물 외에 수십 개의 언덕과 계획적으로 설계된 다른 토목 공사의 흔적들이 있다.

그러나 이런 석조 건축과 토목 공사, 도랑·연못·암거, 거울 등은 현대 학자들이 이해할 수는 없다 하더라도 어떤 중요한 목적을 지녔음이 틀림없다. 올메카인들이 메소아메리카에 나타난 것 자체도 틀림없이 마찬가지다. 난파선 생존자 이론에 동의하지 않는다면 말이다(우리는 거기에 동의하지 않는다). 아스테카 역사가들은 그들이 올메카라는 별칭으로 부른 사람들을 나와틀어를 쓰지 않는 고대의 민족(몇몇 개인이 아니다)으로 묘사했다. 그들은 멕시코에서 가장 오래된 문명을 만들어냈다. 멕시코 만을 끼고 있는 기지 내지 '대도시권'에서 나온 고고학적 증거들은 그 사실을 뒷받침하고 그 사실을 보여준다. 그 지역에서 라벤타·트레스사포테스·산로렌소가 삼각의 중핵을 이루며, 올메카인들의 주거지 및 영향권이 남쪽으로 뻗어 나가 멕시코의 태평양 연안과 과테말라에 이른 것이다.

토목 공사 전문가들, 석조 건축 기사들, 도랑을 판 사람들, 수로를 연 사람들, 거울을 사용한 사람들. 이들을 모두 데리고 올메카인들은 메소아메리카에서 무슨 일을 하고 있었던 것일까? 돌기둥에는 그들이 땅속으로 통하는 출입구인 '제단'에서 나오는 모습이 새겨져 있다. 【그림 58】 라벤타에서 발견된 돌기둥에는 동굴 안에서 이상한 연장들을 든 모습도 있다. 【그림 59】 이 부조에서는 그 수수께끼의 거울이 연장을 든 자의 헬멧에 부착돼 있음을 볼 수 있다.

이들의 능력과 이런 장면들, 그 연장들은 우리를 하나의 결론으로 이끌어 가는 듯하다. 올메카인들은 어떤 희귀 금속을 파내기 위해 신대륙으로 온 광부들이었다는 것이다. 그 금속은 아마도 금이었던 듯하고, 다른 희유 광물 역시 대상이었을 것이다.

산에 굴을 뚫었다는 보탄 전설은 이런 결론을 뒷받침한다. 올메카인들로부터 나와틀인들에게로 전해지며 숭배된 '늙은 신'이 '산의 심장부'라는 뜻의 테페요요틀(Tepeyóllotl)이었다는 점도 마찬가지다. 그는 수염 난 '동굴의 신'이었다. 그의 신전은 돌로 지어야 했고, 가급적이면 산속에 지었다. 그의 상징 그림은 구멍 뚫린 산이었다. 그는 화염방사기를

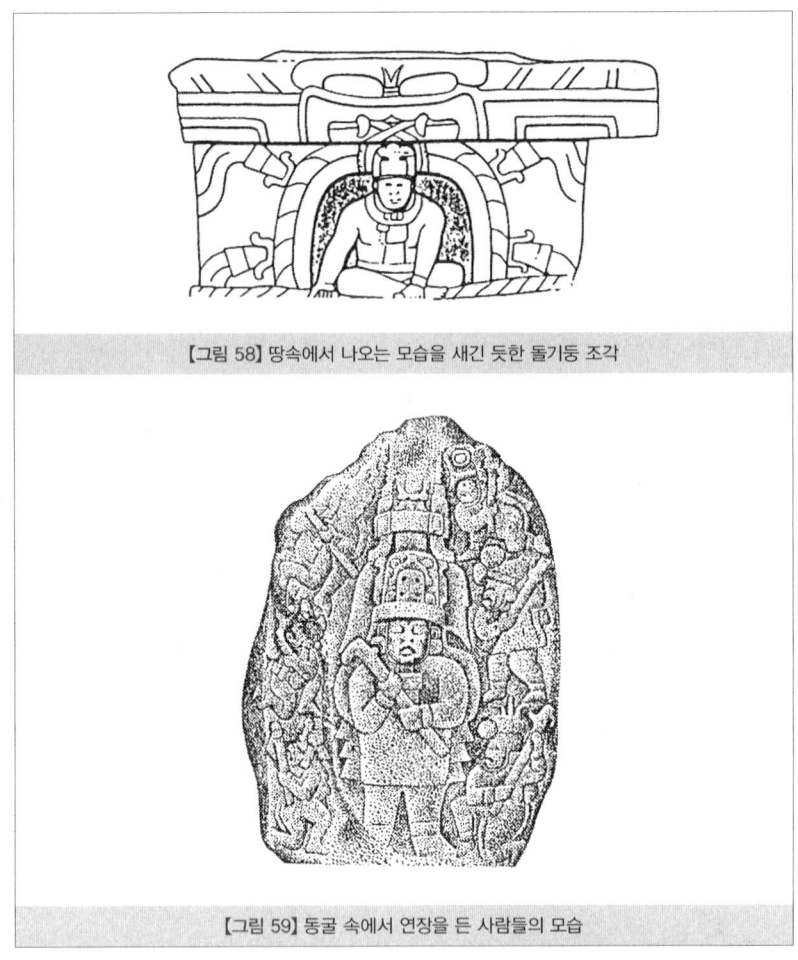

[그림 58] 땅속에서 나오는 모습을 새긴 듯한 돌기둥 조각

[그림 59] 동굴 속에서 연장을 든 사람들의 모습

연장 삼아 들고 있는 모습으로 그려졌다. 【그림 60a】 우리가 툴라에서 본 것과 똑같다!

거기서 본 화염방사기(모두 아틀라스들이 들고 있었고 기둥에 그려졌다)는 아마도 돌을 자르는 데 쓰인 것이지 돌에 그저 조각을 하는 데 쓰인 것은 아니었으리라는 우리의 주장은 '다이수(Daizu) 40번'으로 알려진 돌

【그림 60a】 화염방사기를 들고 있는 '동굴의 신' 테페요요틀

【그림 60b】 벽에 화염방사기를 쏘고 있는 모습이 담긴 조각물

조각물로 분명하게 뒷받침된다. 다이수는 그것이 발견된 멕시코 와하카 계곡의 유적지 이름이다. 그 조각물은 분명히 밀폐된 공간에 있는 한 사람이 자기 앞의 벽에 화염방사기를 쏘고 있는 모습을 그리고 있다. 【그림 60b】 벽에 있는 '다이아몬드' 상징은 아마도 어떤 광물을 나타내는 듯한데, 그 의미는 아직 해독되지 않고 있다.

【그림 61】 조명 장치를 지닌 수행원의 모습이 담긴 부조

그 많은 그림들이 입증하듯이 아프리카계 '올메카인들'의 수수께끼는 동부 지중해 지역에서 온 '수염 난 존재들'의 수수께끼와 얽혀 있다. 그들은 올메카 유적지 곳곳의 기념물들에 개인의 초상으로, 또는 만나는 장면으로 그려져 있다. 의미심장하게도 어떤 만남은 동굴 안에서 이루어진 것으로 그려지고 있다. 트레스사포테스에서 발견된 어떤 그림은 한 수행원이 조명 장치를 지니고 있는 모습까지 보여준다. 【그림 61】 아마도 햇불 정도나 쓰였을 시대에 말이다. 찰캇싱고(Chalcatzingo)에서 발견된 똑같이 놀라운 돌기둥에는 기술적으로 복잡한 장비인 듯한 것을 조작하는 캅카스(Kavkaz, 카프카스)계 여성의 모습이 그려져 있다. 【그림 62】 돌기둥의 아래쪽에는 비밀을 드러내는 '다이아몬드' 표시가 있다. 이 모든 것은 광물들과의 연관을 말해준다.

지중해 지방의 '수염 난 존재들'은 아프리카계 올메카인들과 동시에

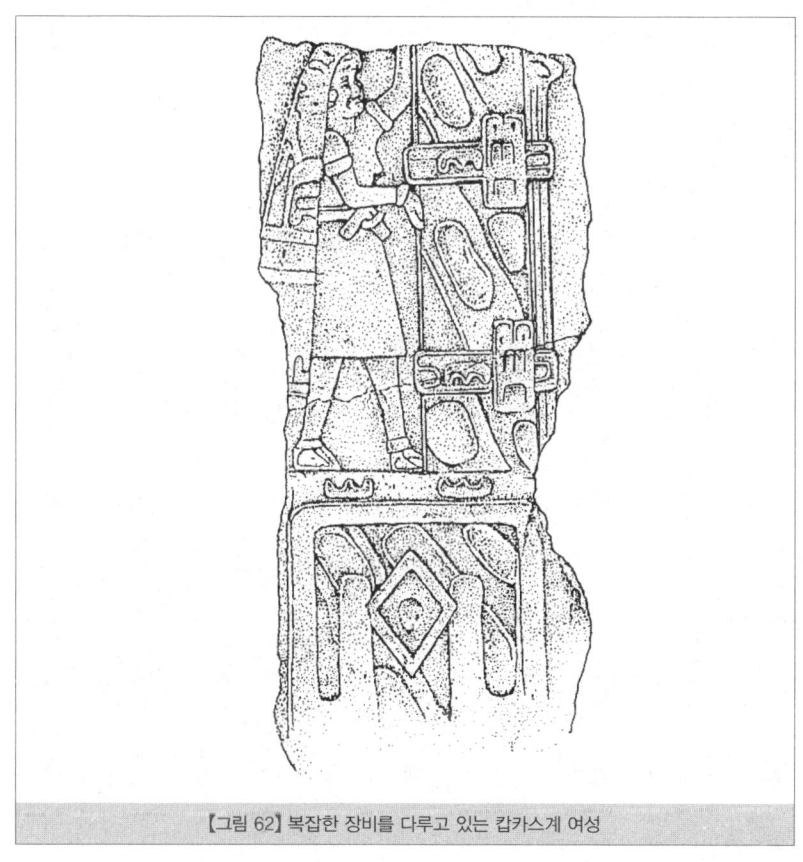

【그림 62】 복잡한 장비를 다루고 있는 캅카스계 여성

메소아메리카에 왔을까? 그들은 서로 돕는 동료였을까, 아니면 같은 희귀 광물 또는 금속을 찾는 경쟁자였을까? 아무도 확실하게 말할 수는 없다. 그러나 우리의 생각은 아프리카계 올메카인들이 거기에 먼저 왔고, 그들이 도착한 시초는 만년력의 불가사의한 기산일인 서기전 3113년에서 찾아야 한다는 것이다.

언제, 그리고 왜 그런 관계가 시작됐는지 모르지만 그것은 동란으로 인해 끝난 듯하다.

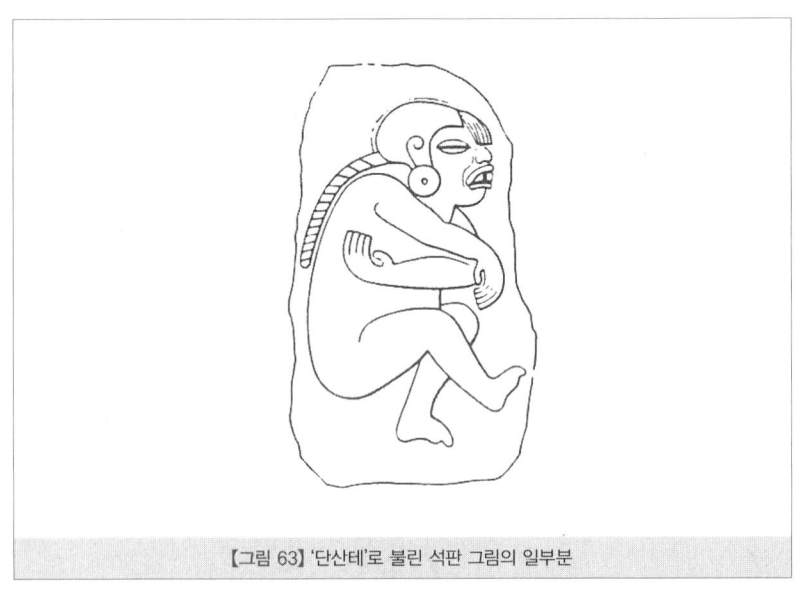

【그림 63】 '단산테'로 불린 석판 그림의 일부분

학자들은 여러 올메카 유적지들에 어째서 고의적인 파괴의 흔적이 있는지 의아해했다. 누군가가 거대한 두상 등 기념물들을 파괴하고, 공예품들을 부숴버렸으며, 기념물들을 넘어뜨렸다. 모두가 맹렬했고 복수를 위해 한 일인 듯했다. 파괴는 모두가 일시에 일어난 것 같지는 않다. 올메카 유적지들은 차례차례 버려진 듯하다. 처음에 서기전 300년 무렵 멕시코 만 부근의 옛 '대도시 중심지'가 버려졌고, 그 이후 남쪽의 유적지들이 버려졌다. 우리는 트레스사포테스에서 서기전 31년에 해당하는 날짜의 흔적을 본 바 있다. 그것은 올메카인들이 중심지를 버리는 과정과 그 뒤를 이은 복수의 파괴가, 올메카인들이 유적지들을 버리고 남쪽으로 물러가면서 수백 년에 걸쳐 일어났음을 시사한다.

그 격동의 시기에 올메카 영토의 남쪽에서 만들어진 그림들은 올메카인들을 점점 더 전사의 모습으로 그리고 있다. 무서운 독수리나 표범

【그림 64】 셈계로 보이는 인물의 묘사

가면을 쓴 모습이다. 남쪽 지역에서 발견된 그런 바위 조각물 가운데 하나는 창을 든 세 올메카인 전사들(그들 가운데 둘은 독수리 가면을 썼다)을 그리고 있다. 그 장면에는 옷을 벗긴 포로가 있는데, 포로는 수염이 났다. 전사들이 포로를 을러대고 있는 것인지, 아니면 그를 구출한 행위를 그렸는지는 분명치 않다. 이는 흥미로운 문제를 의문으로 남겨둔다. 흑인계 올메카인들과 동부 지중해 지역에서 온 수염 난 존재들이 메소아메리카의 첫 문명이 파괴된 동란기에 같은 편이었는가 하는 문제

말이다.

그러나 어찌 됐든 그들은 같은 운명을 맞은 것으로 보인다.

태평양 연안에 가까운 몬테알반(Monte Albán)이라는 가장 흥미로운 유적지는 드넓은 인공 기단 위에 세워졌다. 그곳에는 천문학적인 목적으로 건설된 특이한 건축물들이 있는데, 기념을 위해 세워진 벽의 석판에는 아프리카계 흑인들이 뒤틀린 자세를 한 모습이 새겨져 있다. 【그림 63】 이들은 오랫동안 '단산테(Danzante, 무용수)'라는 별칭으로 불려왔다. 그러나 학자들은 이제 그들이 올메카인들의 벌거벗은 시체라는 데 동의하고 있다. 아마도 그들은 토착 인디언들의 무장 폭동에 희생된 듯하다. 석판에 그려진 흑인 시체들에 섞여, 분명히 올메카인들과 운명을 함께한 것으로 보이는 셈계의 코를 가진 수염 난 사람이 하나 있다. 【그림 64】

몬테알반은 서기전 1500년 이후의 주거지였고 서기전 500년 이래 주요 중심지였던 것으로 생각된다. 따라서 수백 년 동안의 전성기 뒤에 그 건설자들은 시체로서 기념을 위해 돌에 새겨지는 신세가 됐다. 그들이 가르쳤던 자들에게 희생된 것이다.

그리고 이렇게 해서 바다를 건너온 이방인들의 황금시대였던 수천 년은 그저 전설이 되고 말았다.

금지팡이 왕국

금지팡이 왕국

안데스 땅의 문명 이야기는 미스터리 속에 싸여 있으며, 문헌 기록이나 그림 설화를 담고 있는 돌기둥들이 없어 의문은 더욱 가중되고 있다. 그러나 신화와 전승이 신들과 거인들, 그리고 그들을 이어받은 왕들에 관한 설화들로 화폭을 채우고 있다.

해안 지방 사람들은 자기네 조상들을 약속의 땅으로 인도한 신들과, 농작물을 약탈하고 여자들을 강간한 거인들에 관한 전승들을 기억하고 있다. 에스파냐 정복기의 잉카인들이 대표적이지만, 산악지대 사람들은 곡물 경작과 도시 건설 같은 모든 종류의 활동과 기술을 신이 이끌어준다고 믿었다. 그들은 '태초의 설화들'을 자세히 말하고 있다. 창조와 대파국의 날, 온 땅을 삼킨 대홍수의 이야기를 말이다. 그리고 그들은 자신들의 왕정 시작과 수도 건설이 금지팡이의 마법으로 이루어졌다고 생각했다.

에스파냐 역사가들과 에스파냐어를 배운 원주민 역사가들은 정복 당시 두 잉카 왕의 아버지 와이나카팍이 서기 1020년 무렵 수도 코스코에서 시작된 왕조의 열두 번째 잉카('군주'를 의미하는 칭호)였음을 확인했다. 잉카인들은 에스파냐의 정복 200년 전에야 산악지대의 자기네 본거지에서 해안 지역들로 쳐내려 왔다. 해안 지역은 훨씬 이른 시기부터 다른 왕국들이 존재했던 지역이었다. 잉카인들은 유명한 '태양의 대로'의 도움을 받아 북쪽으로는 오늘날의 에콰도르, 남쪽으로는 오늘날의 칠레까지 영토를 확장하고 그 지역들에서 수천 년 동안 번성해 온 문화와 조직화 사회 위에 자신들의 지배와 행정을 덮씌웠다. 마지막으로 잉카의 지배 아래로 편입된 것이 치무(Chimú) 사람들의 진짜 제국이었다. 그들의 수도 찬찬(Chan Chan)은 20제곱킬로미터의 땅에 신성 구역과 계단식 피라미드, 주거 구역이 펼쳐져 있는 대도시였다.

모체 강이 태평양으로 흘러드는 현재의 트루히요(Trujillo) 시 인근에 위치한 이 고대의 수도는 연구자들에게 이집트와 메소포타미아를 떠올리게 했다. 『그림으로 보는 페루 Peru Illustrated : Incidents of Travel and Explorations in the Land of the Incas』(1877)를 펴낸 19세기 연구자 에프라임 스콰이어(Ephraim George Squier, 1821~1888)는 방대한 유적을 보고는, 폐허가 돼서 발굴이 되지 않은 상태에서도 깜짝 놀랐다. 그는 무엇을 보았을까?

길게 늘어선 육중한 성벽, 방이 있는 거대한 피라미드(와카), 궁궐의 잔해, 주거지, 수로, 저수지, 곡물 창고, (…) 그리고 무덤들이 사방으로 몇 킬로미터씩 뻗쳐 있었다.

실로 평평한 해안지대에 몇 킬로미터씩 펼쳐져 있는 거대한 유적지를 하늘에서 내려다본 모습은 20세기 로스앤젤레스(Los Angeles)를 내려

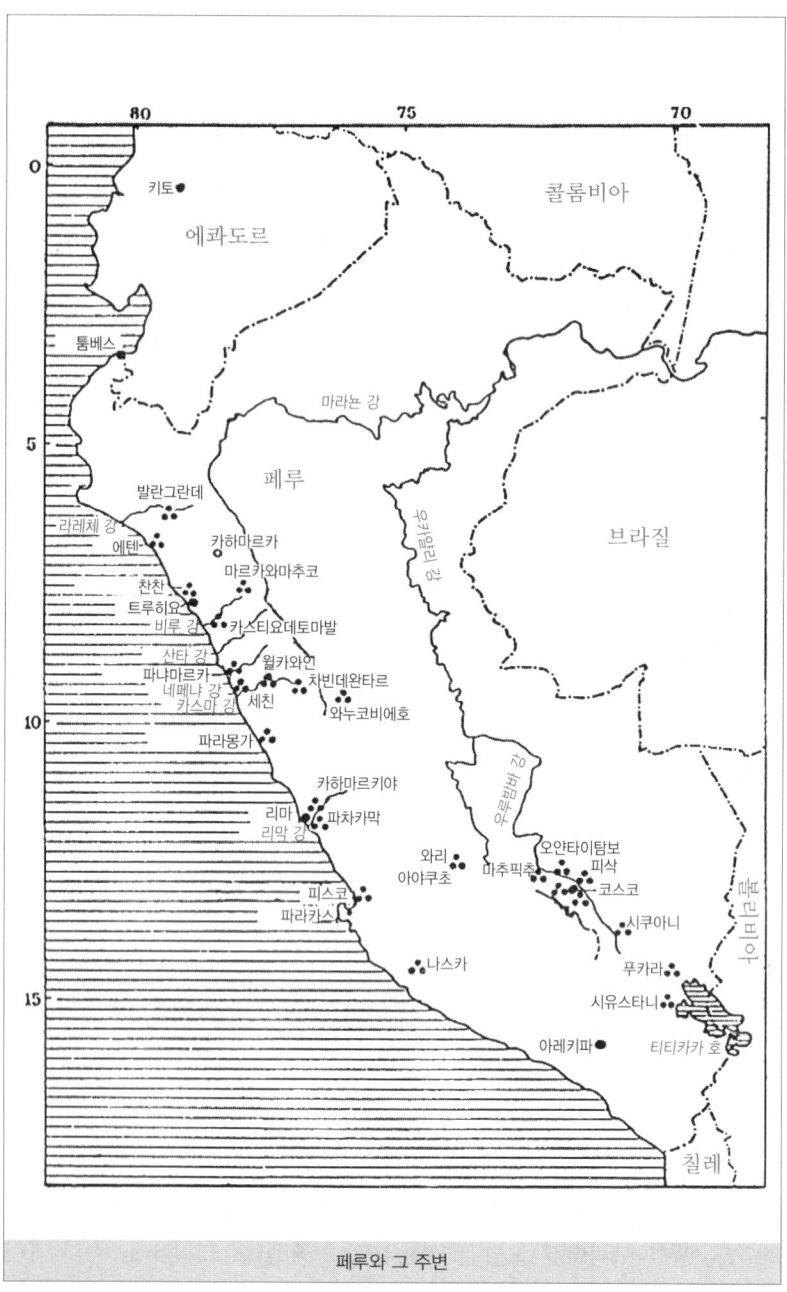

페루와 그 주변

다본 모습을 떠올리게 했다.

안데스 산맥 서쪽 사면과 태평양 사이에 있는 해안 지역은 기후상으로 비가 없는 지역이다. 거기서 주거지와 문명이 번성할 수 있었던 것은 고산지대에서 흘러나와 바다로 들어가는 물 덕분이다. 그것이 크고 작은 강이라는 형태로 80킬로미터에서 150킬로미터 정도마다 하나씩 해안 평야를 갈라놓고 있는 것이다. 이 강들이 비옥하고 푸르른 지역을 만들어 사막 같은 구역과 구별해 준다. 따라서 주거지는 이런 강들의 유역과 하구에 자리 잡았다. 그리고 고고학적 증거들을 보면 치무인들은 이 수자원에다가 산으로부터 수로를 통해 물을 추가로 가져와 보탰다. 그들은 또한 줄지어 늘어선 비옥한 정착지들을 평균 4.5미터 폭의 도로로 연결했다. 유명한 잉카의 '태양의 대로'의 선구 격이다.

도시 지역 가장자리의 초목지대가 끝나고 메마른 사막이 시작되는 곳에, 거대한 피라미드들이 모체 강 양쪽에서 서로를 바라보며 사막 위에 솟아 있다. 그 피라미드들은 햇볕에 말린 흙벽돌로 지어져, 『태양의 대로 Highway of the Sun』(1955) 등의 책을 쓴 빅터 폰 하겐(Victor Wolfgang von Hagen, 1908~1985) 같은 탐험가들로 하여금 메소포타미아의 우뚝 솟은 신전 탑(지구라트)들을 연상케 했다. 그것들 역시 모체 강 강변에 지어진 것들처럼 흙벽돌로 지어졌고, 약간 볼록한 모양이었다.

치무인들이 번성했던 서기 1000년에서 서기 1400년까지의 400년은 또한 금세공술이 발달한 시기였다. 후대의 잉카인들도 결코 도달하지 못했던 수준까지 오른 것이다. 에스파냐 정복자들은 실제로 잉카의 지배를 받는 상태에서도 치무 중심지들에 있던 엄청난 금에 대해 떠벌려 묘사했다. 툼베스(Tumbes)라는 마을의 황금 정원에는 금으로 만든 동·식물 모형이 만들어져 있었는데, 잉카인들이 그것을 본떠 코스코의 중심 사당 황금 정원을 만든 것으로 보인다. 또 다른 도시 투쿠메(Túcume)의 황금 정원에서는 에스파냐의 정복 이후 수백 년 동안 페루에서 찾아낸 금붙이의 대부분이 나왔다(무덤에 시신과 함께 묻힌 것이었다). 사실 해안 지역으로 쳐들어갔던 잉카인들은 치무인들이 보유했던 금의 양을 보고 깜짝 놀랐다. 그 엄청난 양과 그 이후 실제로 발견된 것들은 아직까지도 학자들을 당혹스럽게 만든다. 페루의 금 산지는 황량한 해안 지역이 아니라 산악지대였기 때문이다.

치무 문화(국가) 역시 그 이전의 문화 또는 조직화 사회의 계승자였다. 치무의 경우도 마찬가지지만 이런 사회들에서는 그 사람들이 자신들을 어떻게 불렀는지는 아무도 모른다. 지금 그들을 부르고 있는 이름들은 사실 그 사회들과 흔적을 남긴 그들의 문화들이 본거지로 삼았던 고고학 유적지들이나 강 이름들이다. 북-중부 해안지대의 모체(Moche)라는 이름의 문화는 역사의 안갯속을 서기전 400년 무렵까지 거슬러 올라간다. 그들은 예술적인 도기와 우아한 직물로 유명하다. 그러나 그들이 언제, 어떻게 이런 기술들을 습득했는지는 미스터리로 남는다. 그들이 남긴 오지그릇의 장식은 날개 달린 신과 겁나는 거인들로 가득 찼고, '달의 신'을 필두로 한 신들을 섬기는 종교가 있었음을 시사한다. 우두머리인 달의 신은 초승달로 상징됐고, 그 이름은 시(Si) 또는 시안(Si-An)이었다.

모체의 공예품들은 치무인들보다 수백 년 전에 모체인들이 금을 주조하고 흙벽돌로 집을 지었으며, 지구라트가 꽉 들어찬 신전 단지를 계획하는 기술을 습득했음을 분명하게 보여준다. 파카트나무(Pacatnamu)라는 유적지에서는 31개 이상의 피라미드가 있는 파묻힌 신성 도시가 『잉카의 '왕의 대로' *Auf den Königsstraßen der Inka*』를 쓴 하인리히 우벨로

데되링(Heinrich Ubbelohde-Doering, 1889~1972)의 독일 고고학 팀에 의해 발굴됐다. 그들은 여러 작은 피라미드들이 몇 개의 큰 피라미드보다 1,000년쯤 오래됐고, 큰 피라미드의 경우 변의 길이가 60미터, 높이는 12미터임을 확인했다.

치무 제국의 남쪽 경계는 리막(Rímac) 강이었는데, 에스파냐인들이 이 이름을 잘못 적은 리마(Lima)를 그들의 수도 이름으로 삼았다. 이 경계 너머의 해안지대에는 잉카 이전 시기에 친차(Chincha) 종족 사람들이 살았다. 산악지대는 아이마라(Aymara)어를 쓰는 사람들이 차지하고 있었다. 잉카인들이 신들에 대한 개념은 해안지대 사람들에게서, 그리고 창조와 태초에 관한 설화는 산악지대 사람들에게서 얻어왔다는 사실이 이제 알려져 있다.

리막 지역은 지금도 그렇지만 옛날에도 중심지였다. 페루의 한 신에게 바쳐진 가장 큰 신전이 서 있던 곳이 리마 바로 남쪽이다. 잉카인들에 의해 재건되고 확장된 그 유적을 지금도 볼 수 있다. 그것은 '세상의 창조자'라는 뜻인 파차카막(Pacha-Kamaq)이라는 신들의 우두머리에게 바쳐진 곳이었다. 신들로는 '지구의 주인' 비스(Vis)와 '지구의 귀부인' 마마파차(Mama-Pacha) 부부, '물의 주인' 니(Ni)와 '물의 귀부인' 마마코차(Mama-Cocha) 부부, 달의 신 시(Si), 태양의 신 이야라(Illa-Ra), 그리고 이라야(Ira-Ya)로도 알려진 영웅신 콘(Kon/Con) 등이 있었는데, 여러 근동 신들의 통칭을 상기시키는 이름들을 지녔다.

파차카막에 있는 신전은 고대의 남부 해안 지역 주민들에게 '성지(聖地)'였다. 멀고 가까운 지역에서 순례자들이 그곳으로 모여들었다. 순례 행위는 매우 존중받았기 때문에 종족 간 전쟁을 벌이고 있을 때에도 적군 순례자들이 무사통과를 허락받았다. 순례자들은 금붙이 봉헌물을 가지고 왔다. 그것이 신이 소유한다고 생각되는 금속이었기 때문이다. 지성소에는 선택된 사제들만이 들어갈 수 있었다. 특정한 기념일에 그 곳에 있는 신상이 계시를 내려주면 사제들이 그것을 사람들에게 전해 주었다. 그러나 신전 경내 전체는 매우 경건한 곳이었기 때문에 순례자들이 그곳에 들어가려면 신발을 벗어야 했다. 마치 모세가 시나이에서 그런 명령을 받았고 이슬람교도들이 아직도 예배당에 들어갈 때 그렇게 하듯이 말이다.

신전에 쌓인 금은 너무도 엄청났기 때문에 에스파냐인 정복자들의 눈길을 피할 수가 없었다. 프란시스코 피사로는 그것을 약탈하기 위해 동생 에르난데스(Hernández)를 보냈다. 에르난데스는 약간의 금·은과 보석을 찾아냈지만 대부분의 귀중품은 찾지 못했다. 사제들이 보물들을 숨겼기 때문이다. 아무리 위협을 하고 고문을 가해도 사제들은 은닉처를 불지 않았다. 숨긴 곳은 리마와 루린(Lurín) 사이 어느 곳이라는 소문이 아직도 나돌고 있다. 그러자 에르난데스는 금으로 만든 신상을 부수어 금을 손에 넣었고, 신전 벽에 금·은 판자를 씌우기 위해 박았던 은못을 빼냈다. 못만 해도 무게가 3만 2,000온스였다!

지역 전승에 따르면 이 신전은 '거인들'이 지었다고 한다. 확실하게 알려진 것은, 자기네가 정복한 종족들의 파차카막 숭배를 받아들인 잉카인들이 신전을 확장하고 장식했다는 것뿐이다. 산 중턱에 올라서면 태평양의 파도가 거의 발밑에서 부서지는 듯하고, 이 신전은 지상 150미터 높이의 층층대를 떠받치는 네 개의 기단 위에 세워져 있다. 이 네 기단은 거대한 돌 토막으로 지어진 옹벽을 쌓아 만들었다. 맨 위 층층대는 넓이가 몇 제곱킬로미터에 이른다. 광장은 움푹 파여 있어 신전 단지의 마지막 건축물인 중심 신전에서는 망망대해 쪽으로 탁 트인 조망을 즐길 수 있다.

산 자만이 기도하고 숭배하러 여기에 온 것이 아니었다. 죽은 자 역시 신탁을 내려주는 신의 보호 아래 내세를 살 수 있도록 하기 위해 리막 강변과 그 남쪽의 해안 평원으로 보내졌다. 궁극적으로는 부활을 바랐는지도 모른다. 리막이 죽은 자를 부활시킬 수 있다는 믿음이 있었기 때문이다. 지금 루린·피스코(Pisco)·나스카(Nazca)·파라카스(Paracas)·앙콘(Ancón)·이카(Ica)로 알려진 유적지들에서 고고학자들은 '죽은 자의 도시'에 있는 수많은 무덤들과 지하 묘실들을 발견했다. 거기에는 미라로 만들어진 귀족들과 사제들의 시신이 묻혀 있다. 미라는 손과 발을 구부려 넣은 앉은 자세인데, 가방 같은 자루 안에 고정시킨 채 넣어져 있다. 그러나 자루 안에 있는 죽은 자들은 가장 화려한 복장으로 옷을 모두 갖추어 입고 있다. 건조한 기후와 바깥의 자루가 멋지게 짠 옷·숄·머리띠·외투와 믿을 수 없으리만치 밝은 그 색깔을 보호해 주었다. 그 직물들은 아름답게 짠 솜씨가 고고학자들로 하여금 유럽의 섬세한 고블랭(Gobelin)* 융단을 연상케 했는데, 거기에는 종교적이고 우주론적인 상징들을 수놓았다.

직물에든 도자기에든 주인공은 언제나 한 손에 지팡이, 다른 한 손에 벼락을 들고, 뿔이 난(또는 광선을 내뿜는) 왕관을 쓰고 있는 신이다. 【그림 65】 인디언들은 그를, 강 이름과 같은 리막이라고 불렀다.

리막과 파차카막은 똑같은 신인가, 아니면 별개의 두 신인가? 학자들은 일치된 의견을 내놓지 못하고 있다. 자료가 부족하기 때문이다. 그러나 학자들은 인근 산맥들이 오직 리막에게만 바쳐진 것이라는 데는

---

* 15세기 중엽에 프랑스의 고블랭 집안에서 만들기 시작한 장식용 벽걸이 천. 여러 가지 색깔의 실로 인물이나 풍경 따위의 무늬를 짜 넣어 만든다. (옮긴이)

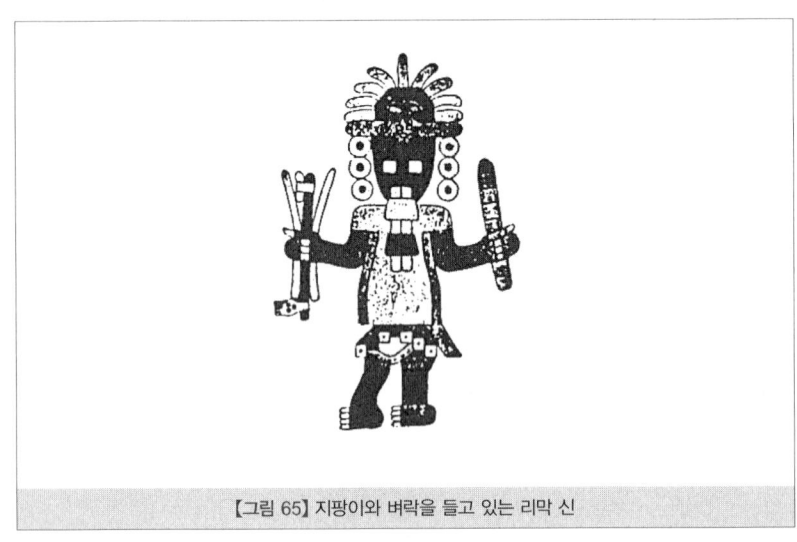

【그림 65】 지팡이와 벼락을 들고 있는 리막 신

의견을 같이한다. 그의 이름은 '벼락 치는 자'를 의미하며, 의미나 발음상 아다드(Adad)가 셈계 사람들에게 알려졌던 이름 라만(Raman)과 비슷하다. 라만은 '벼락 치다'를 의미하는 동사에서 나온 통칭이다.

역사가 가르실라소 데 라 베가(Garcilaso de la Vega, 1539~1616)에 따르면 바로 이 산지에 "사람의 모습을 한 우상"이 리막에게 바쳐진 사당에 세워져 있었다고 한다. 그는 리막 강변에 인접한 산들의 몇몇 유적지 가운데 어느 하나를 얘기한 것인지도 모르겠다. 거기에 고고학자들이 7층짜리 계단식 피라미드라고 생각하는 유적이 지금까지 우뚝 솟아 있다. 【그림 66】 그것은 보는 사람으로 하여금 고대 메소포타미아의 7층 지구라트를 보는 듯한 착각을 하게 만든다.

리막이 종종 '콘'이나, 잉카 전승에서 위라코차(비라코차)라고 불렸던 '이라야'였을까? 아무도 확실히 말할 수는 없지만 위라코차가 해안 지방 도자기에 나오는 신과 똑같이 그려졌다는 것만은 의문의 여지가 없다.

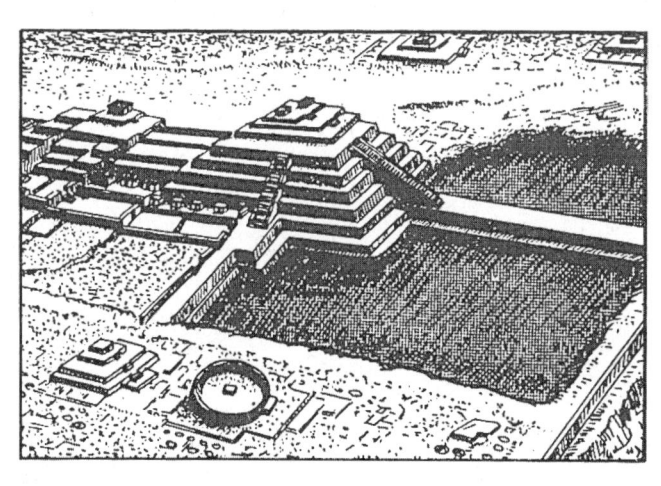

【그림 66】 미술가들이 그린 리막 사당 조감도

한 손에 갈래 진 무기, 다른 손에 마법 지팡이를 들고 있는 모습이다.

   태초에 관한 안데스의 모든 전승은 바로 이 지팡이, 금지팡이로 시작한다. 무대는 티티카카(Titicaca) 호반, 티와나쿠(Tiwanaku)라고 불리는 곳이다.

   에스파냐인들이 왔을 때 안데스 땅은 고원의 수도 코스코에서 지배하는 잉카 제국의 땅이었다. 그리고 코스코를 '태양의 아이들'이 건설했다고 잉카 설화들은 말한다. 그들은 티티카카 호에서 창조신 위라코차에 의해 만들어지고 교육받았다.

   안데스 전승에 따르면 위라코차는 안데스를 자신의 창조 무대로 선택하고 아주 오래 전에 지구로 온 위대한 '천상의 신'이었다. 에스파냐의 역사가 크리스토발 데 몰리나(Cristóval de Molina) 신부는 이렇게 말했다.

그들은 창조자가 티와나쿠에 있었으며 그곳이 그의 주요 거처였다고 말했다. 그래서 찬탄을 자아내는 이 장엄한 건축물이 그곳에 있다는 것이다.

원주민들의 역사와 선사 시대에 관한 그들의 설화를 처음으로 기록한 사제들 가운데 한 사람이 블라스 발레라(Blas Valera Pérez, 1545~1597)다. 불행하게도 그의 저작은 다른 사람들의 인용에 나오는 단편적인 부분들밖에는 전하지 않는다. 그의 본래 원고는 1587년 영국인들의 카디스(Cadiz) 약탈 때 불타버렸기 때문이다. 그는 잉카판(版)을 기록했는데, 그들의 첫 번째 군주 만코카팍(Manco Cápac)이 티티카카 호에서 지하 통로를 통해 나왔다는 내용이었다. 그는 태양의 아들이었고, 태양으로부터 코스코를 찾을 수 있는 금지팡이를 받았다. 그의 어머니가 진통을 시작하자 세상이 어둠에 싸였다. 그가 태어나자 세상이 밝아지고 나팔이 울렸다. 그리고 파차카막 신은 이렇게 선언했다.

"만코카팍의 멋진 날이 밝았다."

그러나 블라스 발레라는 다른 판본도 기록했다. 잉카인들이 남의 것인 만코카팍이라는 인물과 설화를 자기네 왕조의 것으로 둔갑시켰으며 그들의 진짜 조상은 다른 지역에서 바다를 통해 페루에 들어온 이주민들임을 시사하는 내용이다. 이 이야기에 따르면 잉카인들에 의해 '만코카팍'으로 불린 군주는 아타우(Atau)라는 왕의 아들이었다. 아타우는 200명의 남녀를 거느리고 페루 해안에 닿아 리막에서 상륙했고, 거기서 이카로 갔으며, 이카에서 다시 티티카카 호로 갔다. 그곳은 '태양의 아들들'이 지구를 통치하는 본거지였다. 만코카팍은 그 전설에 나오는 태양의 아들들을 찾기 위해 두 방향으로 부하들을 보냈다. 그 자신은 며칠 동안 떠돌아다닌 끝에 신성한 동굴이 있는 곳에 다다랐다. 그 동굴은 인공적으로 만들어졌고, 금과 은으로 장식돼 있었다. 만코카팍은 그 신성한 동굴을 떠나 카팍토코(Cápac Toco)라 불리는 문으로 갔다. 카팍토코는 '왕의 창문'이라는 뜻이었다. 그는 자신을 드러내면서 자기가 동굴에서 얻은, 금으로 된 옷을 입었다. 그리고 이 왕의 옷을 입음으로써 그에게는 페루의 왕권이 주어졌다.

이들과 함께 다른 기록들을 보면 안데스 사람들은 여러 판본을 기억했음이 분명하다. 그들은 티티카카 호에서 있었던 태초의 창조와 신성한 동굴 및 왕의 창문이라는 곳에서 일어난 왕권의 시작을 기억해 냈다. 그리고 잉카인들이 생각했듯이 그 일들은 동시에 발생한 것이었고, 그들 왕조의 기초를 이루었다. 그러나 다른 이야기들은 두 사건이 별개의 것이었고 그 시기도 달랐다고 말한다.

태초에 관한 이야기 가운데 하나를 보면 높은 신인 '만물의 창조자' 위라코차는 네 형제와 네 자매에게 땅을 두루 다니며 원시적인 사람들에게 문명을 전하도록 했다고 한다. 그리고 그 오누이(부부) 가운데 한 쌍이 코스코에서 왕조를 열었다. 다른 판본에는 '위대한 신'이 티티카카 호 기지에서 이 첫 번째 왕 부부를 자신의 아이들로 창조하고 그들에게 금으로 만든 물건을 주었다고 한다. 그는 그들에게 북쪽으로 가서 금으로 만든 물건이 땅속으로 들어가는 곳에 도시를 건설하라고 말했다. 그 기적이 일어난 곳이 코스코였다. 그리고 그것이 잉카 왕들이 태양의 신의 직계 후손임을 주장할 수 있는 이유다. 그들은 오누이 왕 부부를 이어받아 태어난 것이다.

대홍수에 대한 회상은 태초에 관한 거의 모든 판본에 나오고 있다. 몰리나 신부의 『잉카의 전설과 종교 *Relación de las fábulas y ritos de los Yngas*』에는 이렇게 기록돼 있다.

그들이 대홍수의 전말을 안 것은 (…) 만코카팍의 시대였다. 그는 첫 번째 잉카였고, 그 이후 그들은 '태양의 아이들'로 불리기 시작했다. 그들은 모든 사람과 모든 창조된 것들이 홍수에 휩쓸려 절멸됐고 물이 세상의 모든 높은 산들 위로 넘쳐 올랐다고 말한다. 한 남자와 한 여자를 제외하고는 살아남은 생명체가 없었다. 그들은 상자 속에서 살아남았다. 그리고 물이 빠지자 바람이 그들을 와나쿠(Wanaku)로 실어갔다. 코스코로부터 떨어진 거리가 대략 300킬로미터도 넘는 곳이었다. '만물의 창조자'는 그들에게 미트마(Mitma)*로서 거기에 머물라고 명령했다. 거기 티와나쿠에서 창조자는 그 지역에 있던 사람들과 민족들을 돌보기 시작했다.

지구에 사람이 다시 살게 된 것은 창조자가 처음으로 흙을 가지고 각 민족마다 한 사람씩의 모습을 만들면서 시작됐다.

그리고 그는 각자에게 생명과 영혼을 주었다. 남자도, 여자도 마찬가지였다. 그리고 그들을 지구상의 지정된 곳으로 가도록 지시했다.

숭배와 행동에 관한 계율에 복종치 않은 사람들은 돌로 변해버렸다.
창조자는 티티카카 호에 있는 섬에 달과 태양을 데리고 갔고, 달과 태양도 그 명령을 따랐다. 지구를 재충전할 모든 준비가 끝나자 달과 태양이 하늘에 떠올랐다.
'만물의 창조자'의 조수 역할을 한 두 신은 다른 판본에 그의 두 아들이라고 나와 있다. 몰리나 신부는 이렇게 썼다.

---

*케추아(Quechua)어로 '이방인'을 뜻한다. 에스파냐의 정복 이전에 충성 유도와 국토 이용 효율화를 위해 시행했던 사민(徙民) 정책도 이렇게 불렸다. (옮긴이)

여러 종족들과 민족들을 창조하고 그들에게 복장과 언어를 배정한 뒤, 창조자는 그의 두 아들에게 서로 다른 방향으로 가서 문명을 도입하라고 말했다.

형인 이마이마나 위라코차(Ymaymana Wiraqucha)는 '만물을 배치할 권한을 지닌 자'라는 뜻인데, 산악지대 사람들에게 문명을 전해주러 갔다. 동생인 토파코 위라코차(Topaco Wiraqucha)는 '물건을 만드는 자'라는 뜻이며, 해안 평원들을 통과해 가라는 명령을 받았다. 두 형제는 임무를 마치고 해변에서 만났으며, "거기서 그들은 하늘로 올라갔다"고 한다.

에스파냐의 정복 직후 코스코에서 에스파냐인 아버지와 잉카인 어머니 사이에서 태어난 가르실라소 데 라 베가는 두 가지 전설을 기록했다. 그 한 전설에 따르면 '위대한 신'은 인류를 가르치기 위해 하늘에서 지구로 내려와 그들에게 법과 계율을 주었다. 그는 "그의 두 아이들을 티티카카 호에 두고" 그들에게 "금으로 만든 쐐기"를 주었으며, 그것이 땅속으로 들어가는 곳에 정착하도록 지시했다. 그곳은 바로 코스코였다. 다른 하나의 전설은 이런 내용이다.

대홍수의 물이 빠진 뒤 어떤 사람이 티와나쿠 땅에 나타났다. 그곳은 코스코 남쪽이었다. 그는 매우 강력한 사람이어서 세상을 네 부분으로 나눈 뒤 네 사람을 각 지역에 보내고 그들에게 왕이라는 칭호를 주었다.

그들 가운데 하나인 만코카팍이라는 통칭을 가진 왕이 코스코에서 왕조를 열었다. 만코카팍은 잉카의 케추아어로 '왕이자 주인'이라는 뜻이다.

이 여러 판본들은 위라코차에 의한 창조가 두 단계로 이루어졌음을 말한다. 후안 데 베탄소스(Juan de Betanzos, 1510~1576)는 『잉카의 설화 Suma y Narración de los Incas』(1551)에서 '창조자'인 신이 "처음에 하늘과 땅을 만들었다"는 내용의 케추아 설화를 기록했다. 신은 사람, 곧 '인류'도 만들었다.

이 사람들은 위라코차에게 어떤 나쁜 일을 했고, 신은 거기에 화가 났다. (…) 그래서 그는 그 첫 번째 사람들과 그들의 우두머리에게 벌을 내려 그들을 돌로 만들었다.

그리고 어둠의 시기가 지난 뒤 신은 티와나쿠에서 돌로 새로운 남자들과 여자들을 만들었다. 그는 그들에게 일과 능력을 주고 어디로 가야 할지를 말해주었다. 남은 것은 그와 두 조력자뿐이었는데, 그는 조력자 하나를 남쪽으로 보내고 다른 하나는 북쪽으로 보냈다. 그 자신은 코스코 쪽으로 갔다. 거기서 그는 우두머리 하나를 찾아내 코스코에서 왕조를 세우게 했다. 위라코차는 여행을 계속했다.

(그는) 에콰도르 해안까지 갔고, 거기서 그의 두 조력자와 만났다. 그들 모두는 함께 바닷물 위를 걸어가기 시작했고, 그러고는 사라져버렸다.

산악지대 사람들의 설화 가운데 몇몇은, 어떻게 해서 사람들이 코스코에 정착하게 됐으며 어떻게 코스코가 신에 의해 수도로 지정됐는지에 초점을 맞추었다. 한 판본에 따르면 만코카팍에게 도시를 세울 터를 찾으라고 준 것이 순금으로 만든 막대기 혹은 지팡이였다고 한다. 그것은 투팍야우리(Tupac-yauri)로 불렸다. '빛나는 홀(笏)'이라는 뜻이다. 그는 형제·자매들과 함께 지정된 곳을 찾아 나섰다. 어떤 바위에 닿자 그의 일행들은 힘이 빠졌다. 만코카팍이 마법의 지팡이로 바위를 치자 바위는 큰소리로 그가 왕국의 지배자로 선택됐다고 말해주었다. 에스파냐인들이 상륙한 뒤 기독교로 개종한 한 인디언 족장의 후예는 자신의 회고록에서 인디언들이 당시까지도 그 신성한 바위를 볼 수 있었다고 주장했다.

잉카 만코카팍은 자신의 누이 가운데 하나인 마마오크요(Mama Ocllo)와 결혼했다. (…) 그리고 그들은 자기네 백성들을 다스리기 위한 좋은 법들을 만들기 시작했다.

종종 아야르(Ayar) 4형제의 전설로 불리는 이 설화는 다른 모든 코스코 창건 설화가 그렇듯이 군주와 수도를 선정한 마법의 물건이 순금으로 만들어졌다고 말한다. 이것은 모든 아메리카 문명의 수수께끼를 해명하는 데 결정적이고 핵심적인 실마리라고 우리는 생각한다.

에스파냐인들이 잉카의 수도 코스코에 들어갔을 때 그들은 약 10만 채의 주택이 왕궁 및 종교 중심지를 둘러싸고 있는 대도시를 발견했다. 그 중심지에는 거대한 신전과 궁궐, 정원, 광장, 시장이 있었다. 해발약 3,500미터 높이의 투유마요(Tullumayo)와 로다데로(Rodadero)라는 두 시내 사이에 위치한 코스코는 삭사이와만(Saksaq Waman) 벼랑의 발치에서 시작된다. 이 도시는 달걀 모양의 지역을 정리한 열두 개의 구역으로 나뉘어 있었는데, 에스파냐인들은 그 숫자에 의문을 품었다. 가장 오래된 첫 번째 구역은 '꿇어앉은 층층대'라는 적절한 이름으로 불렸는데, 벼랑의 북서쪽 사면에 자리 잡고 있었다. 그곳에 첫 번째 잉카들이 그들의 궁궐을 지었다. 그리고 아마도 전설 속의 만코카팍도 마찬가지였을 것이다. 모든 구역은 회화적인 이름들을 지녔다. 실제로 그들의 대체적인 모습을 묘사한 것으로, '말하는 곳', '화단', '신성한 문' 같은 이름들이다.

코스코 문제에 관한 20세기의 대학자 가운데 하나인 『천상의 도시 코스코 Cuzco, the Celestial City』의 저자 스탠스버리 헤이가(Stansbury Hagar)는 코스코가 선사 시대의 신성한 곳(티티카카 호 티와나쿠에 있는, 이주해 온 건설자들의 출발지다)에서 만코카팍을 위해 만들어진 계획에 따라 건설되고 배치됐다는 믿음을 강조했다. 이름이 '지구의 배꼽'이고 지구의 사방을 나타내기 위해 네 구역으로 나누었다는 측면에서, 그는(그리고 다른 사람들 역시) 이것이 세상에 대한 관념의 표현이라고 보았다. 그러나 도시 계획의 다른 모습들에는 천상의 지식이라는 측면이 있었고, 그래서 그는 자신의 책 이름을 그렇게 붙였다. 도시 중심부에 인접한 두 시내는 꾸불꾸불한 은하수를 본뜬 인공 수로들을 통해 흐르도록 만들어졌다. 그리고 열두 구역은 하늘을 황도 12궁으로 나눈 것을 본뜬 것이었다. 지구상에서 일어난 사건들과 그 시기를 연구하는 우리에게는 매우 중요한 일이지만, 헤이가는 가장 오래된 첫 번째 구역이 양자리를 나타낸다고 결론지었다.

스콰이어와 다른 19세기 탐험가들은 코스코가 일부는 완전히 에스파냐인들이 짓고 일부는 이전의 잉카 도시 유적 위에 건설한 곳이라고 묘사했다. 따라서 에스파냐 정복자들이 처음 본 코스코에 대해 묘사하고 그보다 더 이전 시대에 있었던 모습을 일별하려면 이른 시기 역사가들의 글을 보아야 한다. 페드로 시에사 데 레온의 『페루 연대기』는 이 잉카 수도와 그 건물·광장·다리 들을 가장 강렬한 말들로 묘사했다. 코스코는 '고귀하게 장식된 도시'였으며, 그 중심부에서 네 개의 큰길을 통해 제국의 가장 먼 곳까지 이를 수 있었다. 또한 코스코에 재물이 쌓인 것은 죽은 왕의 궁궐을 온전히 보존하는 관습뿐만 아니라, 금·은을 공물과 봉헌물로 수도로 가져오도록 요구하는 한편으로 가지고 나가면 사형에 처하도록 해서 엄금하게 한 법 때문이기도 했다고 썼다. 그는 이 도시를 찬양해 이렇게 썼다.

코스코는 웅장하고 당당했으며, 대단한 지성을 가진 사람들이 만든 게 틀림없었다. 그 거리는 좁다는 것만 빼고는 훌륭했으며, 그 집들은 단단한 돌들을 아름답게 결합해 지었다. 이 돌들은 매우 컸고 잘 잘렸다. 집의 다른 부분들은 나무와 짚이 자재였다. 거기에는 기와와 벽돌, 석회의 흔적은 없었다.

가르실라소 데 라 베가(그는 에스파냐인 아버지의 성을 물려받았으나, 어머니가 잉카 왕조의 왕족이었기 때문에 '잉카'라는 왕족 칭호도 가지고 있었다)는 열두 구역에 대해 묘사한 뒤, 삭사이와만 경사지에 지어진 제1구역의 첫 번째 잉카 왕궁을 제외하고는 다른 잉카 궁궐들이 모두 대신전 부근의 도시 중심부 주위에 밀집돼 있다고 말했다. 그의 시대까지 남아 있었던 왕궁은 두 번째와 여섯 번째, 아홉 번째, 열 번째, 열한 번째, 열두 번째 잉카의 것이었다. 그 가운데 일부는 와카이파타(Huacay-Pata)라 불리는 수도의 중앙 광장 옆에 있었다. 거기서 높직한 대좌(臺座)에 앉은 잉카와 그의 가족, 궁정 권력자들과 사제들이 축제들과 종교 의식들을 참관하고 지휘했다. 그런 행사들 가운데 네 가지는 하·동지 및 춘·추분과 연관된 것이었다.

초기 역사가들이 확인했듯이 에스파냐 정복 이전 코스코의 가장 유명하고 화려했던 건축물은 그 도시와 제국의 가장 중요한 신전 코리칸차(Quri Kancha)였다. 그 이름은 '황금 울안'이라는 뜻이었다. 에스파냐인들은 이를 '태양의 신전'이라 불렀다. 태양이 잉카의 최고신이라고 생각했기 때문이다. 이 신전이 에스파냐인들에 의해 파괴되고 헐려 다시 지어지기 전에 이를 본 사람들은 신전이 몇 부분으로 이루어져 있었다고 말했다. 주신전은 위라코차에게 바쳐진 것이었다. 인접한(또는 부속된) 사당들은 달인 키야(Quilla), 금성인 차스카(Chasca), 코이요르(Coyllor)라 불린 알 수 없는 별, 그리고 천둥·번개의 신 이야파(Illa-pa)에게 바쳐진 것들이었다. 거기에는 또한 무지개에게 바쳐진 사당도 있었다. 에스파냐인들이 금으로 만들어진 재물들을 약탈한 곳이 바로 그곳 코리칸차였다.

코리칸차 옆에 아크야와시(Aclla-Huasi), 곧 '선택된 여인들의 집'이라는 건물이 있다. 정원과 과수원을 둘러싸고 주거용의 방들, 실을 잣고 피륙을 짜며 뜨개질을 해서 왕족들이나 사제들을 위한 옷을 만드는 작업장들이 있는 곳이다. 그곳은 '위대한 신'에게 바쳐진 처녀들이 사는 격리된 섬이었다. 그들의 임무 가운데 하나는 신의 것인 '영원한 불'을 보존하는 것이었다.

그 도시의 재물을 약탈한 에스파냐인들은 도시 자체를 차지하는 일에 나서, 자기네들끼리 제비를 뽑아 그곳의 여러 건물들을 나누어 가졌다. 대부분은 자신들의 건축 공사에 자재로 쓰기 위해 헐어버렸다. 여기저기서 문이나 벽의 일부가 에스파냐인들의 새 건물에 끼워 넣어졌

【그림 67】 옛 모습이 남아 있는 '태양의 신전' 외벽 일부

다. 주요 사당들은 교회와 수도원 터로 쓰였다. 맨 처음에 등장한 도미니쿠스수도회는 '태양의 신전'을 접수한 뒤 바깥 구조물들을 헐어버렸다. 그러나 옛 배치와 일부 벽 부분은 자신들의 교회 겸 수도원에 끼워 넣었다. 이렇게 재활용된 결과로 아직까지 온전한 부분 가운데 가장 흥미로운 것이 잉카 신전 대제단의 담으로 쓰였던 반원형의 외벽이다. 【그림 67】 거기서 에스파냐인들은 태양을 상징하는(그들은 그렇게 생각했다) 커다란 황금 원반을 발견했다. 그것은 추첨 결과 정복자 레기사노(Leguizano)의 몫으로 돌아갔는데, 그는 이튿날 밤에 도박으로 그것을 잃

어버렸다. 승자는 그 숭배물을 녹여 금괴로 주조했다.

도미니쿠스수도회에 이어 등장한 것은 프란체스코(Francesco)수도회와 성(聖)아우구스티누스(Augustinus)수도회, 성모(聖母)수도회, 예수회 등이었다. 이들은 잉카의 사당들이 있던 곳에 자기네 사당들을 지었다. 코스코의 대성당이 대표적이다. 사제들에 뒤이어 수녀들도 왔다. 놀랄 일도 아니라는 듯이 그들의 수녀원은 잉카의 수녀원 '선택된 여인들의 집' 위에 세워졌다. 총독들과 고위 성직자들이 이를 따라 그들의 건물들과 집들을 잉카의 석조 주택 위에, 또는 그 일부를 이용해 지었다.

일부 사람들은 코스코가 '배꼽(Omphalos)'을 뜻하며 수도, 곧 지휘소로 선택된 곳이었기 때문에 그런 이름이 붙었다고 생각한다. 다수가 지지하는 또 다른 이론은 그 이름이 '세워진 돌들이 있는 곳'을 의미한다고 본다. 그렇다면 이 이름은 코스코의 가장 큰 매력인 그 놀라운 거석(巨石)들과 잘 어울린다.

코스코의 잉카 주택 대부분은 다듬지 않은 자연석을 모르타르로 붙이거나, 벽돌이나 마름돌을 흉내 내 대충 깎은 돌로 지었다. 그러나 일부 오래된 건축물들은 완벽하게 자르고 다듬어 모양이 잡힌 돌(마름돌)들로 지었다. 남아 있는 코리칸차의 반원형 벽에서 볼 수 있는 것과 같은 돌들이다. 이 벽과 다른 동시대 건축물들의 아름다움과 기술은 수없는 여행객들을 놀라게 하고 오싹하게 만들었다. 클레멘츠 마컴(Clements Robert Markham, 1830~1916)은 이렇게 썼다.

이 둘도 없는 석조 건축을 바라보노라면 그 형태의 지극한 아름다움, (…) 그리고 무엇보다도 그렇게 틀림없는 정밀도로 각각의 돌을 다듬는 데 필요했을 끈기 있는 인내심과 기술에 찬탄을 금할 수 없다.

건축가라기보다는 고고학자에 가까웠던 스콰이어는 코스코의 다른 돌들에 더욱 감명을 받았다. 그 엄청난 크기의 돌을 가지고, 모르타르 없이도 놀랄 만큼 정확하게 한 돌을 다른 돌의 각도에 맞춰 끼워 넣은 기기묘묘한 모양에 말이다. 안다와일리야스(Andahuaylillas) 성벽은 갈색 조면암(粗面巖)으로 만들어졌는데, 그는 그것이 특별히 선별된 게 틀림없다고 추측했다. 그 결을 보면 "거칠거칠해서 다른 어떤 종류의 돌을 사용하는 것보다 돌 토막들 사이에서 접착력이 좋게" 하기 때문이다. 그는 에스파냐 역사가들이 지적했듯이 다각형의(여러 변이 있는) 돌들이 그렇게 정확히 정말로 서로 꼭 맞추어져 있어 "아무리 얇은 칼날이나 작은 바늘도 그 사이로 들어갈 수 없었다"고 확인했다. 【그림 68a】 관광객들이 가장 많이 찾는 어떤 돌에는 열두 개의 면과 각이 있다. 【그림 68b】

이 모든 무겁고 가장 단단한 돌 토막들이 코스코로 옮겨졌고 이름 모를 석공에 의해 너무도 쉽게 잘려졌다. 석공은 마치 반죽을 주무르듯 돌을 다루었다. 각각의 돌 표면은 매끄럽고 약간 오목하게 다듬어졌다. 그 방법은 아무도 모른다. 홈이나 마루나 망치 자국 같은 것이 전혀 보이지 않기 때문이다. 어떻게 이 무거운 돌들이 들어 올려지고 하나씩 하나씩 착착 쌓였으며, 아래와 옆 돌들의 기묘한 각도에 맞추어 각도가 잡혔는지 또한 미스터리다. 미스터리를 더욱 가중시키는 것은 이 모든 돌들이 모르타르 없이 서로 꽉 맞물려 인간의 파괴 활동뿐만 아니라 이 지역에서 자주 일어나는 지진에도 끄떡없다는 사실이다.

이제는 아름다운 마름돌들이 '고전' 잉카 단계의 것이고 거석으로 쌓은 성벽은 더 이른 시기의 것이라는 데 모든 사람들이 동의하고 있다. 보다 분명한 답변을 내기 위해 학자들은 이를 간단하게 '거석 시대'라고

【그림 68a】 다각형의 돌들을 짜 맞춘 안다와일리야스 성벽

【그림 68b】 성벽 중 열두 개의 면과 각을 가진 돌(아래 큰 돌)이 있는 부분

부른다.

이것은 아직 해답이 찾아지지 않은 수수께끼다. 그것은 또한 삭사이와만 비탈에 오르면 오히려 더욱 깊어지는 미스터리다. 그곳에 있는, 잉카 요새였다고 생각되는 유적은 방문자에게 더욱 큰 난문(難問)을 던

지고 있다.

이 벼랑의 이름은 '매가 앉은 곳'이라는 뜻이다. 북서쪽에 밑변이 있는 삼각형 모양으로, 그 꼭대기는 아래의 도시보다 250미터가 높다. 그 양옆에는 골짜기가 이루어져 자신이 속한 산맥과 분리되지만 그 밑바탕에서는 산맥과 다시 연결돼 있다.

이 벼랑은 세 부분으로 나눌 수 있다. 그 넓은 바닥 부분은 커다란 바위 노두(露頭)들이 대부분을 차지하고 있는데, 누군가가 그것을 잘라 거대한 층층대 또는 기단으로 만들어놓았으며 굴과 틈과 홈으로 구멍도 나 있다. 벼랑의 중간 부분은 평평하게 골라진, 폭과 길이가 수백 미터에 이르는 지역이 차지하고 있다. 그리고 벼랑의 나머지 부분 위에 솟아 있는 좁은 끝 부분은 둥글고 모난 구조물들의 흔적을 보여주고 있다. 그 아래에 통로와 굴과 다른 구멍들이 자연석 안으로 혼란스럽게 파고들어가 있다.

이 '개발된' 부분을 벼랑의 나머지 부분으로부터 분리 내지 보호하고 있는 것이 서로 나란하면서 갈지자로 세워진 세 개의 거대한 벽들이다. 【그림 69】

갈지자로 세워진 세 줄의 벽은 거대한 돌로 세워졌고, 각기 그 앞에 있는 것보다 높다. 세 벽의 높이를 합치면 약 20미터쯤 된다. 각 벽의 뒤쪽은 흙을 채워 층층대를 이루었는데, 그것은 벼랑의 방어자들에게 난간으로 쓰였을 것이라 생각된다. 세 벽 가운데 특히 가장 낮은 첫 번째 벽은 무게가 10톤에서 20톤이나 나가는 거대한 뭉우리돌들로 세워졌다. 그 뭉우리돌 가운데 하나는 높이가 8.2미터에 무게는 300톤을 넘었다. 【그림 70】 대부분의 돌들은 높이가 5미터에 이르고 폭과 두께는 3미터에서 4미터에 이른다. 아래의 도시에 있었던 돌들과 마찬가지로 이

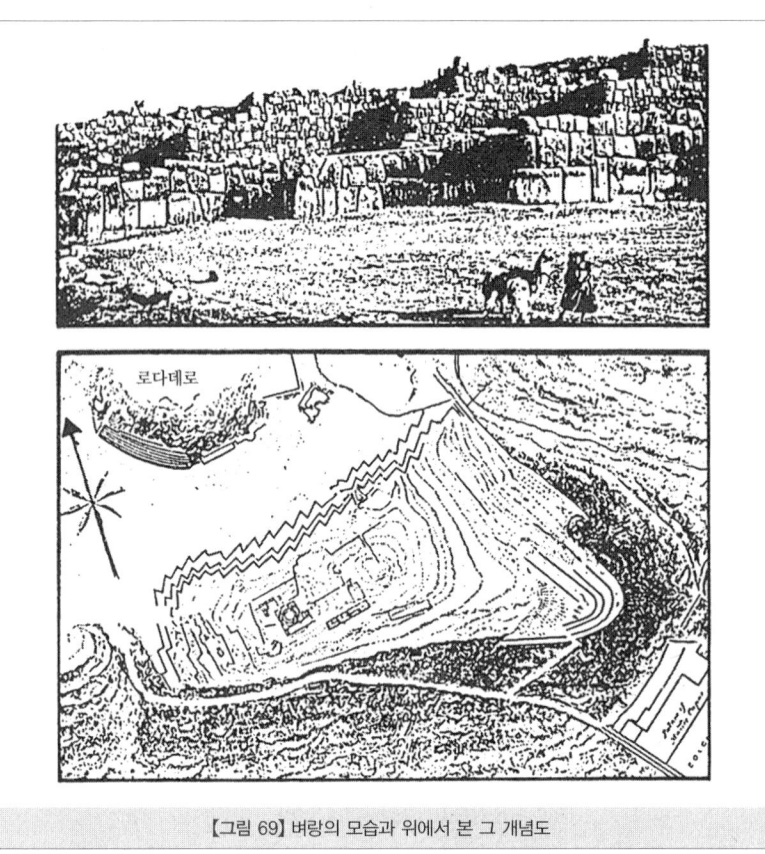

【그림 69】 벼랑의 모습과 위에서 본 그 개념도

뭉우리돌들의 면은 인공적으로 다듬어져 완전히 매끄럽게 돼 있고 끄트머리 부분은 비스듬하다. 이는 돌들이 나뒹구는 대로 찾아다가 생긴 대로 쓴 자연석이 아니라 전문적인 석공의 작품임을 의미한다.

거대한 돌 토막들은 한 돌이 다른 돌 위에 차곡차곡 올라가 있는데, 가끔은 알 수 없는 구조적 이유 때문에 얇은 석판이 사이에 끼워져 있다. 돌들은 모두 다각형이며, 기묘한 변과 각도가 모르타르 없이 주위 돌 토막들의 모양과 잘 들어맞고 있다. 그 양식과 시대는 분명히 코스

【그림 70】세 벽 가운데 가장 낮은 벽의 거대한 돌들

코의 '거석 시대' 유적의 그것과 같은 거석 건축이다. 그러나 이 경우는 훨씬 더 거대하다.

벽들 사이의 평평하게 고른 지역 곳곳에는 일정하게 맞춘 '잉카 양식'의 돌들로 지은 구조물 유적들이 있다. 정리된 지상의 모습과 항공사진에서 볼 수 있듯이 벼랑 꼭대기에는 여러 가지 구조물들이 있었다. 그 모든 것들은 에스파냐의 정복 이후 터진 잉카인들과 에스파냐인들 사이의 전쟁 과정에서 무너지고 파괴됐다. 오직 거대한 벽들만이 손상되지 않고 남아, 말 없는 목격자로서 수수께끼의 시대와 신비스러운 건설자들에 대해 알려주고 있다. 모든 연구들이 보여주었듯이 이 거대한 돌토막들은 몇 킬로미터 떨어진 곳에서 채석돼 산과 계곡과 고개와 물이 흐르는 시내를 건너 이곳까지 옮겨와야 했기 때문이다.

어떻게, 누가, 그리고 왜 그랬을까?

에스파냐 정복 시대의 역사가들이나 그 이후 시기의 여행자들, 그리고 현대의 연구자들 모두가 같은 결론에 도달하고 있다. 잉카인들이 아니라 어떤 초자연적인 힘을 지닌 수수께끼의 조상들이라는 것이다… 그러나 왜 그랬느냐에 대해서는 아무도 이론조차 내놓지 못하고 있다.

가르실라소 데 라 베가는 이 요새들이 "사람에 의해서가 아니라 마법에 의해, 귀신에 의해 세워졌다"고 믿는 도리밖에 없다고 썼다.

세 벽에 들어간 돌들의 수와 크기 때문이다. (…) 믿기가 불가능하지만 그 돌은 채석장에서 캐내 온 것이었다. 인디언들에게는 돌을 캐내고 다듬는 데 쓸 쇠도, 강철도 없었다. 그리고 그것을 어떻게 운반해 모았는지 하는 것도 똑같이 놀라운 일이다. 인디언들에게는 그 돌들을 힘으로 끌어오기 위한 수레도, 황소도, 밧줄도 없었기 때문이다. 또한 그것들을 나르기 위한 평평한 길도 없었다. 오히려 험준한 산악과 갑작스런 내리막길들을 헤쳐나가야 했다.

가르실라소는 또 이렇게 썼다.

그 돌들 가운데 상당수는 50킬로미터에서 70킬로미터 떨어진 곳에서 가져온 것이었다. 특히 끝내 구조물까지 옮길 수 없어 '지긋지긋한 돌'이라는 뜻의 사이쿠사(Saycusa)라는 이름이 붙은 돌(이라기보다는 바위)은 유카이(Yucay) 강 건너에서 70킬로미터의 거리를 옮겨왔음이 알려져 있다. (…) 가장 가까운 데서 가져온 돌은 코스코에서 25킬로미터 떨어진 무이나(Muyna)로부터 온 것이었다. 어떻게 그토록 많은, 그토록 큰 돌들이 그 사이에 칼끝 하나 들어갈 틈 없이 그렇게 정확히 맞춰졌는지는 상상을 불허한다. 대부분의 경우 정말로 꽉 맞춰져 있어 이음매 부분조차 찾기 어렵다. 그리고 이 모든 것은 그것들이 짜 맞춰졌다면 돌 위에 놓고 확인했을 자나 수준기(水準器)를 인디언들이 가지고 있지 않았다는 데서 더욱 놀라워진다. (…) 그들에겐 기중기나 도르래나 다른 어떤 기계 장치도 없었다.

가르실라소는 더 나아가 이런 주장을 하는 여러 명의 가톨릭 사제들을 인용했다.

그 돌들이 어떻게 깎이고 옮겨지고 자기 자리에 놓였는지 상상하기가 어렵다. (…) 악마의 재주가 아니라면 말이다.

스콰이어는 세 벽에 들어간 돌들이 "의문의 여지 없이 아메리카의 거석 유물이라 불리는 유형의 가장 훌륭한 표본"이라고 말했다. 그는 이 지역의 거대한 석상들과 바위 표면의 여러 다른 모습들에 매혹되고 당혹스러워했다. 그러한 모습들 가운데 하나가 줄지은 벽에 난 세 개의 출입문인데, 그중 하나가 '위라코차의 문'이라 불렸다. 그 출입구는 정교한 공학 기술의 경이였다. 앞 벽의 가운데쯤에서 돌 토막은 네모꼴을 이루도록 놓였고 그것이 벽의 약 1.2미터쯤 되는 구멍으로 이어진다. 그 다음에 계단을 통해 첫 번째와 두 번째 벽 사이의 층층대로 이어지고, 거기서 복잡한 통로가 가로지른 벽에서 직각으로 뚫려 두 번째 층층대로 이어진다. 거기에 두 출입구가 서로 마주보는 각도로 놓이고 세 번째 벽으로 이어진다.

모든 역사가들은 이 중앙 출입구가 벽 끝쪽에 있는 다른 두 출입구와 마찬가지로 특별히 맞추어진 거대한 돌 토막을 구멍에 밀어 넣음으로써 봉쇄될 수 있다고 기록했다. 이 돌 마개들과 그것들을 올리고 내리는(출입구를 열고 봉쇄하는) 장치는 옛날 어느 땐가 제거됐지만, 그 통로와 홈은 아직도 알아볼 수 있다. 인근의 한 고원에는 바위들이 정확한 기하학적 모양으로 잘려 있어 현대의 관찰자들을 당혹케 한다. 【그림 71a】 잘라낸 바위가 어떤 기계적인 장치가 들어가도록 모양이 만들어진 것으로 보이는 경우도 있다. 【그림 71b】

우벨로데되링은 『잉카 제국의 예술 Kunst im Reiche der Inca』에서 이 불가사의하게 잘려나간 바위들에 대해, 그것들은 "모든 부분이 의미를 지닌 모형 같은 것"이라고 말했다.

늘어선 벽들 뒤의 벼랑에는 틀림없이 잉카 시대에 건설된 구조물군(群)의 유적이 있다. 이들은 이전에 지은 구조물들의 유적 위에 지어졌을 가능성이 높고, 미로 같은 지하 통로들과는 관계없는 게 분명하다. 복잡한 모양의 지하 통로들은 갑자기 시작됐다가 갑자기 끝난다. 어떤 것은 10여 미터 깊이의 동굴로 이어진다. 어떤 것은 계단 모양으로 깎고 다듬은 바위 표면에서 끝나 더 이상 이어지지 않는 듯이 보인다.

거석의 벽들 맞은편, 넓고 탁 트인 평지 건너에는 사실(寫實)적인 이름들을 지닌 바위 노두들이 있다. '미끄럼'이라는 뜻의 로다데로(Rodadero)

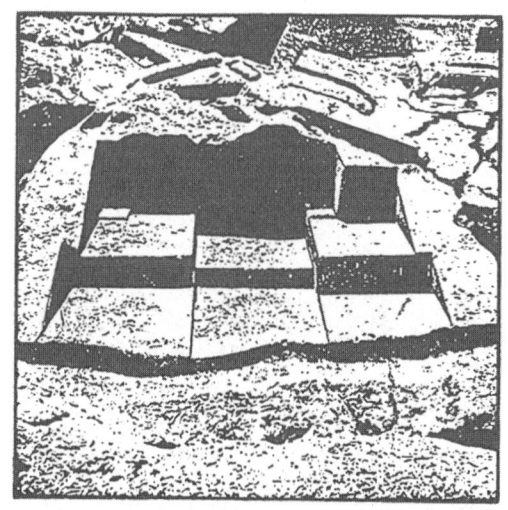

【그림 71a】 반듯반듯하게 잘려나간 바위들

【그림 71b】 어떤 기계 장치가 들어가도록 파내어진 듯한 바위

금지팡이 왕국 **217**

뒤편은 아이들의 미끄럼틀로 쓰인다. '매끄러운 돌'이라는 뜻의 피에드라리사(Piedra Lisa)에 대해 스콰이어는 이렇게 묘사했다.

바위가 플라스틱 상태로 짜내어진 뒤 그런 모양으로 굳은 것처럼 홈이 파여 있고, 표면은 매끄럽고 반들반들하다.

돌이 장난감 찰흙으로 빚어진 것 같다는 말이다. 그리고 그 근처에 '미로'라는 뜻의 칭가나(Chingana)가 있는데, 이 낭떠러지는 거기에 생긴 자연적인 균열을 인공적으로 확장해 통로와 낮은 회랑, 작은 방, 벽감(壁龕), 그리고 다른 파낸 공간들을 이루었다. 실제로 수평·수직이나 비스듬한 표면으로 다듬어지고 모양을 낸 바위들과 구멍·홈·틈 등이 이 낭떠러지 뒤 곳곳에서 발견됐다. 모두가 정확한 각도와 기하학적인 모양으로 잘린 것들이다.

19세기의 스콰이어는 현대의 방문객들이 더 이상 잘 묘사할 수 없을 정도로 그 모습을 그려냈다.

요새 뒤 평원 곳곳의 바위들은 주로 현무암인데, 수천 가지 모양으로 잘리고 새겨졌다. 벽감이 하나 또는 떼로 줄지어 있기도 하고, 곧 소파 같은 널따란 의자나 줄지은 작은 의자들이 나온다. 그 다음은 죽 이어진 계단이다. 그러곤 모나거나 둥글거나 팔각형의 분지들이 몰려 있다. 길게 이어진 홈들도 있다. 가끔씩 구멍이 뚫려 있고 (…) 바위의 균열이 인공적으로 넓혀져 방으로 변했다. 그리고 이 모든 것은 정확하게 잘렸고 가장 솜씨 좋은 기술자의 끝손질이었다.

잉카인들이 이 벼랑을 에스파냐인들에 맞선 마지막 보루로 삼았음은 역사 기록에 남아 있는 사실이다. 그들이 그 위에 건조물을 지었다는 사실 또한 남아 있는 석축으로 보아 분명하다. 그러나 잉카인들이 본래 그 유적지를 건설한 사람들이 아니었음은 그들이 거석 하나 옮길 수 없었다는 그들 자신의 기록으로 입증된다.

그 실패한 시도는 가르실라소가 '지긋지긋한 돌'에 대해 기록한 것에 나타나 있다. 그에 따르면 잉카의 십장 하나가 자기 명성을 높이려는 욕심에서 그 돌을 원래 건설자들이 떨어뜨려 놓고 방어용 구조물에 이용했던 곳에서 끌어올리기로 했다.

2만 명이 넘는 인디언들이 이 돌에 달려들어 커다란 밧줄로 돌을 끌었다. 그들의 진행은 매우 느렸다. 그들이 지난 오르막길은 울퉁불퉁했고, 오르고 내리는 데 가파른 비탈길이 많았기 때문이다. (…) 그 언덕 가운데 한 곳에서 일꾼들의 부주의로 힘을 고르게 주지 못해 끄는 힘이 돌의 무게를 이기지 못했다. 그래서 돌이 경사면을 굴러 내려가는 바람에 인디언 3,000~4,000명이 죽었다.

그러니 이 이야기에 따른다면 잉카인들은 거석을 끌어올려 필요한 곳에 놓으려는 단 한 번의 시도에서 실패하고 말았다. 따라서 그들은 분명히 다른 수백 개의 거석들을 옮겨와 자르고 모양을 만들어 제자리에 올려놓고 모르타르 없이 맞추어놓은 사람들이 아니었다.

'고대에 우주인이 있었다'는 이론을 대중화한 에리히 폰 대니켄이 1980년에 이 유적지를 방문한 뒤 『키리바시로의 여행 Reise Nach Kiribati』*

---

*영역본 제목은 『Pathways to the Gods』다.

에서 이 엄청난 구조물과 기묘한 모양의 낭떠러지는 '대자연'의 산물도, 잉카인들의 작품도 될 수 없으며 오직 고대 우주인들의 것이라고 썼던 것도 놀라운 일이 아니다. 이보다 조금 전의 여행가인 브라이퍼드 존스 (W. Bryford Jones)는 『페루의 네 얼굴 *Four Faces of Peru*』(1967)에서 이 거대한 돌 토막의 놀라움에 대해 이렇게 말했다.

> 그것들은 내가 생각하기에 또 다른 세계에서 온 거인 인종에 의해서만 옮겨질 수 있는 것 같았다.

그리고 그보다 몇 년 전에 한스 헬프리츠(Hans Helfritz, 1902~1995)는 『신대륙의 고대 문화 *Die alten Kulturen der Neuen Welt*』에서 삭사이와만에 있는 믿기 어려운 거석 벽들에 대해 이렇게 말했다.

> 그 벽들을 보고는 그것들이 세상이 시작될 때부터 거기 서 있었던 것 같다는 느낌이 들었다.

그들보다 오래 전에 하이람 빙엄 3세(Hiram Bingham Ⅲ, 1875~1956)는 『남아메리카 횡단기 *Across South America : an account of a journey from Buenos Aires to Lima by way of Potosí*』(1911)에서 이 믿을 수 없는 바위 조각들과 벽들이 만들어진 방법에 대한 원주민들의 견해 하나를 기록하고 있다. 그는 이렇게 썼다.

> 원주민들이 자주 하는 설명 가운데 하나는, 잉카인들이 돌 토막의 표면을 아주 물렁물렁하게 만들어주는 즙을 내는 식물을 알고 있다는 것이었다.

돌들에 이 마법의 식물 즙을 바르고 얼마 동안 비벼주면 기적처럼 꼭 맞게 된다는 얘기다.

그러나 그 거석들을 서로 비빌 수 있도록 거기까지 옮겨 세워놓을 수 있었던 이는 누구였을까?

분명히 빙엄은 원주민들의 설명을 납득할 수 없었고, 그 수수께끼는 계속해서 그에게 문제로 남았다. 그는 『잉카의 땅 Inca Land : Explorations in the Highlands of Peru』에서 이렇게 썼다.

나는 삭사이와만을 거듭 찾아갔다. 그때마다 그것은 변함없이 당혹스럽고 놀라웠다. 미신을 믿는 인디언들이 이 벽들을 처음 보았을 때, 그들은 이것이 신에 의해 만들어졌다고 생각했을 것이다.

빙엄 자신의 마음속에 자리 잡은 '미신'을 드러내는 게 아니라면 그는 왜 이런 말을 했던 것일까?

그리고 이로써 우리는 안데스의 전승들에 대해 완전히 한 바퀴 훑었다. 오직 그 전승들만이 수수께끼의 건설자들에 관해 설명해 줄 것이다. 전승들은 이 땅들에 신들과 거인들이 있었고, '구(舊)제국'이 있었으며, 신의 금지팡이로 시작된 왕조가 있었다고 주장하는 것이다.

7 태양이 머물러 선 날

태양이 머물러 선 날

 에스파냐인들은 처음에는 금과 보물에 대한 탐욕 때문에 세상 끝에 있는 이 미지의 땅 페루에서 만난 놀라운 것들에 대해 관심을 덜 기울였다. 도시·길·궁궐·신전이 있고 왕과 사제, 그리고 종교가 있는 발달된 문명 말이다. 정복자들을 따라온 선발대 사제들은 인디언들의 '우상숭배'와 관계되는 것은 무엇이든지 파괴하는 데 골몰했다. 그러나 그 뒤에 들어온 사제들(당시 자기네 나라의 학자들이었다)은 기독교로 개종한 인디언 귀족들을 통해 원주민들의 의례와 신앙에 대한 설명들을 듣게 됐다.

 안데스의 인디언들이 '최고신 창조자'를 믿었고 그들의 전승에 대홍수의 기억이 들어 있다는 사실을 깨닫자 에스파냐 선교사들의 호기심은 증폭됐다. 그리고 이들 지역 설화의 여러 세부적인 부분들이 신기하게도 구약의 「창세기」 이야기와 유사하다는 사실이 알려졌다. 따라서 '인디언들'의 기원과 그들의 신앙에 대한 초기 이론들 가운데 구약의 나라나 민족과 연관시키는 이론들이 주종을 이루었음은 불가피한 일이었다.

멕시코에서 그랬듯이, 여러 다른 고대 민족들이 검토된 끝에 이스라엘의 '사라진 열 종족'이 가장 그럴듯한 설명으로 제시됐다. 원주민들의 전승이 구약 설화들과 비슷할 뿐만 아니라, 9월 말에 속죄제(贖罪祭)를 올려 만물을 봉헌하는 페루 인디언들의 관습이 유대의 속죄일과 성격이나 시기상 일치했기 때문이다. 그리고 할례(割禮)와 동물의 피를 마시지 않고 비늘 없는 생선을 먹지 않는 등의 다른 구약 계명들도 마찬가지였다. 인디언들은 만물축제에서 이런 주문을 왼다.

요 메시카(Yo Meshica),
헤 메시카(He Meshica),
바 메시카(Va Meshica).

일부 에스파냐 학자들은 '메시카'라는 말에서 히브리어 '마쉬아크(Mashi'ach)'를 발견했다. 바로 메시아(Messiah)다.

현대 학자들은 안데스 신 이름 속의 '이라(Ira)'가 메소포타미아의 '이라(Ira)/일라(Illa)'와 비교된다고 말한다. 거기서 구약의 '엘(El)'이 나온 것이다. 잉카인들이 자기네 우상을 경외해 부르는 이름 '말키스(Malquis)'는 '주인'이라는 뜻의 카나안 신 '몰레크(Molekh)'에 해당한다. 또한 잉카 왕족의 칭호 '만코(Manco)'는 '왕'을 의미하는 같은 셈계의 뿌리에서 나왔다.

페루의 가톨릭 지도자들이 처음의 말살 정책에서 인디언들의 유산을 기록하고 보존하는 쪽으로 선회한 것은 그러한 이스라엘 및 구약 기원론의 관점에서였다. 이에 따라 에스파냐인과 인디언 여자 사이에서 태어난 블라스 발레라 신부 같은 지역 성직자들을 독려해 그들이 듣고 알게 된 것을 적도록 했다. 16세기가 끝나기 전에 키토(Quito)의 주교가 후원한 여러 가지 노력에 의해 지역의 역사 기록이 수집됐고, 모든 알려진 유적지들이 평가됐으며, 관련된 원고들이 모두 한 도서관으로 모아졌다. 이로써 당시까지 알고 있던 것에 더해 더 많은 연구들이 이루어졌다.

페르난도 몬테시노스(Fernando Montesinos)라는 이름의 에스파냐인이 1628년 페루에 도착했다. 그는 이 이론들에 흥미를 느낀 데다 모여진 원고를 이용할 수 있게 되자 남은 그의 일생을 페루의 역사 및 선사 시대에 관한 포괄적인 연대기 편찬에 바쳤다. 20년쯤 뒤에 그는 『페루 고대사의 기억들 Memorias Antiguas Historiales del Perú』이라는 제목의 대작을 완성해 산호세데세비야(San José de Sevilla) 수도원 도서관에 비치했다. 그 책은 출판되지 않은 채 거기서 200년 동안 잊혀 있다가 그 초록이 프랑스어로 된 한 아메리카 역사서에 들어갔다. 완전한 에스파냐어판은 1882년에야 빛을 보았다.*

몬테시노스는 구약과 안데스의 기억의 공통적인 출발점인 대홍수 설화를 끄집어내 그 사건을 자신의 출발점으로 삼았다. 구약의 기록을 따라가며 그는 아르메니아(Armenia)에 있는 아라라트(Ararat) 산으로부터 시작하는 대홍수 이후 지구의 재정착을 추적했다. 「창세기」 10장의 '제(諸)민족 목록'을 통해서다. 그는 '페루(Perú)' 또는 인디언 말로 '피루(Piru)/피루아(Pirua)'라는 이름이 구약에 나오는 '오피르(Ophir, 오빌)'라는 이름의 변형 발음임을 발견했다. 오피르는 히브리인들의 조상 에베르(Eber, 에벨)의 손자였고, 에베르는 셈의 증손자였다. 오피르는 또한 유

---

*민스(P. A. Means)가 번역한 영역본은 1920년 영국 런던에 있는 해클루트협회(Hakluyt Society)에서 출판됐다.

명한 '황금의 땅'이었다. 페니키아인들은 거기서, 솔로몬 왕이 예루살렘에 짓고 있던 예루살렘 신전에 쓸 금을 가져왔던 것이다. 오피르의 이름은 구약 '제민족 목록'에서 그의 형제 하빌라 바로 앞에 나오는데, 하빌라는 구약의 에덴동산 네 강 이야기에서 황금이 나는 땅을 지칭하는데 쓰인 이름이다.

> 그 하나의 이름은 피숀(Pishon, 비손)이다.
> 그것은 금이 나는 하빌라 땅을
> 온통 감돌아 흐르는 강이다.
>
> _「창세기」 2:11

몬테시노스는 구약의 땅들에서 온 사람들이 안데스에 도착한 것은 유대와 이스라엘 왕국 시대보다 훨씬 전이었고, 아시리아인들에 의해 열 종족이 추방된 것보다도 훨씬 전이었다는 이론을 세웠다. 대홍수 이후에 인류가 지구 각 지역으로 퍼져 나갈 때, 초기 이주자들을 페루로 인도한 것은 다름 아닌 바로 오피르였다고 몬테시노스는 주장했다.

몬테시노스가 정리한 잉카 설화들은 최근의 잉카 왕조보다 훨씬 전에 고대 제국이 있었음을 입증한다. 한동안의 성장과 번영의 시기가 지난 뒤 갑자기 그 땅에 격변이 일어났다. 하늘에 혜성이 나타났고 지진으로 땅이 흔들렸으며 전쟁이 터졌다. 당시 지배자였던 왕은 코스코를 떠나 부하들을 이끌고 탐푸토코(Tampu-Tocco)라는 산악 지역에 있는 외딴 피난처로 갔다. 소수의 사제들만이 코스코에 남아 사당을 지켰다. 글 쓰는 방법을 잃어버린 때가 바로 그 재난의 시기였다.

수백 년이 지났다. 왕들은 주기적으로 탐푸토코에서 코스코로 가서 신의 계시를 물었다. 그러던 어느 날 명문가의 여인 하나가, 태양신이 자기 아들 로카(Rocca)를 데려갔다고 말했다. 며칠 뒤 젊은이가 다시 나타났는데, 그는 금으로 만든 옷을 입고 있었다. 그는 용서를 받을 때가 왔다고 밝히고, 그러나 사람들이 필요한 계명을 준수해야 한다고 말했다. 왕위 계승권은 왕과 그의 이복누이 사이에서 난 아들에게 돌아갈 것이며, 굳이 맏이일 필요는 없다고 말했다. 그리고 문자를 다시 쓰지는 않는다는 것이었다. 사람들은 이에 동의하고 코스코로 돌아왔으며, 로카를 새로운 왕으로 삼았다. 그는 잉카(군주)라는 칭호를 얻었다.

잉카 역사가들은 이 첫 번째 잉카에게 만코카팍이라는 이름을 부여함으로써 그를 전설 속의 코스코 창건자인 아야르 4형제의 만코카팍에 비겼다. 몬테시노스는 에스파냐 정복자들 시대의 잉카 왕조(이 왕조는 서기 11세기에 비로소 통치를 시작했다)를 그 이전 왕조들과 제대로 구분하고 차별화했다. 잉카 왕조는 에스파냐인들이 도착했을 때 죽은 와이나카팍 및 서로 싸웠던 그의 두 아들들을 포함한 열네 명의 왕들이 통치했다는 것이 그의 결론인데, 이는 그 후의 모든 학자들에 의해 확인됐다.

몬테시노스는 코스코가 정말로 버려졌다가 잉카 왕조가 그 수도에서 왕조를 재건했다고 결론지었다. 그는 코스코가 버려졌던 동안에 28명의 왕이 탐푸토코라는 산악의 은밀한 피난처에서 통치했다고 썼다. 그리고 그 이전에 코스코를 수도로 한 고대 제국이 실제로 있었다. 그 제국에서 왕위에 오른 사람은 62명이었다. 그들 가운데 46명이 사제 왕이었고, 16명은 태양신의 아들인 반신반인 지배자들이었다. 그리고 이 모든 통치자들 이전에는 신들 스스로가 땅을 다스렸다.

몬테시노스는 라파스(La Paz)에서 블라스 발레라의 원고 사본을 찾아냈고 그곳에 있는 예수회 사제들의 허락을 받아 그것을 베꼈다고 한다.

그는 또한 미겔 카베요 데 발보아(Miguel Cabello de Balboa, 1535~1608) 신부의 저작에도 크게 의존했는데, 그 판본은 첫 번째 군주인 만코카팍이 티티카카 호에서 바로 코스코로 온 것이 아니라 '창문이 있는 휴식처'라는 뜻인 '탐포토코(Tampo-Toco)'라는 은신처를 거쳐서 왔다고 말하고 있다. 만코카팍은 거기서 "그의 누이 마마오크요를 강간해" 아들을 낳았다.

몬테시노스는 자신이 접할 수 있는 다른 모든 자료들을 통해 이를 확인하고 이 정보가 사실이라고 인정했다. 그래서 그는 금으로 만든 물건의 도움을 받아 코스코를 찾도록 파견된 네 형제와 네 자매의 여행으로 페루 왕정의 연대기를 시작했다. 그러나 그는 처음 우두머리로 선택된 사람이 그들을 안데스로 인도했던 조상의 이름을 가진 형제였다는 판본을 기록했다. 그는 바로 피루아만코(Pirua Manco)였고, 거기서 페루라는 이름이 나왔다는 것이다. 그는 선택된 장소에 도착한 뒤, 자신은 그곳에 도시를 건설하기로 결심했다고 선언했다. 그는 그곳에 아내들 및 누이들(또는 아내로 삼은 누이들)과 함께 도착했다. 그들 가운데 하나가 만코카팍이라 불린 아들을 낳아주었다. 코스코에 '위대한 신' 위라코차의 신전을 지은 것이 바로 이 아들이었다. 그리고 이에 따라 그때부터 고대 제국이 성립됐고 왕조의 역사가 시작됐다. 태양의 아들로 환영을 받은 만코카팍은 태양의 아들이라 생각된 열여섯 명의 지배자 가운데 첫 번째 지배자였다. 그의 시대에는 다른 신들도 숭배됐는데, 그 가운데 하나가 '대지(大地)'였고 '불'을 의미하는 이름을 가진 또 다른 신도 있었다. 그는 계시를 말하는 돌로 상징됐다.

몬테시노스는 그 시대의 가장 중요한 과학이 점성학이었다고 썼다. 그리고 글을 쓰는 방법도 알아, 가공된 바나나나무 잎이나 돌에 썼다고 했다. 다섯 번째 카팍은 "시간 계산법을 일신해" 시간의 경과와 자기 조상들의 치세를 기록하기 시작했다. 1,000년을 대주기(大週期)로 삼는 계산법과 구약의 '희년'에 해당하는 50년을 단위로 한 계산법을 도입한 것이 그였다. 이 책력과 연대기를 만든 것은 인티카팍 유팡키(Inti Qhapaq Yupanki)였다. 그는 신전을 완성했고 거기서 높은 신 이야틱시 위라코차(Illa Tiqsi Wiraqucha)를 숭배했다. 그 신의 이름은 '밝은 창시자, 물의 창조자'라는 뜻이었다.

열두 번째 카팍 치세에 "키가 커다란 사람들"이 해안에 상륙해 "해안 곳곳에 정착"했으며 금속제 도구를 갖고 땅을 파괴하고 있다는 소식이 코스코에 전해졌다. 얼마 뒤에 그들은 산으로 들어가기 시작했다. 다행히 그들은 '위대한 신'의 분노를 샀고, 신은 하늘의 불로 그들을 멸망시켰다.

위험에서 벗어난 사람들은 계명과 숭배 의식을 잊어버렸다. "좋은 법들과 관습들"이 버려졌고, 이를 '창조자'가 모를 리 없었다. 창조자는 그 벌로 태양이 땅에 비치지 않도록 숨겼다. "스무 시간 동안 동이 트지 않았다." 사람들 사이에 큰 아우성이 일었고, 신전에서 기도와 희생이 올려지고 나서야 태양이 다시 나타났다. 스무 시간이 지난 뒤였다. 왕은 즉시 행동에 관한 법과 숭배 의식을 다시 도입했다.

코스코에서 왕위에 오른 40번째 카팍은 천문학과 점성학 연구를 위한 학교를 세우고 춘·추분을 측정했다. 그의 재위 5년째는 '출발점'으로부터 2,500년째 되는 해였다고 몬테시노스는 계산했는데, 그에 따르면 그 출발점은 바로 대홍수였다. 그해는 또한 코스코에서 왕조가 시작된 지 2,000년째 되는 해였다. 이를 축하하기 위해 왕에게는 파차쿠텍(Pachakutiq), 곧 '개혁자'라는 새로운 칭호가 주어졌다. 그의 후계자들 또한 천문학을 활성화시켰다. 한 후계자는 윤년을 도입해 4년마다 한 번씩 하루를 더 넣고 400년마다 한 번씩 1년을 더 넣었다.

58번째 군주 때 "네 번째 태양이 종료"됐는데, 이때는 '대홍수' 이후 2,900년이 지난 때였다. 몬테시노스의 계산에 따르면 이해에 예수가 태어났다.

'태양의 아들들'이 시작하고 사제 왕들이 이어받은 첫 번째 코스코 제국은 62번째 군주 때 비참한 종말을 맞았다. 그의 시대에 '이적(異蹟)과 전조(前兆)'가 나타났다. 끝없는 지진으로 땅이 흔들렸고, 하늘에는 혜성이 가득 찼다. 다가올 파괴에 대한 전조였다. 종족들과 민족들이 우왕좌왕하기 시작했고, 이웃 민족들과 부딪쳤다. 침략자들이 해안에서 왔고, 심지어 안데스 너머에서도 왔다. 대규모 전쟁이 잇달았다. 그런 전쟁 와중에 왕이 화살에 맞아 죽고 그의 군사들은 허둥거리며 달아났다. 그 전투에서 오직 500명의 전사만이 살아남았다.

몬테시노스는 이렇게 썼다.

이렇게 페루 군주의 통치권은 무너져서 사라져버렸다. 그리고 문자에 관한 지식도 사라져버렸다.

소수의 남은 추종자들은 코스코를 떠났다. 오직 몇몇 사제들만 뒤에 남아 신전을 지켰다. 떠나는 사람들은 죽은 왕의 어린 아들을 함께 데리고 갔다. 그는 이제 소년에 불과했다. 그들은 탐푸토코라는 산속 은신처에 들어가 피난했다. 첫 번째 반신반인 부부가 은거하며 안데스 왕국을 세웠던 곳이 바로 그곳에 있는 동굴이었다. 소년은 어른이 되자 스스로 탐푸토코 왕조의 첫 번째 군주임을 선언했다. 이 왕조는 서기 2세기부터 11세기까지 1,000년 가까이 지속됐다.

도망가 있는 그 수백 년 동안에 지식은 줄어들고 글자는 잊혔다. 78번째 군주의 치세인 '시작' 이후 3,500년이 됐을 때 어떤 사람이 글쓰기의 방법을 되살리기 시작했다. 그때 왕은 사제들로부터 문자 발명 문제로 경고를 받았다. 그들의 얘기는 코스코 왕조를 멸망케 했던 전염병과 저주의 원인이 바로 문자에 관한 지식이었다는 것이다. 신의 뜻은 이런 것이었다.

아무도 글자를 쓰거나 그것을 되살리면 안 된다.
그것을 쓰다가는 (다시) 큰 봉변을 당할 것이다.

그래서 왕은 명령했다.
"아무도 글을 쓸 수 있는 황산지(黃酸紙)와 나뭇잎 같은 킬카(quilca)의 거래를 하지 말고, 또한 어떤 종류의 문자도 쓰지 마라. 어길 경우 법에 따라 사형에 처한다."

그 대신 왕은 키푸(quipu)를 도입해 사용토록 했다. 키푸는 물감 들인 끈의 가닥인데, 이후 그것이 기록 용도로 이용됐다.

90번째 군주 치세에 출발점으로부터 4,000년이 지났다. 그 무렵 탐푸토코의 군주는 약하고 무능했다. 군주에 충성하는 종족들은 이웃들로부터 습격과 침략을 받았다. 족장들은 더 이상 중앙 권력에 충성을 바치지 않았다. 관례가 무너지고 증오가 만연했다. 이런 상황에서 '태양의 아들들'의 직계 후손인 마마시보카(Mama Ciboca)라는 공주가 나섰다. 그녀는 자신의 젊은 아들이 옛 수도 코스코에서 왕권을 다시 차지하게 될 것이라고 선언했다. 그 아들은 아주 멋지게 생겨 숭배자들이 '잉카'라는 별명으로 부르고 있었다. 그는 기적적인 방법으로 사라졌다가 금으로 만든 옷을 입은 채 돌아와서는, 태양신이 자신을 하늘로 데리고 올라가서 비밀 지식을 전수해 준 뒤 '백성들을 이끌고 코스코로 돌아가라'는 말을 했다고 주장했다. 그의 이름은 로카였다. 그는 에스파냐인들의 손에 굴욕적인 종말을 당하게 되는 잉카 왕조의 첫 군주였다.

    이 사건들을 질서정연한 시간의 틀 속에 넣기 위해 몬테시노스는 어떤 간격마다 '태양'이라는 기간이 지나거나 시작됐다는 표현을 썼다. 그가 햇수로 얼마만 한 길이의 기간을 생각했는지는 도무지 확실치 않지만, 그는 안데스 민족들의 과거에 있었던 여러 '태양들'에 관한 그들의 전승들을 염두에 두었던 듯하다.

    지금은 좀 덜하지만 학자들은 메소아메리카와 남아메리카 문명들 사이에는 접촉이 전혀 없었다고 생각했는데, 아스테카 및 마야의 다섯 '태양' 관념과 남아메리카의 그것이 다른 것이라고 보기는 어렵다. 사실 모든 구대륙 문명들은 신들만이 통치를 하다가 반신반인들과 영웅들이 이어받았고, 그 뒤 인간이 오로지 다스렸다는 지난 시대에 대한 기억들을 가지고 있다. 「수메르 왕 명부」라 불리는 수메르 문서들은 대홍수 이전에 모두 합쳐 43만 2,000년 동안 통치했던 역대의 신들과 그 뒤를 이은 반신반인 통치자들을 기록하고 있다. 그러고는 그 이후 전 시대에 걸쳐 지배했던 왕들이 나열됐는데, 그 내용은 지금 사실로 간주되고 데이터들의 정확성이 입증됐다. 사제 역사가 마네토가 지은 「이집트 왕 명부」는 대홍수가 있기 1만 년쯤 전에 시작된 열두 명 신들의 왕조를 기록했다. 그 뒤 신들과 반신반인들로 이어지고 서기전 3,100년 무렵부터 파라오들이 이집트 왕좌에 올랐다. 역시 그의 데이터를 역사 기록과 비교해 볼 수 있는 부분에서는 그 정확함이 확인됐다.

몬테시노스는 페루 집단 전승에서 잉카인들이 자신들의 시대를 '다섯 번째 시대(태양)'라고 생각했다는 다른 역사가들의 기록을 확인했다. 첫 번째 시대는 위라코차들의 시대다. 얼굴이 희고 수염이 난 신들이다. 두 번째 시대는 거인들의 시대다. 그들 가운데 일부는 선량한 사람들이 아니었고, 신들과 거인들 사이에 갈등도 있었다. 그 다음이 원시인들, 문화가 없는 인간들의 시대였다. 네 번째 시대는 영웅들의 시대였다. 즉, 반신반인들이다. 그러고 나서 다섯 번째 시대, 인간 왕들의 시대가 됐다. 잉카들이 그 끝줄에 있었던 것이다.

몬테시노스는 또한 안데스의 연대기를 어떤 출발점(그는 대홍수가 그것이라고 생각했다) 및 가장 확실한 예수의 탄생과 연관시킴으로써 그것을 유럽의 틀로 끌어들였다. 이 두 시간의 틀은 58번째 군주의 치세에 접점이 생겼다고 그는 썼다. 출발점으로부터 2,900년이 되는 해가 '예수 원년'이었던 것이다. 페루 왕조는 출발점으로부터 500년 뒤인 서기전 2400년에 시작됐다고 그는 썼다.

따라서 몬테시노스가 정리한 역사와 연대기에 대해 학자들이 느끼는 문제는 명확성의 부족이 아니라 코스코에서 일어난 왕정과 도시 문명이 잉카보다 거의 3,500년 전에 시작됐다는 그의 결론이다. 몬테시노스와 그에 의해 인용된 저자들이 모은 정보들에 따르면 이 문명에는 문자가 있었고, 과학의 한 분야로 천문학이 있었고, 주기적으로 개혁이 필요할 정도로 오래 지속된 책력이 있었다. 이 모든 것은(그리고 더 있기는 하지만) 서기전 3800년 무렵에 꽃핀 수메르 문명과 그 뒤를 이어 서기전 3100년 무렵에 시작된 이집트 문명이 지니고 있던 것이었다. 인더스 (Indus) 강 유역에서 일어난 또 다른 수메르 문명의 분파는 서기전 2900

년 무렵에 시작됐다.

그런 세 겹의 발전이 네 번째로, 안데스에서 일어나지 말란 법이 어디 있는가? 구대륙과 신대륙 사이에 전혀 접촉이 없었다면 불가능했을 것이다. 그러나 그 모든 지식의 전수자인 신들이 같은 신들이고 그들이 지구 곳곳에 있었다면 가능한 일이다.

우리의 결론이 믿을 수 없는 것처럼 들리겠지만, 다행히도 그것은 입증될 수 있다.

몬테시노스가 수집한 사건들과 연대기들의 정확성에 대한 첫 번째 검증은 이미 이루어졌다.

몬테시노스가 내놓은 주장의 핵심 요소는 고대 제국과 역대 왕들이 코스코에 있었고 그들이 마침내 수도를 떠나 탐푸토코라는 산악 은신처로 피난하지 않을 수 없었다는 것이다. 이 공백기는 1,000년 동안 이어졌다. 마침내 귀족 혈통의 한 젊은이가 선택돼 사람들을 이끌고 코스코로 돌아가서 잉카 왕조를 세우게 됐다.

탐푸토코는 실제로 있었고, 그곳은 몬테시노스가 제시한 특징들을 갖춘 곳이었을까? 이 문제에는 많은 사람들이 흥미를 느꼈다. 1911년에 사라진 잉카 도시들을 찾던 예일대학의 하이람 빙엄이 그곳을 찾아냈다. 그곳은 지금 마추픽추(Machu Pikchu)라 불린다.

빙엄은 그의 첫 여행을 떠날 때 탐푸토코를 찾아 나선 것은 아니었다. 그러나 20여 년 동안 거듭해서 찾아가고 철저히 발굴한 끝에 그는 마추픽추가 정말로 사라진 구제국의 임시 수도였다는 결론을 내렸다. 아직도 가장 포괄적인 것으로 평가되는, 이곳에 대한 그의 묘사는 그의 책 『잉카인들의 요새 마추픽추 Machu Picchu, a Citadel of the Incas』와 『잉카의 사라진 도시 The Lost City of the Incas』(1848)에 나와 있다.

마추픽추가 전설 속의 탐푸토코라고 생각한 주된 이유는 '세 개의 창문'이라는 실마리다. 몬테시노스는 이렇게 적었다.

잉카 로카는 그가 태어난 곳에 세 개의 창문이 있는 석벽을 세우는 공사를 하도록 명령했다. 그것은 자기에게 핏줄을 이어준 조상들 가문의 문양이었다.

왕실이 무력화된 수도 코스코를 떠나 옮겨간 곳의 이름은 '세 개의 창문이 있는 피난처'였다.

어떤 곳이 그곳에 있는 창문으로 기억된다는 것은 결코 놀라운 일이 아니다. 코스코에 자리한 모든 집들에는 가장 누추한 집에서부터 가장 으리으리한 집에 이르기까지 모두가 창문이 없었기 때문이다. 어떤 곳이 세 개라는 특정한 창문 개수로 알려진다는 것은 그런 독특하고 오래됐으며 신성한 구조물이 실제로 존재했을 경우에만 가능한 것이다. 탐푸토코의 경우에 이것은 사실이었다. 전승에 따르면 그곳에 있는 세 개의 창문을 지닌 구조물 하나가 여러 종족의 탄생과 페루 고대 제국의 발흥에 중요한 역할을 했고 이에 따라 그 구조물은 "(잉카 로카에게) 핏줄을 이어준 조상들 가문의 문양"이 된 것이다.

이 전설과 이 전설의 장소는 아야르 형제 설화에서 다루어진 바 있다. 『서인도 통사(通史) Historia General Llamada Yndica』를 쓴 페드로 사르미엔토 데 감보아(Pedro Sarmiento de Gamboa, 1532~1592)와 다른 초기 역사가들이 말했듯이 아야르 4형제와 그들의 네 누이들은 티티카카 호에서 위라코차 신에 의해 만들어졌고, 탐푸토코에 도착했다(신이 그곳에 두었다고도 한다).

그들은 틱시 위라코차의 명령에 따라 그 창문에서 나와 위라코차가 자신들을 주인으로 창조했다고 선언했다.

형제들 가운데 가장 나이가 많은 만코카팍은 매의 모습을 그린 표장(標章)을 지니고 있었고, 신이 그에게 주어 미래의 수도 코스코의 올바른 위치를 찾아낼 수 있도록 한 금지팡이도 가지고 있었다. 네 쌍의 오누이들의 여행은 평화롭게 시작됐다. 그러나 곧 시샘이 생겨났다. 어떤 보물들을 동굴에 두고 왔다는 구실로 형제 중 둘째인 아야르카치(Ayar Cachi)에게 되돌아가서 그것을 가져오도록 했다. 그러나 이것은 그를 동굴 속에 가두기 위해 세 형제들이 꾸민 계략일 뿐이었다. 그는 동굴 안에서 돌로 변해버렸다.

그리고 이 설화들에 따르면 탐푸토코는 아주 이른 시기부터 있었다. 알렉산더는 『라틴아메리카의 신화』에서 이렇게 썼다.

아야르 형제들의 신화는 거석문화의 시대나 티티카카 호와 관련된 우주기원론까지 거슬러 올라간다.

망명자들이 코스코를 떠났을 때 그들은 이미 존재하고 있던 곳으로 갔다. 그곳에 있는 세 개의 창문을 가진 구조물이 더욱 이른 시기의 사건들에서 이미 어떤 역할을 한 바 있었다. 이런 관점에서 우리는 마추픽추를 검토하는 것이다. 벽에 세 개의 창문이 난 구조물이 실제로 거기서 발견됐고, 다른 어떤 곳에도 없었기 때문이다.

빙엄은 이렇게 썼다.

마추픽추, 곧 대(大)픽추는 산미겔(San Miguel) 다리 부근 우루밤바(Urubamba) 강의 거센 여울 위 1,200미터에 솟아 있는 해발 3,000미터의 뾰족한 봉우리를 가리키는 키치와(Kichwa)어* 이름이다. 이 봉우리는 코스코에서 북쪽으로 꼬박 이틀 걸리는 거리에 있다. 마추픽추의 북서쪽에는 거대한 벼랑으로 둘러싸인 또 하나의 아름다운 봉우리가 있는데, 와이나픽추(Wayna Pikchu) 또는 소(小)픽추라 불린다. 두 봉우리 사이의 좁은 등성이에 잉카 도시의 유적이 있는데, 그 이름은 역사의 뒤안길에서 잃어버리고 말았다. (…) 이들은 첫 번째 잉카의 탄생지 탐푸토코와 빌카밤바비에호(Vilcabamba Viejo)의 두 고대 유적지일 가능성이 있다.

최단거리로 120킬로미터쯤 되는 코스코에서 마추픽추까지의 여행은 지금, 빙엄이 거기 가는 데 걸렸다고 한 꼬박 이틀의 여행이 필요하지는 않다. 기차를 타고 산을 올라갔다가 내려오고 터널과 다리를 지나 산허리에 붙어 우루밤바 강변을 지나면 네 시간 안에 그곳에 도착한다. 기차역에서 버스를 타고 아슬아슬한 길을 30분 더 가면 옛 도시에 도착한다. 놀라운 풍경은 빙엄이 묘사한 바로 그대로다. 두 봉우리 사이의 공간에 집들과 궁궐들과 신전들(지금은 모두 지붕이 날아갔다)이 산허리에 매달려 경작 준비를 마친 층층대에 둘러싸여 있다. 북서쪽에는 와이나픽추 봉우리가 보초처럼 서 있다. 【그림 72】그 너머와 주변 곳곳에는 시야 가득히 수많은 봉우리들이 경쟁하듯 서 있다. 아래쪽으로는 우루밤

---

*남아메리카 원주민 언어인 케추아어의 하위 분류로, 에콰도르·콜롬비아 등에서 쓰이는 말이다. (옮긴이)

[그림 72] 마추픽추(오른쪽)와 와이나픽추(왼쪽) 사이의 도시 유적

바 강이 U자형 협곡을 이루며 높다랗게 올라앉은 도시를 반쯤 두르고 있다. 그 세찬 물살은 선녹색(鮮綠色) 밀림 사이에 희끄무레한 길을 뚫어놓고 있다.

처음에는 코스코의 모델이 됐고 나중에는 그것을 본떴다고 우리가 생각하는 도시답게, 마추픽추 역시 열두 개 구역(집단)의 구조물들로 이루어져 있다. 왕실과 사제들을 위한 공간은 서쪽에 있었고, 주거 및 실무적인 부문(주로 신에게 바쳐진 처녀들이나 귀족들이 차지했던 부분이다)은 동쪽에 자리 잡았다. 두 지역이 여러 개의 넓은 층층대로 분리됐다. 산허리의 계단식 경작지에서 농사를 지었던 평민들은 도시 외곽과 주변 산야(山野)에 살았다. 그런 촌락 여러 개가 빙엄의 첫 발견 이후 발견됐다.

　코스코나 다른 고고학 유적지들과 마찬가지로 이곳에도 몇 가지 건축 양식이 있어 주거 시기가 서로 달랐음을 시사한다. 주택은 대부분 자연석을 모르타르로 붙여서 지었다. 왕궁은 코스코에 있는 것들처럼 잘 깎이고 다듬어진 마름돌을 줄지어 쌓아 지었다. 그 밖에 그 솜씨가 너무 완벽해서 비길 데가 없는 구조물이 하나 있다. 그리고 다각형의 거대한 돌 토막들도 있다. 대부분의 경우, 이른 거석 시대와 고대 제국 시기의 유적들이 옛날 모습 그대로 남아 있었다. 다른 것들은 이전 것들 위로 나중에 지어진 것임이 분명했다.

　동쪽 구역들은 산봉우리의 발치에서 차지할 수 있는 공간은 모두 차지하고 남쪽에 있는 도시 성벽으로부터 북쪽으로 최대한 뻗쳤으며, 동쪽으로도 농경 및 묘지용 층층대까지 이어졌다. 그러나 역시 성벽에서 시작된 서쪽 구역들은 북쪽으로 '신의 광장' 경계까지만 뻗쳤다. 마치 눈에 보이지 않는 선이 신성화된 땅에 그어져 범접할 수 없다는 듯했다.

　그 보이지 않는 경계선 너머에, 층층대가 난 커다란 광장을 동쪽으로 바라보며 빙엄이 '신의 광장'이라고 한 유적이 있다. 대체로 "그 양쪽에 거대한 신전들이 있기 때문"에 그런 이름이 붙여졌는데, 그 두 신전 가운데 하나가 문제의 세 창문을 갖고 있다. 이 유적지에서 거대한 다각형의 돌 토막들이 사용된 것은 바로 빙엄이 '세 개의 창문이 있는 신전'이라고 한 건물과 '신의 광장' 옆에 있는 '중심 신전' 건축에서였다. 그것들을 깎고, 모양을 만들고, 다듬고, 모르타르 없이 맞물린 방식은 삭사이와만의 거대한 돌 토막과 거석 구조물을 다룬 솜씨와 같은 수준이었다. 그리고 다각형이라는 측면에서는 코스코의 것을 능가했다. 어떤 돌

【그림 73】'세 개의 창문이 있는 신전' 동쪽 벽의 거대한 돌 토막들

토막은 각이 32개였다.

'세 개의 창문이 있는 신전'은 '신의 광장' 동쪽 끝에 서 있다. 그 동쪽 벽의 거대한 돌 토막들은 그 서쪽의 층층대 높이보다 훨씬 위로 솟아 있다. 【그림 73】 그래서 세 개의 창문을 통해 탁 트인 동쪽의 풍경을 조망할 수 있다. 【그림 74】 벽을 이루고 있는 거대한 돌 토막들을 깎아서 사다리꼴 모양의 창문을 낸 셈이다. 삭사이와만이나 코스코에서와 마찬가지로 단단한 화강암을 물렁물렁한 반죽이나 되는 것처럼 깎고, 모양을 내서, 각도를 맞추었다. 여기서도 역시 하얀 화강암 토막들을 상당히 먼 거리에서 울퉁불퉁한 길과 강을 건너고, 계곡을 내려가고 산을 올라 운반해 왔다.

'세 개의 창문이 있는 신전'은 벽이 세 개뿐이다. 그 서쪽 면은 완전히 터져 있다. 그 앞에는 돌기둥이 하나 있는데, 높이가 약 2.1미터 정도

【그림 74】 문제의 세 개의 창문이 있는 벽

다. 【그림 74 참조】 빙엄은 그 기둥이 지붕을 떠받쳤던 것이었으리라고 추측했다. 그 지붕은 그도 인정했듯이 "다른 건물들에서는 전혀 발견되지 않는 부분"이었던 것으로 보인다. 우리는 그 기둥이 세 개의 창문과 연계돼 천문 관측 목적으로 이용됐으리라고 생각한다.

북쪽으로 '신의 광장'을 바라보고 있는 것이 바로 빙엄이 '중심 신전'이라고 이름 붙인 건물이다. 이것 역시 벽이 세 개뿐이며, 높이는 3.7미터 정도다. 벽들은 거대한 돌 토막으로 만들어졌거나 그 위에 놓여 있다. 예컨대 서쪽 벽은 거대한 두 개의 돌 토막만으로 세워져, T자 모양의 돌로 결합됐다. 가로 4.3미터, 세로 1.5미터, 두께 1미터에 이르는 거대한 통돌이 중앙 북쪽 벽에 기대어 놓여 있는데, 그 벽에는 사다리꼴 창문 비슷한(그러나 정확히 그렇지는 않다) 틈이 일곱 개 나 있다. 【그림 75】

구부러진 계단이 '신의 광장' 북쪽 끝에서 언덕으로 올라가는데, 그

【그림 75】 '신의 광장'을 바라보고 있는 중심 신전

꼭대기는 평평하게 골라져 '인티와타나(Intiwatana)'의 기단으로 쓰였다. 인티와타나는 아주 정밀하게 깎인 돌로, 태양의 움직임을 관찰하고 측정하기 위한 것이었다. 【그림 76】 그 이름은 '태양을 묶어두는 것'이라는 뜻인데, 태양이 남쪽이나 북쪽으로 가장 멀리 간 하·동지를 측정하는 데 도움을 준 것으로 생각된다. 이때 의식이 치러져 "태양을 묶어두고" 되돌아오게 하는 것이다. 그냥 내버려두면 계속 멀어져 결국 사라져버

【그림 76】 태양의 움직임을 관찰하기 위해 만든 인티와타나

리고 이전에 한 번 일어났던 대로 지구에 다시 어둠이 찾아온다는 것이 이들의 전승이었다.

신과 왕실을 위한 마추픽추 서쪽 부분의 반대쪽 끝, 왕궁 구역 바로 남쪽에 도시의 또 다른 웅장하고 특이한 건축물이 솟아 있다. 그 모습이 반원형이어서 '토레온(Torreón)'이라고 불리는데, 마름돌(자르고 모양을 만들고 다듬은 돌)로 보기 드물게 완벽히 지어져 코스코의 지성소를 둘러싸고 있는 반원형 벽의 마름돌을 쌓은 방식에나 비길 수 있을 정도다. 일곱 계단 위에 지어진 이 반원형의 벽은 스스로 성스러운 담이 돼서,

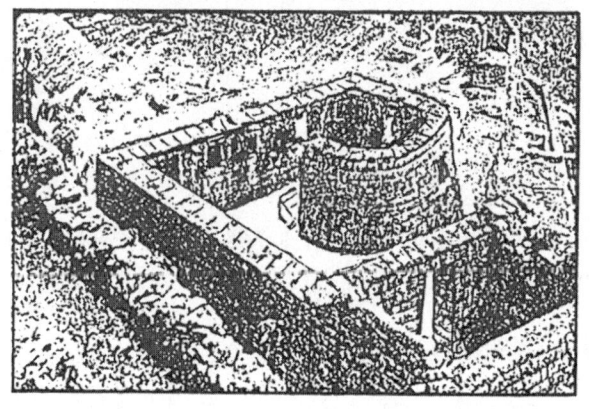

【그림 77】반원형의 벽 '토레온'

그 가운데에 깎이고 모양이 만들어지고 홈이 파인 바위 하나를 품고 있다. 【그림 77】 빙엄은 이 바위와 그 근처에 있는 석벽에 주기적으로 불이 붙여졌던 흔적을 발견했고, 이 바위와 벽이 바위 숭배와 연관된 희생제나 다른 의식에 쓰인 것이라고 결론지었다.

특수 구조물 안에 있는 이 신성한 바위는 예루살렘 '신전의 언덕'의 핵심을 이루는 신성한 바위와, 마카(Makkah, 메카)에서 가장 신성한 이슬람교 사원에 숨겨져 있는 검은 돌 '카바흐(Qua'abah)'를 연상시킨다.

마추픽추에 있는 바위의 신성함은 그 튀어나온 윗부분에서 나오는 것이 아니라 그 아래 놓인 부분에 있다. 그것은 커다란 자연석으로 내부에 동굴이 있는데, 동굴은 인공적으로 확장되고 모양이 만들어져 계단·의자·선반·기둥처럼 보이는(그러나 실제로는 그렇지 않은) 정확한 기하학적인 형태를 이루었다. 【그림 78】 게다가 그 내부는 가장 깨끗한 색깔과 결정(結晶)의 흰색 화강암 마름돌로 석축을 해서 개량했다. 벽감과 돌 손잡이 등도 만들어 내부는 더욱 복잡해졌다. 빙엄은 본래 자연 동굴이었던 것이 왕들의 미라를 수용하기 위해 확장되고 강화됐을 것으로 추측했다. 왕들의 미라를 동굴에 들인 것은 그곳이 신성한 곳이었기 때문이다. 그러나 우선 왜 그곳이 신성했고, 죽은 왕들을 그곳에 안치하는 것이 왜 중요했을까?

이 문제는 우리를 다시 아야르 형제들의 전설로 되돌아가게 한다. 그 형제들 가운데 하나가 '세 개의 창문이 있는 피난처'의 동굴에 갇혔었다. '세 개의 창문이 있는 신전'이 전설 속의 것이고 그 동굴 역시 마찬가지라면 그 전설들은 이 유적지를 확인하는 것이고 이 유적지는 전설 속의 탐푸토코로 확인되는 것이다.

스스로 정복자이기도 했던 에스파냐 역사가 가운데 한 사람인 사르미엔토는 『잉카의 역사 *Historia de los Incas*』에서 서기 1340년 무렵에 재위했던 아홉 번째 잉카에 대한 현지의 전승을 이렇게 기록했다.

(그는) 고대의 일들에 흥미를 느끼고 자신의 이름을 영원히 남기고 싶어

【그림 78】 토레온 내부의 신성한 바위

한 나머지 직접 탐푸토코의 산으로 갔다. (…) 그리고 거기서 동굴로 들어가 맨 처음 만코카팍과 그 형제들이 코스코로 나아갔을 때 거기서 나왔었음을 확실히 알게 됐다. (…) 그는 철저한 조사를 마친 뒤 그 장소에 대해 의식과 희생을 바쳐 경의를 표하고 카팍토코의 창문에 금으로 만든 문을 달았다. 그러고는 앞으로 누구나 그 장소에 대해 경의를 표해야 하고 희생과 계시를 위한 신성한 기도처로 삼아야 한다고 명령했다. 이 일을 마치고 그는 코스코로 돌아왔다.

이 기록의 대상인 아홉 번째 잉카는 티투만코카팍(Titu Manco Capác)으로 불렸다. 그에게는 '파차쿠텍', 곧 '개혁자'라는 추가 칭호가 주어졌다. 그가 탐푸토코에서 돌아온 뒤 책력을 개혁했기 때문이었다. 따라서 '세 개의 창문' 및 인티와타나와 마찬가지로 '신성한 바위'와 토레온도 탐푸토코와 아야르 형제 설화, 잉카 이전에 지배했던 고대 제국, 그리고 천문학과 책력의 지식이 실재했음을 확인해 준다. 몬테시노스가 모아놓은 역사와 연대기상의 중요한 요소들이다.

몬테시노스가 제시한 자료들의 정확성은 고대 제국 시대에 문자가 있었다는 그의 주장이 옳다면 한층 더 높아질 수 있을 것이다. 시에사 데 레온 역시 같은 견해를 표명한 바 있다. 그는 이렇게 말했다.

잉카 황제들 이전 시대에 페루에는 문자가 있었다. (…) 나뭇잎이나 피부, 옷, 돌 등에 글자를 썼다.

남아메리카의 많은 학자들은 이제 초기 역사가들과 마찬가지로 고대에 그 땅 원주민들에게 하나 또는 그 이상의 형태를 지닌 문자가 있었다고 생각한다.

여러 연구들은 이 땅 곳곳에서 발견된 '돌에 쓴 문자' 석각(石刻)들에 대해 말하고 있다. 그것들은 수준은 다르지만 그림문자 형태다. 예컨대 라파엘 라르코 호일(Rafael Larco Hoyle, 1901~1966)은 『잉카 이전 페루의 문자 La Escritura Peruana Pre-Incana : Sobretiro de "El México Antiguo"』 (1944)에서 그림을 곁들이면서 파라카스와 같이 먼 해안 지역 주민들까지도 마야의 것과 비슷한 그림문자를 가졌었다고 주장했다. 티와나쿠

【그림 79】'칼랑고의 돌'에 새겨진 글자들

조사를 이끈 아르투어 포스난스키(Arthur Posnansky, 1873~1946)는 방대한 연구를 통해 그곳 유적들에 새겨진 것이 표음문자의 전 단계인 그림문자 내지 표의문자였음을 밝혔다. 그리고 지금 리마박물관에 전시중인 유명한 발견물 '칼랑고(Calango)의 돌'은 그림문자와 표음문자의 결합을 시사한다.【그림 79】심지어 자모문자일 수도 있는 글자다.

초기의 위대한 남아메리카 탐험가 가운데 하나인 알렉산데르 폰 훔볼트는 그의 대표적인 저서『코르디예라와 아메리카 원주민의 유적 Vues des Cordillères et monuments des peuples indigènes de l'Amérique』(1810)에서 이 문제를 다루었다. 그는 이렇게 썼다.

페루인들이 키푸 외에 부호문자에 대한 지식을 가졌었다는 데 대해서는 최근 들어 의문이 제기돼 왔다. 발렌시아(Valencia)에서 발간된『신대륙 인디언들의 기원 L'Origin de los Indios del Nuevo Mundo』(1610) 91쪽에 있는 한 구절을 보면 이 문제에 관해 의문의 여지가 없다.

(훔볼트가 말한 책에서) 가르시아 신부는 멕시코의 그림문자에 대해 이 야기한 뒤 이렇게 덧붙였다.

정복 초기에 페루의 인디언들은 그림문자로 자기 죄를 고백했는데, 거기 에는 십계명과 그것을 위반해 저지른 죄목들이 적혀 있었다.

페루인들이 그림문자를 사용하고는 있었지만 그들의 기호는 멕시코 의 그림문자보다 조잡했고, 사람들은 일반적으로 키푸를 이용했다고 결론지을 수 있을 것이다.

훔볼트는 또한 그가 리마에 있을 때, 나르시세 힐바르(Narcisse Gilbar) 라는 선교사가 리마 북쪽 우카얄리(Ucayali) 강 주변에 사는 파노스(Panos) 인디언들의 나뭇잎 포갠 책을 발견했다는 얘기를 들었다고 적었다. 멕 시코의 아스테카인들이 썼던 것과 비슷한 책이었다. 그러나 리마에 있 는 어느 누구도 그것을 읽을 수 없었다.

인디언들은 선교사에게, 그 책에는 고대의 전쟁과 항해에 관한 이야기가 적혀 있다고 말했다고 한다.

리베로와 폰 추디는 1855년에 쓴 글에서 다른 여러 가지 발견들을 기 록하고, 페루에는 정말로 키푸 외에 또 다른 기록 방법이 있었다고 결 론지었다. 이와 별도로 폰 추디는 『남아메리카 여행 Reisen durch Süda-merika』(1866~1869)에서 자신의 독자적인 여행을 기록하면서, 그가 그림 문자 기호가 쓰인 동물 가죽 종이 사진을 보고 흥분했던 일을 묘사했 다. 그는 볼리비아 라파스의 박물관에서 가죽 종이 실물을 발견하고 그 위에 쓰인 글자들을 베꼈다. 【그림 80a】 그는 이렇게 썼다.

이 기호들은 내게 무척 놀라운 충격을 주었다. 그래서 나는 이 가죽 앞에 서 몇 시간을 머물러 있었다.

폰 추디는 알 수 없는 이 문자의 의미를 풀고자 했던 것이다. 그는 이 글이 왼쪽에서부터 시작되고, 두 번째 줄에서는 오른쪽에서부터 이어지며, 세 번째 줄은 다시 왼쪽에서부터 시작된다고 결론을 내렸다. 그런 식으로 해서 S자로 이어지는 것이다. 그는 또한 이것이 태양을 숭배하던 시대에 쓰인 것으로 보았다. 그러나 그가 알아낸 것은 그것이 전부였다.

그는 새김글이 본래 있었던 곳인 티티카카 호반을 찾아갔다. 호반 마을 코파카바나(Copacabana)에 있는 선교 교회 신부는 그런 글이 이 지역에 있는 것은 알고 있지만 그것은 에스파냐의 정복 이후 시기의 것이라고 말했다. 그 설명은 분명히 매우 실망스러웠다. 인디언들이 자기네 문자를 가지고 있지 않았다면 그들의 말을 표현하기 위해 에스파냐인들의 라틴 문자를 가져다 썼다는 얘기이기 때문이다. 호르헤 코르네호 보우롱클레(Jorge Cornejo Bouroncle)는 『고대 페루의 우상 숭배 La Idolatría en el antiguo Perú』에서 이 그림문자가 에스파냐인들의 정복 이후 발전된 것이라 할지라도 "그 기원은 더욱 오래됐을 것"이라고 썼다.

『도설(圖說) 티와나쿠 가이드 Guía general Illustrada de Tiahuanacu』를 쓴 아르투어 포스난스키는 티티카카 호의 두 신성한 섬의 바위들에서 이 글자로 쓰인 다른 새김글을 발견했다. 그는 이것이 라파누이(Rapa Nui, 파스콰Pascua/이스터Easter) 섬에서 발견된 수수께끼의 새김글과 같은 종

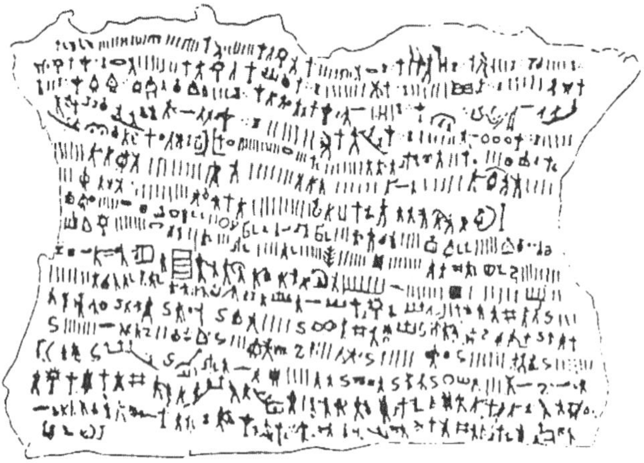

【그림 80a】 티티카카 호반 마을에서 발견된 새김글

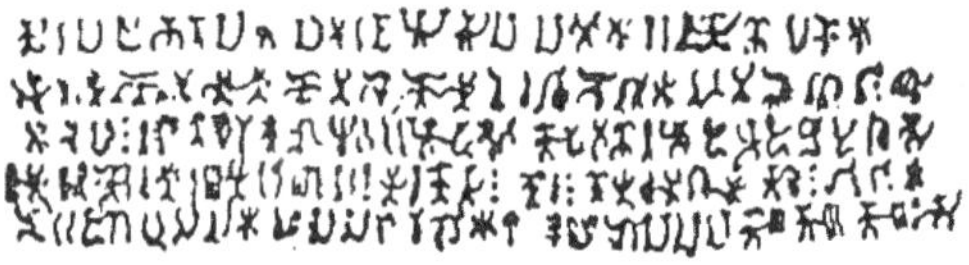

【그림 80b】 라파누이 섬에서 발견된 수수께끼의 글자

【그림 80c】 히타이트의 문자

류의 것이라고 지적했다.【그림 80b】현대 학자들은 대체로 이 결론에 동의하고 있다. 그러나 라파누이 문자는 인더스 강 유역과 히타이트 같은 인도·유럽 계통의 문자에 속하는 것으로 알려져 있다. 티티카카 새김글을 비롯한 이 모든 것들의 공통된 특징은 '쟁기질과 같은' 방식이다. 첫 줄은 왼쪽에서 시작해 오른쪽에서 끝난다. 이어서 두 번째 줄은 오른쪽에서 시작하고 왼쪽에서 끝난다. 그리고 세 번째 줄은 왼쪽에서 시작하는 식이다.

히타이트의 문자【그림 80c】를 흉내 낸 문자가 어떻게 티티카카 호 주변까지 왔을까 하는 문제는 일단 제쳐둔 채로, 고대 페루에 한 가지 이상의 문자가 있었음은 확인된 듯하다. 이 문제에 관해서도 몬테시노스가 제공한 정보는 옳은 것으로 입증되고 있다.

이 모든 것들에도 불구하고 서기전 2400년 무렵 안데스에 구대륙과 같은 유형의 문명이 정말로 존재했다는 당연한 결론을 선뜻 받아들이지 못하는 독자들이 있을 수 있다. 그렇다면 또 다른 증거가 있다.

그 타당성을 알려주는 실마리로서 학자들에게 완전히 무시당해 온 것이 하나 있다. 안데스 전승에는 오래 전 옛날에 무시무시한 어둠이 찾아온 적이 있었다는 얘기가 거듭 나온다. 이것이, 메시카인들의 전승이 테오티와칸과 그 피라미드 설화에서 말하는 것과 같은 어둠이 아니었을까 의문을 품은 사람은 아무도 없었다. 태양이 떠야 할 때 뜨지 않은 것 말이다. 실제로 그런 현상이 일어나 태양이 뜨지 않고 밤이 끝날 줄 몰랐다면 그것은 아메리카 전체에서 관찰됐을 것이다.

메시카인들의 집단 기억과 안데스의 그것이 이 점에서 서로를 보강하고 서로의 정당성을 입증하고 있는 듯하다. 같은 사건을 목격한 두

증인처럼 말이다.

몬테시노스와 다른 역사가들에 따르면 이 가장 이례적인 사건은 고대 제국 시대의 열다섯 번째 군주인 티투유팡키 파차쿠텍 2세(Titu Yupanqui Pachakutiq II)의 치세에 일어났다. 그 사건은 그의 재위 3년째에 일어난 일이었다.

좋은 관습들이 잊히고 사람들은 온갖 악행들을 저질렀다. (그래서) 스무 시간이 지나도록 해가 뜨지 않았다.

다시 말해서, 다른 날 같으면 밤이 끝나야 할 시간인데도 끝나지 않았고 해돋이가 스무 시간 동안 지연됐다는 얘기다. 엄청난 아우성과 죄의 고백, 희생제, 그리고 기도가 있고 난 뒤에 태양이 마침내 떠올랐다. 그것은 일식일 수가 없다. 그것은 비치던 해가 무언가에 가려진 것이 아니었다. 게다가 일식이 그렇게 오래 지속되는 일은 없으며, 페루인들은 그런 주기적인 사건들을 알고 있었다. 이 설화는 태양이 사라졌다는 얘기가 아니다. 그것은 태양이 스무 시간 동안 떠오르지 않았다고 말한다. "해돋이가 없었다"는 것이다.

그것은 마치, 태양이 어디에 숨어 있었든 그것이 갑자기 멈춰 섰다는 뜻이다.

안데스의 기억이 사실이라면 다른 곳, 곧 세계의 반대쪽에서는 낮이 그만큼 길어졌어야 한다. 낮이 끝나야 할 때 끝나지 않고 스무 시간이나 더 길게 지속됐어야 한다.

놀랍게도 그런 사건은 기록됐고, 그것도 다름 아닌 바로 구약 속에 들어 있다. 그것은 이스라엘인들이 요슈아(Joshua, 여호수아)의 지휘 아래 요르단(Jordan, 요단) 강을 건너 '약속의 땅'으로 들어갈 때 일어난 일이었다. 그들은 요새화된 도시 예리코(Jericho, 예리고/여리고)와 아이(Ai)를 성공적으로 점령했다. 그러자 모든 아무루(Amurrū, 아모리)인들의 왕이 동맹을 맺고 반(反)이스라엘 연합군을 편성했다. 기브온(Giv'on) 시 부근의 아얄론(Ajalon) 골짜기에서 큰 전투가 벌어졌다. 전투는 이스라엘인들의 야습(夜襲)으로 시작돼 카나안인들이 도망쳤다. 해가 뜰 무렵 카나안 군사들이 베트호론(Beth-Horon, 벳호론/벧호론)에 다시 집결하자 이스라엘의 하느님이 나섰다.

(하느님께서) 하늘에서
그들에게 커다란 돌들을 던지셨고 (…)
그들이 죽었다.
우박처럼 내리는 돌에 맞아 죽은 자가
이스라엘인의 칼에 찔려 죽은 자보다 많았다.

야웨께서 아무루인들을
이스라엘 자손에게 넘겨주신 날
요슈아가 야웨께 아뢰었다.
"이스라엘인들이 보는 앞에서
태양이 기브온에서 멈추어 서고
달이 아얄론 골짜기에 머물게 하소서."

그러자 사람들이 적들에게 복수할 때까지
태양이 머물러 서고 달이 움직이지 않았다.

이는 참으로 모두 「세페르 하야샤르 Sefer haYashar」*에 기록된 것이다.
"한낮에 태양이 하늘에 멈추어 서고
거의 하루 온종일이 지나도록
그대로 머물러 내려가지 않았다."

_「요슈아」 10:11~13

학자들은 오랫동안 「요슈아」 10장의 이 설화를 두고 고민해 왔다. 일부는 이를 단순한 허구로 평가절하했다. 다른 사람들은 이 설화가 신화를 반영한 것으로 보았다. 또 다른 사람들은 일식이 비정상적으로 길어진 것이라는 식으로 설명해 보려 했다. 그러나 일식이 그렇게 오래 지속된 사례가 없을 뿐 아니라 이 설화는 태양이 사라졌음을 말하는 것이 아니었다. 반대로, 이것은 태양이 계속해서 하늘에 떠 있어 사라지지 않은 사건을 이야기하고 있다. "거의 하루 온종일", 스무 시간을 말이다.

이 사건의 독특성은 구약에서도 인식되고 있었다.

이런 날은 그 이전에도 없었고 이후에도 없었다.

_「요슈아」 10:14

이는 안데스와 비교해 지구 반대쪽에서 일어났기 때문에 안데스에서 일어난 일과는 반대되는 현상을 묘사하고 있다. 카나안에서는 태양이 약 스무 시간 동안 지지 않았다. 안데스에서는 태양이 같은 시간 동안 뜨지 않았다.

---

*구약에 언급은 돼 있으나 전하지 않는 것들 가운데 대표적인 책. '의로운 자의 책'이라는 뜻으로, 영웅담을 수록했었다고 한다. 「야샤르서 Jashar書/Jasher書」라고도 한다. (옮긴이)

그렇다면 두 설화는 같은 사건을 묘사한 것이고, 지구의 반대편에서 나와서 그 사실성을 입증하는 것이 아닐까?

무슨 일이 일어났었던 것인지는 아직도 수수께끼다. 구약의 유일한 실마리는 하늘에서 떨어진 커다란 돌들에 대한 언급이다. 우리는 이 설화가 태양이(그리고 달이) 멈추어 선 것을 묘사한 것이 아니라 지구의 자전에 혼란이 생긴 것으로 이해하고 있기 때문에, 혜성이 지구에 너무 가까이 다가와 그 진행을 방해했다는 식의 설명이 가능하다. 일부 혜성들은 시계 방향으로 태양을 공전해 지구나 다른 행성들의 공전 방향과 반대로 돌기 때문에 그런 동적인 힘이 아마도 지구의 회전을 일시적으로 방해해 속도를 늦췄을 수 있다.

이 현상의 정확한 원인이 무엇인지는 모르나, 우리가 여기서 관심을 가지고 있는 것은 그 시기다. 이스라엘인들의 이집트 탈출 시기는 서기전 13세기(서기전 1230년 무렵)라는 게 대체적으로 받아들여지는 견해이고, 이보다 200년 정도 더 이른 시기라는 견해는 소수설이다. 그러나 우리는 이전 책 『신들의 전쟁, 인간들의 전쟁 The Wars of Gods and Men』에서 이 사건이 서기전 1433년에 일어난 듯하다고 결론짓고 구약에 나오는 히브리 족장들의 설화를 확인된 메소포타미아 및 이집트의 동시대 사건과 연대기에 연결시킨 바 있다. 1985년에 우리의 주장이 출판된 뒤 존 빔슨(John J. Bimson)과 데이비드 리빙스턴(David Livingston) 등 저명한 두 구약 연구자 겸 고고학자들이 《성서고고학 리뷰 Biblical Archaeology Review》(1987년 9/10월호)에 실은 철저한 연구를 통해 이집트 탈출은 서기전 1460년 무렵에 일어났다는 결론에 도달했다. 그들의 고고학적 발견과 고대 근동의 청동기 시대에 관한 분석은 논외로 치고, 그들이 채택한 구약 자료와 계산 과정은 우리가 2년 앞서 했던 것과 똑같은 것이었다.

우리는 거기서 왜 이집트 탈출을 서기전 1460년이 아니라 서기전 1433년으로 잡아서 두 줄기의 구약 자료와 일치시켰는지도 설명한 바 있다.

이스라엘인들이 시나이 광야에서 40년 동안 방랑했기 때문에 카나안으로 들어간 것은 서기전 1393년의 일이 된다. 요슈아가 본 사건은 그 얼마 뒤에 일어났다.

이제 문제는 이렇게 좁혀진다. 반대 현상, 곧 밤이 연장된 사건이 안데스에서 같은 시기에 일어났을까?

불행하게도 현대 학자들에게 전해진 몬테시노스의 저작은 각 군주의 재위 기간에 관한 자료에서 약간의 문제가 있기 때문에 우리는 에움길을 돌아 해답을 찾아야만 한다. 몬테시노스에 따르면 이 사건은 티투유팡키 파차쿠텍 2세의 재위 3년째에 일어났다. 그의 시대를 집어내려면 양쪽 끝에서 계산을 해봐야 한다. 출발점으로부터 1,000년이 지난 것이 네 번째 군주의 치세인 서기전 1900년이었다. 그리고 32번째 왕은 출발점으로부터 2,070년 뒤인 서기전 830년에 재위했다.

열다섯 번째 군주는 언제 재위했을까? 입수할 수 있는 자료들을 살펴보면 네 번째 군주와 열다섯 번째 군주 사이의 아홉 왕은 합쳐서 약 500년 동안 재위했다. 티투유팡키 파차쿠텍은 서기전 1400년 무렵이 되는 것이다. 서기전 830년인 32번째 왕으로부터 거꾸로 계산해 보면 중간의 기간이 564년이니 티투유팡키 파차쿠텍은 서기전 1394년에 재위했다는 연대가 나온다.

어느 쪽이든, 우리는 안데스에서 일어난 사건에 대해 같은 연대를 얻었다. 구약의 연대나 테오티와칸에서 일어난 사건의 연대와 일치한다.

충격적인 결론은 이렇게 분명하다.

카나안에서 태양이 머물러 섰던 낮은 아메리카에서 해가 뜨지 않고 지속된 밤이었다.

  이상에서 입증됐다시피 이 사건은 안데스 사람들의 고대 제국에 대한 기억이 사실이라는 움직일 수 없는 증거임이 명백하다. 신들이 티티카카 호에서 인류에게 금지팡이를 줌으로써 시작된 제국 말이다.

8 천상의 길들

천상의 길들

하늘은 하느님의 영광을 알려주고
창공(蒼空)은 그의 솜씨를 드러낸다.
낮은 낮에게 말을 전해주고
밤은 밤에게 지식을 알려준다.
말이 없어도, 말하지 않아도
그들의 목소리가 들리지 않아도 들려온다.
그들의 줄이 지구 곳곳으로 퍼지고
그들의 전갈이 세상 끝까지 간다.
그들 안에, 그분께서는 태양으로 하여금 천막을 치게 하신다.

_「시편(詩篇)」19:1~4

구약의 「시편」 작가는 이렇게 하늘의 경이로움과 맞물려 돌아가며 이어지는 낮과 밤의 기적을 묘사했다. 지구가 그 축(구약의 지구 곳곳으로 퍼지는 '줄')에 따라 돌고, 천막의 중심점처럼 모든 것의 중심에 있는 태양 주위를 돌면서 생기는 조화다.

낮도 당신의 것이고 밤도 당신의 것입니다.
당신이 달과 해를 마련하셨습니다. (…)
여름과 겨울도 당신께서 만드셨습니다.

_「시편」 74:16~17

인간이 문명을 습득한 이래 수천 년 동안 천문학자 겸 사제들은 지구상에 사는 인간들에 대한 안내를 찾아 하늘을 쳐다보았다. 수메르와 바빌론의 지구라트에서, 이집트의 신전에서, 스톤헨지(Stonehenge)의 환상열석(環狀列石)에서, 아니면 치첸잇사의 엘카라콜에서 말이다. 항성들과 행성들의 복잡한 천체 운동들을 관찰하고 계산하고 기록했다. 그리고 그것을 가능케 하기 위해 지구라트들과 신전들과 관측소들을 정확한 천체 배치에 맞춰 정렬했고 춘·추분 및 하·동지 때에 태양이나 다른 별의 빛이 들어올 수 있도록 틈 또는 다른 구조물들을 설치했다.

인간은 왜 그렇게까지 했을까? 무엇을 보고 무엇을 결정하기 위해서였을까?

학자들은 습관적으로 고대인들의 천문학에 대한 노력을, 농경 사회에서 씨 뿌리고 수확할 때를 알려주는 책력이 필요했기 때문이라고 설명한다. 이런 설명은 너무 오랫동안 당연한 것으로 여겨져 왔다. 해마다 땅을 가는 농사꾼은 계절의 변화나 비가 내리는 때를 천문학자보다 더 잘 판단할 수 있고, 한두 가지 사실을 말해주는 판단 기준을 갖고 있다. 진실을 말하자면 세계의 오지 어느 구석에서 농경에 의존하는 원시 사회가 발견되더라도 그들은 천문학자나 정확한 책력 없이도 오랜 세월

동안 먹고살아 왔다는 것이다. 고대의 책력이 농경 사회가 아니라 도시 사회의 산물이었다는 것은 공인된 사실이기도 하다.

인간의 생존에 꼭 필요했다면 간단한 해시계만으로도 나날과 계절에 대한 충분한 정보를 얻을 수 있다. 그러나 고대인들은 하늘을 연구하고 자기네 신전을 항성들과 행성들에 맞춰 정렬했으며, 자기네 책력과 축제를 그들이 믿고 서 있는 땅이 아니라 하늘의 길들과 연결시켰다. 왜 그랬을까? 책력이 농경을 위해서가 아니라 종교적인 목적으로 만들어졌기 때문이다. 인류에게 이득을 주기 위해서가 아니라 신들을 숭배하기 위해서였다. 그리고 최초의 종교와 우리에게 책력을 물려준 사람들에 따르면, 그 신들은 천상에서 왔다.

「시편」 구절들을 읽고 또 읽으면 천체 현상의 경이를 관찰하는 것이 땅을 갈거나 가축을 치는 것과 전혀 관계가 없다는 사실을 깨달을 수 있다. 그것은 '만물의 주인'에 대한 숭배와 관련이 있다. 그리고 그것을 더 잘 이해하려면 수메르로 돌아가는 수밖에 없다. 6,000년쯤 전, 지구와 천상을 연결하는 천문학과 책력, 종교가 시작된 곳이 바로 그곳이었기 때문이다. 그것은 아눈나키, 곧 '천상에서 지구로 온 자들'이 그들에게 알려준 것이었으며, 아눈나키는 자기네 행성 니비루(Nibiru)로부터 지구에 왔다고 수메르인들은 주장했다. 그들은 니비루가 태양계의 열두 번째 식구였으며, 천체의 무리가 12궁으로 나뉘고 1년이 열두 달로 나뉘는 것도 그 때문이라고 말했다. 지구는 일곱 번째 행성이었다. 밖에서 안으로 들어오며 계산한 것이다. 따라서 12가 신성화된 천상의 숫자이듯이 7은 신성한 지상의 숫자였다는 것이다.

수메르인들이 수많은 점토판에 썼듯이 아눈나키는 대홍수가 일어나기 훨씬 전에 지구로 왔다. 『수메르, 혹은 신들의 고향』에서 우리는 그 일이 대홍수가 있기 43만 2,000년 전에 일어났다고 판단한 바 있다. 이는 니비루의 120회 공전에 해당하는 기간인데, 그 1회 공전이 아눈나키에게는 그들의 햇수로 1년에 불과하지만 지구 햇수로는 그것이 3,600년에 해당한다. 그들은 자기네 행성이 태양(그리고 지구)에 가까이 다가와 목성과 화성 사이를 가로지를 때마다 니비루와 지구 사이를 오갔다. 그리고 수메르인들이 하늘을 관찰하기 시작한 것은 씨 뿌릴 때를 알기 위해서가 아니라 천상의 '주인'이 돌아오는 것을 보고 찬양하기 위해서였음은 의문의 여지가 없다.

인간이 천문학자가 된 것이 바로 이 때문이라고 우리는 생각한다. 시간이 지나 니비루의 모습이 더 이상 보이지 않게 되자 인간이 볼 수 있는 현상에서 기미와 징조를 찾았고, 천문학에서 점성학이 새끼를 치게 됐다. 그리고 수메르에서 시작된 천문학적 위치 설정과 정렬, 천체 구획이 안데스에서도 발견된다면 반박할 수 없는 연결이 입증되는 것이다.

수메르 문서들에 따르면 서기전 제4천년기 초의 어느 때에 니비루의 지배자 아누와 그의 배우자 안투가 지구를 방문했다. 그들을 기리기 위해 신전과 탑을 갖춘 완전히 새로운 신성 구역이 건설됐다. 그곳은 나중에 우루크(Uruk)로 알려지게 되고 구약에서는 에레크(Erech, 에렉)라 부른 곳이었다. 그들이 거기서 지낸 밤을 묘사한 문서가 점토판에 보존돼 있다. 저녁에 천체의 신호, 곧 목성·금성·수성·토성·화성과 달이 나타나면서 의례적인 손 씻기를 한 뒤 의식으로서의 식사가 시작됐다. 식사의 첫 코스가 나왔고, 이어 잠시 휴식을 가졌다. 한 무리의 사제들이 〈아누의 행성이 하늘에 떠오른다 Kakkab Anu Etellu Shamame〉라는 찬가를 노래하기 시작할 때 천문학자 겸 사제 하나가 "신전 탑의 맨 꼭대기 계단"에 올라가 아누의 행성인 니비루가 나타나는지 살폈다. 니비루가 나타나자 사제들은 〈하늘에서 밝게 빛나는 주 아누의 행성〉이라는 곡과 〈창조자의 형상이 떠올랐다〉라는 제목의 찬가를 부르기 시작했다. 햇불 하나가 밝혀져 이 순간을 알리고 그 소식을 이웃 마을들로 전하게 했다. 밤이 새기 전에 온 땅에 불이 밝혀졌다. 그리고 아침에 감사 기도문이 암송됐다.

수메르에 신전을 짓는 데는 세심함과 상당한 천문학적 지식이 필요했음이 서기전 2200년 무렵의 수메르 왕 구데아(Gudea)의 새김글에 잘 나타나 있다. 먼저 그에게 "하늘처럼 빛나는 사람"이 나타났다. 그는 '신조(神鳥)' 옆에 서 있었다. 구데아에 따르면 그는 "머리에 왕관을 쓰고 있는 것으로 보아 분명히 신"이었는데, 나중에 닌기르수(Ningirsu) 신이었던 것으로 밝혀졌다. 그의 옆에는 여신이 하나 있었는데, 그녀는 "가장 좋아하는 하늘의 별에 관한 서판을 들고" 있었다. 그녀는 다른 손에는 "성스러운 철필"을 들고 있어 왕에게 "좋은 행성"을 가르쳐주었다. 사람처럼 보이는 세 번째 신은 손에 보석으로 만든 서판을 들고 있었는데, 거기에는 신전 설계도가 그려져 있었다. 구데아의 조각상 가운데 하나는 그가 이 서판을 무릎 위에 올려놓고 있는 모습을 보여준다. 이 신의 도면은 분명하게 볼 수 있다. 거기에는 신전의 평면도와, 일곱 층 층대를 세우게 될 축척이 나와 있다. 층층대는 올라갈수록 점점 작아지게 돼 있었다. 문서가 시사하는 바에 따르면 그것은 태양을 위한 신전이 아니라 항성과 행성을 위한 신전이었다.

수메르인들이 보여준 해박한 천문학적 지식은 비단 신전 건축에 국한된 것이 아니었다. 우리가 이전 책들에서 제시했고 이제는 보편적으로 받아들여지고 있는 것처럼, 현대 구면(球面)천문학의 모든 개념들과 원리들이 설계된 것도 수메르에서였다. 그런 개념과 원리의 명단은 원을 360도로 나누고 천정(天頂)과 지평선 등 여러 천문학적 개념과 용어를 안출한 것으로부터 시작해서, 별들을 별자리로 집단화하고 황도대(黃道帶)와 그 12궁 개념을 안출하고 이름을 붙이고 그것을 그림으로 묘사한 일, 그리고 72년마다 1도 꼴로 지구가 태양 주위를 도는 움직임이 지연되는 세차(歲差) 운동이라는 현상을 인식한 것으로 마무리된다.

신들의 행성 니비루는 지구 햇수로 3,600년이라는 공전 기간에 걸쳐 나타났다가 사라지지만, 지구의 인류는 시간의 흐름을 오직 지구 자체가 태양 주위를 공전하는 것을 기준으로 헤아릴 수밖에 없다. 밤낮이 바뀌는 현상 다음으로 가장 쉽게 인식된 것은 계절이었다. 곳곳에 있는 간단한 환상열석들이 입증하듯이 지구-태양 관계에서의 네 지점을 나타내는 표지를 확인하는 것은 쉬운 일이었다. 태양은 겨울에서 봄으로 넘어가면서 분명히 하늘에서 더 높이 뜨고 더 오래 머문다. 밤과 낮이 똑같은 때가 있다. 그리고 낮이 점점 짧아지고 기온이 떨어지기 시작하면서 태양은 점점 멀어진다. 더욱 춥고 더욱 어두워져 태양이 완전히 사라져버릴 듯한 때에 그것은 멈칫멈칫 멈춰 서고 돌아오기 시작한다. 그러고는 이 모든 순환이 다시 시작된다. 새해가 시작된 것이다. 이렇게 지구-태양 관계에 나타나는 주기의 네 사건은 정리될 수 있었다. 태양이 가장 북쪽과 남쪽에 있을 때, 곧 '태양이 멈춰 설 때'가 하지와 동지이고, 낮과 밤이 같을 때가 춘분과 추분이다.

수메르인들은 이미 알았었고 묘사했던 사실이지만, 지구가 실제로 태양 주위를 공전한다고 할 때 이 명백한 태양의 움직임을 지구와 관련시켜 설명하기 위해서는 지구의 관측자에게 천체의 참조 지점을 제공해 줄 필요가 있었다. 이는 하늘(태양 주위를 도는 지구에 의해 형성되는 커다란 원)을 열두 부분으로 나눔으로써 가능했다. 그것이 황도 12궁이며, 각기 식별할 수 있는 별들(별자리들)을 갖고 있다. 한 시점(춘분)이 선택되고 그 시점에 태양이 기준이 되는 황도궁에 나타나면 새해 첫 달 첫날로 선언된다. 초기 기록들에 대한 모든 연구들은 이것이 황소자리에 있었음을 보여준다(황소자리 시대).

그러나 그 후 세차 운동 때문에 정렬이 망쳐졌다. 지구의 자전축은 태양 주위를 도는 궤도 평면에 대해 기울어져 있고(지금 기준으로 23.5도다) 그것을 기준으로 해서 돌고 있기 때문에 자전축이 가리키는 천체의 지점은 하늘에서 커다란 상상의 원을 그리며 이동한다. 이 원이 완성되는 데는 2만 5,920년이 걸린다. 이는 선택된 '고정점'이 72년마다 1도씩 움직여 2,160년마다 한 황도궁에서 다른 황도궁으로 완전히 옮겨간다는 의미다. 수메르에서 책력이 시작되고 2,000년쯤 지난 뒤에는 책력을 개혁해 양자리를 고정점으로 선택해야 했다는 것이다. 오늘날의 점성가들은 아직도 양자리의 첫 지점에 바탕을 둔 천궁도(天宮圖)를 그리고 있다. 우리가 이미 물고기자리 시대에서 거의 2,000년이 지나 물병자리 시대로 들어가려 하고 있음을 천문학자들이 알고 있는데도 말이다.

거대한 하늘의 원을 열두 부분으로 나눈 것은 태양계의 열두 식구와 이에 맞춘 열두 '올림포스' 신들을 기리기 위한 것인데, 이는 또한 태양력의 1년을 달의 주기와 밀접하게 연관시키고 있다. 그러나 태음력의 한 달은 정확히 열두 번으로 태양력의 1년을 채우지 못하기 때문에 복잡한 윤달 체계가 고안돼 중간중간에 날짜를 더함으로써 태음력 열두 달과 태양력 1년을 맞추게 됐다.

바빌로니아인들의 시대인 서기전 제2천년기에는 신전에 세 가지 정렬이 필요했다. 새로운 황도궁인 양자리에 맞춰야 했고, 태양의 네 지점(바빌론에서는 그 가운데 가장 중요한 것이 춘분이었다)에 맞춰야 했으며,

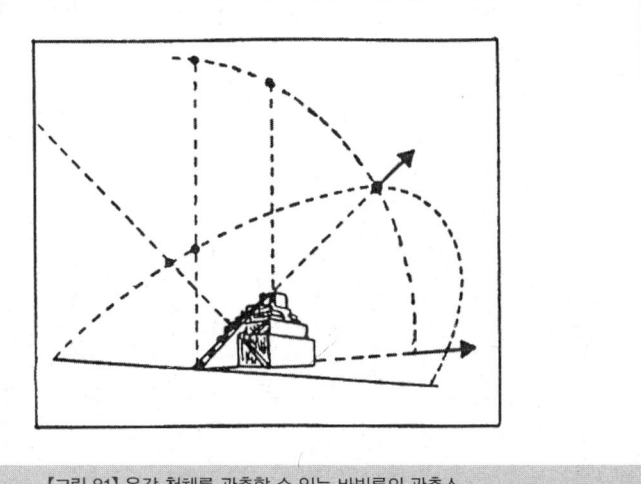

【그림 81】 온갖 천체를 관측할 수 있는 바빌론의 관측소

달의 주기에도 맞춰야 했다. 국가신인 마르둑을 기리기 위한 바빌론의 중앙 신전 유적이 비교적 양호한 보존 상태로 발견됐는데, 그곳이 이런 모든 천문학적인 원칙들에 대한 좋은 실례가 된다. 건축학적인 용어로 그 열두 문과 일곱 층층대를 묘사한 문서들도 발견돼 학자들은 그것이 정교한 태양·달·행성·항성 관측소로 쓰였음을 알아낼 수 있었다. 【그림 81】

천문학이 고고학과 결합해 유물의 연대를 파악하고 역사적 사건들을 설명하며 종교적 신념이 하늘에서 기원했음을 밝히는 데 도움을 줄 수 있다는 사실은 최근 들어서야 완전히 인정되기에 이르렀다. 이러한 인식이 고(古)천문학이라는 학문의 수준에 도달하는 데는 거의 100년의 세월이 걸렸다. 1894년 노먼 로키어(Norman Lockyer, 1836~1920)가 『천문학의 여명 The Dawn of Astronomy』에서 어느 시대, 어느 곳을 막론하고, 가장 초기의 사당에서부터 가장 큰 성당에 이르기까지 모든 신전은 천문

학적으로 위치가 정해졌다고 설득력 있게 보여준 것이 그 출발점이었다. 그가 이런 생각을 하게 된 것은 "바빌론에서는 처음부터 신을 나타내는 부호가 별이었다는 놀라운 사실" 덕분이었음을 기억할 필요가 있다. 마찬가지로 이집트에서도 "신성문자로 쓰인 문서에서 별 세 개는 여러 명의 '신들'을 나타냈다"고 한다. 그는 또한 인도 신들 가운데서 가장 숭배된 신이 '태양이 가져다준 낮' 인드라(Indra)와 '새벽' 우샤스(Ushas)였다고 지적했다. 모두 일출과 관련된 신들이다.

로키어는 신전들이 아직 서 있고 그 건축술과 배치를 자세하게 연구할 수 있는 이집트에 초점을 맞추어, 고대의 신전들이 태양이나 별을 위한 신전이었음을 밝혀냈다. 태양을 위한 신전들은 그 중심선과 의례 또는 책력 기능들이 하·동지나 춘·추분에 맞춰져 있었다. 별을 위한 신전들은 그 태양의 네 지점 어느 것과도 관련이 없고 특정한 별이 특정한 날 하늘의 특정한 지점에 나타나는 것을 관측하고 숭배하도록 계획되었다. 로키어는 신전이 오래된 것일수록 거기에 투영된 천문학이 더 정교했음을 발견하고 놀랐다. 이렇게 이집트인들은 그들의 문명 초기에 항성(당시 가장 밝은 별이었던 시리우스)의 위치를 태양이 만들어내는 사건(하지) 및 나일 강의 연례적인 범람과 결합시킬 수 있었다. 로키어는 이 세 가지가 동시에 일어나는 일이 1,460년에 한 번씩밖에 없으며, 이집트의 책력 계산이 시작된 출발점이 서기전 3200년 무렵이라는 계산을 내놓았다.

그러나 고천문학으로 진화(거의 100년 뒤에!)된 학문에 대한 로키어의 가장 큰 공헌은 고대 신전의 방향 설정이 그 정확한 건축 연대를 알아내는 실마리가 될 수 있다는 인식이었다. 그의 주요 사례는 상(上)이집트의 테베에 있는 신전 단지 카르낙(Karnak)이었다. 그곳에서는 초기 신

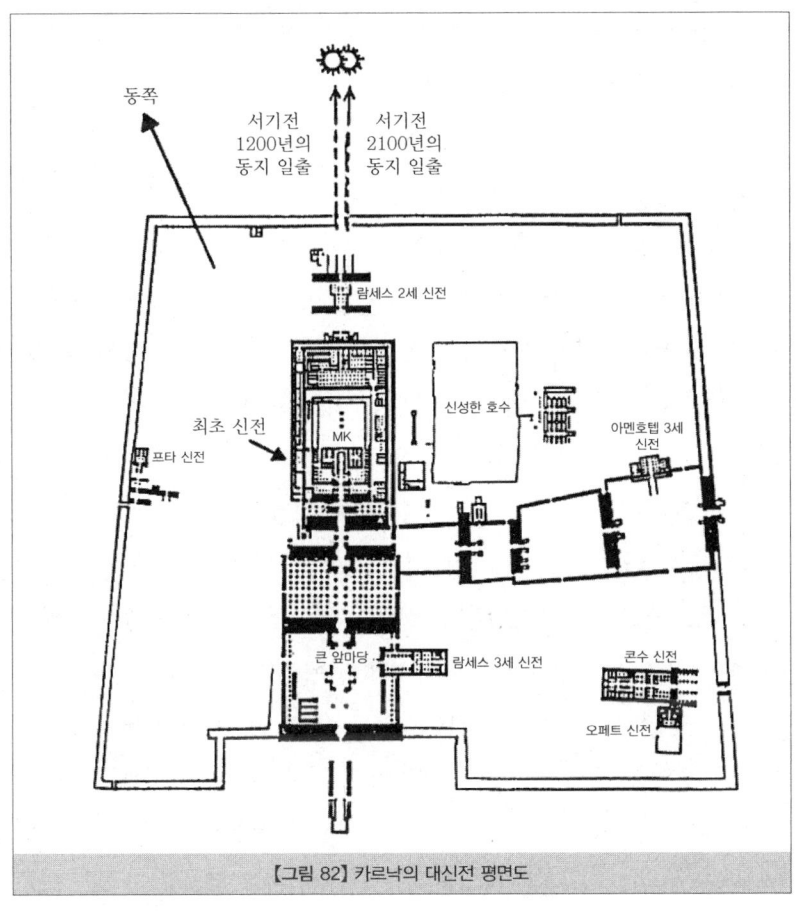

【그림 82】 카르낙의 대신전 평면도

성 도시들의 춘·추분을 향한 복잡한 방향 설정이 하·동지를 향한 보다 단순한 방향 설정에 밀려났다. 카르낙의 아멘라(Amen-Ra)에게 바쳐진 대신전은 동-서 축에서 남쪽으로 기울어져 등을 맞대고 서 있는 두 개의 사각 구조물로 이루어져 있다. 【그림 82】 그 방향 설정은 이런 것이었다. 하·동지 때에는 햇빛이 길이 약 150미터에 이르는 회랑 전체를 통과해 신전의 한 부분에서 다른 부분에 있는 두 오벨리스크(Obelisk, 方尖

塔) 사이를 지나가게 된다. 그리고 몇 분 동안 햇살이 회랑 저쪽 끝에서 번쩍이는 빛으로 지성소를 쪼이게 된다. 그렇게 함으로써 새해를 시작하는 첫 달 첫날의 순간을 나타내 보이는 것이다.

그러나 그 정확한 순간은 일정치 않았다. 그것은 계속 움직였기 때문에 수정된 방향에 따른 후속 신전들을 건설해야 했다. 방향 설정이 춘·추분을 바탕으로 했을 때 움직임이라는 것은 태양이 나타나는 배경의 별들이 달라지는 것이었다. 세차 운동에 따라 황도궁의 '시대'가 옮겨간 것이다. 그러나 또 하나의 더욱 중대한 이동이 있어 하·동지에 영향을 주었던 듯하다. 태양이 움직이는 것으로 보이는 두 극점 사이의 각도가 줄어들고 있었던 것이다! 시간이 지나면서 태양의 움직임은 지구-태양 관계에서 또 하나의 현상에 지배되는 듯했다. 천문학자들은 지구의 황도경사각, 곧 지구가 태양 주위를 도는 궤도 평면에 대해 그 자전축이 기울어진 각도가 늘 현재(23.5도가 약간 안 된다)와 같은 것은 아님을 발견했다. 지구의 흔들림은 이 기울기를 7,000여 년 정도에 1도씩 변화시킨다. 그것이 21도 정도로 줄어들면 다시 늘어나기 시작해 24도 이상까지 올라가는 것이다. 『석기 시대 사람들의 하늘 Der Himmel über dem Menschen der Steinzeit』과 다른 연구들을 통해 이런 사실을 안데스 고고학에 적용시킨 롤프 뮐러(Rolf Müller)는 고고학 유적들이 24도의 기울기로 방향을 잡고 있다면 그것은 적어도 4,000년 이상 전에 지어졌음을 의미한다고 추산했다.

이 정교하고 독자적인 연대 추정 방법의 적용은 방사성탄소 연대 측정법의 개발만큼이나(어쩌면 그 이상으로) 중요하다. 방사성탄소 테스트는 건물 안이나 부근에서 발견된 나무나 목탄 같은 유기물에 대해서만 할 수 있어, 엉뚱하게 이른 시기에 건축됐다는 결과가 나올 수도 있기 때문이다. 그러나 고천문학은 그 건물 자체에 대한 연대 추정을 할 수 있고, 서로 다른 부분들이 지어진 시대까지도 알 수 있게 한다.

우리는 뮐러 교수의 연구를 좀 더 자세히 검토할 예정이지만, 그는 다각형의 거석 구조물들과는 뚜렷한 차이가 있는 마추픽추와 코스코의 정확한 마름돌 구조물들이 4,000년 이상 된 것이라고 결론지었다. 몬테시노스의 연대기가 확인되는 것이다. 앞으로 보겠지만 그렇게 고천문학을 안데스 유적에 적용시킴으로써 아메리카 문명들이 얼마나 오래됐느냐에 대한 생각을 더욱 흔들어놓았다.

현대 천문학자들은 쉽게 마추픽추에 갈 수 없었지만 결국은 그곳에 갔다. 포츠담(Potsdam)대학 천문학 교수였던 롤프 뮐러가 티와나쿠·코스코·마추픽추 유적의 천문학적 측면을 다룬 자신의 첫 연구를 발표한 때는 1930년대였다. 이들 유적, 특히 티와나쿠 기념물들이 아주 오랜 옛날에 만들어진 것이라고 그가 결론 내렸기 때문에 그의 이력은 완전히 망가져버렸다.

뮐러는 마추픽추에서 도시 북서쪽 언덕 꼭대기에 있는 인티와타나와 신성한 바위 꼭대기의 구조물에 관심을 집중시켰다. 그가『고대 페루의 인티와타나 *Die Intiwatana im Alten Peru*』와 다른 저작들에서 지적한 것처럼, 두 곳 모두에서 그로 하여금 그들의 목적과 용도를 이해할 수 있도록 해주는 분명한 모습들을 발견했기 때문이다.

그는 인티와타나가 도시의 가장 높은 지점에 위치한다는 사실을 깨달았다. 거기서는 모든 방향의 지평선을 볼 수 있었다. 그러나 거대한 마름돌로 지어진 벽은 시야를 특정 방향으로만 제한했다. 건축자의 마음속에 있었던 방향이다. 인티와타나와 그 바닥은 하나의 자연석을 깎

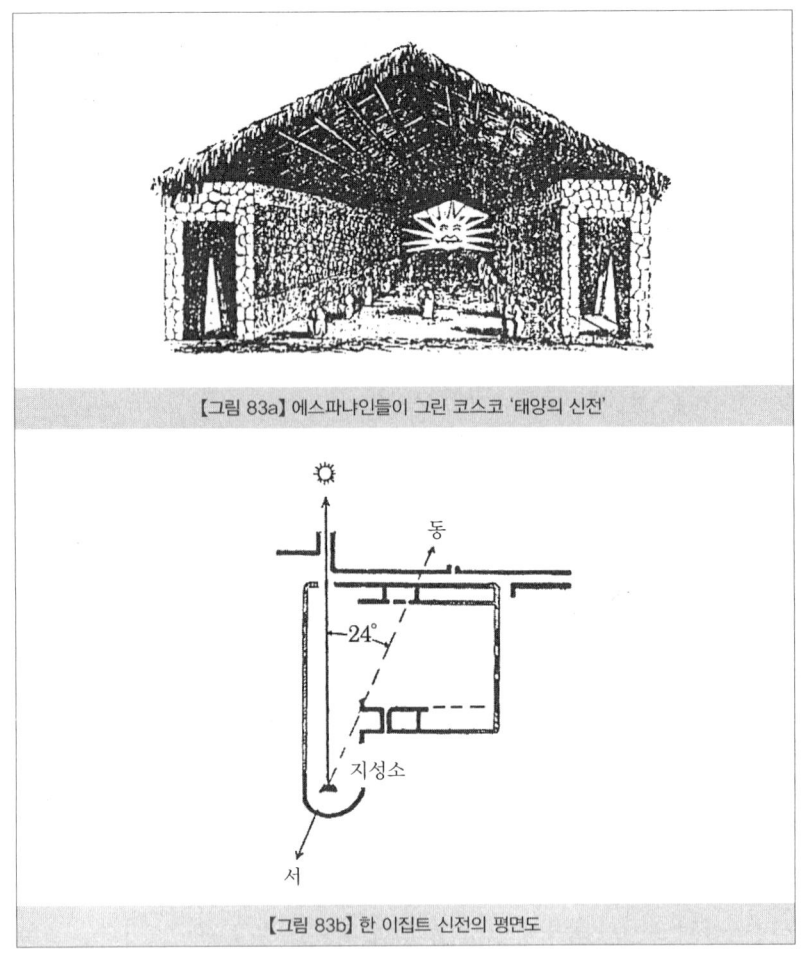

【그림 83a】 에스파냐인들이 그린 코스코 '태양의 신전'

【그림 83b】 한 이집트 신전의 평면도

은 것이었는데, 이 인공물의 기둥과 그루터기를 원하는 높이까지 올리고 있었다. 그루터기와 바닥은 분명한 틀에 따라 깎이고 방향이 잡혀 있었다. 【그림 76 참조】 뮐러는 여러 가지 다른 경사로 만들어진 표면들과 각도가 지어진 면들이 하지의 일몰이나 동지의 일출, 그리고 춘·추분의 그것들을 확인할 수 있도록 하기 위해 그렇게 고안됐다고 결론을 내렸다.

뮐러는 마추픽추에서 조사를 하기 전에 티와나쿠와 코스코에서 고천문학적인 측면을 충분히 연구했다. 오래된 에스파냐인들의 목판화를 본 그는 코스코에 있는 거대한 '태양의 신전'이 동짓날 일출 순간에 햇빛이 직접 지성소에 비치도록 하기 위해 그렇게 지어졌다는 시사를 받았다. 【그림 83a】뮐러는 로키어의 이론을 코리칸차에 적용시켜, 유럽인들의 도래 이전에 지어진 이 벽들과 둥그런 지성소가 어떻게 해서 이집트의 신전들과 똑같은 목적에 쓰일 수 있었는지 계산해 내고 보여줄 수 있었다. 【그림 83b】

마추픽추에서 신성한 바위 꼭대기에 지어진 구조물을 처음 보았을 때 눈에 띄는 것은 그 반원형의 모양과 그것을 짓는 데 쓰인 완벽한 마름돌들이다. 이는 분명히 코스코의 반원형 지성소와 유사한 것이다(우리는 마추픽추의 것이 코스코의 것보다 먼저 지어졌다는 우리의 견해를 이미 제시한 바 있다). 그리고 뮐러는 바로 그들의 기능이 비슷하다는 시사를 받았다. 그것은 동지를 확인하는 기능이었다. 그는 건설자들이 이 구조물의 일직선 벽들을 지리적 위치와 그 유적지의 해발 고도에 따라 맞추어 쌓았음을 확인하고, 원형 부분의 두 사다리꼴 창문은 관측자가 그곳을 통해 하·동지의 일출을 볼 수 있게 하기 위한 것이었다고 결론지었다. 【그림 84】지금으로부터 4,000년 전에 말이다!

1980년대에 애리조나(Arizona)대학 스튜어드(Steward) 천문대의 두 천문학자 디어본(D. S. Dearborn)과 화이트(R. E. White)가 보다 정밀한 기기들을 가지고 같은 곳을 조사해『고천문학으로 본 마추픽추 Archaeoastronomy at Machu Picchu』를 펴냈다. 그들은 인티와타나와 토레온의 두 창문이 천문학적으로 위치를 잡았음을 확인했다. 토레온에서는 튀어나온 신성

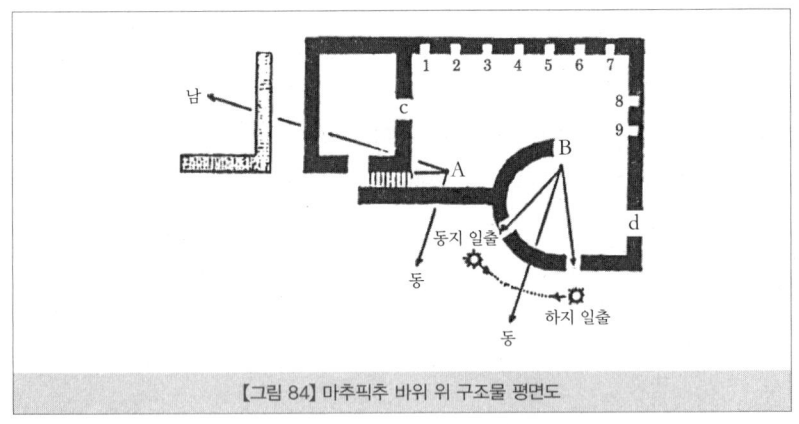

【그림 84】 마추픽추 바위 위 구조물 평면도

한 바위로부터 그 틈들과 모서리들을 따라 조망이 이루어진다. 그러나 그들은 구조물의 연대에 관한 뮐러의 주장에 대해서는 논평하지 않았다. 그들이나 뮐러 모두 수천 년을 거슬러 올라가 가장 오랜 거석 구조물인 전설 속의 '세 개의 창문'을 통한 관측 시야를 논하려 하지 않았다. 우리 생각에 거기서라면 결과는 더욱 놀라웠을 것이다.

그러나 뮐러는 코스코에 있는 거석 벽들의 방향을 연구했다. 그 중대한 의미가 무시되고 있기는 하지만, 그가 『잉카 제국 상공의 태양·달·별 Sonne, Mond und Sterne über dem Reich der Inka』에서 내린 결론은 "그 위치가 서기전 4000년에서 서기전 2000년 사이의 시기에 맞춰져 있다"는 것이었다. 이는 거석 구조물들, 적어도 코스코·삭사이와만·마추픽추에 있는 것들의 연대가 마추픽추에 있는 토레온·인티와타나의 연대인 서기전 2000년 이전의 2,000년 동안임을 말해준다. 다시 말해서 뮐러는 이 잉카 이전 시대의 구조물들이 두 황도궁 시대에 걸쳐 있다는 결론을 내린 셈이다. 거석문화 시대의 것은 황소자리, 고대 제국과 탐푸토코 공백기의 구조물들은 양자리 시대의 유물이라는 얘기다.

고대 근동에서는 세차 운동으로 인한 이동 때문에 본래의 수메르 책력을 주기적으로 개혁해야 했다. 서기전 2000년 무렵에 황소자리에서 양자리로 바뀌면서 커다란 종교적 변혁을 동반한 중대 변화가 일어났다. 다른 사람들에게는 놀라운 일이겠지만(우리에게는 그렇지 않다) 그러한 전환과 개혁은 안데스에서도 증거를 남기고 있다.

고대 안데스 사람들이 책력을 가졌다는 것은 몬테시노스나 다른 역사가들이 그들의 저작에서 여러 군주들이 반복해 책력을 개혁했다고 언급한 것으로 보아 기정(旣定)의 결론일 수밖에 없다. 그러나 이들이 책력을 가졌을 뿐만 아니라, 문자가 없었던 것으로 간주되는 이들이 그것을 기록하기까지 했다는 것을 확인하는 데는 1930년대부터 시작된 여러 연구를 필요로 했다. 『잉카 이전 페루의 책력 새김글 Inscripciones Calendarías del Perú Preincaico』 등의 저작을 남긴, 이 분야의 선구자 프리츠 벅(Fritz Buck)은 그러한 결론을 뒷받침하기 위해 고고학적 증거를 제시했다. 시간을 계산할 때 도구로 썼던 지팡이처럼 생긴 물건이나, 파차카막 신전 유적에서 발견된, 마야인이나 올메카인들의 것과 비슷하게 선과 점을 이용해 시간을 표시하는 데 썼던 병 같은 물건 등이다.

몰리나 신부는 이렇게 썼다.

(잉카인들은) 5월 중순(며칠 빠르거나 늦을 수 있다)의 음력 초하루부터 1년을 시작한다. 그들은 아침과 낮, 그리고 밤에 코리칸차에 간다. 양을 가지고 가는데, 그날 희생으로 바치는 것이다.

희생제를 치를 때 사제들은 찬가를 부른다. 이런 것이다.

오, 창조자여, 오, 태양이여, 오, 천둥이여
영원히 젊으시고 늙지 마소서.
모든 것이 평화롭게 하소서.
사람들이 늘어나게 하시고
그들의 음식과 모든 것이 계속 풍성하게 하소서.

코스코에 그레고리우스(Gregorius, 그레고리오) 책력*이 도입된 것은 몰리나의 시대 이후였으므로 그가 말한 정월 초하루는 5월 25일이나 그 무렵에 해당한다. 가르실라소가 묘사한 관측 탑이 근년에 텍사스(Texas)대학 및 일리노이(Illinois)대학 천문학자들에 의해 발견됐는데, 그들은 시선이 5월 25일에 맞춰져 있음을 알아냈다. 역사가들에 따르면 잉카인들은 1년이 동지(북반구의 하지에 해당한다)에 시작하는 것으로 생각했다. 그러나 동지는 5월이 아니라 6월 21일이다… 거의 한 달 차이가 나는 것이다!

이에 대한 유일하게 합리적인 설명은 그들의 책력과 그 바탕이 된 관측 시스템이 앞선 시대로부터 잉카인들에게 전해진 것임을 인식해야만 얻을 수 있다. 한 달의 지연은 황도궁마다 2,160년씩 지속되는 세차 이동의 결과인 것이다.

우리가 보았듯이 마추픽추의 인티와타나는 하·동지뿐만 아니라 태양이 적도 위에 있어 낮과 밤의 길이가 똑같을 때인 춘·추분(3월과 9월)을 확인하는 데도 이용됐다. 역사가들이나 『안데스의 책력 *The Andean*

---

*1582년에 로마 교황 그레고리우스 13세가 종래의 율리우스(Julius) 책력을 고쳐 만든 태양력. 율리우스 책력에서는 400년 동안 윤년을 100회 두었으나 이를 97회로 줄여 실제 태양년과의 오차를 줄였다. (옮긴이)

Calendar』을 쓴 발카렐(L. E. Valcarel) 같은 현대의 연구자들은 잉카인들이 춘·추분의 정확한 날짜를 확인하고 그 날들을 숭배하기까지 했다고 전했다. 이런 관습 역시 이전 시대로부터 내려온 것이 틀림없다. 옛 기록들을 보면 고대 제국의 군주들이 춘·추분을 확인할 필요성을 강하게 느끼고 있었기 때문이다.

몬테시노스는 고대 제국의 40번째 군주가 천문학과 점성학 연구를 위한 학교를 세우고 춘·추분을 측정했다고 말했다. 그가 파차쿠텍이라는 칭호를 받았다는 사실은 당시 책력이 천체의 현상들과 너무 맞지 않아 개혁이 불가피했음을 시사한다. 이는 완전히 무시됐지만 대단히 흥미로운 정보다. 몬테시노스에 따르면 이 군주 재위 5년째가 '출발점'으로부터 2,500년이 되는 해였다고 한다. 그리고 그해는 고대 제국이 시작된 지 2,000년이 지난 해였다.

서기전 400년 무렵에는 책력 개혁을 필요로 하는 무슨 일이 일어났을까? 2,000년이라는 기간은 세차 운동에 따른 황도궁 이동 주기와 일치한다. 서기전 4000년 무렵 니푸르에서 책력이 시작될 때의 고대 근동에서는 춘분이 황소자리에서 일어났다(황소자리 시대). 그것이 서기전 2000년 무렵에는 양자리로 물러났고, 서력기원이 시작될 무렵에는 물고기자리로 물러났다.

안데스에서 서기전 400년 무렵에 개혁이 이루어졌다는 것은 고대 제국과 그 책력이 정말로 서기전 2500년 무렵에 시작됐음을 확인해 준다. 이는 또한 그 군주들이 황도궁에 대해 잘 알고 있었음을 시사한다. 그러나 황도궁은 태양 주위의 천체 무리를 열두 부분으로 나눈, 순전히 인공적이고 자의적인 구분이다. 수메르인들이 발명해서 그들을 계승한 구대륙의 모든 사람들이 채택한 것이다. 바로 오늘날까지도 말이다. 이것이 가능한 일이었을까? 대답은 '그렇다'다.

이 분야의 선구자 가운데 한 사람인 헤이가는 1904년에 열린 제14회 아메리카 연구자 회의에서 '페루의 성좌(星座)와 종교(The Peruvian Asterisms and their Relation to the Ritual)'라는 제목의 강연을 했다. 여기서 그는 잉카인들이 황도 12궁(그리고 그에 해당하는 달)에 대해 잘 알고 있었을 뿐만 아니라 그들을 구별하는 이름도 붙였다고 말했다. 우리야 놀라울 것이 없고 학자들에게는 놀랍겠지만, 그 이름들은 우리 모두에게 낯익은 것이고 수메르에서 기원한 이름들과 신기하게도 닮았다. 물병자리의 달 1월은 '물의 어머니' 마마코차와 '물의 주인' 카팍코차(Capac Cocha)에게 바쳐졌다. 고대에 그 초승달이 신년 전야를 의미했던 양자리의 달 3월은 '시장(市場)의 달' 카투키야(Katu Quilla)로 불렸다. 황소자리인 4월은 '방목하는 사슴' 투파타루카(Tupa Taruca)라는 이름이었다. 남아메리카에는 황소가 없기 때문이다. 처녀자리는 '옥수수의 어머니' 사라마마(Sara Mama)였고 그 상징은 여성의 성기였다. 이런 따위다.

정말로 코스코 자체는 그들이 황도 12궁을 알고 있었다는 점과 그런 지식이 매우 오래됐다는 사실에 대한 돌에 새긴 증명서다. 우리는 이미 코스코가 열두 구역으로 나뉘었고 그것이 황도 12궁과 연관이 있음을 살펴본 바 있다. 거기서 삭사이와만 비탈의 첫 번째 구역이 양자리와 연관돼 있다는 것이 중요하다. 이미 살펴본 대로 양자리는 춘분과 연관돼 있기 때문에 우리는 시계를 4,000년 이상 전으로 되돌려야 한다.

여기서, 그러한 천문학적인 정보와 책력 개혁에 필요한 지식이 어떤 식의 기록 없이, 어떤 형태로든 쓰이지 않고 수천 년 동안이나 어떻게 유지되고 전달될 수 있었을까 하는 의문이 들 수밖에 없다. 우리가 보았듯이 마야의 코덱스들에는 이전 시대 자료에서 베끼고 얻어낸 천문학

정보들이 담겨 있다. 고고학자들은 기념비들에 그려진 대로 마야 지배자들이 들고 있던 기다란 막대기가 사실은 황도대의 특정한 별자리들에 해당하는 그림문자를 나타낸 '하늘의 막대'였음을 확인했다. 팔렝케에 있는 파칼의 관 뚜껑 위 파칼의 형상을 둘러싼 여러 개의 그림문자들과 마찬가지다. 이전 시대, 아마도 예술적으로 덜 세련된 시대의 것으로부터 베껴온 문화 흥성기의 이 예술적인 묘사는 책력 기록이었을까? 이는 티칼에서 발견된 둥근 돌에서 시사되고 있다. 【그림 85a】 그 위에 수염이 나고 혀를 빼문 태양신의 형상이 그려져 있고, 그 주위에는 천체에 관한 그림문자들이 쓰여 있다.

책력과 황도궁 순환을 그렇게 '원시적'으로 그린 돌은 완벽한 아스테카의 '돌판 달력'보다 앞선 시대의 것이었음이 틀림없다. 아스테카의 것들 가운데 몇몇이 발견된 바 있고, 특히 그 모든 것들 가운데 가장 신성한 것으로서 금으로 만든 것도 있다. 그것은 '깃털 달린 뱀' 신에게 본래 그 신의 소유였던 것을 돌려준다는 의미로 목테수마가 코르테스에게 선물한 바로 그 물건이었다.

고대 페루에 그런(금판에 쓰인) 기록들이 있었을까? '우상'과 관련된 것은 무엇이든지 에스파냐인들로부터 벌을 받았고, 특히 그것이 금으로 된 것이라면 코리칸차의 태양 형상이 그런 운명을 맞았듯이 바로 녹여졌지만, 그런 유물이 적어도 하나는 남아 있다.

그것은 금으로 된 원반인데, 지름이 약 14센티미터다. 【그림 85b】 그것은 코스코에서 발견돼 지금 미국 뉴욕의 아메리카인디언박물관(NMAI)에 맡겨져 있는데, 100여 년 전 클레멘츠 마컴이 『코스코와 리마 *Cuzco and Lima : The Incas of Peru*』에서 묘사한 바 있다. 그는 중앙이 태양을 나타내고 그 주위를 스무 개의 서로 다른 상징들이 둘러싸고 있다고 설명

【그림 85a】 티칼의 둥근 돌에 새겨진 그림과 글자들

【그림 85b】 코스코에서 발견된, 금으로 만든 원반

했다. 그는 그것이, 마야의 스무 달 달력과 같이 달을 나타낸 것이라고 보았다. 볼레르(W. Bollaert)는 1860년 왕립고고학협회(RSA) 강연과 그 이후의 저작에서 이 원반이 "태음 책력 또는 황도궁"일 것으로 추측했다. 마셜 하워드 사빌(Marshall Howard Saville, 1867~1935)은 박물관에서 1921년

에 출간한 『코스코 출토 황금 가슴받이 A Golden Breastplate from Cuzco』에서, 둘러싸고 있는 상징들 가운데 여섯 가지는 두 번씩 반복됐고 두 가지는 네 번씩 반복됐다고 지적하고(그는 이를 A부터 H까지로 표시했다), 이에 따라 마컴의 '스무 달 이론'의 타당성에 의문을 제기했다.

둘의 여섯 배가 열둘이라는 간단한 사실은 볼레르의 견해에 동의하도록 만든다. 또한 이것은 황도 12궁을 나타낸 것이지 열두 달 가운데 하나를 나타낸 것이 아님을 시사한다. 모든 학자들은 이 유물이 잉카 이전 시대의 것이라는 데 동의하고 있다. 그러나 이것이 티칼에서 발견된 돌판 달력과 매우 비슷하다는 점을 지적한 사람은 없었다. 아마도 이것이 메소아메리카와 남아메리카 사이에는 접촉도 없었고 '문화 전파'도 없었다는 생각의 폐기 필요성을 더욱 분명히 하는 것이기 때문인 듯하다.

피사로의 상륙 부대 군인 가운데 소수 인원이 잉카 수도 코스코에 입성한 때는 1533년 초였다. 부대의 주력은 아직 카하마르카(Cajamarca)에 있었고, 그들은 거기서 참칭자(僭稱者) 아타왈파를 가두어놓고 있었다. 코스코에 보낸 부대의 임무는 에스파냐인들이 아타왈파를 석방해 주는 대가로 요구한 몸값 가운데 수도에서 분담할 금을 가져오는 것이었다.

코스코에서 아타왈파의 부하 장수 키스키스(Quizquiz)는 군인들이 '태양의 신전' 등 중요한 건물 여러 군데에 들어가 뒤지도록 허락했다. 앞서 언급했듯이 잉카인들은 그것을 코리칸차, 곧 '황금 울안'이라 불렀다. 그 벽들에는 황금 판자를 씌웠고 벽 안에는 금·은과 보석으로 만든 놀라운 공예품들이 있었기 때문이다. 코스코에 들어간 이 소수의 에스파냐 군인들은 700개의 황금 판자를 떼어내고 다른 보물들을 실컷 약탈한 뒤 카하마르카로 돌아갔다.

에스파냐군 주력 부대는 그해 말 코스코에 들어갔다. 우리는 이미 그 도시와 건물들, 사당들에 닥친 운명을 묘사한 바 있다. 에스파냐인들이 지성소를 분탕질하고 약탈했으며, 대제단 위에 걸려 있던 황금 태양 표장(標章)을 녹여버린 등의 일 말이다.

그러나 물리적인 파괴만으로 잉카인들이 기억 속에 간직하고 있던 것들을 뿌리 뽑을 수는 없었다. 잉카인들이 기억하기에 코리칸차는 맨 처음 군주에 의해 건설됐다. 그것은 처음에 초가지붕의 오두막으로 시작됐다. 이후 군주들은 그것을 확장하고 보강해 결국 에스파냐인들이 본 마지막 규모와 모습을 갖추게 된 것이다. 지성소의 벽들은 바닥에서 천정까지 황금 판자로 씌워져 있었다고 그들은 말했다. 가르실라소는 이렇게 썼다.

'대제단'이라 부르는 것 위에는 태양의 형상을 나타낸 황금 판자가 걸려 있었다. 벽에 씌운 나머지 황금 판자 두께의 두 배에 달하는 것이었다. 그 형상은 둥근 얼굴과 광선 및 불꽃을 나타냈는데, 모두 한 덩어리로 이루어져 있었다.

에스파냐인들이 보고 떼어낸 것은 정말로 금으로 된 물건이었다. 그러나 그것은 벽을 차지하고 있으면서 정해진 날에 햇살을 받았던 본래의 것이 아니었다.

그 중앙에 장식된 형상과 그 주변에 있던 것들에 대해서 가장 상세한 묘사를 제공한 사람은 돈후안 데 산타크루스(Don Juan de Santa Cruz), 곧 파차쿠티윰키 살카마이와(Pachacuti-Yumqui Salcamayhua)다. 그는 잉카 왕실 여자와 에스파냐 귀족 사이에서 태어났으며, 그 때문에 어떤 때는 산타크루스로, 또 어떤 때는 살카마이와로 불렸다. 이에 대한 설명은 에스파냐인의 눈으로 잉카 왕조를 미화한 그의 『이야기 Relación』*에 들어 있다. 살카마이와는 "하늘과 땅의 창조자가 있었음을 나타내기 위해 판판한 황금 판자를 만들도록 대장장이에게 지시"한 것은 잉카 왕조의 첫 왕이었다고 말했다. 살카마이와는 그의 글에 그림을 곁들였는데, 그것은 특이하고 희귀한 타원형이었다.

그 첫 번째 형상은 나중에 어떤 군주가 태양이 최고라고 선언하면서 둥근 판자로 바뀌었다. 그것은 그 뒤의 잉카에 의해 다시 타원형으로 돌아갔다.

> (그 군주는) 우상에 매우 적대적이었다. 그는 백성들에게 태양과 달을 경배하지 말라고 명령했다.

그 대신 타원형으로 표현된 천체를 경배하라는 것이었다. "판자 가장자리에 여러 형상을 넣도록 한" 것이 바로 그였다. 살카마이와는 타원형을 '창조자'라 불렀는데, 그것이 태양을 의미하지는 않는다고 잘라 말했다. 태양과 달의 형상은 그 타원체 옆에 있었기 때문이다. 살카마이와는 자신의 생각을 드러내 보이기 위해 커다란 타원형 옆에 두 개의 작은 원이 있는 그림을 그렸다.

중앙의 모습은 그렇게 타원형을 가장 중요한 형상으로 해서, 에스파냐인들이 도착했을 때 왕권 다툼을 벌였던 두 이복형제 가운데 하나인

---

*클레멘츠 마컴의 영역본이 있다.

잉카 와스카르의 시대까지 유지됐다. 와스카르는 타원의 형상을 없애 버리고 다른 것으로 바꾸었다.

> 광선을 내쏘는 태양 같은 둥근 판자였다. (…) 와스카르 잉카는 태양의 형상을 '창조자'가 있던 곳에 두었다.

이렇게 바뀐 교의(敎義)에 따라 위라코차가 아니라 태양이 최고신으로 모셔졌다. 와스카르는 자신이 적법한 승계자임을 나타내기 위해 그의 이름에 인티(Inti), 곧 '태양'이라는 통칭을 덧붙였다. 본래의 '태양의 아들들'의 진짜 자손은 그의 이복동생이 아니라 자신이라는 의미였다.

세모진 벽에 타원형을 주요 형상으로 걸어놓은 것은 하늘과 땅에 관해 "이교도들이 생각했던 것"을 나타낸다고 살카마이와는 설명했다. 그는 와스카르가 타원형을 태양의 형상으로 바꾸기 전에 벽이 어떻게 보였는지를 나타내기 위해 커다란 그림을 그렸다. 이 그림은 그 의미에 대한 살카마이와 등의 견해에 의문을 품은 프란시스코 데 아빌라(Francisco de Ávila, 1573~1647)가 그림을 자기 글 속에 넣음으로써 남아 있게 됐다. 그는 또한 그림 위와 그 주위에 그 형상을 설명하는 메모들을, 원주민들에게서 들었던 케추아어 및 아이마라어와 자신의 에스파냐어로 끼적거렸다. 이 메모들을 제거하면 제단(맨 아래의 가로-세로 줄이 교차돼 있는 긴 부분) 위에 무엇이 그려져 있었는지 분명하게 알 수 있다. 【그림 86】 사람과 동물, 강·산·호수 등 지상의 상징들은 아랫부분에 있고, 태양·달·별과 수수께끼의 타원형 등 천상의 형상들은 위쪽에 있다.

학자들은 개개 상징들을 해석하면서 의견의 일치를 보기도 하고 의견이 엇갈리기도 했으나, 그 신성한 벽의 전체적인 의미에 대해서는 언

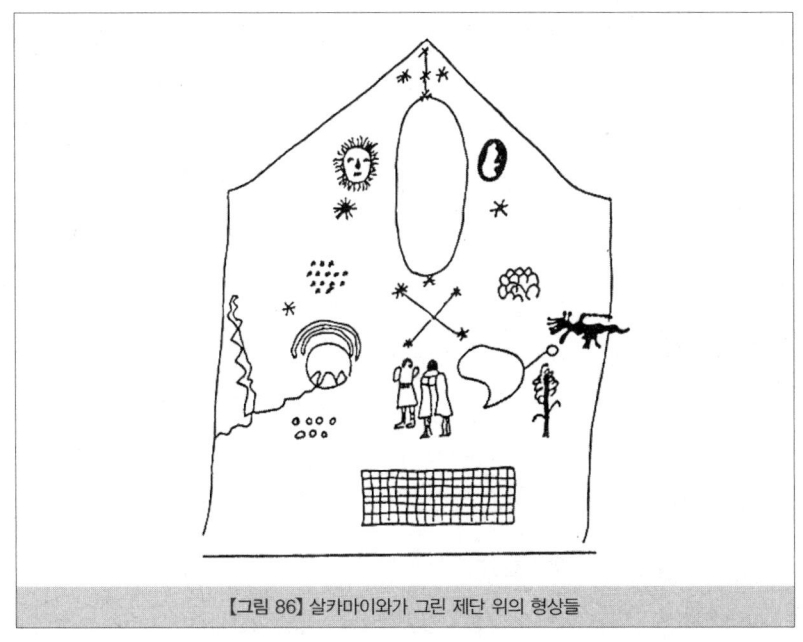

[그림 86] 살카마이와가 그린 제단 위의 형상들

급이 없었다. 마컴은 윗부분을 "고대 페루의 상징적인 우주 기원론과 천문학에 대한 진짜 열쇠가 되는 성좌도(星座圖)"로 보고, 세모꼴의 꼭대기는 '하늘'에 해당하는 그림문자라고 확신했다. 로스럽은 『잉카의 보물 Inca Treasure』에서 대제단 위의 형상들이 "하늘과 땅, 태양과 달, 첫 남자와 여자의 창조에 관한 우주 기원론적 설화를 이루고 있다"고 말했다. 모든 사람들은 살카마이와가 말했듯이 그것이 "이교도들이 생각했던 것"을 나타낸다는 데 동의했다. 그들의 종교적 신념들과 전래 설화들을 모두 합친 것이며, 천상과 지상 및 그 둘 사이의 연결에 관한 전설이다.

천상의 형상들로는 분명히 타원형의 황금 판자 옆에 태양과 달이 그려져 있고, 타원체의 위와 아래에 천체군(群)들이 있다. 옆에 있는 두 별의 상징들이 태양과 달을 나타낸다는 것은 그 위에 그려진 상투적인 얼굴 모습들과 함께, 원주민 언어로 인티(Inti, 태양)와 키야(Quilla, 달)라 쓰인 메모로 분명해진다.

태양이 이렇게 그려졌다면 가운데의 형상, 커다란 타원형은 무엇을 나타낸 것일까? 설화들은 이 상징이 잉카 시대에 어떻게 태양을 대신해 숭배되고 존경받았는지를 묘사한다. 그 정체는 다음과 같은 메모에 의해 분명하게 설명된다.

만물을 만드는 자, 이야틱시 위라코차

(Illa Ticci Uuiracocha Pachac Acachi)

다시 말해서 하늘과 지구의 창조자의 형상

(Quiere decir imagen del cielo y de la tierra)

그러나 위라코차는 왜 타원형으로 그려졌을까?

이 분야의 주요 연구자 가운데 한 사람인 레만니체(Roberto Lehmann-Nitsche, 1872~1938)는 『코스코의 태양 신전 코리칸차 Coricancha—El Templo del Sol en el Cuzco』에서 이 타원형이 그리스 전승과 인도 종교, "심지어 「창세기」에도" 반영된 신들의 기원에 관한 '달걀 우주(Cosmic Egg)'* 관념을 나타낸 것이라는 명제를 세웠다.

(그것은) 신들의 기원에 관한 가장 오랜 이론이지만 서방 연구자들은 자

---

*벨기에 천문학자 조르주 르메트르(Georges Lemaître, 1894~1966)가 우주의 시원으로 제시한 개념. 태양보다 30배 정도 큰 달걀 모양의 고밀도 물체로부터 우주가 시작됐다는 이론이다. 그러나 '달걀 우주' 개념은 고대에 있었던 것을 부활시킨 것이라 한다. (옮긴이)

세한 내용을 알지 못하고 있었다.

그것은 인도·유럽계 신 미트라(Mithra)의 신전에, 황도궁 별자리들에 둘러싸인 달걀로 묘사됐다.

아마도 어느 날엔가 인디언 문화 연구자들은 위라코차와 일곱 눈의 브라흐마(Brahma), 그리고 이스라엘인들의 야훼가 지닌 세부 특성과 그 숭배에 유사점이 있음을 알게 될 것이다. (…) 고대 그리스 문명과 오르페우스교(Orpheus敎)*에는 '신비의 달걀'을 나타낸 신성한 형상이 있었다. 코스코 대신전에서 같은 일이 일어나지 말란 법이 어디 있는가?

레만니체는 '달걀 우주'가 이 이례적인 타원형의 사용에 대한 유일한 설명이라고 생각했다. 정확하게 그리거나 만들기 어려운 이 타원형은 달걀의 윤곽과 비슷하다는 점을 제외하면 지구 표면에서 자연적으로 발견되는 모습이 아니기 때문이다. 그러나 그와 다른 사람들은 이 타원형 아래쪽에 별의 상징이 포개어져 있다는 사실을 간과한 듯하다. 여기에 나타난 대로 타원형이 위의 다섯 개와 아래의 네 개에 이은 또 하나의 천체를 의미한다면 그것이야말로 자연 속에서 찾아볼 수 있는 '타원체'다. 지구상에 있는 것이 아니라 천상에 있는 것이다. 그것은 태양 주위를 도는 행성 궤도의 자연스런 곡선이다. 그것은 우리 태양계의 한 행성의 공전 궤도라고 우리는 생각한다.

---

*전설적인 시인 오르페우스가 신의 계시로 창시했다고 하는 고대 그리스의 밀교(密敎). 육체의 속박에서 벗어나 영적 존재로서 불사와 영원한 행복을 얻는다는 목적을 달성하기 위해 엄격한 수행을 하고 특별한 제례를 올렸다. (옮긴이)

신성한 벽이 묘사한 것은 멀리 있거나 신비한 별자리들이 아니라 바로 우리 태양계라는 결론을 내리지 않을 수 없다. 태양과 달, 그리고 열 개의 행성을 합쳐 모두 열둘이다. 우리는 우리 태양계의 행성들을 두 집단으로 나누고 있다. 우리가 보기에 먼 쪽에 있는 것은 명왕성·해왕성·천왕성·토성·목성(바깥에서 안으로 들어오면서) 등 다섯 개의 외행성들이다. 아래의 가까운 집단은 화성·지구·금성·수성 등 네 개의 내행성을 나타낸다. 두 집단은 태양계 열두 번째 식구의 거대한 타원 궤도에 의해 둘로 나누어진다. 잉카인들에게 그것은 천상의 위라코차를 의미한다.

이것이 우리 태양계에 관한 수메르인들의 시각과 똑같다는 점을 발견한다면 놀라운 일이 될까?

그림 안의 하늘에서 지구 쪽으로 내려오면서 별이 총총한 하늘이 벽 왼쪽에 보이고 오른쪽에는 구름이 있다. 학자들은 본래 적혀 있던 메모 '여름'(별이 밝게 비치는 하늘)과 '겨울의 구름'을 인정하고 있다. 창조 행위의 계절 부분에 관해 이 잉카의 그림은 또다시 근동의 패턴을 따르고 있다. 계절 변화를 일으키는 지구의 기울어짐은 수메르에서는 니비루, 바빌론에서는 마르둑에 의한 것으로 간주됐다. 이런 관념은 「시편」 작가가 구약의 하느님을 노래한 것에 반영돼 있다.

여름과 겨울도 당신께서 만드셨습니다.

_「시편」74:17

'여름' 아래에는 별의 상징이 하나 나타난다. '겨울' 아래에는 사나운 짐승이 보인다. 일반적으로 이 모습들은 남반구에서 그 계절들과 연관된 별자리들을 나타내는 것으로 받아들여지고 있다. 겨울에 해당하는 것은 사자자리를 나타낸다. 이는 여러 가지 측면에서 놀라운 일이다. 첫째, 남아메리카에는 사자가 없다. 둘째로, 서기전 제4천년기에 수메르에서 책력이 시작됐을 때 그곳에서 하지는 태양이 사자자리, 곧 수메르어로 우르굴라(Urgula)에 있을 때였다. 그러나 남반구에서 1년 중 그 시기는 겨울이었을 것이다. 따라서 그 잉카 그림은 12궁 별자리 개념뿐만 아니라 그 계절 체계도 메소포타미아에서 빌려온 것이다!

이제 「에누마 엘리쉬」와 「창세기」에서처럼 창조 설화들을 천상에서 지구로 전하는 상징들을 살펴보자. 첫 번째 남자와 여자, 에덴동산, 큰 강, 뱀, 산들, 신성한 호수 등이다. 레만니체의 말을 빌자면 잉카판 '세상의 파노라마'다. 보다 정확하게 말하자면 '그림으로 보는 안데스의 구약'이다.

이 비유는 그저 표상에 그치는 것이 아니라 사실이다. 그림의 이 부분에 있는 요소들은 메소포타미아 및 구약에 나오는 에덴동산의 아담과 하와 설화에 삽화로 넣어도 손색이 없다. 뱀(벽의 왼쪽)과 생명나무(벽의 오른쪽)까지 들어 있으니 말이다. 에덴(Eden)이라는 이름의 기원이 된 수메르의 에딘(Edin)은 북쪽의 높은 산악에서 흘러나온 큰 강 에우프라테스(Euphrátēs, 유프라테스/푸라트Furāt) 강 유역에 있었다. 이런 지형은 벽의 왼쪽에 분명히 그려져 있다. 지구를 나타내는 구체에는 파차마마(Pacha Mama), 곧 '어머니인 땅'이라는 메모가 있다. 근동의 대홍수 설화에 나오는 무지개까지도 여기에 나온다.

모든 사람이 파차마마라는 메모가 있는 구체 또는 원이 지구를 나타낸 것임을 받아들이고 있지만, 잠시 멈춰 서서 잉카인들이 어떻게 지구가 둥글다는 것을 알았을까 의문을 가져본 사람은 없었다. 그러나 수메르인들은 그 사실을 알고 있었고 그에 맞추어 지구와 다른 모든 행성들을 묘사했다.

지구 상징의 아래에 있는 점 일곱 개의 무리는 학자들을 한없이 골치 아프게 만들었다. 일부에서는 고대인들이 플레이아데스(Pleiades)가 일곱 개의 별이라고 생각했다는 그릇된 관념에 사로잡혀 이 상징이 황소자리의 그 부분을 나타낸다고 주장했다. 그러나 그렇다면 상징은 화면의 아래가 아니라 하늘 부분인 위쪽에 있어야 한다. 레만니체 등은 일곱의 상징을 "최고신의 일곱 개 눈"으로 해석했다. 그러나 우리는 이미 일곱 개의 점과 숫자 7이 수메르의 행성 나열에서 바로 지구를 가리키는 것임을 제시한 바 있다. 따라서 상징 7은 그것이 있어야 할 자리에 있는 것이다. 지구라는 구체에 대한 설명으로서 말이다.

신성한 벽의 마지막 그림은 커다란 호수다. 수로를 통해 작은 수원지와 연결돼 있다. 그 위에 쓰인 메모는 마마코차, 곧 '어머니인 물'이다. 모든 사람들은 이것이 안데스의 신성한 호수 티티카카 호를 나타낸다는 데 동의한다. 이것을 그림으로써 잉카인들은 창조 이야기를 천상에서 지구로, 에덴동산에서 안데스로 가져온 것이다.

레만니체는 대제단 위 벽의 복합 그림이 제시하는 의미와 메시지를 이렇게 정리했다.

그것은 인간을 땅에서 별들에게로 데려간다.

그것이 잉카인들을 지구의 반대편으로 데려간다는 것은 곱빼기로 놀라운 일이다.

9 사라진 도시, 찾아낸 도시

사라진 도시, 찾아낸 도시

「창세기」의 이야기가 메소포타미아의 원본대로 잉카 신전 지성소에 그려져 있다는 사실의 발견은 여러 가지 문제를 제기한다. 첫 번째의 분명한 문제 하나는 어떻게, 도대체 어떻게 잉카인들이 이 설화들을 알게 됐느냐다. 첫 번째 부부의 창조와 대홍수처럼 보편적으로 알게 된 일반적인 형태가 아니라 태양계의 모든 식구와 니비루의 궤도에 관한 지식을 포함하는 '창조 서사시'를 갖춘 형태로 말이다.

한 가지 가능한 대답은 잉카인들이 아득한 옛날부터 이런 지식을 갖고 있었고 그것을 안데스로 가지고 왔다는 것이다. 다른 가능성은 그들이 이 땅에서 만난 다른 사람들로부터 그 이야기를 들었다는 것이다.

고대 근동에서 발견된 것들과 같은 기록 문서들이 없기 때문에 답안 선택은 어느 정도 다음과 같은 또 다른 질문에 어떻게 답하느냐에 달려 있다. 정말로 잉카인들은 어떤 사람들이었는가?

살카마이와의 『이야기』는 국가의 선전 활동을 영속화하려는 잉카의 시도를 잘 보여주는 실례다. 존경스런 이름을 지닌 만코카팍을 잉카의 첫 군주인 잉카 로카라고 함으로써 자기네가 복속시킨 사람들로 하여금 첫 번째 잉카가 신성한 티티카카 호에서 방금 나온 진짜 '태양의 아들'임을 믿게 하려는 것이었다. 사실 잉카 왕조는 그 신성화된 시작으로부터 3,500년쯤 뒤에 시작됐다. 또한 잉카인들이 쓰던 말은 안데스 중·북부 사람들의 언어인 케추아어였는데, 반면에 티티카카 호의 산악지대 사람들은 아이마라어를 썼다. 그런 점과 다른 몇 가지 이유로 일부 학자들은 잉카인들이 동쪽에서 들어와 아마존 대평원과 접해 있는 코스코 계곡에 정착한 후래자(後來者)들이 아닐까 생각하게 됐다.

그것 자체만으로는 잉카인들이 근동에 뿌리를 두고 있다거나 그곳과 연관이 있다는 것이 부정되지는 않는다. 관심은 대제단 위 벽의 그림에 집중돼 있었기 때문에, 어느 누구도 잉카 대신전이나 다른 어떤 잉카 사당에도 우상이 전혀 없다는 데 대해 의문을 가져보지 않았다. 유럽인들은 자기네 신들의 조각상을 만들고 그들의 우상을 사당과 신전에 안치한 사람들이었다.

역사가들은 일부 의식에 '우상' 하나가 동원됐다고 적고 있지만, 그것은 신의 형상이 아니라 만코카팍의 형상이었다. 그들은 또한 어떤 신성한 날에 사제가 멀리 떨어진 산에 가는데, 그 산 위에 커다란 신상이 서 있고 거기서 야마를 희생으로 바친다고 전했다. 그러나 그 산과 그 우상은 잉카 이전 시대부터 있던 것이며, 그 언급은 해안지대에 있는 파차카막 신전에 대한 것일 가능성이 있다. 이에 대해서는 이미 설명한 바 있다.

흥미롭게도 두 가지 관습이 이집트 탈출 이래의 구약 계명들과 일치한다. 우상을 만들고 경배하지 말라는 것은 십계명에 들어 있었다. 또한 속죄일 전야에 사제는 사막에서 '희생 염소'를 제물로 바쳐야 한다.

그러나 잉카인들이 사건을 기억하기 위해 사용하는 키푸가 이스라엘인들이 신의 계명들을 기억하기 위한 방편으로 옷에 달게 돼 있는 치칫(tzitzit)과 모양이나 목적이 비슷하다는 점을 지적한 사람은 아직 아무도 없었다. 키푸는 양털로 만든 다채로운 색깔의 실들로 여기저기에 매듭이 지어져 있는 것이며, 치칫은 푸른 옷 가장자리에 달린 술이다. 이복누이가 낳은 아들이 적통 승계자가 된다는 승계 원칙 문제도 있다. 그것은 수메르의 관습이고 히브리 족장들도 그것을 따랐다. 그리고 잉카 왕가에는 할례의 관습이 있었다.

페루 고고학자들은 페루의 아마존 강 상류 여러 주에서 몇 가지 흥미로운 발견을 했다고 보고한 바 있다. 분명히 돌로 지어진 도시로 보이는 유적 같은 것들이다. 대표적인 곳이 우트쿠밤바(Utcubamba) 강과 마라논(Marañón) 강 유역이다. 열대 지역에는 틀림없이 '사라진 도시들'이 있다. 그러나 어떤 경우에는 새로 발견됐다고 발표된 곳이 이미 알고 있는 유적지인 경우도 있다. 1985년에 대대적으로 보도된 그란파하텐(Gran Pajáten) 같은 경우가 그것인데, 이곳은 이미 20년 전에 페루 고고학자 페데리코 카우프만도이그(Federico Kauffmann-Doig)와 미국인 더글라스 사보이(Douglas Eugene Savoy, 1927~2007)가 갔던 곳이었다. 브라질 쪽 국경지대에서 '피라미드들'을 공중 목격한 이야기나 아카코르(Akakor) 같은 사라진 도시들에 대한 보고와, 막대한 보물이 숨겨져 있는 유적에 관한 인디언 설화도 있었다. 리우데자네이루(Rio de Janeiro) 국가기록보관소에 있는 한 기록은 1591년 유럽인들이 발견한 아마존 밀림의 사라진 도시에 대해 18세기에 기록한 자료라는 소문이 났다. 이 기록은 거기서 발견된 문서를 베껴놓기까지 했다. 이것이 퍼시 포셋(Percy Harrison Fawcett, 1867~1925?) 대령이 탐험을 떠난 주된 이유였는데, 밀림에서 그가 의문스럽게 실종된 일은 아직도 대중과학 기사의 주제가 되고 있다.

이 모든 것에도 불구하고, 가이아나·베네수엘라에서 에콰도르·페루까지 남아메리카 대륙을 훑고 간 사람들이 아마존 강 유역에 남긴 고대 유적지가 없다고는 할 수 없을 것이다. 남아메리카 대륙을 횡단한 훔볼트의 여행기에는 바다를 건너온 사람들이 베네수엘라에 상륙한 뒤 내륙으로 들어갔다는 전승이 언급돼 있다. 그리고 코스코 지역에서 가장 큰 강인 우루밤바 강은 아마존의 지류인 것이다. 브라질의 공식 조사팀들은 여러 유적지를 찾아갔지만, 지속적인 발굴은 하지 않았다. 아마존 강 하구 부근의 한 유적지에서는 무늬를 새겨 장식한 오지항아리들이 발견됐다. 아브라함이 태어난 곳인 수메르의 우르(Ur)에서 출토된 질그릇의 문양이 연상되는 무늬였다. 파코발(Pacoval)이라는 작은 섬은 인공적으로 만들어진 듯했는데, 아직 발굴되지 않은 여러 흙무더기들의 기반 노릇을 했다. 라디슬라우 네투(Ladislau de Souza Mello Netto, 1838~1894)의 『브라질 고고학 연구 Investigacioes sobre a Archaeologia Braziliera』에 따르면 비슷하게 장식된 "더 질이 나은" 항아리들과 병들이 아마존 강의 더 상류 지역에서 발견됐다. 그리고 안데스와 대서양을 연결하는 똑같이 중요한 루트가 훨씬 남쪽에 존재했다고 우리는 생각한다.

그러나 잉카인들 자신이 이 길로 왔는지는 분명치 않다. 그들의 조상과 관련된 한 전승은 그들이 처음에 페루 해안에 상륙했다고 전한다. 그들의 언어인 케추아어는 단어의 의미와 표현 방식에서 극동 쪽과 닮은 구석이 있다. 그리고 그들은 분명히 인류의 네 번째 분파인 아메리카 원주민 계통에 속한다. 우리가 감히 추정한 바로는 카인 계통에서 비롯된 인종이다. 코스코의 한 관광 안내원은 우리에게서 구약 이야기를 듣더니 '잉카(In-ca)'가 혹시 '카인(Ca-in)'의 음절을 거꾸로 해서 나온 것 아니냐고 반문했다. 이럴 수가!

 가까이 있는 증거들은 니비루 이야기와 거기서 지구로 온 아눈나키(열두 명의 신들)에 관한 지식 등 근동의 설화들과 믿음들이 바다를 건너 잉카인들의 조상에게로 전해졌음을 시사한다고 우리는 생각한다. 그 일은 고대 제국 시절에 일어났다. 그리고 이 설화들과 믿음들을 가지고 온 사람들은 또한 '바다를 건너온 이방인들'이었다. 그러나 그들이 메소아메리카로 비슷한 설화와 믿음과 문명을 가져온 사람들과 반드시 같은 사람들일 필요는 없다.

 우리는 이미 많은 사실과 증거를 제시했지만, 이사파로 되돌아가서 한 가지를 더 보도록 하자. 태평양 연안 부근, 멕시코와 과테말라가 만나고 올메카인들과 마야인들이 어깨를 맞부딪치던 유적지 말이다. 북아메리카 및 중앙아메리카의 태평양 연안에 걸쳐 있는 최대의 유적지로 뒤늦게 인식된 그곳은 서기전 1500년부터(탄소 측정으로 확인된 연대다) 서기 1000년까지 2,500년 동안을 계속해서 사람들이 거주한 곳이었다. 그곳에는 으레 그렇듯이 피라미드와 구기 경기장이 있었다. 그러나 고고학자들이 가장 놀란 것은 석각(石刻) 기념물들이었다. 이 조각품들의 양식과 그 표현에서 드러난 상상력, 신화적인 내용, 예술적인 완벽성은 '이사파 양식'이라는 말을 만들어냈다. 그리고 그 양식이 멕시코와 과테말라의 태평양 사면을 따라 다른 유적지들로 퍼져 나갔음이 이제 인정되고 있다. 그것은 초기 및 중기 전(前)고전 올메카에 속하는 미술이었고, 그것은 유적지의 주인이 바뀐 뒤 마야인들이 이어받았다.

 이 유적지의 발굴과 연구에 수십 년을 매달려온 브리검영대학(BYU) 신대륙고고학재단(NWAF) 고고학자들은 그곳이 건설될 때 하·동지점에 맞추어 방향을 잡았음을 추호도 의심치 않고 있다. 노먼(V. G. Norman)

【그림 87】 '이사파 돌기둥 5'의 그림

은 『이사파의 조각 Izapa Sculpture』에서 여러 가지 기념물들도 "행성들의 움직임과 주의 깊게 정렬돼" 놓였다고 말했다. 역사적 주제들과 뒤섞인 종교적·우주론적·신화적 주제들이 석각으로 표현됐다. 우리는 이미 날개 달린 신들에 대한 여러 가지 다양한 그림들 가운데 하나를 본 바 있다. 【그림 51b 참조】 여기서 특히 관심을 가질 것은 표면 면적이 3제곱미터쯤 되는 커다란 석조 조각물이다. 그것은 커다란 돌 제단과 함께 발견됐는데, 고고학자들은 그것을 '이사파 돌기둥 5'라고 불렀다. 여러 학자들은 이 복잡한 장면을, 강가에서 자라는 '생명나무'에서 일어난 '인간 창조'에 관한 '환상적인 시각적 신화'로 받아들였다. 【그림 87】 이 신화적/역사적 이야기는 그림 왼쪽에 있는 수염 난 노인이 들려주고 있고,

【그림 88a】 '이사파 돌기둥 5'의 주요 부분을 확대한 모습

【그림 88b】
탯줄 칼 상징과 함께 그려진 닌티

【그림 88c】
'인간 창조' 장면에서 암소 뿔로 상징된 닌티

오른쪽의 마야인인 듯한 사람(돌기둥의 국외자)이 되풀이 말하고 있다.

 화면은 여러 가지 식물과 새, 물고기, 그리고 사람의 모습들로 가득 차 있다. 흥미롭게도 중앙의 두 형상은 코끼리의 얼굴과 발을 한 사람이다. 코끼리는 아메리카에 전혀 알려지지 않은 동물이다. 왼쪽에 있는 사람은 헬멧을 쓴 올메카인과 연관돼 나타난다. 이는 거대한 석조 두상과 그들이 그리고 있는 올메카인들이 아프리카인들이라는 우리의 주장을 뒷받침한다.

왼쪽 판을 확대해 보면 우리가 매우 중요한 실마리라고 생각하는 세부 모습들이 분명하게 드러난다. 【그림 88a】 수염 난 사람은 탯줄 칼 상징이 들어 있는 제단 너머로 이야기를 들려준다. 탯줄 칼은 엔키를 도와 인간을 창조한 수메르 여신 닌티의 식별 부호로, 원통인장과 기념물에 쓰였던 상징이다. 【그림 88b】 지구가 신들 사이에 분배됐을 때 그녀는 시나이 반도에 영지를 받았는데, 그곳은 이집트인들이 귀중하게 여기는 청록색 터키옥의 산지였다. 그들은 그녀를 하트호르(Hathor)라 부르고 '인간 창조' 장면에서와 같이 그녀를 암소 뿔이 달린 모습으로 묘사했다. 【그림 88c】 이러한 '일치'는 이사파 돌기둥이 다름 아닌 구대륙의 인간 창조와 에덴동산 설화를 그리고 있다는 결론을 뒷받침한다.

그리고 마지막으로 피라미드의 묘사가 있다. 옆면이 매끄러운 것이 나일 강의 기자에 있는 것과 같은데, 여기서는 화면 아랫부분의 흐르는 강 옆에 그려져 있다. 참으로 이 수천 년 묵은 그림을 살펴보고 또 살펴보면 이것이 수천 마디 말보다 더 가치가 있다는 데 동의하지 않을 수 없다.

전승들과 고고학적 증거들은 올메카인들과 '수염 난 자들'이 바닷가에 머물지 않고 남쪽의 중앙아메리카와 남아메리카 북부까지 밀고 들어갔음을 시사한다. 그들은 육로로 진출했을 수도 있다. 그들은 틀림없이 내륙 유적지들에 그들이 머물렀던 흔적을 남겼기 때문이다. 그러나 십중팔구는 보다 손쉬운 방법, 곧 배를 타고 남쪽으로 간 듯하다.

적도 지역과 안데스 북부 지역의 전승들은 나임랍 같은 자기네 조상들이 바다를 통해 도착한 사실뿐 아니라 '거인들'이 도착했다는 두 가지 별개의 사실도 기억하고 있다. 하나는 고대 제국 시대에 일어났고, 다른 하나는 모체 시대에 일어났다. 시에사 데 레온은 모체 시대의 일을 이렇게 묘사했다.

> 해안에 함선만큼 큰 배가 도착했다. 갈대로 만든 그 배에는 한 무리의 거인들이 타고 있었다. 그들의 무릎 아래 높이가 보통 사람 키 정도가 되는 거인들이었다.

그들은 금속제 연장을 갖고 있어서 바위를 뚫어 우물을 만들었으나, 원주민들의 식량을 약탈해 먹었다. 그들은 또한 원주민 여자들을 강간했다. 상륙한 거인들 가운데는 여자가 없었기 때문이다. 모체인들은 자기네 도자기에 자신들을 노예로 부린 이 거인들을 묘사하면서 그들의 얼굴을 검게 칠했다. 반면에 모체인들은 하얗게 칠했다. 【그림 89】모체 유적지에서는 흰 수염이 난 노인을 그린 점토판 그림도 발견됐다.

우리는 이 불청객들이 서기전 400년 무렵에 메소아메리카의 폭동을 피해 온 올메카인들과 그들의 수염 난 근동 출신 동패들이었다고 생각한다. 그들은 중앙아메리카를 거쳐 더 남쪽의 남아메리카 적도 지역으로 내려오면서 두려움 섞인 숭배의 흔적을 남겨놓았다. 태평양 연안의 적도 지역에 대한 고고학 탐사에서는 이 공포의 시기에 만들어진 수수께끼의 바윗돌 비석이 발견됐다. 조지 헤이(George C. Heye)의 탐사대는 에콰도르에서 거대한 석조 두상들을 발견했는데, 사람 모습이지만 사나운 표범이기라도 한 것처럼 송곳니가 나 있었다. 또 다른 탐사대는 콜롬비아 국경과 가까운 유적지 산아구스틴(San Agustín)에서 거인을 새

【그림 89】 모체 유물에 그려진 검은 얼굴의 거인

긴 석상들을 발견했다. 거인들 일부는 연장이나 무기를 들고 있기도 했다. 그들의 얼굴 모습은 아프리카계 올메카인들의 모습이었다.【그림 90a/b】

이 침략자들은 인간이 창조된 과정과 대홍수, 그리고 해마다 금을 공물로 요구한 뱀의 신에 관한 전승들을 이 땅에도 유포시킨 장본인들이었을 것이다. 에스파냐인들이 기록한 의식 가운데는 붉은 옷을 입은 열두 명의 남자가 추는 종교적인 춤에 관한 것도 있다. 그것은 엘도라도 전설과 관련된 호숫가에서 이루어졌다.

적도 지방 원주민들은 열두 명의 신들을 숭배했는데, 이 숫자는 대단한 의미를 지니고 있으며 중요한 실마리가 된다. 이 신들의 집단은 '창조신'과 '악의 신', 그리고 '어머니 여신'의 삼두(三頭) 체제였다. 또한 달의 신, 태양의 신, 비와 천둥의 신도 있었다. 역시 중요한 사실로 달의 신은 태양의 신보다 서열상 위였다. 신들의 이름은 지역에 따라 달라졌

【그림 90a/b】 산아구스틴에서 발견된 석상들

지만, 하늘과 연관을 가지고 있었다. 특이한 이름을 가진 신 가운데 둘이 눈에 띈다. 신들의 우두머리는 칩차(Chibcha) 방언으로 '아비라(Abira)'라 했는데, '힘센'이라는 뜻인 메소포타미아 신의 통칭 '아비르(Abir)'와 놀랄 만큼 비슷한 것이었다. 그리고 이미 언급했듯이 달의 신은 시(Si) 또는 시안(Sian)이라 불렸는데, 같은 달의 신을 일컫는 메소포타미아 이름 신(Sin)과 비슷하다.

따라서 이 남아메리카 원주민들의 신들은 고대 근동과 지중해 동부 연안 지역의 신들을 상기시킨다. 그리스와 이집트, 히타이트와 카나안과 페니키아, 아시리아와 바빌로니아의 신들이다. 그리고 최종적으로는 이들 모두가 시작된 곳, 다른 모든 민족들이 신들과 그들에 관한 신화를 얻은 남부 메소포타미아 수메르의 신들이다.

수메르 신들은 열두 명의 '올림포스 멤버'가 이끌었다. 이들은 각기 천상의 대응물을 하나씩 가져야 했기 때문이다. 태양계 열두 식구 가운데 하나씩이었다. 사실 신들의 이름과 그들의 행성 이름은 동일한 것이었다. 행성이나 신의 속성을 묘사하기 위해 여러 통칭이 사용되기는 하지만 말이다. 이 열두 신의 우두머리는 니비루의 지배자 아누였다. 그의 이름은 '하늘'과 같은 뜻이었다. 그가 니비루에 살았기 때문이다. 역시 열두 신 가운데 하나인 그의 배우자는 안투라 불렸다. 열두 명 가운데는 아누의 중요한 아들 둘이 포함돼 있었다. '물에 사는 자' 에아는 아누의 맏아들이었지만 안투에게서 난 아들은 아니었다. '지휘를 맡은 신' 엔릴(Enlil)은 어머니가 아누의 이복누이 안투였기 때문에 적통 승계권자였다. 에아는 수메르 문헌들에서 '지구의 주인' 엔키로도 불렸다. 그가 니비루에서 지구로 오는 첫 번째 아눈나키 비행단을 이끌었고 지구에서 그들의 첫 정착지 에딘을 건설했기 때문이다. '정의로운 자의 집'이라는 뜻의 에딘은 바로 구약에 나오는 에덴이다.

엔키의 임무는 금을 얻는 것이었고, 그것을 얻을 곳은 지구밖에 없었다. 장식용으로 쓰거나 사치를 위해서가 아니라 금가루를 자기네 행성 니비루의 대기 중에 부유(浮遊)시켜 그 대기를 살리려는 것이었다. 수메르 문서들에 기록된 대로, 그리고 우리가 『수메르, 혹은 신들의 고향』과 그 이후의 '지구 연대기' 책들에서 언급한 대로 엔릴은 엔키가 사용한 초기의 금 추출 방법이 만족스럽지 못한 것으로 드러나면서 지휘를 맡기 위해 지구로 파송됐다. 이것이 두 이복형제와 그 자손들 사이에서 계속된 끝없는 반목의 씨앗이 됐다. 그 반목은 결국 신들의 전쟁으로 이어졌고, 전쟁은 그들의 누이 닌티가 주선한 평화 협정으로 종결됐다. 그녀는 이후 닌하르삭(Ninharsag)으로 이름이 바뀌었다. 지구의 거주 지역은 전쟁을 벌인 신들 가문 사이에 분할됐다. 엔릴의 세 아들 니누르타(Ninurta)·신(Sin)·아다드(Adad)와 신의 쌍둥이 자녀인 태양의 신 샤마쉬(Shamash) 및 금성의 여신 이쉬타르(Ishtar)에게는 셈과 야페트의 땅, 곧 셈계 사람들과 인도·유럽계 사람들의 땅이 주어졌다. 달의 신인 신(Sin)은 메소포타미아 평원, 화성의 신인 '엔릴의 전사' 니누르타는 엘람(Elam)과 아시리아의 산악지대, 수성의 신인 '천둥 치는 자' 아다드는 히타이트인들의 땅인 소아시아와 레바논(Lebanon)을 받았다. 이쉬타르는 인더스 강 유역에 영지를 받아 문명을 일으켰고, 샤마쉬는 시나이 반도에 있는 우주공항의 통제권을 얻었다.

논란이 없었던 것은 아니었지만 이 분할에서 엔키와 그 아들들은 갈색 및 검은 피부의 사람들이 사는 함(Ham)의 땅 아프리카를 받았다. 나일 강 유역 문명과, 그들에게 긴요하고 소중한 전리품이 된 남부 및 서부 아프리카의 금광이 그들 차지였다. 뛰어난 과학자이고 야금 전문가였던 엔키의 이집트 이름은 '개발자' 프타(Ptah)였다. 이 이름은 그리스에서 헤파이스토스(Hēphaistos)로, 로마에서는 불카누스(Vulcānus)로 번역됐다. 그는 아들들과 대륙을 나누었다. 그들 가운데는 이집트인들이 라(Ra)라고 부른 맏아들 '밝은 언덕의 아들' 마르둑과, 이집트인들이 토트라 부르고 그리스에서는 헤르메스(Hermēs)라고 한 '생명나무의 주인' 닌기쉬지다가 있었다. 닌기쉬지다는 천문학과 수학, 피라미드 건설 등 비밀 지식의 신이었다.

아프리카계 올메카인들과 수염 난 근동 사람들을 세계의 반대편으로 인도한 것은 바로 이 신들로부터 배운 지식과 지구에 온 신들의 필요,

그리고 토트의 통솔력이었다.

  그리고 해류의 도움을 받아 멕시코 만 연안의 메소아메리카에 상륙한 그들은 메소아메리카 지협(地峽)을 가장 좁은 목 부분*에서 가로지른 뒤, 메소아메리카의 태평양 연안에서 남쪽으로 배를 저어 중앙아메리카와 그 남쪽 땅으로 내려갔다. 수천 년 뒤 에스파냐인들 역시 같은 해류의 도움을 받아 아메리카로 왔고, 같은 지형이었기 때문에 같은 방식으로 남아메리카로 갔다.

  에스파냐인들의 시대에나 그 전에나, 그곳에 금이 있었기 때문이다.

  잉카와 치무와 모체 이전에 학자들이 차빈(Chavín) 문화라 이름 붙인 문화가 해안과 아마존 강 유역 사이에 자리 잡은 페루 북부 산악지대에서 번성했다. 그 첫 탐구자들 가운데 한 사람으로『차빈 Chavín』등을 쓴 훌리오 테요(Julio César Tello, 1880~1947)는 그것이 "안데스 문명의 기반"이라고 말했다. 이 문화는 적어도 서기전 1500년까지 거슬러 올라간다. 그리고 같은 시기에 멕시코에서 일어난 올메카 문명과 마찬가지로 이 문화 역시 갑자기 일어나서, 점진적으로 발전한 선행 문화가 뚜렷치 않았다.

  차빈 문화는 넓은 지역을 포괄하고 있고 새로운 발견이 이루어지면서 그 영역이 계속 확대되고 있는데, 차빈(이 문화의 이름은 여기서 왔다) 마을 부근에 있는 차빈데완타르(Chavín de Huántar)라는 유적지가 중심지였던 것으로 보인다. 이 유적지는 해발 3,000미터에 이르는 북서 안데스 코르디예라블랑카(Cordillera Blanca) 산맥에 위치하고 있다. 마라뇬 강

---

*파나마 운하를 가리킨다. (옮긴이)

의 지류들이 삼각형을 이루는 그 산골짜기에 약 28만 제곱미터의 면적이 평평하게 골라지고 층층대로 정리돼 복합 건축물 건설에 적합하게 만들어졌다. 그곳은 그 높낮이와 지형 등을 고려해 사전에 계획된 설계도에 따라 세심하고 정밀하게 배치됐다.【그림 91a】건물들과 광장들은 곧고 네모 반듯하게 만들어졌을 뿐 아니라, 동-서 방향을 기본 축으로 해서 기본 방위와 정확히 맞추어 정렬됐다. 세 개의 주요 건물은 층층대 위에 올라서 있으며, 그 뒤 서쪽에는 150미터에 이르는 벽이 병풍 역할을 하고 있다. 벽은 동쪽을 흐르는 강 쪽으로만 열려 분명히 이 단지의 삼면을 둘러싸고 있으며, 그 높이는 12미터 정도다.

가장 큰 건물은 남서쪽 구석에 있다. 가로 73미터, 세로 76미터에 적어도 3층으로 이루어져 있다.【그림 91b】그것은 석축용 돌 토막들로 지어졌는데, 돌 토막들의 모양은 잘 냈으나 아주 곱게 다듬지는 않았고 그것을 같은 높이에 일정한 간격으로 늘어 세운 모습이다. 일부 남아 있는 석판들이 보여주듯이 벽들은 바깥쪽에 매끄럽고 대리석 같은 석판을 대었다. 거기에 새긴 장식들 일부도 아직 남아 있다. 동쪽의 층층대로부터 큰 계단이 이어지며, 인상적인 문을 통해 중심 건물로 올라간다. 문 옆에는 두 개의 둥근 기둥이 있는데, 남아메리카에서는 가장 특이한 형태다. 기둥들은 옆의 수직 돌 토막들과 함께 하나의 바윗돌로 이루어진 9미터짜리 윗가름대를 떠받치고 있다. 더 위에는 두 개의 큰 계단이 건물 꼭대기로 이어진다. 이 계단들은 정확하게 깎이고 모양이 만들어진 돌들로 세워져 거대한 이집트 피라미드의 돌들을 연상시킨다. 두 계단은 건물 꼭대기로 이어지는데, 거기서 고고학자들은 두 개의 탑 잔해를 발견했다. 맨 꼭대기 기단의 나머지 부분은 완성되지 않았다.

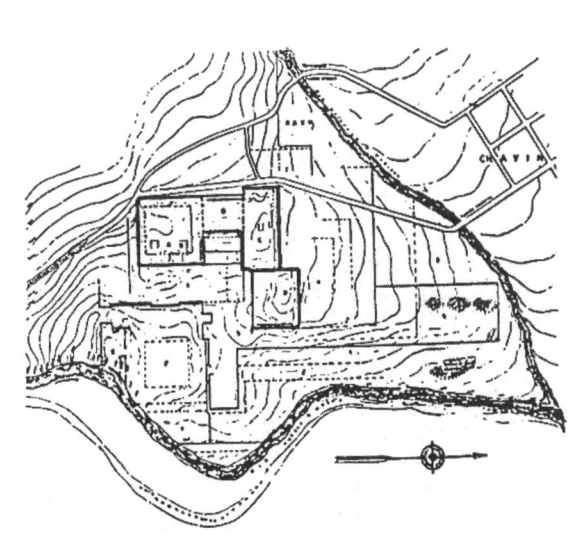

【그림 91a】 차빈데완타르 유적지 배치도

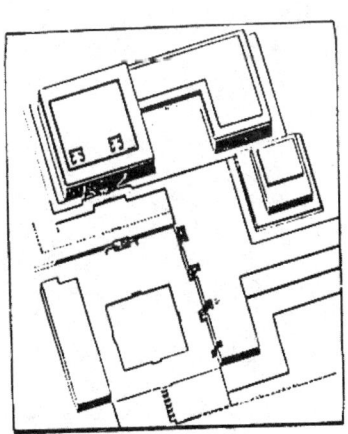

【그림 91b】 미술가가 그린 차빈데완타르 유적 조감도

이 건축물이 세워진 기단의 일부를 이루는 동쪽 층층대는 움푹 파인 광장으로 이어진다. 그곳은 의례용으로 만들어진 계단을 통해 들어갈 수 있는데, 삼면이 네모난 광장들이나 기단들로 둘러싸여 있다. 파인 광장 남서쪽 구석 바로 바깥, 중심 건물 및 그 층층대 계단과 완벽하게 정렬된 곳에 크고 평평한 뭉우리돌이 하나 서 있다. 그 돌에는 갈아서 낸 일곱 개의 구멍과 네모난 홈이 나 있다.

　외부가 정밀하다지만 내부의 복잡함에는 미치지 못한다. 세 건조물 안에는 회랑들과 미로 같은 통로들이 있고, 연결 복도와 방, 계단 들이 뒤섞여 있으며, 막다른 길도 나와 '미궁(迷宮)'이라는 별명이 붙었다. 복도 가운데 일부는 매끄러운 판으로 씌워져 있고, 여기저기 섬세하게 장식돼 있다. 모든 통로는 세심하게 고른 석판으로 지붕을 덮었는데, 매우 정교하게 놓여 수천 년이 지났지만 무너지지 않았다. 들어가고 튀어나온 부분들이 있지만 그 목적은 알 수 없다. 수직 또는 비스듬한 통로도 있는데, 고고학자들은 이것이 환기구로 쓰였을 것으로 보고 있다.

　차빈데완타르는 무엇 때문에 건설됐을까? 발견자들이 알 수 있었던 유일하게 그럴듯한 목적은 종교 센터라는 것이었다. 고대의 '성지(聖地)'였던 셈이다. 이런 생각은 이 유적지에서 발견된 세 가지의 매혹적이면서도 가장 알 수 없는 유물들에 의해 뒷받침됐다. 그 복잡한 묘사 때문에 헛갈리는 한 유물은 테요가 중심 건물에서 발견해 '테요 오벨리스크'로 불렸다.【그림 92a/b】사람의 몸들과 얼굴들이 덩어리져 그려져 있는 것으로, 고양잇과 동물의 발과 송곳니(또는 날개)도 함께 그려졌다. 거기에는 동물·새·나무가 있고, 로켓 같은 광선을 쏘는 신들이 있으며, 여러 가지 기하학적 무늬가 있다. 그것은 숭배에 이용된 토템폴(totem

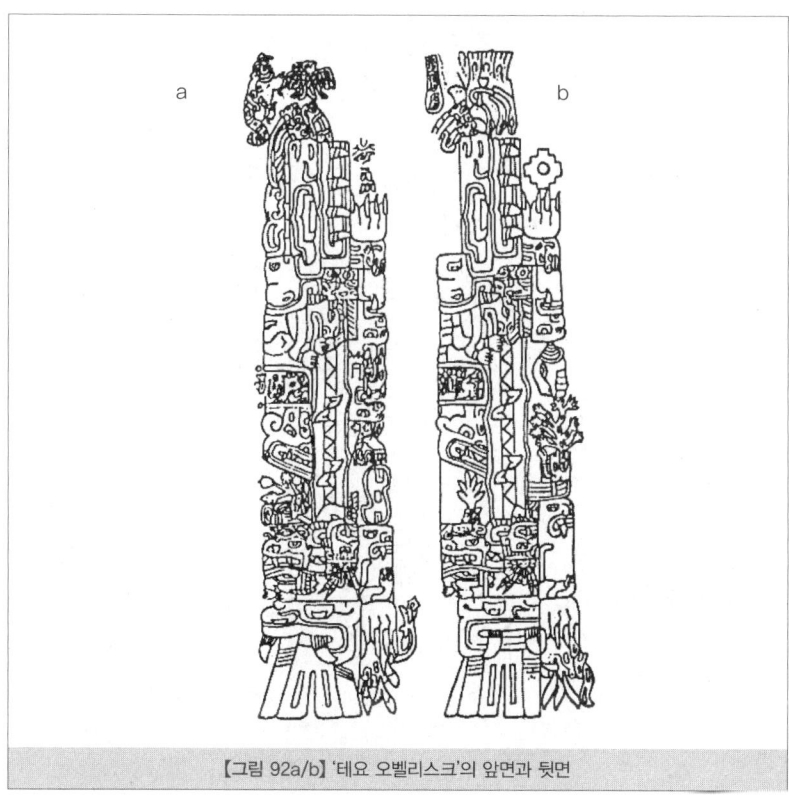

【그림 92a/b】 '테요 오벨리스크'의 앞면과 뒷면

pole)*이었을까, 아니면 고대의 '피카소(Picasso)'가 기둥 하나에 모든 신화와 전승을 표현하려던 시도였을까? 아직 아무도 그럴듯한 해답을 내놓지 못하고 있다.

두 번째의 각석은 '라이몬디(Raimondi) 바윗돌'로 불린다. 【그림 93】 인근 사유지에서 그것을 발견한 고고학자의 이름을 딴 것이다. 그것은 당초 큰 계단과 맞춰 파인 광장 남서쪽 끝에 있는, 홈이 파인 돌 위에 세

---

*토템의 상(像)을 그리거나 조각해 대개 문 앞에 세워놓는 기둥. (옮긴이)

【그림 93】 '라이몬디 바윗돌'

워져 있던 것으로 생각된다. 지금은 리마에서 전시되고 있다.

고대의 미술가는 2미터 높이의 화강암 기둥에, 양손에 무기(어떤 사람들은 벼락이라고 생각한다)를 들고 있는 신의 모습을 새겼다. 이 신의 몸과 사지는 (비록 완전히는 아니지만) 기본적으로 사람과 닮았는데, 얼굴은 그렇지 않다. 이 얼굴은 학자들을 헛갈리게 만들었다. 예컨대 표범 같은 이 지역의 동물을 표현하거나 양식화한 것이 아니었기 때문이다. 오히려 이것은 학자들이 편의적으로 '신화적 동물'이라 부르는 것에 대한 조각가의 관념인 것처럼 보인다. 다시 말해서 조각가가 듣기는 했으나 실제로 보지는 못한 그런 동물들 가운데 하나라는 것이다.

그러나 우리가 보기에 이 신의 얼굴은 황소의 얼굴이다. 남아메리카에는 전혀 없지만 고대 근동의 전승과 그림들에는 꽤 자주 나오는 동물이다. 우리가 주목하는 것은 그것이 아다드를 위한 '숭배 동물'이며 소아시아의 그의 영지에 있는 산맥이 지금 이 순간까지도 여전히 토로스(Toros)* 산맥으로 불리고 있다는 점이다.

차빈데완타르의 특이하고 알 수 없는 세 번째 돌기둥 조각품은 창(槍)처럼 생겼다 해서 '엘란손(El Lanzón)'이라 불린다. 【그림 94】 그것은 중간 건물에서 발견돼 거기에 그대로 남아 있다. 높이가 3.7미터로 그것이 서 있는 복도의 높이 3미터보다도 높기 때문이다. 따라서 이 통돌의 꼭대기 부분은 조심스럽게 자른 사각의 구멍 위로 튀어나와 있다. 이 돌에 새겨진 모습에 대해서는 여러 가지 억측이 있어왔다. 우리 생각에 이것 역시 황소의 얼굴을 정형화해 그린 것으로 보인다. 그렇다면 누가 이 기념물을 세웠든(분명히 건물을 만들기 전에 세워졌다는 것은 건물이 이 조각상을 고려한 형태로 지어졌다는 점으로 알 수 있다) 그들은 '황소의 신'을 숭배했다는 의미일까?

학자들이 차빈 문화에 대해 깊은 인상을 받아 그것이 북·중부 페루의 '기반 문화'라고 생각하고 이 유적지가 종교 센터라고 믿었던 것은 대체로 그 복잡하고 특이한 구조물들 때문이 아니라 공예품들의 높은 예술 수준 때문이었다. 그러나 그 목적이 종교적인 것이 아니라 오히려 실용적인 것이었음은 차빈데완타르에서 최근 발견된 유물들에서 시사되고 있다고 생각한다. 이 최근의 발굴 결과로 자연석을 뚫어 만든 지하 터널 시스템이 발견됐다. 이 터널들은 유적지 전체에 촘촘히 나 있

---

*'토로스/타우루스(Taurus)'는 '황소'라는 뜻이다. (옮긴이)

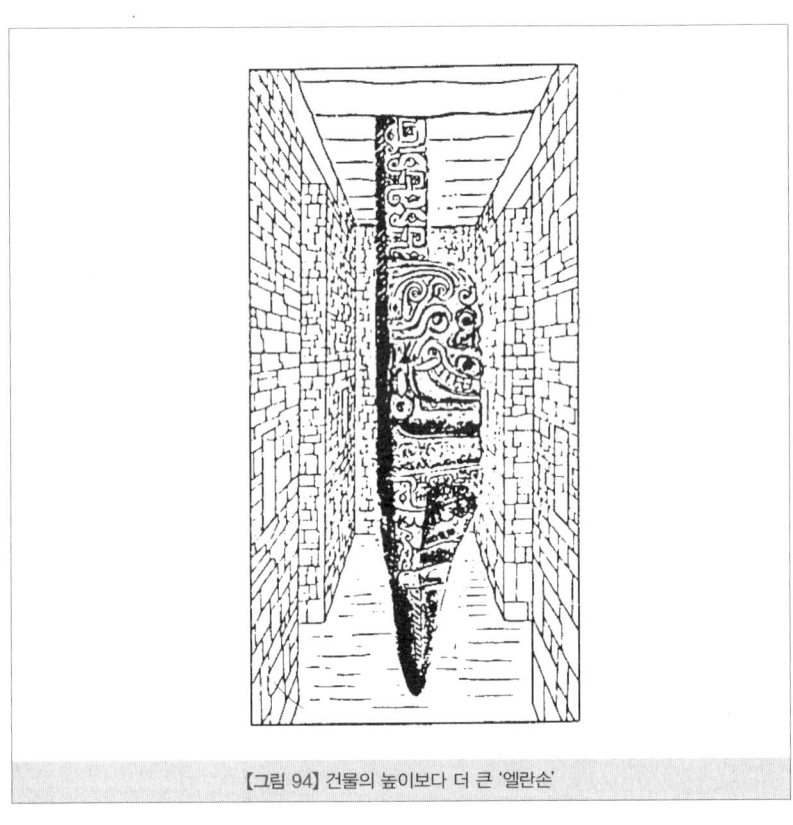

【그림 94】 건물의 높이보다 더 큰 '엘란손'

다. 건물 아래뿐만 아니라 건물이 없는 부분 지하에도 있다. 그리고 그것은 사슬처럼 배열된 여러 개의 지하 구획들을 연결하는 역할을 했다.
【그림 95】

터널들의 입구는 발견자들을 당혹스럽게 만들었다. 그것들이 유적지 옆에 있는 강의 두 지류를 연결하고 있는 듯이 보였기 때문이다. 산악 지형이기 때문에 두 지류 가운데 하나는 유적지 위에 있었고 다른 하나는 그 아래 계곡에 있었다. 일부 연구자들은 이 터널들이 홍수 조절 목적에서 그렇게 만들어졌다고 주장했다. 눈이 녹을 때 산에서 분류(奔流)

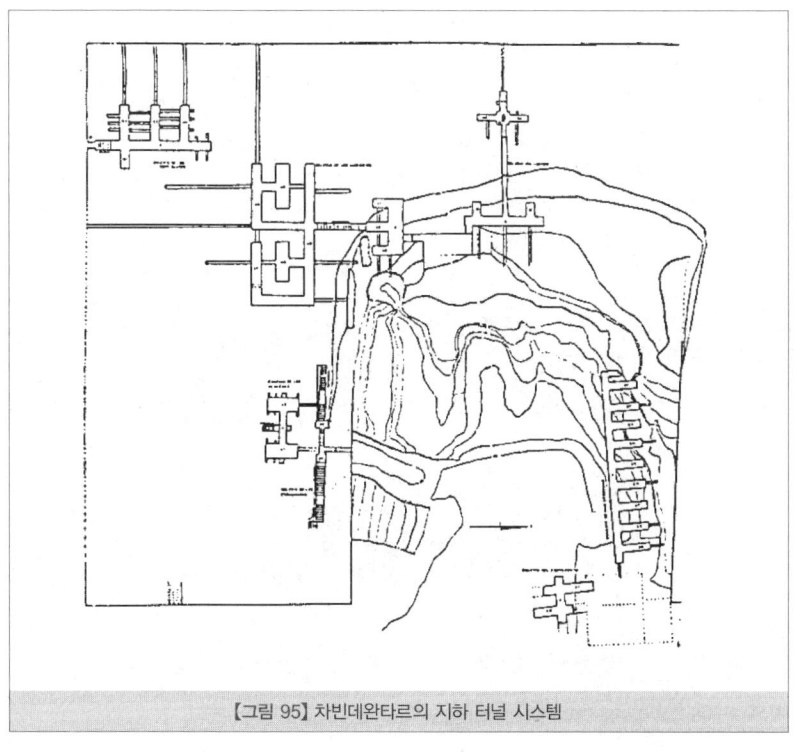

【그림 95】 차빈데완타르의 지하 터널 시스템

하는 물을 끌어들여 지하로 흐르게 함으로써 건물을 덮치지 않게 했다는 것이다. 그러나 그렇게 물이 넘칠 우려가 있었다면(눈이 녹는 정도가 아니라 폭우가 쏟아질 경우라도), 다른 부분에서는 똑똑했던 건설자들이 건물을 왜 그렇게 취약한 곳에 지었을까?

건설자들은 일부러 그렇게 했다고 우리는 생각한다. 그들은 영리하게도 두 지류의 높이 차를, 차빈데완타르에서 수행하고 있던 공정에 필요한 강력하고도 통제된 물의 흐름을 만들어내는 데 이용했다. 다른 여러 곳에서와 마찬가지로 그곳에서도 그렇게 물이 흐르는 시스템을, 금을 선광(選鑛)하는 데 이용한 것이다.

【그림 96】 스콰이어가 발견한 차빈 유적

　안데스에는 이런 정교한 수로 시설들이 더 있다. 우리는 좀 더 초보적인 형태의 것을 올메카 유적지에서 발견했다. 멕시코에서는 그것들이 복잡한 토목 공사로 이루어졌다. 안데스에서는 돌로 만들어진 걸작이었다. 차빈데완타르 같은 큰 유적지도 있고, 믿을 수 없을 정도로 바위를 자르고 모양을 지은 고립된 유적인 경우도 있었다. 고립된 유적의 예로 스콰이어가 차빈 지역에서 발견한 유적이 있는데, 어떤 초현대적인 기계 설비를 의도했으나 버려진 지 오래인 듯한 모습이었다.【그림 96】

　차빈데완타르의 '주인공'이 누구인가 하는 질문에 대한 해답을 제시하는 듯한 것은 정말로 이 석조 유물들이었다. 물론 대형 건축물이 아니라 예술적으로 만들어진 작품들이다. 그 예술적인 능력과 석각 양식

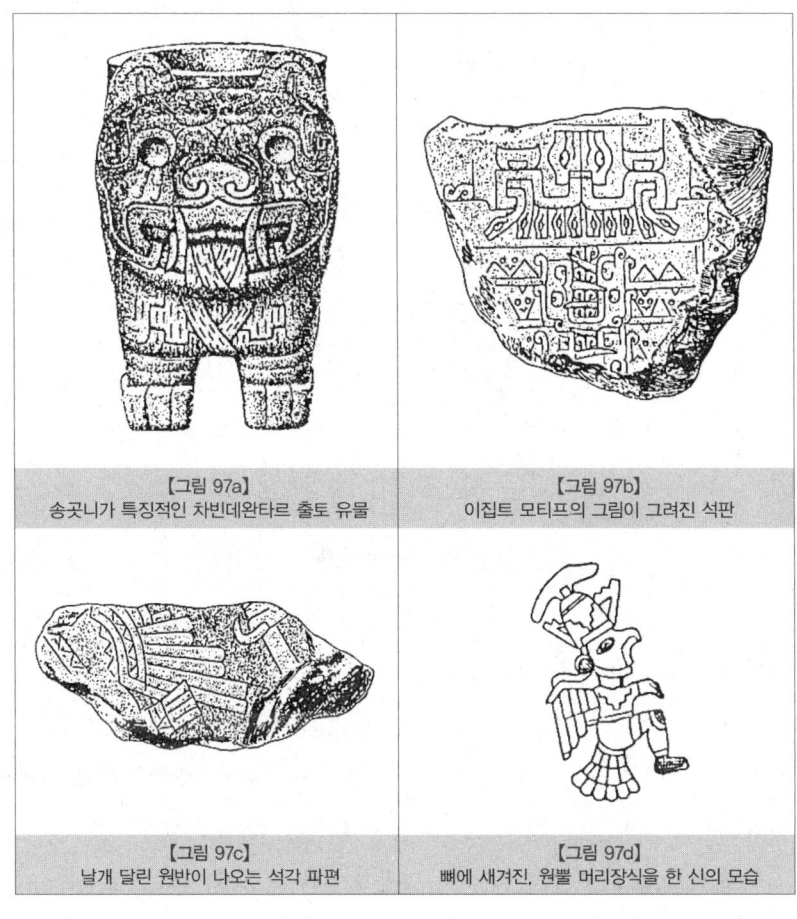

【그림 97a】
송곳니가 특징적인 차빈데완타르 출토 유물

【그림 97b】
이집트 모티프의 그림이 그려진 석판

【그림 97c】
날개 달린 원반이 나오는 석각 파편

【그림 97d】
뼈에 새겨진, 원뿔 머리장식을 한 신의 모습

은 놀랍도록 멕시코의 올메카 미술을 연상시킨다. 이 매혹적인 작품들 가운데는 표범을 새긴 그릇이나 고양잇과 동물과 황소의 합성물, 독수리, 거북 모습의 수반(水盤) 등이 있다. 상당량의 병과 삐죽 내민 송곳니를 형상화한 그림문자로 장식된 다른 물건들도 있다. 송곳니는 벽에 씌운 석판을 장식하거나 공예품들에도 쓰인 모티프였다.【그림 97a】 그러나 뱀과 피라미드, 신성한 라(Ra)의 눈 등 이집트 모티프를 쓴 석판들도

【그림 98】 손에 연장을 들고 있는 '기사'들

있었다. 【그림 97b】 그리고 이런 여러 가지로도 모자란다는 듯이 '날개 달린 원반'에 탄 신 같은 메소포타미아 모티프로 그려진 석각 파편도 있었고, 【그림 97c】 메소포타미아 신임을 식별할 수 있는 머리장식인 원뿔 머리장식을 두른 신들의 모습도 뼈에 새겨졌다. 【그림 97d】

원뿔 머리장식을 한 신들은 '아프리카인'처럼 보이는 얼굴 모습을 지녔다. 그리고 뼈에 새겨진 것은 이 유적지에서 이른 시기에 이루어진 예술 표현으로 볼 수 있다. 이것이 이 남아메리카 유적지의 초기에 흑인과 이집트-누비아(Nubia)*계인 아프리카인들이 살았다는 얘기일까? 놀랍게도 답은 '그렇다'다. 이곳과 인근 유적지들, 특히 세친(Sechín)이라 불리는 곳에서는 정말로 검은아프리카 사람들이 살았다. 그리고 그들

*이집트 남부와 수단 북부에 걸친 지역. 주민은 이집트인들과 같은 조상에서 갈라진 민족이며, 고대에는 독립 왕국을 이루기도 했다. (옮긴이)

【그림 99】 셈계 얼굴을 나타낸 진흙 두상

은 자신들의 초상을 후세에 남겼다. 이 여러 유적지에서 발견된 수십 개의 각석에는 그 사람들의 모습이 담겨 있다. 대부분의 경우 그들은 손에 어떤 연장을 들고 있는 모습으로 나타난다. 대개 '기사(技師)'는 수로 시설의 상징과 관련된 것으로 그려졌다. 【그림 98】

산악지대의 차빈 유적지로 연결되는 해안지대 유적지들에서 고고학자들은 조각된 두상들을 발견했다. 돌이 아니라 진흙으로 만든 것이었는데, 셈계 방문자들을 나타낸 것이 틀림없다. 【그림 99】 그 가운데 하나는 아시리아 조각상들과 너무도 비슷해서 『잉카의 '왕의 대로'』를 쓴 발견자 우벨로데되링은 '아시리아 왕'이라는 별명을 붙였다. 그러나 이 방문자들이 고산지대 유적지에 갔었는지는 분명치 않다. 적어도 산 채로 가지는 않았던 듯하다. 셈계의 모습을 한 석조 두상들이 차빈데완타르에서 발견되기는 했다. 그러나 대부분 괴상하게 찌푸리거나 잘린 모습으로, 유적지 주위 벽들에 승리의 기념물로서 걸려 있었다.

차빈의 연대는 이 구대륙 사람들의 첫 번째 물결이(올메카인들과 셈계 이주자 모두) 서기전 1500년 무렵 그곳에 도착했음을 시사한다. 실제로 몬테시노스는 고대 제국 열두 번째 군주 치세 때의 일을 이렇게 기록한다.

> 키가 커다란 사람들이 해안에 상륙했다는 소식이 코스코에 전해졌다. (…) 거인들은 해안 곳곳에 정착했다.

그들은 금속제 도구를 갖고 있었다. 얼마 뒤 그들은 내륙으로 이동해 산악지대로 들어갔다. 군주는 염탐꾼들을 보내 거인들의 진격에 관한 소식을 수집해 보고토록 했다. 수도에 너무 가까이 오면 안 되기 때문이었다. 그러나 나중에 알게 된 일이지만 거인들은 '위대한 신'의 분노를 샀고 신은 그들을 궤멸시켰다. 이 사건들은 서기전 1400년 무렵에 일어난, 태양이 머물러 선 사건이 있기 100년쯤 전에 일어났다. 다시 말해서 서기전 1500년 무렵으로, 바로 그때 차빈데완타르의 수로 시설이 건설됐다.

이는 가르실라소가 전한, 거인들이 땅을 파괴하고 여자들을 강간했다는 이야기와는 같은 사건이 아니라는 점을 지적해 둘 필요가 있다. 그것은 모체 시대인 서기전 400년 무렵의 일이었다. 이미 본 것처럼 올메카인들과 셈계 사람들의 혼성 집단이 메소아메리카에서 도망친 것은 사실 이때였다. 그러나 그들의 운명은 북부 안데스에서도 그리 다르지 않았다. 차빈데완타르에서 발견된 기괴한 셈계 석조 두상 외에도, 절단된 흑인의 신체를 묘사한 그림들이 전 지역, 특히 세친에서 발견됐다.

이렇게 해서 북부 안데스보다 1,000년쯤 뒤, 그리고 메소아메리카보다는 거의 2,000년 뒤에 아프리카계 및 셈계 사람들은 비극적인 종말을 맞고 말았던 것이다.

티와나쿠에서 발견된 유물들이 말해주듯이 일부 아프리카계 사람들은 더 남쪽까지 가기도 했지만, 아프리카계 및 셈계 사람들이 메소아메리카로부터 안데스로 확장했다 해도 차빈 문화 영역 너머로까지 가지는 못한 듯하다. 거인들이 신의 손에 의해 궤멸됐다는 설화들은 사건의 핵심을 꿰뚫고 있는 셈이다. 그곳 북부 안데스에서 두 신의 영지가 경계를 이루고 있었을 가능성이 농후하기 때문이다. 관할 구역과 예속민을 나누는 보이지 않는 선이 있었다는 것이다.

이렇게 이야기하는 것은 바로 그 지역에 다른 백인들이 있었기 때문이다. 그들은 반신 석상으로 묘사됐다. 【그림 100】 품위 있는 복장에 권위의 상징이 들어 있는 두건 또는 머리띠를 했으며, 학자들이 '신화적 동물'이라 부르는 것들로 장식한 모습이다. 이 반신상들은 대부분 차빈 부근에 있는 아이하(Aija)라는 유적지에서 발견됐다. 그들의 모습, 특히 곧은 콧날은 그들이 인도·유럽 계통이라는 징표다. 그들의 출신지는 소아시아와 그 남동쪽의 엘람 땅, 그리고 경우에 따라서는 더 먼 동쪽의 인더스 강 유역일 수밖에 없다.

선사 시대에 그 먼 땅 사람들이 태평양을 건너 안데스에 가는 일이 가능했을까? 분명히 존재했던 그 연결은 한 고대 근동 영웅의 위업을 묘사하는 그림들로 확인된다. 그에 관한 설화는 수도 없이 이야기됐다. 그는 서기전 2900년 무렵에 통치했던 우루크(구약에서 말하는 에레크)의 지배자 길가메쉬(Gilgamesh)였다. 그는 (메소포타미아 판본에 따르면) 신들

【그림 100】 백인의 모습을 묘사한 반신 석상

에게서 영생을 허락받은 대홍수 이야기의 주인공을 찾아 나섰다. 그의 모험은 「길가메쉬 서사시」로 전해졌고, 그것은 고대에 수메르어에서 근동의 다른 언어들로 번역됐다. 그의 영웅적인 행동 가운데 하나가 맨손으로 사자 두 마리와 싸워 이긴 것이다. 그것은 고대의 미술가들이 즐겨 그린 내용이었다. 히타이트 기념비에도 그런 그림이 하나 있다. 【그림 101a】

놀랍게도 똑같은 묘사가 북부 안데스의 아이하와 그 인근 유적지 카예혼데와일라스(Callejón de Huaylas)에서 발견된 석판들에 나오고 있다! 【그림 101b/c】

이 인도·유럽 계통 사람들은 메소아메리카나 중앙아메리카에서 자취를 찾을 수 없었고, 그들은 태평양을 건너 곧바로 남아메리카로 왔다고

【그림 101a】 히타이트 기념비에 나오는 길가메쉬의 무용담 묘사

【그림 101b/c】 아이와(b) 및 카예혼데와일라스(c) 출토 석판의 그림

생각할 수밖에 없다. 전승들이 길잡이가 될 수 있다면 그들은 아프리카계 '거인들'과 지중해 연안의 '수염 난 존재들'의 두 차례 이주에 앞서 온 사람들이었고, 나임랍 설화가 이야기하는 초기 정착민들일 가능성이 있다. 그 지역의 통상적인 상륙지는 지금의 에콰도르에 있는 산타엘레나(Santa Elena) 반도였다. 산타엘레나 반도는 그 옆의 라플라타(La Plata) 섬과 함께 태평양으로 삐죽 튀어나온 부분이다. 고고학 발굴에 따라 그곳에 일찍부터 사람들이 거주했음이 확인됐는데, 서기전 2500년 무렵의

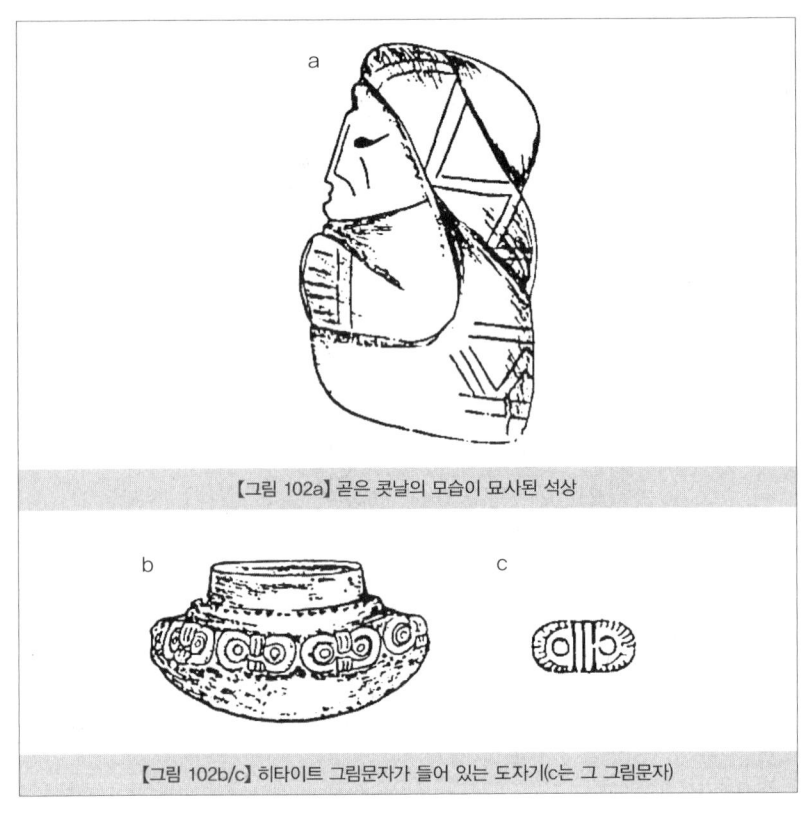

【그림 102a】곧은 콧날의 모습이 묘사된 석상

【그림 102b/c】히타이트 그림문자가 들어 있는 도자기(c는 그 그림문자)

발디비아(Valdivia) 단계 이후의 일이다. 『선사 시대의 고도 문명 *Últimas Civilizaciones Pre-Históricas*』을 쓴 저명한 에콰도르 고고학자 에밀리오 에스트라다(Emilio Estrada)가 보고한 발견 유물 가운데는 똑같이 곧은 콧날의 모습이 묘사된 작은 석상들이 있다.【그림 102a】또 '신'에 해당하는 히타이트 그림문자가 상징으로 들어 있는 도자기도 있다.【그림 102b/c】

안데스의 거석 구조물들은 앞서 우리가 코스코·삭사이와만·마추픽 추에서 본 것처럼 모두 두 신의 영지 사이에 있는 이 보이지 않는 분계 선 남쪽에 있다는 사실을 지적해 둘 필요가 있다. 자기네 신들의 인도를 받은 인도·유럽계 사람들일 가능성이 있는 이 거석문화 건설자들의 작품은 차빈 남쪽에서 시작해 남쪽으로 우루밤바 강 유역과 그 너머까지 모든 지역에 그 흔적을 남기고 있다. 【그림 96 참조】 정말로 금이 채취되고 선광되는 모든 곳이다. 어디서나 바위가 물렁물렁한 반죽이라도 되는 것처럼 주물러지고 수로와 칸막이 방, 벽감, 기단 등으로 만들어져 멀리서 보기에 미지의 장소로 가는 계단처럼 보였다. 터널은 산허리로 이어지며, 균열 부분이 회랑으로 확장되고 그 벽들은 매끄럽고 정확한 각도로 모양이 만들어졌다. 어디서나, 심지어 주민들이 아래 강으로부터 필요한 물을 모두 얻을 수 있는 곳에서도 샘이나 지류의 물, 또는 빗물을 원하는 방향으로 흐르도록 만들기 위해 물을 모으고 물길을 돌리는 정교한 설비를 만들었다.

코스코 서남서쪽 아방카이(Abancay) 마을로 가는 도중에 사이위티-루미와시(Saywite-Rumiwasi) 유적이 있다. 그런 유적지들이 으레 그렇듯이 이 유적지도 강과 작은 개울이 만나는 곳에 자리 잡고 있다. 거기에는 옹벽의 흔적이 있다. 한때 거기 서 있었던 거대 구조물의 잔해다. 루이스 파르도(Luis A. Pardo)가 그 유적지에 대한 연구를 담은 『사이위티의 거대한 바윗돌 Los Grandes Monolitos de Sayhuiti』에서 지적한 대로 그 이름은 원주민 언어로 '끝을 자른 피라미드'였다.

이 유적지는 몇 개의 바윗돌로 알려졌고 특히 '거대한 바윗돌'이라 불린 것이 유명했다. 그 이름은 적절한 것이었다. 멀리서 보면 빛나는 거대한 달걀이 언덕 위에 올라가 있는 듯했기 때문이다. 크기는 길이 4.3미터, 폭 3미터, 높이 2.7미터에 달했다. 그 아랫부분은 달걀 절반 모양으로 세심하게 만들어졌지만, 윗부분은 십중팔구 어떤 미지의 지역에 대한 축척 모형을 나타내기 위해 새겨졌던 듯하다. 알아볼 수 있는 것은 축소형으로 만든 벽·기단·계단·수로·터널·강·운하 등이며, 여러 가지 건물들도 있고 그 가운데는 벽감과 계단이 있는 대형 건물도 있다. 페루 토착의 여러 동물들 모습도 있고, 전사처럼 보이는 인간들의 모습이나 일부에서 신들이라고 말하는 것도 있다.

일부 사람들은 이 축척 모형을 종교적인 유물로 보아, 거기서 그들이 분간해 내는 어떤 신들을 숭배하기 위한 것이라고 한다. 또 어떤 사람들은 그것이 세 방향을 포괄해 남쪽으로 티티카카 호(그들은 돌에 새겨진 호수로 그것을 식별했다)와 바로 그 고대 유적지 티와나쿠로 뻗어 나가는 페루의 한 부분을 나타낸다고 생각한다. 그렇다면 이것은 돌에 새겨진 지도일까? 아니면 세워질 건물들의 배치와 구조를 계획한 위대한 건축가의 축척 모형이었을까?

그 해답은 이 축척 모형을 둘러싸고 있는 것이 3센티미터에서 5센티미터 폭의 홈통들이라는 사실에 있을 것이다. 홈통들은 모두 바윗돌의 가장 높은 지점에 위치한 '접시'에서 나와 경사지를 내려간 뒤 감돌거나 갈지자걸음을 해서 조각된 모형의 아래쪽 끝에 이르러 둥그런 방출구로 들어간다. 어떤 사람들은 이 홈통들이 바위에 표현된 신들에게 사제들이 음료(코카 주스)를 쏟아부어 바치는 데 쓰였다고 생각한다. 그러나 건축가가 바로 그 신들 자신이었다면 그들의 목적은 무엇이었을까?

이 뭔가를 말해주는 듯한 홈통들은 역시 기하학적으로 정확하게 깎이고 모양이 만들어진 또 다른 거대한 바위 노두(露頭)에도 나타난다. 【그림 103】 그 표면과 옆면은 계단과 기단, 폭포를 이루는 움푹한 부분 등으로 만들어졌다. 한쪽 편은 위쪽 평면에 작은 '접시들'이 만들어지도록 깎여나갔다. 접시들은 조금 큰 그릇으로 연결되고 거기서 깊은 수로가 아래로 이어지며 중간에서 두 개의 홈통으로 나뉜다. 거기에 흐르는

【그림 103】 기하학적으로 깎인 거대한 바위 노두

어떤 액체라도 바위에 부어지면 그 홈으로 흘러 뒤에 있는 진입 통로를 통해 들어갈 수 있다.

그 유적지의 다른 유물들은 아마도 커다란 석판이 깨진 것인 듯한데, 복잡하고 기하학적으로 정확한 홈통들과 거기에 파인 구멍들이 의문을 불러일으킨다. 그것들은 주사위나 어떤 초현대적 장치를 만들어내기 위한 기반 같은 것이라는 비유가 가장 적절할 것이다.

더 잘 알려진 유적지 가운데 하나가 삭사이와만 바로 동쪽에 있는 켄코(Kenko)라는 곳이다. 그 이름은 원주민 언어로 '구부러진 수로'라는 뜻이다. 거기서 관광객들에게 가장 인기가 있는 것은 받침대 위에 놓여 있는 거대한 바윗돌인데, 그 받침대가 뒷발로 서 있는 사자나 다른 큰 동물을 나타내는 듯한 모양이다. 그 바윗돌 앞에는 아름다운 마름돌로 만들어진 1.8미터 높이의 벽이 있고, 그 벽은 바윗돌을 둥그렇게 둘러싸고 있다. 바윗돌은 거대한 자연석 앞에 서 있고, 둥그런 벽은 마치 협공이라도 하듯이 그 바위에서 시작해 바위의 다른 쪽에서 끝난다. 바위 뒤쪽은 깎이고 조각되고 몇 층으로 모양이 만들어져 갈지자의 기단으로 연결된다. 인공적으로 만들어진 바위의 경사면에 갈지자의 수로가 만들어졌고, 바위 내부는 파내어져 복잡한 터널들과 방들이 만들어졌다. 가까운 곳에 있는 바위의 틈은 기하학적으로 정확하게 파내어진 동굴 같은 입구로 연결돼, 일부에서 왕좌와 제단이라고 표현한 바위의 모습을 이룬다.

코스코의 삭사이와만 곳곳에는 이런 유적지들이 더 있다. 모두가 '신성한 계곡'을 따라 위치하며, 남동쪽으로 '황금 호수'라는 이름을 지닌 호수가 있는 곳까지 이르고 있다. 토론토이(Torontoy)라는 유적지에는 정확하게 깎인 거대한 돌 토막 가운데 32개의 각을 가진 돌도 있다. 코스코에서 80킬로미터쯤 떨어진 토론토이 인근에는 인공 수로가 만들어졌다. 두 개의 벽 사이, 54개의 단으로 이루어진 '계단' 위로 물을 떨어뜨리기 위한 것인데, 이들 모두는 자연석을 깎아 만들었다. 중요한 것은 코리와이라치나(Cori-Huairachina)라는 그 유적지 이름이다. '금이 정련되는 곳'이라는 뜻이다.

'코스코'는 '배꼽'을 의미한다. 그리고 정말로 삭사이와만은 이 모든 유적지들 가운데 가장 넓고 가장 거대하며 그 중심에 있는 것처럼 보인다. 그곳이 중심지라는 것은 삭사이와만에서 서쪽으로 16킬로미터쯤에 있는 팜파데안타(Pampa de Anta)라는 곳에서 부분적으로 확인해 볼 수 있다. 그곳에는 가파른 바위가 죽 이어진 계단들로 깎였는데 그 모습이 초승달 모양 같다. 그래서 바위 이름도 키야루미(Quillarumi), 곧 '달처럼 생긴 돌'이다. 그곳에서는 동쪽의 하늘밖에는 볼 수가 없기 때문에 롤프 뮐러는 『잉카 제국 상공의 태양·달·별』에서 그것이 천문학 데이터를 삭사이와만 벼랑에 반영시키기 위해 위치를 잡은 일종의 관측소였다고 결론지었다.

그러나 잉카인들이 삭사이와만을 요새로서 지었다는 생각이 이제 완전히 불신에 빠졌으니 그곳은 무엇을 하던 곳으로 보아야 할까? 복잡한 미궁의 수로와 자연석 속을 아무렇게나 깎아낸 듯한 모습들은 몇 년 전 새로운 고고학 발굴들이 시작되면서 동이 닿기 시작했다. 매끄러운 로다데로 바위 뒤로 뻗쳐 있는 평원의 방대한 석조 건축물들 가운데 극히 일부를 파헤치는 데 불과했지만, 거기서 이미 이 유적지의 두 가지 중요한 양상이 드러났다. 하나는 벽·암거·저수지·수로 같은 것들이 모두 자연석을 판 뒤 정확하게 잘린 거대한 마름돌들(그 상당수는 거석문화 시대의 것들과 같은 다각형의 것이었다)을 보강해 만들어져, 물길 유도용 구조물이 하나 위에 다른 하나가 있는 식으로 죽 이어져 있다는 점이다. 이에 따라 빗물이나 샘물이 윗단에서 아랫단으로 정해진 방식대로 흘러갈 수 있었다.

또 다른 부분은 거대한 마름돌로 둘리쎈 커다란 원형 지역의 발굴이다. 모두들 그것이 저수지라고 했다. 또한 거대한 마름돌로 지어진 배수실(排水室)도 드러났다. 그것은 지하에 위치했는데, 원형의 저수지에서 나온 물이 흘러나갈 수 있는 높이였다. 거기에 놀러 온 아이들이 시범을 보인 바 있지만, 이 배수실에서 나온 수로는 이 원형 지역 뒤쪽 아래에 있는 자연석을 파서 만든 칭가나(Chingana)로 이어졌다. 칭가나는 '미궁'이라는 뜻이다.

이 벼랑에 세워진 단지 전체가 발굴되기 전이긴 하지만, 이제 로다데로에 어떤 광물이나 화학적 복합물이 부어졌음은 분명하다. 그렇게 이용됐기 때문에 그 등이 매끄럽고 변색이 일어난 것이다. 하여튼 무언가 커다란 원형 저수지에 쏟아부어졌다. 금이 들어 있는 흙이었을까? 다른 쪽에서는 물이 강제로 흘러나왔다. 이 모든 것은 대규모의 금 선광 시설처럼 보인다. 물은 최종적으로 배수실에서 나가 미궁을 거친 뒤 먼 곳으로 흘러간다. 돌로 만든 통에 남은 것은 금이었다.

그렇다면 벼랑 끝에 있는 갈지자의 엄청난 거석 벽들은 무엇을 막거나 보호하고 있었을까? 이 질문에 대해서는 아직 분명한 해답이 없다. 광석을 나르고 금덩이를 가져가는 데 쓰였을 장비(항공 수송 장비라고 생각해야 한다)에 어떤 거대한 기단이 필요했으리라는 짐작을 할 수 있을 뿐이다.

삭사이와만 북서쪽 100킬로미터에 위치해 비슷한 수송 목적으로 쓰였을(또는 그럴 의도로 만들었던) 유적지가 오얀타이탐보(Ollantaytambo)다. 이 고고학 유적은 가파른 산줄기 꼭대기에 있다. 거기서는 우루밤바 강의 상류인 빌카노타(Vilcanota) 강과 파트칸차(Patcancha) 강이 만나는 지점에 있는 산들 사이의 공지(空地)가 내려다보인다. 이 유적지 이름이 나온 마을은 그 산 밑에 자리 잡고 있다. 그 이름은 '오얀타이의 쉼터'라는 뜻인데, 잉카의 한 영웅이 에스파냐인들에 대항해 봉기를 준비한 곳이어서 그런 이름이 붙었다.

투박하게 만들어진 수백 개의 계단 위에는 잉카 양식의 층층대가 몇 개 있고, 다시 정상의 중심 유적으로 이어진다. 거기 요새로 쓰였으리라고 추측되는 곳 안에 정말로 자연석으로 지어진 잉카 양식의 벽을 두른 구조물 유적들이 있다. 그것들은 거석문화 시대에 지어진 잉카 이전 구조물들에 비해 유치하고 흉해 보인다.

거석 구조물로는 우선 옹벽이 있는데, 앞서 말한 거석 유적들에서 볼

【그림 104】 오얀타이탐보의 거대한 문

수 있는 아름답게 만들어진 다각형의 돌들로 지어졌다. 돌 토막 하나로 깎은 출입문을 지나면 두 번째 옹벽으로 떠받쳐진 기단이 나온다. 그 옹벽은 비슷하게 다각형 돌들로 만들어졌지만 규모가 더 크다. 이 옹벽의 한쪽이 연장돼 담이 되는데, 거기에는 열두 개의 사다리꼴 구멍이 나 있다. 두 개는 출입구로 쓰였고 열 개는 붙박이창이었다. 아마도 이 때문에 루이스 파르도는 『거석문화의 도시 오얀타이탐보 Ollantaytampu, Una ciudad megalítica』에서 이 구조물을 '중앙 신전'이라고 불렀을 것이다. 옹벽의 다른 쪽에는 거대하고 완벽하게 모양이 지어진 문이 있다. 【그림 104】 그것이 (지금은 아니지만) 당시에는 중심 구조물들로 가는 통로 역할을 했을 것이다.

오얀타이탐보의 가장 큰 미스터리는 그곳에 있다. 여섯 개의 거대한

【그림 105】 나란히 늘어서 있는 여섯 개의 거대한 바윗돌들

바윗돌들이 맨 꼭대기 층층대 위에 늘어서 있는 것이다. 이 거대한 돌 토막들은 높이가 3.4미터짜리에서부터 4미터를 넘는 것도 있으며, 폭은 평균 1.8미터 이상이고 두께는 경우에 따라 차이가 있지만 1미터에서 1.8미터를 넘는 것도 있다.【그림 105】그것들은 서로 결합된 채 서 있다. 모르타르나 다른 접착제를 쓰지 않고 길게 다듬어진 돌들을 거대한 돌 토막들 사이에 끼워 붙였다. 두께가 최대 두께인 1.8미터에 못 미치는 곳은 코스코와 삭사이와만에서처럼 커다란 다각형 돌들을 짜 맞추어 같은 두께가 되도록 했다. 그러나 앞에서 보면 거석은 하나의 벽처럼 서 있으며, 정확하게 남동쪽을 향하고 있다. 표면은 매끄럽게 잘 다듬었고 약간 굴곡이 졌다. 이 바윗돌들 가운데 적어도 두 개에는 돋을새김 장식이 풍화를 견디고 남아 있다. 왼쪽에서 네 번째 것에 있는 그림은 분명히 계단을 상징하는 그림이다. 모든 고고학자들은 티티카카 호의 티와

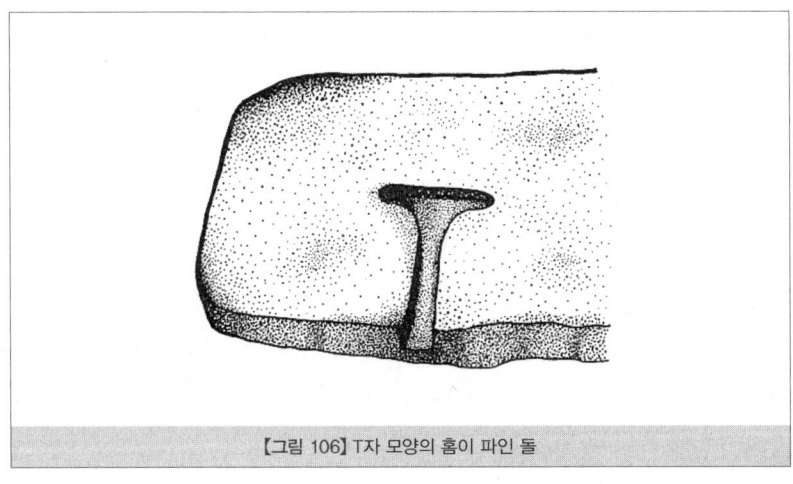

【그림 106】T자 모양의 홈이 파인 돌

나쿠에 뿌리를 두고 있는 이 상징이 지구에서 천상으로 올라가거나 아니면 반대로 천상에서 지구로 내려오는 것을 의미한다는 데 동의한다.

바윗돌의 옆면과 앞면에 돌출부 등이 있고 여섯 번째 것의 꼭대기는 계단같이 잘려 있어 건설이 마쳐지지 않은 상태임을 시사한다. 실제로 여러 모양과 크기의 돌 토막들이 여기저기 널려 있다. 일부는 깎이고 모양이 만들어져 완벽한 모서리와 홈과 각도가 이루어져 있었다. 그 가운데 하나가 가장 중요한 실마리를 제공한다. 거기에는 T자 모양의 깊은 홈이 파여 있었다. 【그림 106】 모든 학자들은 티와나쿠의 거대한 돌 토막들에서 그러한 홈을 발견했기 때문에 그것이 금속제 거멀못으로 두 개의 돌 토막을 묶으려던 것이었다는 데 동의하지 않을 수 없었다. 지진에 대비한 예방 조치였던 것이다.

따라서 학자들이 어떻게 이 유적들을 금 이외에는 어떤 금속도 가지지 않았던 잉카인들이 만들었다고 계속해서 주장할 수 있는지 의문이 들 수밖에 없다. 금은 너무 물러서 지진에 흔들리는 거대한 돌 토막들을 묶어주기에는 전혀 적합지 않다. 목욕은 잉카인들이 가장 즐기는 것 가운데 하나였기 때문에 잉카 지배자들이 이 거대한 유물을 커다란 목욕탕으로 지었다는 생각 또한 너무 순진한 얘기다. 언덕 아래 두 개의 강이 흐르고 있는데 최대 250톤이나 나가는 거대한 돌 토막들을 날라다가 산꼭대기에 욕조를 만들 필요가 어디 있었을까? 그리고 그 모든 것을, 철제 연장도 없이 말이다.

더욱 중대한 것은 죽 늘어선 여섯 개의 바윗돌에 대한 설명이다. 그것들이 계획된 옹벽, 아마도 산꼭대기의 거대한 기단을 떠받치기 위한 옹벽의 일부였다는 것이다. 만약 그렇다면 그 규모와 돌 토막의 거대함에서 레바논 산악지대 바알벡(Baalbek)에 있는 독특한 기단을 건설하는 데 썼던 거대한 돌 토막들을 떠올리지 않을 수 없다. 우리는 『틸문, 그리고 하늘에 이르는 계단 The Stairway to Heaven』에서 그 거석 기단에 대해 충분히 묘사하고 검토했으며 그것이 길가메쉬의 첫 번째 목적지였던 그 '착륙장'이었다는 결론을 내린 바 있다. 그곳은 아눈나키의 '비행선'이 착륙하는 곳이었다.

우리가 발견한 오얀타이탐보와 바알벡의 여러 유사점 가운데는 바윗돌의 출처에 관한 것도 있다. 바알벡의 거대한 돌 토막들은 몇 킬로미터 떨어진 계곡에서 채석된 뒤 믿을 수 없게 들어 올려지고 수송돼 기단의 다른 돌들과 맞춰 제자리에 놓였다. 오얀타이탐보에서도 역시 거대한 돌 토막들이 계곡 반대편 산허리에서 채석됐다. 무겁고 붉은 화강암 토막들은 채석돼 잘리고 모양이 만들어진 뒤 그 산허리에서 운반됐다. 두 개의 개울을 건너 오얀타이탐보 유적지로 올라온 것이다. 거기서 조심스럽게 세워지고 정확한 자리에 놓여 마지막으로 합쳐졌다.

오얀타이탐보는 누구의 작품이었을까? 가르실라소 데 라 베가는 이렇게 썼다.

(그것은) 잉카인들이 있기 전, 맨 처음부터 있었던 것이다. 잉카인들의 시대보다 앞선 시기부터 있었던 것이다. (…) 잉카 이전 시대의 신들이 있던 시기의 것이다.

그것은 현대 학자들이 동의하는 시기다.

이제 이 신들은 근동의 전승들에서 바알벡을 건설했다고 하는 바로 그 신들이었음을 인식해야 한다.

오얀타이탐보는 삭사이와만이 그랬을 것처럼 요새였을까, 아니면 바알벡이 그랬던 것처럼 착륙장이었을까?

우리는 이전 책들에서, 아눈나키가 그들의 우주공항과 '착륙장'을 결정하는 데 먼저 아라라트 산과 같은 몇몇 눈에 띄는 지형지물을 통해 착륙 회랑을 설정했음을 보여주었다. 그리고 이 회랑 안의 착륙 경로는 적도에 대해 정확히 45도 기울어졌다. 대홍수 이후 우주공항이 시나이 반도에 있고 비행선을 위한 착륙장이 바알벡에 있었을 때도 착륙 좌표는 같은 패턴을 따랐다.

마추픽추의 토레온은 반원형 부분에 있는 두 개의 관측용 창문 외에 또 하나의 알 수 없는 창문을 가지고 있다. 【그림 107】아래쪽은 거꾸로 된 계단형 통로로 돼 있고 그 위쪽은 쐐기 모양으로 파여 있다. 우리가 조사해 본 바로는 '신성한 바위'에서 이 쐐기 부분을 통해 인티와타나로 연결되는 선이 기본 방위에 대해 정확히 45도의 각을 이루고 있다. 이렇게 해서 마추픽추의 핵심적인 방향이 잡힌 것이다.

이 45도의 방향은 마추픽추의 배치를 결정했을 뿐 아니라 고대의 주

【그림 107】 토레온에 나 있는 수수께끼의 창문

요 유적지들의 위치도 결정했다. 이 지역 지도 위에 티티카카 호 '태양의 섬'에서부터 전설 속의 위라코차가 머문 곳들을 선으로 연결해 보면 그 선은 코스코를 지나고 계속해서 오얀타이탐보까지 이어진다. 적도에 대해 정확히 45도 각도다!

마리아 슐텐 데 데브네트(María Schulten de D'Ebneth)가 벌인 일련의 연구들과 강연들은 『위라코차의 길 *La Ruta de Wirakocha*』로 정리됐는데, 이 책은 마추픽추가 위치한 45도 선이, 변이 아니라 모서리가 기본 방위를 가리키도록 45도 기울어진 사각형의 변을 따라 이루어지는 좌표 패턴과

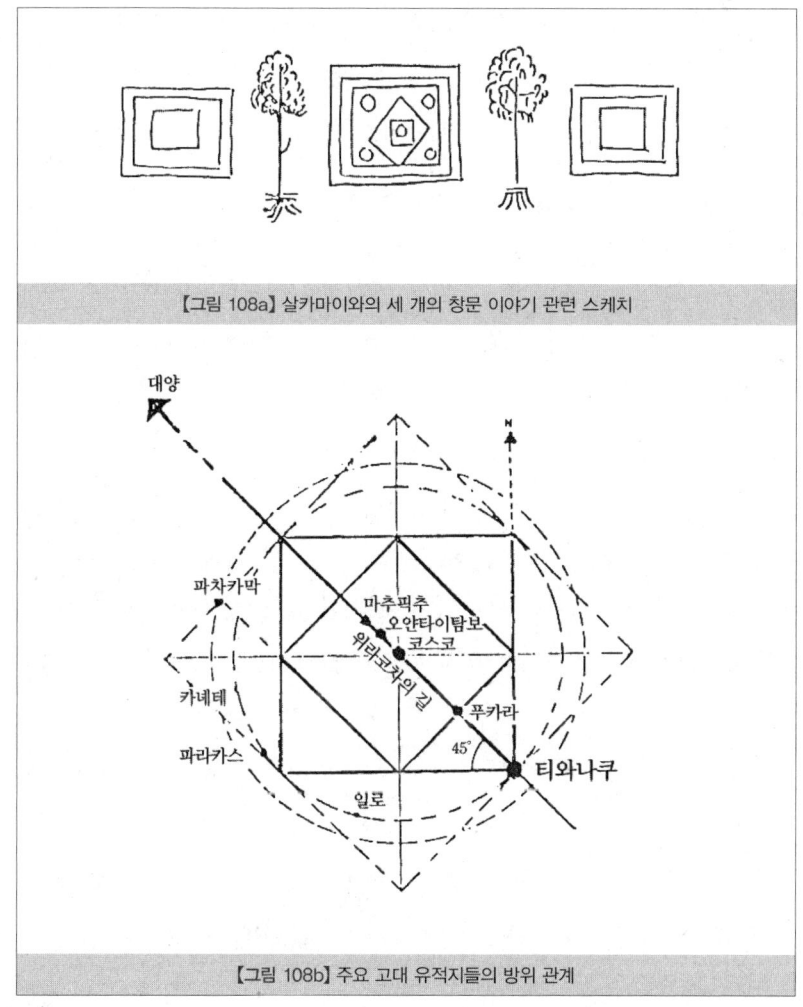

【그림 108a】 살카마이와의 세 개의 창문 이야기 관련 스케치

【그림 108b】 주요 고대 유적지들의 방위 관계

일치함을 보여주었다. 그녀는 이 고대의 좌표를 찾는 과정에서 살카마이와의 『이야기』로부터 힌트를 얻었다고 밝혔다. 살카마이와는 세 개의 창문 이야기를 하면서 내용을 설명하기 위해 그림을 하나 그렸다. 【그림 108a】 그리고 각 창문에는 '탐푸토코'와 '마라스토코(Maras-Tocco)', 그리

고 '수틱토코(Sutic-Tocco)'라는 이름을 각각 붙였다. 마리아 슐텐은 이들이 지명임을 알아차렸다. 그녀가 북서쪽 모서리를 마추픽추(곧 탐푸토코)로 향하게 하고 기울어진 사각형을 코스코-우루밤바 지역 지도에 집어넣어 보니 다른 모든 장소들이 올바른 위치에 놓여 있었다. 그녀는 티와나쿠에서 출발하는 45도 선을 긋고 일정 수치의 사각형과 원을 그려 보았다. 티와나쿠와 코스코, 그리고 에콰도르의 키토 사이에 모든 주요 고대 유적지들이 들어 있었다. 가장 중요한 오얀타이탐보까지 포함해서 말이다. 【그림 108b】

그녀가 발견한 또 한 가지도 매우 중요하다. 중앙의 45도 선과 파차카막 신전처럼 거기서 떨어진 유적지들 사이의 보조 각도를 계산해 보니 이 좌표가 설계될 당시의 지구 기울기('황도경사각')는 24도 08분에 가까웠던 것으로 나타났다. 그녀의 얘기대로라면 그녀가 이 측정을 했던 1953년으로부터 5,125년 전에 좌표가 설계됐다는 의미다. 다시 말해서 서기전 3172년이다.

이는 거석 구조물들이 서기전 4000년에서 서기전 2000년 사이인 황소자리 시대에 만들어진 것이라는 우리의 결론을 확인하는 측정이다. 그리고 그것은 현대의 연구들을 옛 역사가들이 제공한 자료와 합칠 수 있도록 함으로써 전설들이 거듭 말해온 내용을 확인하고 있다.

이 모든 것은 티티카카 호에서 시작됐다는 얘기 말이다.

10 '신대륙의 바알벡'

'신대륙의 바알벡'

안데스의 어떤 전설, 어떤 판본이든 모두가 티티카카 호를 '시초'로 지목하고 있다. 위대한 신 위라코차가 자신의 창조 위업을 달성한 곳이고, 대홍수 뒤 인류가 다시 나타난 곳이며, 잉카인들의 조상이 금지팡이를 받아 그것으로 결국 안데스 문명을 일으킨 시발점이 된 곳이다. 이것이 허구라면 사실에 의해 뒷받침될 수 있다. 아메리카 대륙을 통틀어 최초이자 가장 큰 도시가 들어선 곳이 티티카카 호반이었기 때문이다.

티와나쿠(그곳은 그렇게 불려왔다)의 광대한 영역과 거기에 있는 바윗돌들의 크기, 그 기념비들과 조각상들에 새겨진 난해한 조각들은 첫 번째 역사가가 유럽인들을 위해 그곳을 묘사한 이래 그곳을 직접 본 모든 사람들을 경악케 했다. 모든 사람들은 누가, 그리고 어떻게 이 독특한 도시를 건설했는지 의문스러워했고, 얼마나 오래된 것인지 알 수 없어 당혹해했다. 그러나 그 모든 것들 가운데 가장 큰 의문점은 바로 그 위치다. 안데스의 가장 높은 봉우리들 사이에 있어 항상 눈으로 덮여 있는, 해발 4,000미터나 되는, 메마르고 거의 생명체도 없는 땅인 것이다.

누구든 왜 이런 나무도 없고 황량한 바람목에, 몇 킬로미터나 떨어진 곳에서 채석해 실어온 돌들로 엄청난 노력을 들여 거대한 건물을 세워야 했을까?

100년 전 이 호수에 도착한 스콰이어는 이런 생각을 했다. 그는 『그림으로 보는 페루』에서 이렇게 썼다.

> 티티카카 호의 섬들과 곶들은 대부분 불모의 땅이다. 그러나 물속에는 여러 가지 낯선 물고기들이 있다. 그것은 보리가 아주 좋은 환경이 아니면 익지 않고 가장 작은 크기의 옥수수조차 매우 불확실하게 수확되는 곳, 가장 작은 크기로 줄어버린 감자조차도 맛이 쓴 지역에서 필연적으로 맞게 되는 궁핍 속에서 주민들을 먹여 살린다. 그곳의 유일한 곡식은 키누아(quínua)다. 그리고 그곳에서 먹을 만한 토착 동물은 비스카차(biscacha) · 야마 · 비쿠냐(vicuña)뿐이다.

그러나 "전승을 길잡이로 삼는다면" 이 불모의 세계에서 이전의 "근원 문명로부터 잉카 문명의 싹이 자라났다"고 그는 덧붙였다.

그 문명은 거대한 돌들에 기념할 일들을 새기고 그것들을 티와나쿠 평원에 남겼다. 그것들은 옛날 거인들의 작품이며 그들은 하룻밤 새에 그것들을 세웠다는 것 외에는 남아 있는 전승이 없다.

그러나 스콰이어는 그 호수와 고대 유적지가 내려다보이는 벼랑 위로 올라가면서 다른 생각이 들었다. 이 장소가 선택된 것은 고립된 곳이기 때문이고, 주위의 산봉우리들 때문이며, 봉우리들 사이로 보이는 풍경 때문이었을까? 호수가 위치한 평원의 남서쪽 끝에 있는 산등성이, 그 호수의 물이 남쪽의 데사과데로(Desaguadero) 강으로 흘러나가는 곳과 가까운 위치에서 그는 남쪽에 반도들과 섬들이 있는 호수뿐만 아니라 동쪽으로 눈 덮인 봉우리들도 볼 수 있었다.

그는 자신이 그린 스케치를 덧붙여 이렇게 썼다.

여기에 눈 덮인 거대한 안데스의 연봉(連峰)이 가장 장엄한 모습으로 우리 눈앞에 불쑥 나타났다. 호수를 위압하고 있는 것은 소라타(Sorata)에 있는 거대한 덩치의 이얌푸(Illampu) 산이었다. 그 산은 대륙의 왕이고 아메리카의 최고봉이며, 히말라야(Himalaya) 산맥의 최고봉들과 높이에서 필적하고 맞먹는다. 그 높이는 보는 사람에 따라 평가와 계산이 달라 7,600미터에서 8,200미터까지 제각각이다.

이 뚜렷한 표적물 남쪽에서, 줄기차게 이어진 연봉들은 "고도 7,470미터의 우뚝한 산 이이마니(Illimani)로 끝을 맺는다"고 했다. 스콰이어가 서 있던 서쪽 산등성이와 동쪽의 거대한 산들 사이에는 평평한 저지대가 있어서 호수와 그 남쪽 호반이 자리 잡고 있었다. 스콰이어는 이어서 이렇게 썼다.

아마 세상 어느 곳에서도 한곳에 서서 이렇게 다양하고 웅장한 파노라마는 구경할 수 없을 것이다. 페루와 볼리비아의 거대한 고원 전체가 가장 넓게, 그 물길들과 그 강·호수들과 그 평원·산들과 함께, 안데스의 산맥들 사이에 끼워져 한 장의 지도처럼 나타나고 있다.【그림 109】

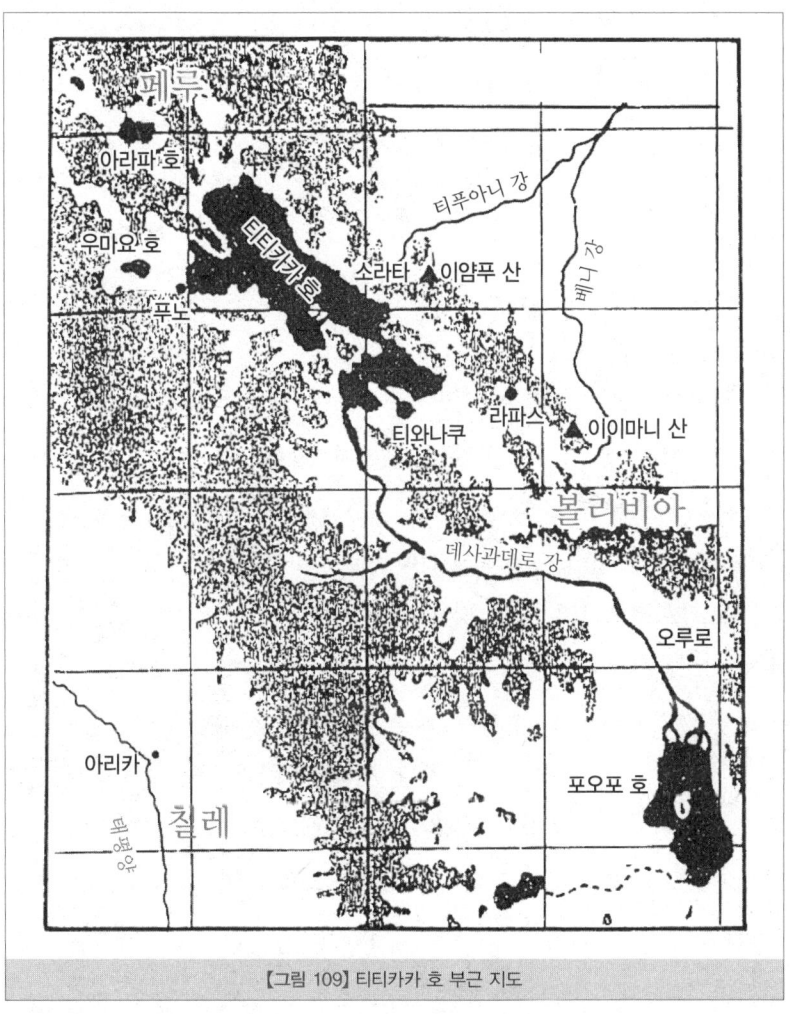

【그림 109】 티티카카 호 부근 지도

이 지리적·지형학적 모습이 바로 이곳을 선택한 이유였을까? 넓고 평평한 분지 끝에, 땅에서뿐만 아니라 하늘에서도 눈에 띄는 두 봉우리가 있는 곳이다. 아라라트의 쌍봉(5,200미터와 4,000미터)이나 기자의 두 피라미드가 아눈나키의 착륙 경로를 표시했던 것처럼 말이다.

스콰이어는 의식하지 못했지만 그는 비유를 했다. 이 고대 유적을 묘사하는 장(章)에 '신대륙의 바알벡 티와나쿠'라는 제목을 붙인 것이다. 그것은 그가 생각할 수 있는 유일한 비유였다. 5,000년 전 길가메쉬가 갔던, 우리가 아눈나키의 착륙장임을 밝힌 곳을 비유 대상으로 삼은 것이다.

티와나쿠와 그 유적을 탐사한 20세기의 가장 위대한 탐험가는 의문의 여지 없이 아르투어 포스난스키다. 그는 유럽 출신의 엔지니어로, 볼리비아로 이주해 평생을 이들 유적의 미스터리 해명에 바쳤다. 그는 1910년에 이미 유적지들을 방문할 때마다 볼 수 있는 유물들이 점점 줄어간다고 불평했다. 지역 원주민들과 수도 라파스 건설자들, 심지어 정부까지도 철도 건설을 위해 조직적으로 돌 토막들을 빼간다는 것이었다. 예술적·고고학적 가치 때문이 아니라 공짜로 쓸 수 있는 건축 자재로서 말이다. 그보다 반세기 전에는 스콰이어가 똑같은 불만의 소리를 냈다. 코파카바나 반도에 있는 인근 마을에서 교회나 주민들의 집들이 고대 유적지에서 사냥감이라도 되는 것처럼 빼내온 돌들로 지어지고 있음을 지적한 것이다. 심지어 라파스의 대성당조차도 티와나쿠에서 가져온 돌들로 지어졌음을 그는 알게 됐다. 그러나 남아 있는(대부분은 옮기기에는 너무 거대했기 때문에 남은 것이었다) 얼마 안 되는 것들만으로도 그는 깊은 인상을 받았다. 그것은 잉카인들의 문명이 시작되기 전에 사라진 문명, 이집트 및 근동 문명과 동시대의 문명이 남긴 유물이라고 생각했다. 그 유적들은 그 구조물들과 기념비들이 독특하고 완벽하며 조화로운 건축을 할 수 있었던 사람들의 작품이었음을 드러냈다. 그러나 "요람기도 없었고 성장기도 거치지 않은" 문명이었다. 그렇다면 놀란 인디언들이 에스파냐인들에게 이 유적들이 거인들의 손으로 하룻밤 새에 건설됐다고 말한 일도 이상할 것이 없다.

1532년에서 1550년 사이에 지금의 페루와 볼리비아 지역을 여행했던 시에사 데 레온은 『페루 연대기』에서 티와나쿠 유적은 의문의 여지 없이 "내가 지금까지 묘사한 곳들 가운데 가장 오래된 곳"이라고 적었다. 그를 경탄케 만든 건물들 가운데는 "거대한 돌 기반 위에 인간의 손으로 만든 언덕"도 있었다. 기반은 가로 270미터에 세로 120미터나 됐고, 그 위에 40미터쯤 되는 언덕이 솟아 있었다. 그는 그 밖에 다른 것들도 보았다.

인간의 얼굴과 모습을 한 두 개의 석상은 매우 솜씨 좋게 새겨졌는데, 그래서 그것들은 어떤 위대한 장인(匠人)의 손으로 만들어진 듯했다. 그것들은 매우 커서 작은 거인들처럼 보였다. 그리고 그들은 지금 이 지역 원주민들이 입고 있는 것과는 다른 종류의 옷을 입고 있음이 분명했다. 그들은 머리에 몇 가지 장식을 하고 있는 듯했다.

부근에서 시에사 데 레온은 또 다른 건물과 "매우 잘 지어진" 벽의 유적을 보았다. 그것들은 모두 매우 오래되고 낡아 보였다. 그가 유적지의 다른 곳에서 본 것은 이런 것이었다.

엄청난 크기의 돌들이 있어 그에 대해 생각해 보노라니 의문이 들었다. 그리고 그렇게 큰 것들을 우리가 보고 있는 곳까지 옮기는 데 얼마만 한 인간의 노동력을 들이면 될지를 곰곰이 생각해 봤다. 이 돌들 가운데 상당수는 여러 가지 방법으로 조각됐다. 일부는 인간의 신체 모양을 하고 있었고, 그것이 그들의 우상임이 틀림없었다.

그는 벽과 커다란 돌 토막들 부근에 "여러 개의 구멍과 땅이 움푹 팬 곳"이 있음을 발견했다. 그는 그것이 무엇일까 궁금했다. 조금 더 서쪽으로 가니 다른 고대 유적들이 보였다.

여러 개의 출입문들이 있었는데, 문설주와 윗가름대와 문지방을 갖추었고 그것들은 모두 하나의 돌로 이루어져 있었다.

그가 가장 궁금했던 것은 이것이었다.

이 거대한 출입문들을 지나니 더욱 큰 돌들이 나왔다. 그런 돌들로 출입문을 만든 것이었는데, 어떤 것들은 폭이 9미터, 길이가 4미터 이상, 두께가 1.8미터에 달했다. 이 모든 것은 하나의 돌로 이루어졌다.

시에사 데 레온은 출입문과 문설주와 윗가름대가 하나의 돌로 이루어졌다는 데 완전히 놀라 이렇게 적은 것이다. 그는 또 덧붙였다.

모든 것을 고려할 때 이 작업은 웅장함과 호화로움 그 자체다. (…) 나로서는 도대체 어떤 도구나 연장으로 이렇게 만들 수 있었는지 도저히 이해할 수 없었다. 이 커다란 돌들이 완성품으로 만들어져 우리가 보는 대로 남겨지려면 그 연장들은 지금 인디언들이 쓰고 있는 것들보다 훨씬 우수했어야 함이 너무도 분명했기 때문이다.

현장에 처음으로 도착한 에스파냐인들이 본 유적들 가운데 시에사 데 레온이 그토록 진지하게 묘사했던 이 거대한 통짜 출입문들은 그것들이 넘어진 곳에 아직도 그대로 누워 있다. 티와나쿠 중심 유적지에서 남서쪽으로 1.5킬로미터쯤 떨어진 곳에 있는 이 유적지는 인디언들이 마치 별개의 유적지라는 듯이 푸마풍쿠(Puma-Punku)로 부르고 있다. 그러나 지금은 그것이 폭 1.5킬로미터, 길이 3킬로미터에 이르는 티와나쿠에 포함되는 대도시권의 일부였다는 사실이 분명해졌다.

그곳에 있는 유적들은 지난 200년 동안 그것을 보는 모든 여행자들을 놀라게 했지만, 이를 과학적으로 처음 묘사한 것은 모리츠 알폰스 스튀벨(Moritz Alphons Stübel, 1835~1904)과 막스 울레(Max Uhle, 1856~1944)의 『고대 페루 산악지대의 티와나쿠 유적 Die Ruinenstätte von Tiahuanaco im Hochlande des alten Perú』(1892)에서였다. 이 책에 함께 실린 사진과 스케치는 널려 있는 거대한 돌 토막들이 유적지 동쪽 건물군을 이루었을 매우 복잡한 여러 구조물들의 구성 요소였음을 보여주었다. 【그림 110】 네 부분으로 이루어진 무너진(또는 무너뜨린) 건물들은 그것과 직각 또는 다른 각도로 한 몸을 이루었을 부분들이 남아 있거나 없어져 버린 거대한 기단으로서 놓여 있다. 【그림 111】 떨어져 나간 각각의 부분들은 무게가 각기 100톤씩이나 나간다. 그것들은 붉은 사암(砂巖)으로 만들어졌는데, 포스난스키는 『아메리카인들의 요람 티와나쿠 Tihuanacu, la Cuna del Hombre de las Américas』(1945)에서 한 덩어리였을 때는 서너 배의 무게가 나갔을 이 돌 토막들이 15킬로미터쯤 떨어진 호수 서쪽 호반에서 채석됐음을 결정적으로 입증했다. 가로 3.7미터, 세로 3미터에 두께가 거의 60센티미터에 이르는 것까지 있는 이 돌 토막들은 자국과 홈이 많이 파여 있고, 정확한 각도와 각기 다른 높이의 표면들로 이루어져 있다. 돌 토막의 어떤 부분들에는 파낸 자국들이 있는데, 틀림없이 금속제 거멀못을 넣어 수직으로 세우는 각각의 돌들을 옆의 것과 묶어주도록 하려

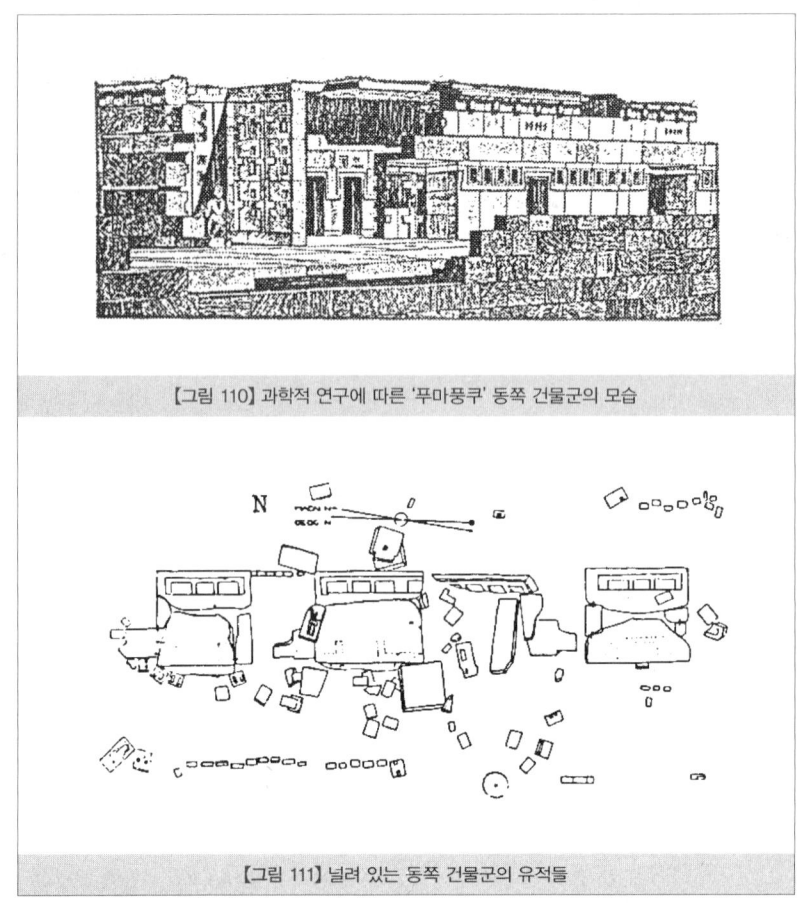

【그림 110】 과학적 연구에 따른 '푸마풍쿠' 동쪽 건물군의 모습

【그림 111】 널려 있는 동쪽 건물군의 유적들

했던 것으로 보인다. 【그림 112】 우리가 오얀타이탐보에서 봤던 기술적인 '장치'다. 그러나 거기서는 거멀못이 금으로 만들어졌다는 얘기를 하는 듯했지만(금이 잉카인들에게 알려진 유일한 금속이었기 때문이다), 금은 무른 것이어서 성립할 수 없는 주장이었다. 그런데 여기서는 거멀못이 청동으로 만들어졌다. 그러한 사실은 이 청동제 거멀못 몇 개가 실제로 발견됐기 때문에 알 수 있었다. 이는 분명히 대단한 의미를 갖는 발견

【그림 112】 거멀못 자리를 파낸 돌 토막들의 모습

이었다. 청동은 가장 만들어내기 어려운 합금으로, 특정한 비율의 구리(대략 85퍼센트에서 90퍼센트)를 주석과 섞어야 만들 수 있다. 그리고 구리는 자연 상태에서 찾아낼 수 있는 데 반해, 주석은 그것을 함유하고 있는 광석으로부터 어려운 야금 과정을 거쳐 추출해 내야 한다.

이 청동을 어떻게 얻었을까? 그리고 그것을 얻을 수 있었다는 것이 수수께끼의 일부일 뿐 아니라 해답의 실마리이기도 한 것일까?

푸마풍쿠의 이 거대하고 복잡한 구조물들이 '신전'이었다는 판에 박힌 설명은 제쳐놓고, 그것은 어떤 실제적인 목적에 쓰였을까? 그런 막대한 노력과 정교한 기술을 소모해서 얻으려던 목적이 무엇이었을까? 독일의 건축 대가 에드문트 키스(Edmund Kiss, 1886~1960)는 이 건축물들이 본래 어떻게 보였을까를 시각화해 본 뒤 거기서 자신이 나치 기념 건물들을 설계하는 데 영감을 얻었다. 그는 네 부분의 무너진 건물군 앞과 옆에 있는 언덕들과 유적들이 항구의 구성 요소들이었다고 생각했다.

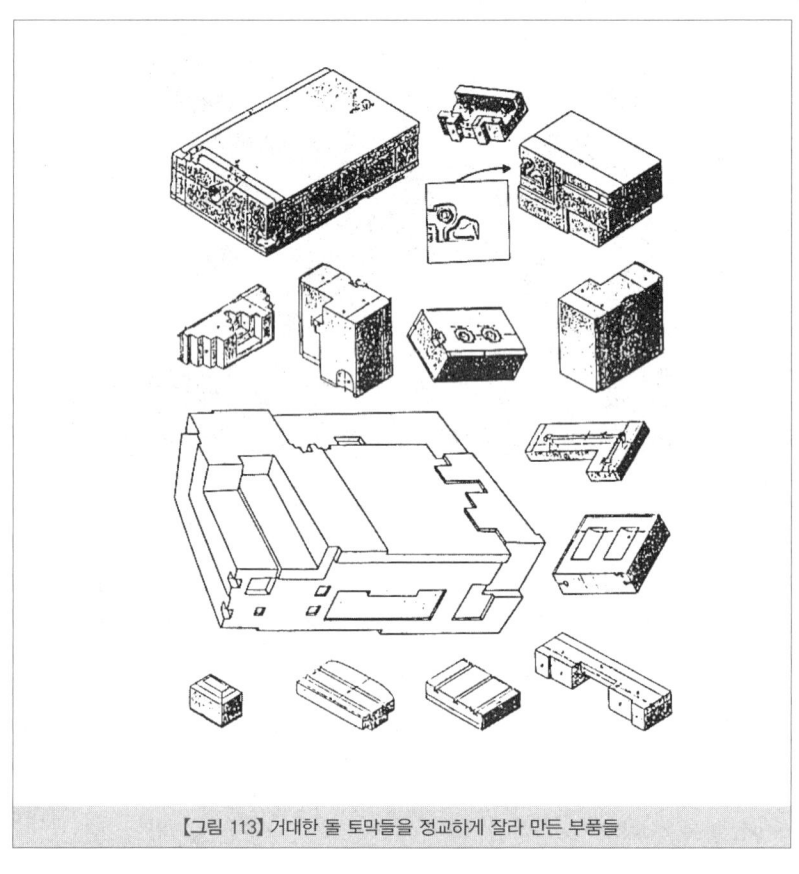

【그림 113】 거대한 돌 토막들을 정교하게 잘라 만든 부품들

고대에는 호수가 틀림없이 그곳까지 뻗어 있었다는 것이다. 그러나 이는 의문을 더 만들어내고 더 크게 한다. 푸마풍쿠에서는 무슨 일이 벌어지고 있었을까? 그 항구는 이 메마른 고지대로 무엇을 들여오고 무슨 제품을 배에 실어 보냈을까?

계속되는 푸마풍쿠 발굴로, 완벽하게 모양이 잡힌 돌 토막들로 지어진 일련의 반지하 구획들이 발견됐다. 그것들은 차빈데완타르의 움푹 파인 광장을 연상케 해서, 이것이 저수지·연못·배수실 등 비슷한 수로 시스템의 구성 요소였을 가능성을 제기한다.

더 많은 해답은 (여전히 그럴 수 있다면) 이 유적지의 가장 헷갈리는 발견물에 숨어 있을 것이다. 바로 돌 토막들이다. 그것 자체로 완성품이거나 아니면 틀림없이 더 큰 돌 토막을 잘라 만든 것들인데, 놀라운 방식으로 놀랍도록 정밀하게 모양을 만들고 각을 잡고 자르고 홈을 팠다. 오늘날에도 찾아내기 어려운 연장들을 쓴 것이다. 이 기술적인 기적들을 가장 잘 묘사하려면 그중 일부를 보여주는 수밖에 없다. 【그림 113】

이 유물들에 대해서는 우리들 자신의 현재 기술에 근거해 이것들이 복잡한 금속제 부품을 주조하기 위한 주형(鑄型)이나 거푸집이었다는 것이 유일하게 합리적인 설명이다. 안데스의 사람들이, 아니면 다른 어느 곳에 있는 사람들이든지 잉카 이전 시대에 절대로 가질 수 없었던 어떤 복잡하고 정교한 장치의 부품이다.

1930년대 이래 여러 고고학자들과 연구자들이 현황을 파악하거나 지속적으로 연구하기 위해 티와나쿠를 찾았다. 웬들 베넷(Wendell C. Bennett)과 토르 헤위에르달, 카를로스 폰세 산히네스(Carlos Ponce Sanginés) 등이 가장 잘 알려진 이름들이다. 그러나 대체로 말해서 그들은 다만 아르투어 포스난스키의 결론을 인용하고 확장하고 받아들이거나 반론을 폈을 뿐이다. 포스난스키는 1914년에 거작 『선사 시대 남아메리카의 메트로폴리스 Una Metrópoli Prehistórica en la América del Sur』에서 비범한 연구와 식견을 처음 제시했고, 30년을 더 헌신해 연구한 끝에 1945년에 네 권으로 된 『아메리카인들의 요람 티와나쿠』를 영역본과 함께 내놓았다. 이 책은 볼리비아 정부의 공식 서문을 받는 영광을 누렸고, "티와나쿠 기원 12000년"을 축하했다. 티와나쿠 유적지는 볼리비아가 페루에서 분리 독립한 뒤 볼리비아 영토가 됐던 것이다.

그것은 결국 포스난스키의 가장 놀라운(그리고 논란이 있는) 결론 때문이었다. 티와나쿠는 수만 년 된 도시이고, 그 처음 단계는 호수의 수면이 30미터쯤 더 높았고 이 지역 전체가 물 사태로 잠기기 전에 건설됐다는 결론이다. 물 사태란 아마도 서력기원 개시 1만여 년 전에 있었던 유명한 대홍수일 것이다. 포스난스키는 고고학적 발견들을 지질학적 연구와 동·식물상(相) 연구, 무덤에서 발견된 두개골과 두상에 묘사된 것들에 대한 측정 등과 결합시키고 자신의 공학 및 기술적 경험의 모든 측면에 관심을 집중시켜 티와나쿠의 역사에 세 단계가 있었으며 두 인종이 살았다고 결론지었다. 그곳에는 처음에 몽골 인종이 살았고, 다음에 중동의 캅카스인들이 살았다는 것이다. 흑인종이 산 적은 없었다고 했다. 또한 이곳에서는 두 차례의 격변이 있었는데, 하나는 물 사태라는 자연재해였고 그 뒤에 성격을 알 수 없는 다른 하나의 갑작스러운 격변이 일어났다고 했다.

이 충격적인 결론이나 그 연대표들과 꼭 부합하는 것은 아니었지만 포스난스키가 수집한 지질학적·지형학적 자료와 기후 관계 자료 등 모든 과학적 자료들, 그리고 물론 그가 이룬 고고학적 발견 등은 그의 기념비적인 노작이 발표된 뒤 반세기가 지나는 동안 모든 사람들에 의해 받아들여지고 인용됐다. 그의 유적지 지도는 여전히 이 유적지와 그 규모, 방향 설계, 주요 건물들에 대한 기본적인 배치 계획으로 받아들여지고 있다.【그림 114】그가 추가 유적과 유물이 남았을 가능성이 있다고 지적한 곳들 가운데 일부가 정말로 발굴되고 유물들이 나왔지만, 주된 관심사는 여전히 이 유적지의 세 주요 구성 부분이었다.

유적지의 남동쪽 부분에 있는 것이 아카파나(Akapana)로 알려진 언덕

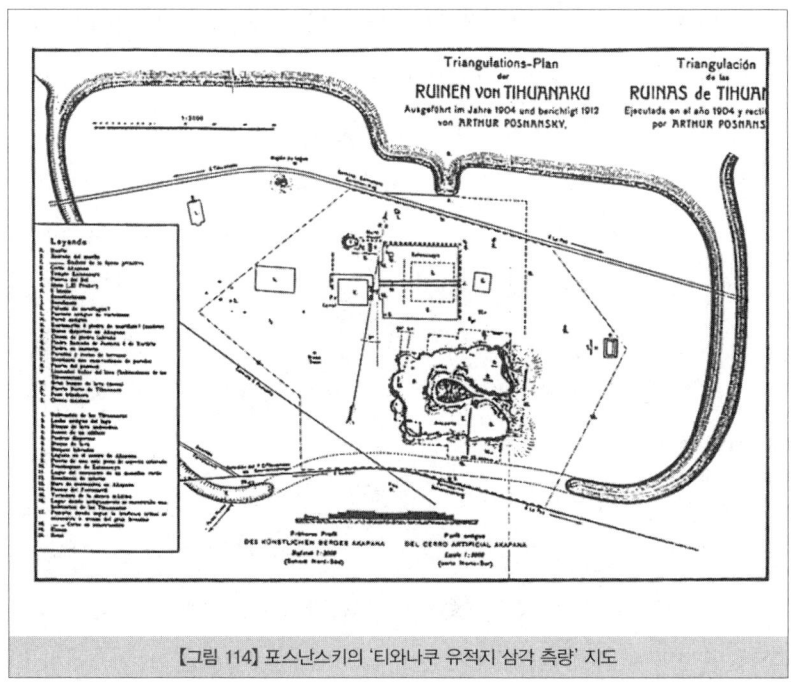

【그림 114】 포스난스키의 '티와나쿠 유적지 삼각 측량' 지도

이다. 그것은 아마도 본래 계단식 피라미드 모양이었던 듯하고, 이 유적지를 보호하는 요새 노릇을 했던 것으로 생각된다. 그런 추정의 가장 큰 이유는 이 피라미드 언덕 꼭대기의 중앙 부분이 타원형으로 파여 있고 마름돌이 늘어서 있어 저수지 노릇을 했다는 데 있다. 그것이 빗물을 모아 방어자들이 이 요새로 후퇴했을 때 물을 제공하는 구실을 하도록 계획했다는 생각이다. 그러나 이곳이 금을 숨긴 곳이라는 소문이 끊이지 않아, 18세기에 오얄데부로(Oyaldeburo)라는 에스파냐인이 아카파나에 대한 발굴 허가를 얻었다. 그는 언덕의 동쪽 부분을 허물어 물을 빼내고 저수지의 밑바닥을 뒤졌으며, 아름다운 마름돌로 지어진 구조물을 헐고 언덕을 깊숙이 파 들어간 끝에 수로와 암거를 발견했다.

그렇지만 이러한 파괴의 결과로 아카파나가 자연적인 언덕이 아니라 매우 복잡한 구조물임이 드러났다. 여전히 겨우 거죽만 훑는 정도였지만 포스난스키의 작업 이후 계속적인 발굴이 이루어졌다. 포스난스키는 돌이 늘어선 저수지에, 마름돌로 매우 정밀하게 건설된 수로를 통해 물이 흘러갈 수 있도록 조절하는 훌륭한 수문이 있음을 보여준 바 있다. 아카파나의 복잡한 내부 시설들은 물을 아카파나의 한 수평면에서 다른 수직·수평 구획에 있는 좀 더 낮은 다른 수평면으로 흐르게 한다. 그 수직 높이는 15미터지만 갈지자로 이어져 훨씬 긴 거리를 흐르게 된다. 마지막에는 아카파나의 바닥 약간 아래에서 물은 돌로 만든 배출구를 통해 빠져나가 인공 운하(또는 해자)로 흘러나간다. 폭이 30미터쯤 되는 그 운하는 전체 유적지를 두르고 있다. 거기서 물은 유적지 북쪽에 있는 부두로 가고 다시 호수로 흘러간다. 그런데 그 목적이 폭우가 쏟아진 뒤 범람을 막기 위해 넘치는 물을 빼내는 것뿐이라면 툴라에서 발견된 것과 같은 비스듬히 설치된 직선의 관(管)만으로도 충분할 것이다. 그러나 여기에 있는 것은 내부의 한 수평면에서 다른 수평면으로 가는 물의 흐름을 조절하기 위해 다듬은 돌을 매우 정교하게 맞추어 만든, 구불구불한 수로다. 그리고 이는 어떤 공정상의 기법을 시사한다. 아마도 광석을 세광(洗鑛)하는 데 흐르는 물을 사용한 것이 아니었을까?

아카파나에서 그러한 공정이 이루어졌으리라는 것은 그 표면과 '저수지'에서 파낸 흙 속에서 검푸르고 둥근 자갈이 다수 발견됐다는 사실로 더욱 뒷받침된다. 자갈은 2센티미터에서 5센티미터의 크기였다. 포스난스키는 그것들이 결정체라고 판단했지만 우리가 아는 한 그나 다른 사람들도 이 동그란 물건이 무엇이고 어디서 왔는지를 판단할 수 있는 추가 테스트는 실시하지 않았다.

유적지 중앙에 좀 더 가까운 한 구조물은 지하 내지 반지하 부분들이 매우 많아 포스난스키는 그것이 무덤용으로 마련된 구역이라고 생각했다. 유적지 곳곳에는 지하 수로로 만들기 위해 잘라놓은 돌 토막 파편들이 널려 있었다. 그것들은 매우 어지럽게 널려 있어서 포스난스키는 보물 사냥꾼들뿐만 아니라 크레키 드 몽포르(Créqui de Montfort)가 이끈 이전 발굴 팀까지 싸잡아 비난했다. 포스난스키에 따르면 몽포르는 1903년에 발굴을 하면서 유적들을 마구 파헤치고 거치적거리는 것은 무엇이든 파괴했으며 유물들을 가져갔다는 것이다. 이 프랑스 탐사대의 발견물들과 결론에 대해서는 조르주 쿠르티(Georges Courty)의 책과 1908년 아메리카 연구자 국제회의에서 행한 마누엘 곤살레스 데 라 로사(Manuel Gonzáles de la Rosa)의 강연에 언급돼 있다. 그들 발견의 핵심은 "두 개의 티와나쿠가 있었다"는 것이다. 하나는 보이는 유적이고, 다른 하나는 지하의 보이지 않는 유적이었다.

포스난스키는 휘저어놓은 이 구조물의 지하 부분들 가운데서 그가 발견한 암거와 수로, 아카파나의 꼭대기에 있는 수문 등을 직접 묘사하고, 암거가 몇 개의 수평면을 흘러 아마도 아카파나로 이어지고 서쪽(호수 쪽)의 다른 지하 구조물들과 연결됐을 것이라고 판단했다. 그는 그 솜씨의 정교함에 놀라움을 금할 수 없어 일부 지하 및 반지하 구획들을 말과 그림으로 묘사했다. 【그림 115a/b】 마름돌이 단단한 안산암(安山巖)으로 만들어졌고 이 구획들이 완전히 방수가 됐다는 점도 놀라운 일이었다. 모든 틈과 특히 커다란 석판 지붕에는 5센티미터 두께의 진짜 석회층이 덮여 있었다. 그것이 그곳을 "완전히 방수가 되게" 했다.

포스난스키는 이렇게 썼다.

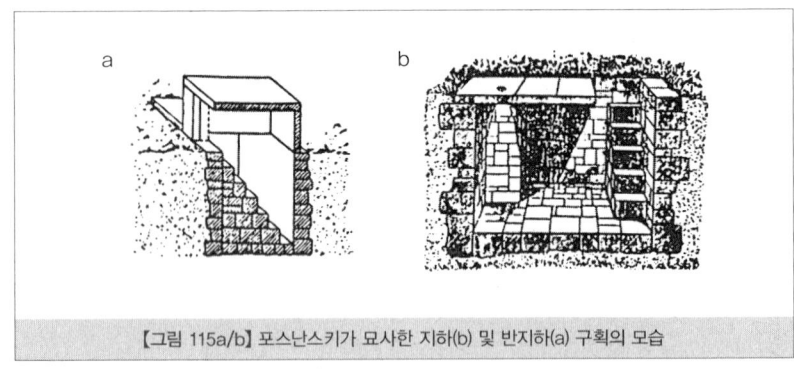

【그림 115a/b】 포스난스키가 묘사한 지하(b) 및 반지하(a) 구획의 모습

우리가 알기에 선사 시대 아메리카의 건축에서 석회를 쓴 것은 이것이 최초였고 유일한 사례였다.

그는 이 지하의 방에서 무슨 일을 했고 그것들이 왜 그토록 특별하게 지어졌는지에 대해서는 말하지 못했다. 그는 아마도 거기에 보물이 있었는데 오래 전에 보물 사냥꾼들이 가져간 듯하다고 말했다. 사실 그가 이 방들 일부를 발굴하자마자 "그곳은 우상 파괴를 내세우는 당시 티와나쿠의 혼혈인들에 의해 털리고 강탈당했던 것"이다. 그가 발굴했거나 그 유적지에 흩어져 있음을 확인한 것 외에도, 온갖 모양과 크기의 석제 암거 상당수가 인근 교회와 다리와 현대 철도의 다리들에서도 볼 수 있었고 심지어 라파스에까지도 옮겨져 이용됐다. 그것은 티와나쿠에 방대한 지상 및 지하 수로 시설이 있었음을 시사한다. 그리고 포스난스키는 『티와나쿠의 수로 시설 Hydraulic Works in Tihuanacu』이라는 그의 마지막 저작의 한 장을 이 문제에 할애했다. 최근의 발굴들로 석제 암거들과 수로들이 더 발굴돼 포스난스키의 결론을 확인해 주었다.

티와나쿠에 있는 두 번째 걸작 건축물은 많은 발굴이 필요치 않았다.

【그림 116】 티와나쿠 '태양의 문'의 앞(위)과 뒤(아래)

【그림 117】 '태양의 문' 앞면 위쪽의 확대 사진

그것은 모두가 볼 수 있도록 거기에 장엄하게 서 있었기 때문이다. 그것은 '개선문'처럼 그 유적지 평원 위에 솟아 있는 돌로 만든 거대한 문이었지만, 아무도 그 사이로 행진하지 않았고 아무도 구경하며 갈채를 보내지 않았을 뿐이다. 【그림 116】

그것은 '태양의 문'으로 알려졌는데, 포스난스키는 그것을 이렇게 묘사했다.

(그것은) 가장 완벽하고 중요한 건축물이며 (…) 문화를 지닌 사람들과 그 지도자들의 지식과 문명의 유산이자 그들에 대한 명쾌한 증언이다.

그것을 본 모든 사람들은 이를 인정하지 않을 수 없다. 그것이 하나의 돌 토막을 깎아 만들었다는 사실뿐만 아니라 거기에 새겨진 복잡하

【그림 118】 위라코차로 보이는 '태양의 문' 주인공의 모습

고도 숨이 멎을 듯한 조각들 때문에도 놀라운 것이기 때문이다. 그 돌은 가로 6미터, 세로 3미터의 크기에 무게는 100톤이 넘는다.

  문의 앞면 아래쪽과 뒷면에는 홈이 파인 부분이 있고, 기하학적인 구멍들과 표면의 조각들이 있다. 그러나 놀라운 것은 문 앞면 위쪽의 새겨진 부분에 있다. 【그림 117】 주인공은 돋을새김으로만 처리됐음에도 거의 삼차원적으로 묘사됐고, 그 주위에는 세 줄의 날개 달린 수행원들이 있다. 맨 아래 줄에는 주인공의 얼굴만 그리고 굽은 무늬로 테를 둘러 구성을 마무리했다.

  두드러져 보이는 주인공이 위라코차의 모습이라는 데는 견해들이 대체로 일치한다. 그는 오른손에 홀(笏) 또는 무기, 왼손에 가지가 쳐진 번개를 들고 있다. 【그림 118】 이 그림은 남부 페루와 그 주변 지역의 병들과 직물들, 그리고 공예품들에 나오며, 학자들이 티와나쿠 문화라고 부

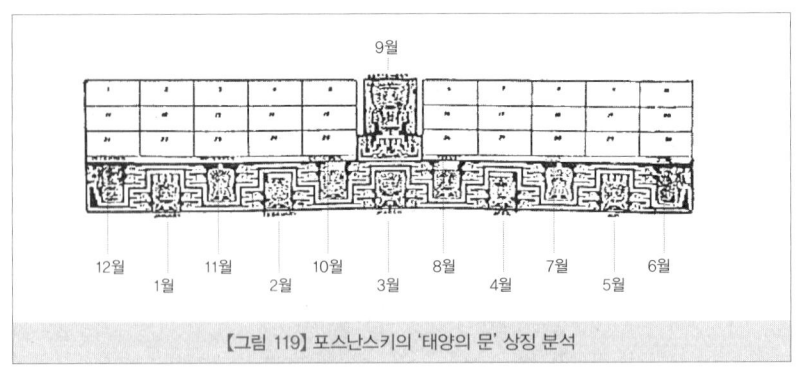

【그림 119】 포스난스키의 '태양의 문' 상징 분석

르는 문화의 확산 범위를 알려준다. 이 신 주위에는 날개 달린 수행원들이 있는데, 가로로 세 줄이 늘어서 있고 각 줄에는 주인공의 좌우로 각각 여덟 명씩 배치돼 있다. 포스난스키는 각 줄의 주인공 좌우 각각 다섯 번째까지만 신과 마찬가지로 뚜렷한 돋을새김으로 처리됐음을 지적했다. 양쪽 가에 있는 나머지들은 추가로 희미하게 새겨졌다.

그는 주인공과 그 아래의 굽은 무늬, 그리고 주인공 양쪽에 각각 열다섯 개씩 있는 본래 공간을 그려본 뒤 이것이 춘분(남반구의 9월)에 시작하는 열두 달짜리 1년의 책력이라고 결론지었다.【그림 119】그리고 신의 전신상으로 나타나는 커다란 주인공은 바로 그 9월과 춘분을 나타낸다는 것이다. 춘·추분은 1년 중 밤과 낮의 길이가 똑같은 때를 가리키기 때문에, 그는 굽은 무늬 줄의 중앙, 주인공 바로 아랫부분은 밤과 낮이 똑같은 또 하나의 날이 들어 있는 3월을 나타낸다고 추정했다. 그는 이어지는 나머지 달들을 굽은 무늬 줄의 다른 부분들에 차례로 할당했다. 그는 양쪽 끝 부분이 신의 머리와 그가 들고 있는 것을 그리고 있기 때문에 이 부분들은 태양이 가장 멀리 간 하·동지인 12월과 6월이라고 주장했다. 사제들이 태양을 돌아오게 하기 위해 나팔을 울리는 때다.

다시 말해서 '태양의 문'은 돌에 새긴 책력이었던 것이다.

포스난스키는 이 책력이 태양력이었다고 추측했다. 그것은 책력의 시작인 춘분을 그려 넣었을 뿐만 아니라 추분과 하·동지도 표시했다. 그것은 각기 30일(굽은 무늬 위의 날개 달린 수행원 수)씩인 열한 달에 35일짜리 '큰 달', 곧 '위라코차의 달'을 더해 365일의 태양년을 나타내는 달력이었다.

그는 춘분에 시작하는 열두 달짜리 태양력이 서기전 3800년 무렵 수메르의 니푸르에서 시작된 근동 책력이었음을 지적했어야 했다.

신의 모습과 날개 달린 수행원들 및 달을 표시하는 얼굴들의 모습은 자연 속의 실재를 그린 듯한데, 사실은 각기 독자적인(주로 기하학적인 모양의) 여러 요소들로 이루어졌다. 포스난스키는 이들 서로 다른 구성 요소들을 집중적으로 연구했다. 이들은 다른 기념물들과 석조 조각들, 도자기 제품들에도 나타난다. 그는 이들을 그것이 그리고 있는 대상(동물·물고기·눈·날개·별 등)이나 나타내고 있는 관념(지구·하늘·움직임 같은 것)에 따라 그림문자별로 분류했다. 그는 여러 가지 방식과 색깔로 그려진 원들과 타원체들을 태양·달·행성·혜성과 기타 천체들을 나타내는 것으로 보았다. 【그림 120a】 지구와 하늘 사이의 연결도 자주 묘사된 것으로 나타났다. 【그림 120b】 그리고 두드러진 상징은 십자가와 계단이었다. 【그림 120c/d】 포스난스키는 마지막의 '계단'이 티와나쿠와 그 기념물들, 그리고 그 근원 문명의 '표상'이라고 보았다. 바로 그 문명에 의해 이 상징이 아메리카 여러 지역으로 퍼져 나갔다고 그는 생각했다. 그는 이것이 메소포타미아의 지구라트를 바탕으로 한 그림문자임을 인정했지만, 그렇다고 티와나쿠에 수메르인들이 있었다고는 생각지 않는다고 지적했다.

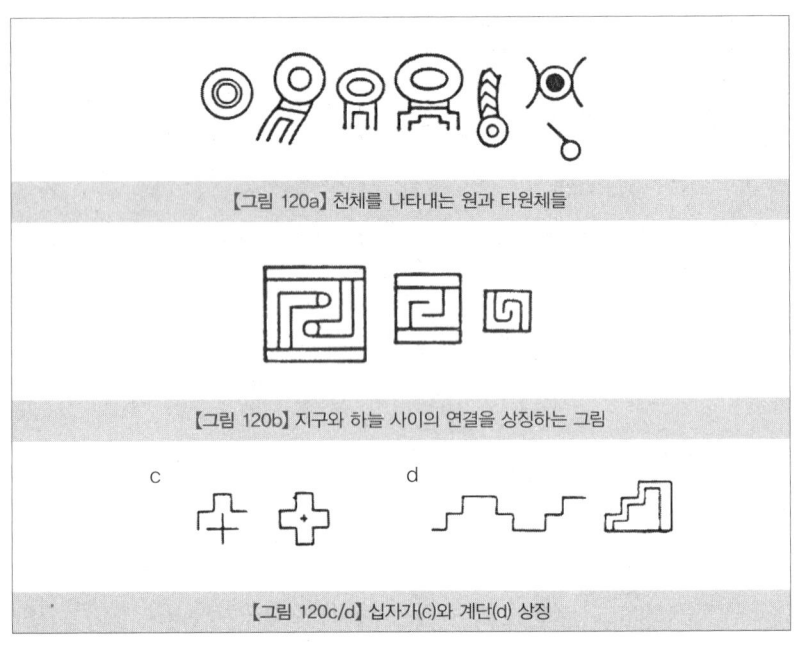

【그림 120a】 천체를 나타내는 원과 타원체들

【그림 120b】 지구와 하늘 사이의 연결을 상징하는 그림

【그림 120c/d】 십자가(c)와 계단(d) 상징

이 모든 것은 '태양의 문'이 관측소로서의 목적과 기능을 지닌 티와나쿠의 거대 구조물 단지의 일부였음을 포스난스키가 점점 더 인식하고 있었다는 보강 증거다. 그리고 그것은 그로 하여금 자신의 가장 중요하고, 결국 드러나게 되는 대로 가장 논란이 많은 작업과 결론으로 이끌게 되는 것이다.

우상파괴속죄위원회는 에스파냐인들이 그런 분명한 목적으로 설립한 것인데, 일부에서는 그것이 보물 사냥의 위장막이었다고 의심하기도 한다. 그 공식 기록들은 위원회 사람들이 1625년에 티와나쿠에 도착했음을 확인하고 있다. 파블로 호세 데 아리아가(Pablo José de Arriaga, 1564~1622) 신부의 1621년 보고서에는 부수고 녹이고 태워 없앤 5,000여 점의 '우상 숭배 물품'이 나열돼 있다. 그들이 티와나쿠에서 어떤 일을 했는지는 분명치 않다. '태양의 문'은 초기 사진들에서 볼 수 있는 바와 같이 윗부분이 둘로 쪼개져 오른쪽 부분이 위험스럽게 왼쪽 부분에 기대어 있는 상태로 19세기에 발견됐다.

그것이 언제 누구에 의해 바로잡혀 본래의 모습을 되찾았는지는 미스터리다. 그것이 어떻게 해서 둘로 쪼개졌었는지도 알 수 없다. 포스난스키는 그것이 위원회의 소행이라고는 생각지 않았다. 오히려 이 문은 넘어지고 흙에 덮여 위원회 열성파들이 도착했을 때 보이지 않고 숨겨져 있었기 때문에 화를 면했다고 그는 생각한다. 그것은 분명히 다시 세워진 것이기 때문에 일부에서는 그것이 본래 자리에 섰는지 의문을 품었다. 이 문은 본래 넓은 평원에 홀로 서 있는 외로운 건축물이 아니라 그 바로 동쪽에 있던 거대한 구조물의 일부였음을 깨달았기 때문이다. 칼라사사야(Kalasasaya)라 불리는 그 구조물의 모양과 규모는 여러 개의 우뚝 선 돌기둥(그 이름이 의미하는 바대로 '서 있는 기둥들'이다)에 의해 윤곽 지워지는데, 그것이 가로 140미터, 세로 120미터에 이르는 네모난 울타리를 이루고 있다. 이 구조물의 중심선은 동-서 축인 듯했기 때문에 일부에서는 이 문이 지금처럼 울타리의 서쪽 벽 북쪽 끝이 아니라 중앙에 서 있어야 하는 것이 아닌지 의문스러워했다.

이전에는 이 바윗돌의 엄청난 무게 때문에 그것이 거의 60미터나 옮겨졌다는 생각 자체를 부정했는데, 이제는 고고학적 증거들에 따라 그것이 현재의 위치에 서 있었던 것임이 분명해졌다. 서쪽 벽의 중앙에는 층층대가 있고 그 층층대의 중심은 칼라사사야의 동-서 축에 맞추어져 있기 때문이다. 포스난스키는 이 중심선을 따라가면서 여러 가지 돌들, 특히 천문 관측을 할 수 있도록 새겨진 것들을 찾아냈다. 그리고 칼라

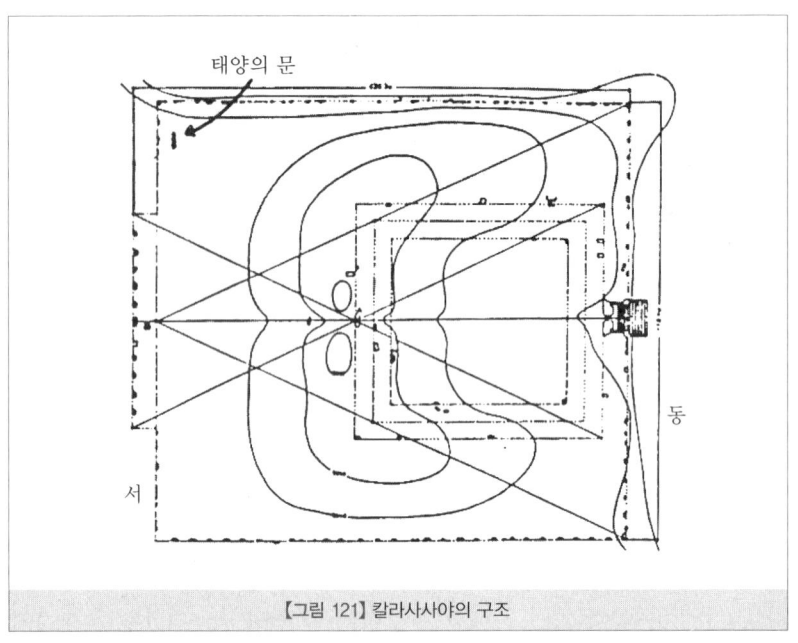

【그림 121】칼라사사야의 구조

사사야가 정교한 천문 관측소라는 그의 결론은 지금 사실로 받아들여지고 있다.

  칼라사사야의 가장 분명한 고고학 유적은 희미하게 네모꼴의 담을 이루며 서 있는 돌기둥들이었다. 한때 연속된 담을 이루는 한 축이었던 기둥들이 모두 남아 있는 것은 아니지만, 그 숫자는 태양년과 태음월의 날짜 수와의 관련을 시사한다. 특히 포스난스키의 주목을 끈 것은 서쪽 벽 중앙에서 튀어나온 층층대를 따라 서 있는 열한 개의 돌기둥들이었다. 【그림 121】 그는 특별히 놓인 관측용 돌들을 따라 이어진 시선과 구조물의 위치 설정, 그리고 기본 방향에서 의도적으로 약간 기울어진 상황 등을 측정해 본 뒤 칼라사사야가 춘·추분 및 하·동지의 정확한 확인을 위한 초현대적인 천문학 지식을 지닌 사람들이 건설했음을 확신했다.

에드문트 키스가 포스난스키의 작업과 자신의 측정 및 평가를 기초로 『티와나쿠의 '태양의 문' *Das Sonnentor von Tiwanaku und Hörbigers Welteislehre*』(1937)에서 그린 건축 도면은 울타리 안의 구조물을 속이 빈 계단식 피라미드로 그리고 있다(아마 그것이 맞을 것이다). 그 외벽이 계단식으로 솟아 있어 중앙의 네모난 노천 안뜰을 감싸고 있는 형태의 구조물이다. 커다란 중심 계단은 동쪽 벽의 중앙에 나 있다. 중심 관측 지점은 '피라미드'의 서쪽 끝을 이루는 두 개의 넓은 층층대 중앙이었다. 【그림 122】

포스난스키가 폭발성이 있는 가장 놀라운 발견을 한 것은 바로 이 부분에서였다. 그는 하지점과 동지점 사이의 거리와 각도를 측정해 보고, 칼라사사야의 천문학적 배치의 기초가 된 태양에 대한 지구의 기울기가 현재 우리 시대의 23.5도와 맞지 않음을 발견했다.

그가 발견한 칼라사사야의 천문 관측 시선 설정을 위한 황도경사각(그것이 과학 용어다)은 23도 8분 48초였다. 1911년 파리에서 열린 국제천문력(天文曆)회의에서 천문학자들이 채택한 공식은 유적지의 지리적 위치와 고도를 감안한 것인데, 여기에 따르면 이런 수치는 칼라사사야가 서기전 15000년 무렵에 건설됐음을 의미하는 것이었다!

포스난스키는 티와나쿠가 세계에서 가장 오래된 도시이고 "대홍수 이전에 건설된 곳"이라고 밝힘으로써 어쩔 수 없이 당시 과학계의 분노를 샀다. 당시에는 막스 울레의 이론에 따라 티와나쿠가 서력기원 시작 무렵 어느 때에 건설됐다고 생각했었기 때문이다.

황도경사각은 일부 포스난스키 비판자들이 그랬듯이 세차 운동이라는 현상과 혼동하면 안 된다. 세차 운동은 특정 시기, 예컨대 춘분에 태양이 뜨고 움직이는 배경의 별들(별자리)을 바꾼다. 그 변화는 작기는 하

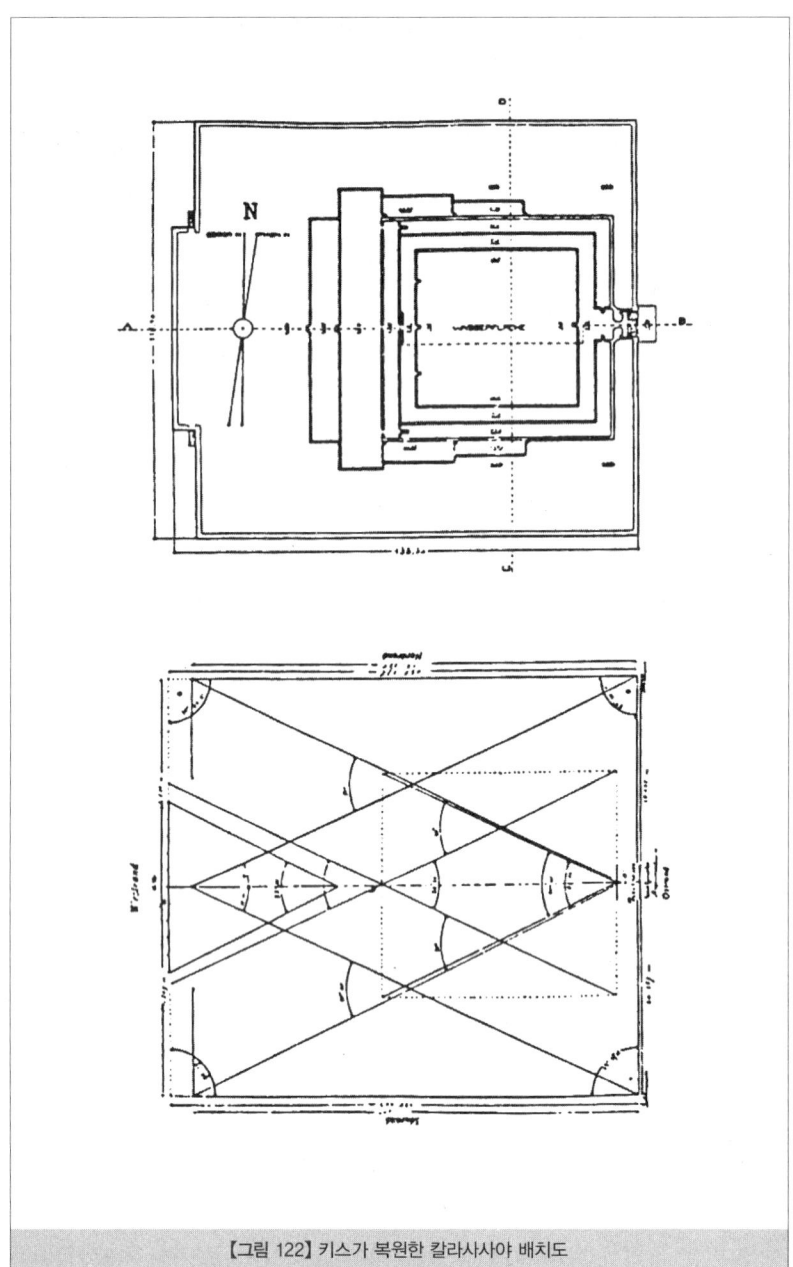

【그림 122】 키스가 복원한 칼라사사야 배치도

지만 72년 만에 1도 꼴로 쌓아올려 져서 ,160년에 30도까지 올라가 하나의 황도궁을 완전히 지나게 된다. 황도경사각의 변화는 배의 요동과도 같은 지구의 미세한 흔들림 때문에 생기며, 지평선을 올리거나 내린다. 지구가 태양에 대해 기울어져 있는 이런 각도는 약 7,000년에 1도 정도 변화한다.

포스난스키의 발견에 흥미를 느낀 독일천문위원회는 페루와 볼리비아에 조사단을 파견했다. 포츠담천체물리천문대 소장 한스 루덴도르프(Friedrich Wilhelm Hans Ludendorff, 1873~1941) 교수와 본(Bonn)천문대 소장이자 바티칸 명예 천문학자인 아르놀트 콜쉬터(Ernst Arnold Kohlschütter, 1883~1969) 교수, 그리고 포츠담천문대 소속 천문학자 롤프 밀러 박사 등이 참여했다. 그들은 1926년 11월부터 1928년 6월까지 티와나쿠에서 측정과 관찰을 했다.

그들이 조사하고 측정하고 직접 관찰해 본 결과, 무엇보다도 먼저 칼라사사야가 정말로 천문학 및 책력을 위한 관측소였음이 확인됐다. 예컨대 그들은 서쪽 층층대가 그것을 따라 늘어선 열한 개 기둥의 폭과 그들 사이의 거리, 그리고 그들의 위치로 인해 동지-춘분-하지-추분 사이의 약간씩 다른 날수를 감안한 태양의 계절적인 움직임을 정확히 측정할 수 있게 해준다는 사실을 발견했다.

게다가 그들의 연구는 가장 논란이 많은 부분에서 포스난스키가 기본적으로 옳았음을 확인했다. 칼라사사야의 천문학적 배치가 근거로 삼은 황도경사각은 정말로 우리 시대의 경사각과 전연 달랐다. 아마도 고대 중국 및 그리스에서 관측된 황도경사각 해명에 도움을 줄 수 있을 듯한 자료들에 근거해 천문학자들은 상하 요동 곡선이 단지 수천 년 정도만 거슬러 올라가 적용할 수 있다고 확신했다. 이 천문학 팀은 그 결과가 정말로 서기전 15000년 무렵의 것일 수 있지만, 사용된 곡선에 따라서는 서기전 9300년의 것일 수도 있다고 결론지었다.

말할 것도 없이 뒤의 연대조차도 과학계로서는 도저히 받아들일 수 없는 것이었다. 비판에 굴복한 롤프 뮐러는 티와나쿠의 포스난스키와 협력해 페루 및 볼리비아에서 추가 연구를 진행했다. 그들은 어떤 변수를 고려한다면 결과가 달라질 수 있음을 발견했다. 우선 하·동지점 관측이 포스난스키가 가정한 곳이 아니라 다른 가능한 곳에서 이루어졌다면 하·동지점 사이의 각도는(따라서 황도경사각은) 약간 달라지리라는 것이었다. 또한 고대의 천문학자들이 하·동지의 순간을 태양이 지평선 위에 있을 때로 잡았는지, 걸쳐 있을 때로 보았는지, 아니면 완전히 진 다음으로 보았는지는 어떤 근거를 가지고 말할 수 없다. 뮐러는 이 모든 변수들을 검토하고 유력 과학 잡지 《배셀러 아르치프 *Baesseler Archiv*》(14호)에 최종적인 보고서를 게재했다. 여기서 그는 모든 가능성을 거론한 뒤 24도 6분이 가장 정확한 것으로 받아들여질 수 있다면 황도경사각 곡선은 서기전 10000년이나 서기전 4000년에 이 수치를 나타냈을 것이라고 결론지었다.

포스난스키는 제23차 아메리카 연구자 국제회의에서 이 주제에 관한 강연을 해달라는 초청을 받았다. 그는 정확한 경사각이 24도 6분 52.8초라고 보고 서기전 10150년과 서기전 4050년 가운데서 선택하는 일만 남겼다. 그는 이것이 '어려운 문제'임을 인정하고 추가적인 연구가 필요하다는 데 동의함으로써 문제를 보류해 두었다.

비록 바로 티와나쿠를 대상으로 한 것은 아니었지만 그러한 연구들은 실제로 이루어졌다. 우리는 이미 잉카의 책력이 '시작의 날'을 양자리 시대가 아니라 황소자리 시대로 제시하고 있음을 살펴본 바 있다.

앞서 말했듯이 뮐러 자신은 코스코와 마추픽추 거석 유적의 대략적인 연대가 서기전 4000년이라는 결론에 도달했다. 그리고 우리는 또한 마리아 슐텐 데 데브네트가 행한 완전히 맥락이 다른 조사에서 '위라코차의 좌표'가 24도 8분의 기울기와 이에 따른 서기전 3172년이라는 연대(그녀의 계산에 따른 것이다)를 확인해 주고 있음을 인용한 바 있다.

직물이나 미라 싸개, 항아리 등 위라코차의 모습을 담은 유물들이 남부 페루 전역에서 더욱 많이 발견되고 더욱 남쪽이나 북쪽에서도 발견됨에 따라 다른 비(非)티와나쿠 자료들과의 비교가 이루어질 수 있었다. 이를 근거로 해서 웬들 베넷 같은 완고한 고고학자들조차도 티와나쿠의 연대를 계속 끌어올려 서기 제1천년기 중반에서 거의 서기전 제1천년기 시작 무렵으로까지 수정했다.

그러나 방사성탄소 연대 측정은 일반적으로 받아들여지는 연대를 점점 더 끌어올렸다. 1960년대부터 볼리비아의 티와나쿠고고학연구센터(CIAT)는 이 유적지에 대한 체계적인 발굴과 보존 작업을 펼쳤다. 그 첫 번째 주요 사업이 칼라사사야 동쪽 함몰지에 있는 '작은 신전'의 완전한 발굴 및 복원이었는데, 거기서 많은 석상과 석조 두상이 발견됐다. 아마도 봉헌 의례에 쓰였던 듯한 반지하 안뜰도 발견됐는데, 그 주위에 석벽이 둘러쳐져 있었고 석조 두상들은 그 벽에 끼워져 있었다. 차빈데완타르에서와 같은 방식이었다. 볼리비아 국립고고학연구소의 카를로스 폰세 산히네스 소장이 쓴 1981년의 공식 보고서 『티와나쿠 반지하 신전에 대한 개설 *Descripción Sumaria del Templete Semisubterráneo de Tiwanaku*』은 이곳에서 발견된 유기물 샘플의 방사성탄소 연대 측정에서 서기전 1580년이 나왔다고 밝혔다. 이에 따라 폰세 산히네스는 그의 종합적인 연구인 『볼리비아 고고학 파노라마 *Panorama de la Arqueología Boli-*

viana』에서 그 시기를 티와나쿠의 최고(最古) 단계의 시작으로 보았다.

그러한 방사성탄소 연대는 그 유적지에서 발견된 유기물의 연대를 나타내는 것이지만, 유적지를 구성하고 있는 석조 구조물들이 더 오래된 것일 가능성을 배제하는 것은 아니다. 실제로 폰세 산히네스 자신도 후속 연구 『티와나쿠 : 우주·시간·문화 Tiwanaku : Space, Time and Culture』에서 흑요석수화(水和) 측정법*이라는 새로운 연대 측정법으로 칼라사사야에서 발견된 흑요석 제품들을 측정해 서기전 2134년이라는 더 이른 수치를 얻었다고 밝혔다.

이런 맥락에서 『잉카의 설화』 같은 후안 데 베탄소스의 저작들을 읽으면 흥미롭다. 아부 콘틱시 위라코차(Apu Qun Tiqsi Wiraqucha)라는 족장의 지휘 아래 티와나쿠에 처음 정착이 이루어질 때의 이야기다.

그는 여러 사람과 함께였다. (…) 그는 늪에서 나온 뒤 그 근처의 한 곳으로 갔는데, 거기에 오늘날 티와나쿠라 불리는 마을이 들어섰다. 콘틱시 위라코차의 백성들이 그곳에 정착하고 난 뒤 그 땅에 어둠의 날이 있었다고 그들은 말한다. (그러나 위라코차는) 태양에게 지금 움직이는 길을 따라 움직이도록 명령했다. 갑자기 그는 태양으로 하여금 낮을 시작하게 했다.

태양이 멈춰 서는 바람에 생긴 어둠과, 움직임이 재개돼서 "낮이 시작된 것"은 의문의 여지 없이 우리가 지구 양쪽 편에서 서기전 1400년 무렵에 일어났다고 한 바로 그 사건에 대한 기억이다. 베탄소스의 민간 전승 기록에 따르면 신들과 인간들은 이른 시기부터 이미 티와나쿠에서

---

*흑요석이 토양 속의 수분을 흡수해 화학 변화를 일으켜 생긴 수화 층의 두께를 측정함으로써 흑요석의 가공 연대 또는 석기나 석물의 가공 연대를 추정하는 방법. (옮긴이)

살고 있었다. 아마도 고천문학 데이터가 시사하는 만큼 일찍부터였는지도 모른다.

그러나 왜 이곳에, 그 이른 시기에 티와나쿠가 건설됐을까?

최근 고고학자들은 멕시코의 테오티와칸과 볼리비아의 티와나쿠 사이에서 비슷한 건축 형태가 있었음을 발견했다. 호세 데 메사(José de Mesa)와 테레사 히스베르트(Teresa Gisbert)는 『티와나쿠의 피라미드 아카파나 Akapana, la Pirámide de Tiwanacu』에서 아카파나는 테오티와칸에 있는 '달의 피라미드'와 같은 돌출된 진입로를 지닌 네모꼴의 기초 계획을 가지고 있었다고 지적했다. 바닥 크기는 이 피라미드와 거의 같고, '태양의 피라미드'의 처음 모습과 같은 높이(약 15미터) 및 그와 같은 높이-폭 비율이다. 테오티와칸과 그 건축물들의 본래(그리고 실제) 목적이 두 피라미드의 안과 옆에 있는 이 유적지의 수로 시설에 나타나 있다는 우리 자신의 결론을 감안하면, 아카파나 내부 및 티와나쿠 전체의 수로가 중심적인 역할을 담당했음을 알 수 있다. 티와나쿠는 그곳에 처리 시설로 만들어졌던 것일까? 그리고 그렇다면 무엇을 처리한 것일까?

『티와나쿠 유적 The Ruins of Tiahuanaco』 등을 쓴 딕 이바라 그라소(Dick Edgar Ibarra Grasso)는 푸마풍쿠 지역을 포함하는 광역 티와나쿠를 상정하는 데 동의했다. 테오티와칸의 '죽은 자의 거리'와 달리 동-서 중심축을 따라 몇 킬로미터에 걸쳐 뻗쳐 있고 몇 개의 남-북 간선 도로가 있는 형태다. 호수 끝의, 키스가 부두라고 생각한 곳에서는 구불구불 쌓은 거대한 옹벽들이 있었다는 고고학적 증거들이 나왔다. 짐을 실은 원양 선박이 정박할 수 있는 실제 부두였을 수 있는 것이다. 그렇다면 티와나쿠에서는 무엇을 들여오고 무엇을 실어 보냈을까?

이바라 그라소는 포스난스키가 아카파나에서 발견한 "작고 푸른 자갈들"을 티와나쿠의 다른 곳에서 발견했다고 밝혔다. 남쪽에 있는 아카파나 식의 작은 피라미드 유적에서 그것을 보호하는 역할을 했던 뭉우리돌들이 푸른색으로 변했고, 칼라사사야 서쪽 반지하 구조물들에서나 푸마풍쿠 유적지 거의 대부분의 곳에서도 마찬가지였다.

중요한 것은 푸마풍쿠 부두의 옹벽에 있는 뭉우리돌들 역시 푸르게 변했다는 것이다. 그것이 의미하는 바는 오직 한 가지다. 바로 구리에 노출됐다는 것이다. 돌과 흙에 푸른빛이 돌게 하는 것은 산화(酸化)된 구리이기 때문이다. 산화된 철이 있으면 적갈색을 띠게 되는 것과 마찬가지다.

그렇다면 티와나쿠에서 구리가 처리됐을까? 아마도 그럴 것이다. 그러나 그럴 경우 좀 더 접근하기 쉽고 구리 산지와 가까운 곳에서 좀 더 합리적으로 처리될 수도 있었을 것이다. 구리는 티와나쿠로 들여온 것이지 거기서 나간 것이 아닌 듯하다.

티와나쿠가 무엇의 산지였는지는 그 지역 '티티카카'라는 이름 자체의 의미를 보면 분명해질 것이다. 이 호수 이름은 코파카바나 반도 바로 앞에 떠 있는 두 섬 가운데 하나의 이름에서 나왔다. 전설에 따르면 대홍수 뒤 태양이 나타나자마자 햇볕이 내리쬐었다는 신성한 바위 티티칼라(Titikalla)가 있는 곳이 바로 이 티티카카 섬이다. 그래서 그곳은 '태양의 섬'으로도 알려져 있다. 위라코차는 바로 그 신성한 바위에서 만코 카팍에게 신의 지팡이를 주었다.

그렇다면 이 모든 이름들의 의미는 무엇일까? 티티(Titi)는 아이마라어로 어떤 금속의 이름이었다. 언어학자들에 따르면 바로 납이나 주석 같은 것이다.

우리는 '티티칼라'가 '주석 바위'를 의미한다고 본다. '티티카카'는 '주석의 돌'이다. 그리고 티티카카 호는 주석의 원천이 되는 호수다.

　주석, 그리고 청동이라는 제품을 만들어내기 위해 테오티와칸은 건설됐다. 그 유적들이 아직도 매력을 발산하고 있는 바로 그곳에 건설된 것이다.

11 금덩이가 나는 땅

금덩이가 나는 땅

우즈(Uz, 우스) 땅에 욥(Job)이라는 사람이 살고 있었다.
그는 흠이 없고 정직했으며
하느님을 경외하고 악을 멀리하는 사람이었다.
_「욥기」1:1

욥은 자손이 번성했고, 양과 소도 수천 마리나 됐다. 그는 "동쪽 땅에서 으뜸가는 사람"(「욥기」1:3)이었다.

하루는 신들의 아들들이 야웨를 뵈러 왔는데
사탄도 그들 무리에 끼어 있었다.
야웨께서 사탄에게 물으셨다.
"어디를 갔다 오는 길이냐?"
사탄은 이렇게 대답했다.
"지구를 이리저리 돌아다니다가 오는 길입니다." _「욥기」1:6~7

구약의 욥 이야기는 이렇게 시작한다. 그는 정직한 사람으로, 사탄이 하느님에 대한 인간 믿음의 한계가 어디까지인지 시험할 대상으로 선택됐다. 재앙이 잇달아 닥치자 욥은 하느님의 처사에 대해 회의를 품기 시작했다. 그때 그의 친구 셋이 그를 위로하고 다독이기 위해 먼 곳으로부터 찾아왔다. 욥이 신의 지혜에 대한 자신의 불만과 의문을 이야기하자 친구들은 하느님만이 알고 있는 천상과 지상의 여러 가지 놀라운 일들을 지적했다. 그 가운데 금속과 그 산지에 대한 경이로움, 그리고 땅속 깊은 곳에서 그것을 찾아내고 채취하는 일의 정교함 등에 관한 내용이 있다.

분명히 은이 나는 곳이 있고
금이 정련되는 곳도 있다.
광석에서 철을 얻는 곳과
돌을 녹여 구리를 얻는 곳이 있다.

그분은 어둠을 이겨내고
깊고 흐릿한 곳에서
유용한 돌들을 찾아낸다.
잊힌 이방인들이 떠도는 곳에서
인적이 드문 곳에서 그는 개천의 물길을 돌린다.

금덩이가 나는 땅이 있다.
그 땅속은 불이라도 난 것처럼 어수선하다.
청록색 돌들이 있는 곳이 있다.

거기에 금이 섞인 광석이 있다.
독수리도 거기에 이르는 길을 알지 못하고
매의 눈도 그것을 분간하지 못했다. (…)

거기서 그분이 화강암에 손을 댄다.
그는 산을 뿌리째 뒤엎는다.
그는 바위에 갱도를 뚫고
모든 진귀한 것들을 그의 눈으로 찾아낸다.
그는 개울의 근원을 막고
숨겨진 것들을 그분이 찾아낸다.

           _「욥기」 28:1~11

인간은 이 모든 곳을 알고 있는가? 욥은 인간이 스스로 모든 야금 과정을 알아냈느냐고 물었다. 그는 세 친구들에게 광물과 금속에 관한 이런 지식들은 정말로 어디서 오는 것이냐고 묻는다.

그러나 지식은 어디에서 찾을 수 있을까?
이해는 어디에서 오는가?
어떤 사람도 그 과정은 알지 못한다.
그 근원은 사람들이 사는 곳에 있지 않다. (…)

순금만이 그것의 모두는 아니다.
은에 있어서 그것은 매우 귀중하다.
그것은 오피르(Ophir, 오빌)의 적금(赤金)에 한정되지도 않으며 값진 홍옥수(紅玉髓)나 청금석(靑金石)도 마찬가지다.
금이나 수정으로 논할 수 없으며
금으로 만든 잔에 가치가 있는 것도 아니다.
흑산호(黑珊瑚)나 설화석고(雪花石膏)는 말할 것도 없다.
지식은 단순한 진주를 훨씬 넘어서는 것이다.

「욥기」 28:12~18

욥은 이 모든 지식이 분명히 하느님으로부터 오는 것임을 인정했다. 자신에게 지식을 주기도 하고 빼앗기도 했으며 다시 줄 능력도 가진 존재 말이다.

하느님만이 그 과정을 아시고
그것이 어떻게 만들어졌는지 아신다.
그분은 지구 끝까지 살필 수 있고
하늘 아래에 있는 모든 것을 볼 수 있기 때문이다.

「욥기」 28:23~24

욥이 그의 세 친구들과 토론하는 데에 채굴의 놀라움에 대한 이야기가 들어간 것은 우연이 아니었을 것이다. 욥이라는 인물 자체의 정체나 그가 살았던 땅에 대해서 알려진 것은 전혀 없지만, 세 친구들의 이름은 얼마간의 실마리를 제공한다. 첫 번째 사람은 남부 아라비아(Arabia)의 테만(Teman, 데만)에서 온 엘리파즈(Elipaz, 엘리바즈/엘리바스)였다. 그의 이름은 '하느님은 나의 진짜 하느님'이라는 뜻이다. 두 번째 사람은 슈아(Shuah, 수아)의 빌다드(Bildad, 빌닷)였다. 슈아는 히타이트 도시 카르케미쉬(Carchemish) 남쪽에 있었던 것으로 생각되는 나라다. 그 땅의 이름은 '깊은 갱도들이 있는 땅'이라는 뜻이었다. 세 번째 사람은 나아마(Na'amah)의 조파르(Zophar, 소바르/소발)였다. 나아마는 구약에 따르면 '모든 대장장이의 우두머리' 투발카인의 누이 이름을 딴 지명이다. 따라서 세 사람은 모두 채굴과 관련된 땅에서 왔다.

 욥은(또는 「욥기」의 작가는) 앞서 얘기한 바와 같은 구체적인 질문들을 던지면서 광물학과 채굴, 그리고 야금 공정에 관해 상당한 지식을 풀어놓는다. 그의 시대는 분명히 인간이 구리 원광(原鑛) 덩어리를 망치로 쳐서 필요한 모양으로 만들어 쓰기 시작한 지 오래 지난 뒤였고, 이미 광석을 채굴한 뒤 녹이고 정련하고 주조해 금속을 얻던 시기로 진입한 때였다. 서기전 제1천년기의 고전 그리스 시대에는 채굴 기술과 금속에 관한 것 역시 자연의 비밀을 벗기는 일로 생각됐다. 금속을 뜻하는 영어 메탈(metal) 자체도 '감춰진 것을 찾고 발견한다'는 뜻의 그리스어 메탈라오(metallao)에서 왔다.

 그리스와 그 뒤를 이은 로마의 시인들과 철학자들은 인간의 역사를 금·은·동(청동)·철의 네 금속으로 상징한 플라톤(Platon)의 분류법을 고수했다. 그 가운데 금의 시대는 인간이 신들과 가장 가까웠던 이상적인 시대로 간주됐다. 다니엘(Daniel)의 환상 속에 나오는 구약의 분류법은 여러 금속 이전에 진흙을 추가해 인간의 진보에 관한 보다 정확한 분석을 해냈다. 오랜 구석기 시대 이후에 근동에서는 서기전 11000년 무렵에 중석기 시대가 시작됐다. 대홍수 직후의 일이다. 그로부터 3,600년쯤 뒤에 근동 사람들은 산악 지역에서 나와 비옥한 강변으로 진출했으며, 농경과 동물 사육, 원광(강바닥에서 덩어리째 발견되는 금속으로, 채굴이나 정련이 필요치 않은 것이다) 사용 등을 시작했다. 학자들은 이를 신석기 시대라 불렀다. 그러나 이 시대는 정말로 진흙이 돌을 대체한 시대였다. 진흙은 도기 등 여러 용도에 쓰였다. 「다니엘서」에서 생각하고 있는 순서와 일치하는 것이다.

따라서 초기의 구리 사용은 구리와 돌의 병용(竝用)이었다. 그렇기 때문에 많은 학자들은 돌의 시대에서 금속의 시대로 넘어가는 과도기를 구리 시대가 아니라 금석병용 시대로 즐겨 부른다. 동(銅)-석(石) 병용인 것이다. 이 구리는 망치로 원하는 모양을 만들거나, 동광석을 일차로 불을 이용해 녹였을 경우 풀림*이라는 과정을 통해 처리한다. 이는 근동의 '비옥한 초승달(Fertile Crescent)'** 지역을 둘러싸고 있는 산악지대에서 시작된 것으로 보이는데, 이 구리의(그리고 결국 금의) 가공술은 그들 특유의 환경 덕분에 가능했다.

금과 구리는 도처에서 '자연 상태'로 발견된다. 땅속 바위 안에 광맥으로뿐만 아니라 덩어리 상태로도(금의 경우 심지어 가루로도) 존재하기에 폭풍우와 홍수, 또는 끊임없는 냇물과 강물의 흐름 같은 자연의 힘이 그것들을 바위에서 풀려나 드러나게 한다. 그러면 자연 속에 있는 금속 덩어리들이 부근의 강바닥 같은 곳에서 발견된다. 그 금속을 물에 씻거나 체로 걸러 진흙과 자갈로부터 분리('선광')한다. 이는 갱도나 굴을 파는 것은 아니지만, 이 방법을 사광(砂鑛) 채광이라 부른다. 전문가들 대부분은 그러한 채광법이 메소포타미아의 비옥한 초승달지대를 둘러싸고 있는 산악 지역과 지중해 동부 연안에서 빠르면 서기전 제5천년기,

---

*금속이나 유리를 일정한 온도로 가열한 다음에 천천히 식혀 내부 조직을 고르게 하고 응력(應力)을 제거하는 열처리 조작. (옮긴이)
**페르시아(Persia) 만 입구에서 출발해 티그리스(Tigris)·에우프라테스 강 유역과 시리아·팔레스티나를 거쳐 이집트의 나일 강 하구에 이르는 초승달 모양의 지역을 일컫는다. 고대 중동 문명의 발상지다. (옮긴이)

늦어도 서기전 4000년 이전에는 틀림없이 이루어지고 있었다고 본다.

이것은 시대를 불문하고 사용된 방법이다. 유명한 19세기 골드러시 때의 '금광업자'들이 금을 찾아 땅속 깊이 파 들어간 진짜 광산업자들이 아니었음을 아는 사람은 많지 않다. 예컨대 남아프리카의 금광업 같은 것은 아니었던 셈이다. 그들은 사실 금덩이와 사금을 찾기 위해 강바닥에서 자갈을 걸러내는 사광 채광을 한 것이었다. 예컨대 캐나다의 유콘(Yukon) 골드러시 때 굴착기 하나와 사금 채취 통 하나, 선광 냄비 하나를 가진 '광산업자'들이 한 해에 100만 온스 이상의 금을 모았다는 기록이 있다. 100년 전 한창때의 일이다. 그러나 실제 생산량은 아마 그 두 배는 됐을 것이다. 오늘날에도 그러한 사금 채취자들이 유콘 강과 클론다이크(Klondike) 강 및 그 지류들의 강바닥에서 해마다 수십만 온스의 금을 찾아내고 있다는 사실이 매우 흥미롭다.

금과 구리는 이렇게 자연 상태에서 얻을 수 있고 특히 금은 구리와 달리 녹슬지 않아 사용하기에 더욱 적합하지만, 그 이른 시기의 근동 사람들이 금을 사용하지 않고 사용 대상을 구리로만 한정시켰다는 것은 특기할 만한 일이다. 이 현상에 대해서는 보통 설명 없이 넘어간다. 그러나 그 설명은 신대륙 사람들에게 익숙한 관념 속에서 찾아야 한다는 게 우리의 생각이다. 금은 신들의 소유인 금속이라는 관념 말이다. 서기전 제3천년기 초나 그보다 몇 세기 전에 금을 사용하게 됐을 때도 그것은 신전(말 그대로 '신의 집')을 꾸미거나 그 안에 있는 신들에게 쓰이는 금 그릇들을 만들기 위한 것이었다. 왕들이 금을 사용하기 시작한 것은 서기전 2500년 무렵부터였으며, 이는 어떤 태도 변화를 시사한다. 그러나 그 까닭에 대해서는 아직 탐구가 이루어지지 않고 있다.

수메르 문명은 서기전 3800년 무렵에 꽃을 피웠다. 그리고 고고학적 증거들을 보면 그것은 북부 및 남부 메소포타미아에서 서기전 4000년에는 이미 시작됐음이 분명하다. 이때는 또한 광석을 처리하고 정교한 야금을 하는 진짜 광산업이 나타난 시기이기도 했다. 그것은(다른 모든 과학도 그렇지만) 고대인들이, 니비루에서 지구로 온 신들인 아눈나키가 자기네들에게 전해주었다고 말하는 선진 지식의 복합체다. 애치슨(L. Aitchison)은 『금속의 역사 A History of Metals』에서 인간의 금속 사용 단계를 검토하면서 서기전 3700년에는 이미 "메소포타미아의 모든 문화가 금속을 기반으로 하고 있었다"며 놀라움을 표시했다. 그는 당시 도달한 금속 가공술의 수준이 "필연적으로 수메르인들의 기술적인 천재성 덕분이었을 것"이라는 분명한 찬사로 마무리 지었다.

그들은 자연 상태의 덩어리로 얻을 수 있는 구리와 금뿐만 아니라 은의 경우와 같이 분명히 바위 속의 광맥에서 캐내거나 납처럼 그 원광을 녹이고 또 정련해야 하는 다른 광물들도 캐내 처리하고 사용했다. 두 가지 또는 그 이상의 금속을 용광로 안에 넣어 화학적으로 결합시키는 합금 기술도 개발됐다. 원시적인 망치질은 주조 기술에 밀려났다. 그리고 신들과 동물들의 조각상이나 신전 집기 같은 아름답고 유용한 물건들을 주조하고 만들어낼 수 있게 하는, 밀랍 주조법(Cire perdue)*으로 알려진 아주 복잡한 공정도 개발됐다. 수메르에서였다. 거기서 만들어진 방법은 전 세계로 퍼졌다. 포브스(R. J. Forbes)는 『고대 기술 연구 Studies in Ancient Technology』에서 이렇게 말했다.

---

*밀랍으로 원하는 모양을 만들고 그 주위에 진흙 등을 발라 구워낸 뒤, 안의 밀랍을 녹이면 도자기 형태의 틀이 만들어지는데, 여기에 녹인 금속을 붓고 식힌 후에 틀을 깨면 원하는 모양의 주물이 만들어진다. 이런 주조법을 밀랍 주조법이라 한다. (옮긴이)

서기전 3500년에는 이미 메소포타미아의 문명*에 야금술이 도입됐다. 이집트에서는 300년쯤 뒤 이 단계에 도달했고, 서기전 2500년까지는 나일 강 중류의 폭포 지역에서부터 인더스 강 유역까지 이르는 모든 지역에서 금속이 일상화됐다. 이때쯤에는 중국에서도 야금이 시작된 듯하지만, 중국인들은 서기전 1800년에서 서기전 1500년 사이의 룽산[龍山] 문화 시기에 이르러서야 비로소 진정한 금속 사용자가 됐다. (…) 유럽에서는 가장 이른 금속 제품도 서기전 2000년 이전으로 올라가기 어렵다.

대홍수 이전에 아눈나키가 니비루에서의 자기네 자신의 필요 때문에 남아프리카에서 금을 캘 때, 녹인 광석은 잠수용 배에 실려 에딘으로 보내졌다. 그들은 지금의 아라비아 해를 항해하고 페르시아 만을 거슬러 올라간 뒤 바드티비라(Badtibira)에 짐을 부려 최종적인 처리와 정련을 하도록 했다. 바드티비라는 대홍수 이전의 '피츠버그(Pittsburgh)'였다. 그 이름은 '야금을 위해 세워진 곳'이라는 뜻이었다. 이 말은 종종 '바드티빌라(Badtibila)'로 쓰기도 했는데, 대장장이의 신 티빌(Tibil)을 기리기 위한 것이었다. 그리고 카인 계통의 대장장이 투발(Tubal)의 이름이 수메르 말에서 왔다는 사실에는 추호의 의문도 있을 수 없다.

대홍수 이후 에딘이 위치해 있던 티그리스-에우프라테스 평원은 엄청난 진흙 속에 파묻혔다. 거의 7,000년이 지나서야 그 평원이 충분히 말라 사람들이 다시 살 수 있게 됐고 수메르 문명을 일으킬 수 있었다. 흙이 마른 이 평원에는 돌도 없었고 광물도 없었지만, 수메르 문명과 그 중심 도시들은 '옛 계획'을 따랐고 수메르의 야금 중심지가 한때 바

---

*그 문명은 서기전 3800년 무렵에 시작됐다.

드티비라가 있었던 곳에 세워졌다. 고대 근동의 다른 지역 사람들이 수메르의 기술뿐만 아니라 그 용어까지 받아들였다는 사실은 고대 야금의 중심지가 수메르였음을 입증한다. 다른 어떤 고대 언어에서도 그렇게 풍부하고 정확한 야금 관련 용어가 발견되지 않는다. 수메르 문서들에서는 처리된 것과 처리되지 않은 것을 망라해서 갖가지 구리(Urudu)를 나타내는 용어가 적어도 30개 이상 발견됐다. 자그(Zag) 또는 간단히 자(Za)를 앞에 붙인 말들이 많이 나오는데 이는 금속이 빛나는 것을 나타내는 말이며, 쿠(Ku)는 금속이나 광석의 순도를 나타내는 말이다. 금과 은, 그리고 구리의 여러 가지 합금에 관한 말들도 있고, 심지어 수메르 전성기보다 1,000년쯤 뒤에나 사용되기 시작한 것으로 생각되는 철의 합금을 나타내는 말도 있다. 그것은 안바르(Anbar)로 불렸는데, 그 자체와 원광의 질에 따라 10여 가지의 말로 불렸다. 어떤 수메르 문서들은 채굴을 통해 얻은 '흰 돌들'과 색깔 있는 광물들과 소금, 그리고 역청질(瀝靑質)의 물질 등에 관한 말들을 나열한 사전이었다. 수메르의 상인들이 곡물과 모직 의류 등 수메르에서 나는 것뿐만 아니라 금속 완제품을 내놓고 아주 먼 금속 산지들과 접촉했던 것은 기록들과 발견들을 통해 알려진 사실이다.

　이 모든 것은 수메르인들의 기술과 천재성에 기인한다고 치더라도, 그들이 썼던 용어들이나 기록한 상징들(처음에는 그림문자였다)이 채굴과 관련된 것이기도 하다는 사실은 설명이 필요한 부분이다. 채굴은 수메르가 아니라 멀리 떨어진 곳에서 이루어진 일이었다. 예컨대 아프리카에서 하는 채굴 작업의 위험성이 「아래 세계로 내려간 인안나(Inanna)」라는 문서에 언급돼 있다. 또 시나이 반도의 광산에서 일하는 처벌을 받은 사람들의 고난이 「길가메쉬 서사시」에 상세히 묘사돼 있다. 길가메

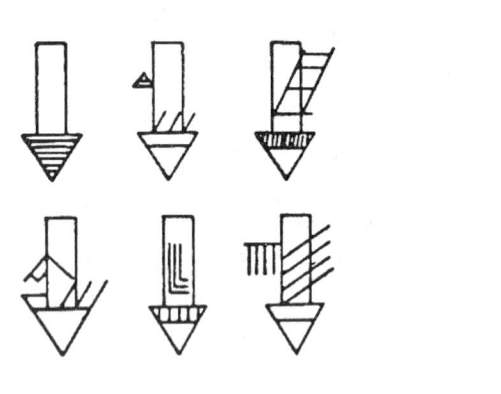

【그림 123】 채굴과 관련된 그림문자들

쉬의 친구 엔키두(Enkidu)가 죽을 때까지 거기서 일하도록 신들로부터 선고를 받은 부분에서다. 수메르의 그림문자 가운데는 채굴과 관련된 인상적인 상징들이 여럿 있다.【그림 123】상당수는 여러 가지 채굴용 갱도를 그 구조나 그 안에서 캐내는 광물에 따라 보여주는 것들이다.

이 모든 광산들이 어디에 위치했는지가 항상 분명한 것은 아니다(분명히 수메르는 아니었다). 많은 지명들이 해독되지 않고 있기 때문이다. 그러나 일부 왕들의 새김글들은 멀리 떨어진 곳들을 나타내고 있다. 그 좋은 예가 서기전 제3천년기 라가쉬(Lagash)의 왕 구데아가 남긴 '원기둥 A'의 16번째 단락이다. 거기서 그는 그의 신을 위해 에닌누(Eninnu) 신전을 짓는 데 사용된 희귀 금속들을 기록하고 있다.

구데아는 금속을 가지고 그 신전을 환하게 지었다.
그는 금속을 가지고 환하게 지었다.
그는 에닌누를 돌로 지었다.

그는 그것을 보석으로 환하게 지었다.

주석을 섞은 구리로 그는 그것을 지었다.

이 땅의 신성한 귀부인의 사제 대장장이가

그 외관을 꾸몄다.

두 뼘의 빛나는 돌로

그는 벽돌을 쌓았다.

밝은 돌 섬록암(閃綠巖)으로 쌓았다.

이 문서의 핵심 구절 가운데 하나는 신전을 세우는 데 "주석을 섞은 구리"를 썼다는 것이다. 구데아는 후손들이 그의 종교적인 업적을 확실히 기억할 수 있도록 하기 위해 이를 '원기둥 B'에서도 되풀이했다. 수메르에는 돌이 부족해 흙벽돌을 만들어내게 됐다. 그것으로 가장 높고 가장 인상적인 건물들을 지은 것이다. 그러나 구데아가 말하고 있듯이 이번에는 특별히 수입해 온 돌들이 사용됐고 심지어 "한 뼘의 섬록암"과 두 뼘의 조금 덜 귀한 돌로 곁에 벽돌 작업을 했다. 이를 위해서는 구리가 그리 좋은 재료는 아니었다. 더 단단한 재료가 필요했다. 고대 세계의 '철'이었던 청동 말이다.

구데아가 올바르게 지적했듯이 청동은 자연적인 요소가 아니라 구리와 주석의 '혼합체'였다. 청동은 구리와 주석을 용광로에서 합금한 것이었고, 따라서 완전히 인공적인 제품이었다. 수메르인들의 개략적인 합금 방식은 1 대 6이었다. 85퍼센트의 구리와 15퍼센트의 주석을 합치는 것인데, 참으로 탁월한 비율이었다. 그러나 청동은 또 다른 측면에서도 기술적인 개가였다. 그것은 오직 주조를 통해서만 모양을 만들 수 있는 것이고, 망치질이나 풀림으로는 만들 수 없었다. 그리고 거기에 사용되는 주석은 용해와 회수라는 공정을 통해 그 원광으로부터 얻어야 했다. 그것은 자연 속에서 본래 상태로는 거의 얻을 수 없는 것이기 때문이다. 그것은 석석(錫石)이라는 원광으로부터 회수해야 한다. 이 광석은 보통 충적광상(沖積鑛床)에서 발견된다. 충적광상은 폭우나 홍수, 눈사태 같은 자연의 힘에 의해 바위 속의 광맥에서 쓸려나온 주석이 쌓인 곳이다. 주석은 석석을 녹여 회수하는데, 회수의 첫 단계에서 언제나 석회석을 함께 사용한다. 관련된 야금 과정에 대한 이런 수박 겉핥기식의 묘사만으로도 청동이 그 처리 과정의 각 단계마다 고도의 야금 지식을 필요로 하는 금속임을 충분히 알 수 있을 것이다.

　문제를 더욱 복잡하게 만드는 것은 그것이 찾아내기도 어려운 금속이라는 점이다. 수메르 부근에 캐낼 수 있는 산지가 있었다 해도(그것조차 확실치는 않지만) 그것들은 곧바로 바닥이 나버렸다. 일부 수메르 문서들은 먼 땅에 있는 두 곳의 '주석 광산'을 언급하고 있는데, 그곳이 어딘지는 분명치 않다. 벤노 란츠베르거(Benno Landsberger, 1890~1968) 같은 일부 학자들은 미얀마·타이·말레이시아 등 동남아시아의 주석 지대 같은 먼 곳을 꼽는 것도 주저치 않고 있다. 그곳은 지금 주석의 주요 산지다. 수메르의 상인들이 이 중요한 금속을 구하기 위해 소아시아의 중개상들을 통해 도나우(Donau, 다뉴브) 강 연안의 주석 산지, 특히 지금 체히(Cechy, 보헤미아Bohemia)와 작센(Sachsen)으로 알려진 지역에까지 손을 뻗쳤음이 확인됐다. 그곳들은 광석이 바닥난 지 오래다. 포브스는 이렇게 말했다.

　서기전 2500년 무렵에 만들어진 우르의 왕실 묘지에서 발견된 것들은 우르의 대장장이들이 (…) 청동과 구리의 야금술을 완벽하게 이해하고 있었음을 알려준다. 그들이 사용한 주석 원광이 어디서 왔는지는 아직 미스터리다.

정말로 그 미스터리는 아직도 진행형이다.

자신의 새김글들에 주석을 언급한 구데아와 다른 수메르 왕들만이 (아마도 이미 '회수'된 상태로) 그것을 얻기 위해 온갖 노력을 기울였던 것은 아니다. 그 유명한 이쉬타르 여신까지도 주석이 나는 곳을 찾기 위해 산을 넘어야 했다. 「인안나와 에비흐(Ebih)」(인안나는 이쉬타르의 수메르어 이름이며, 에비흐는 어느 곳인지 알 수 없지만 먼 지역에 있는 산맥의 이름이다)로 알려진 문서에서 인안나는 이렇게 말하며 고위급 신들의 허락을 구했다.

나를 주석 광산으로 가게 해주세요.
내게 그들의 광산을 알려주세요.

이런 모든 이유로, 그리고 아마도 신들(아눈나키)이 고대인들에게 주석 원광을 녹여 주석을 회수하는 방법을 가르쳐야 했기 때문에 이 금속은 수메르인들에게 '신의' 금속으로 생각됐을 것이다. 이를 가리키는 그들의 말은 안나(Anna), 문자 그대로 '천상의 돌'이었다. 마찬가지로 광석을 녹일 필요가 있는 철이 사용되게 되자 그것은 안바르(Anbar), 곧 '천상의 금속'으로 불렸다. 구리와 주석의 합금인 청동은 자바르(Zabar), 곧 '반짝이는 두 가지 금속'으로 불렸다.

주석에 해당하는 '안나'라는 말은 히타이트인들이 별다른 변화를 일으키지 않고 가져다 썼다. 그러나 바빌로니아인과 아시리아인, 그리고 기타 셈계 언어를 쓰는 민족들의 말이었던 아카드(Akkad, 아깟/악갓)어에서는 이 말이 약간의 변화를 일으켜 아나쿠(Anaku)가 됐다. 이 말은 통상 '순수한 주석(Anak-ku)'을 뜻하는 것으로 받아들여졌다. 그러나 우리는 이 변화가, 이 금속이 아눈나키 신들과 가깝고 좀 더 친밀한 관계에 있음을 반영한 것이 아닐까 생각한다. 그것은 또한 아눈나키에 속하는 것 또는 아눈나키로부터 온 것이라는 의미의 안나쿰(Annakum)으로도 쓰였기 때문이다.

이 말은 구약에 여러 번 나온다. 가벼운 'kh'로 끝나면 그것은 주석 다림줄을 의미한다. 하느님이 더 이상 그의 백성 이스라엘인들에게서 벗어나지 않겠다는 약속을 보여주기 위해 아나크(Anakh), 곧 다림줄을 드리운 환상을 본 아모스(Amos)의 예언에 나온다. 아낙(Anak)이 되면 이 말은 '목걸이'를 의미한다. 이 밝은 금속의 희소성이 커져 거기에 높은 가치가 부여됨으로써 은만큼이나 귀해졌음을 반영한 것이다. 그것은 또한 '거인'을 의미하기도 한다. 거인은 우리가 이전 책에서 주장했듯이 메소포타미아어 '아눈나키'에 해당하는 히브리어 표현이다. 그것은 흥미롭게도 이런저런 위업들을 '거인'이 이루었다고 하는 구대륙과 신대륙 양쪽의 전승들과 연결될 수 있다는 문제를 제기한다.

주석과 아눈나키 사이의 이런 모든 연관성은 인류에게 이 금속과 이를 다루는 데 필요한 기술들을 전수한 그들의 본래 역할에서 나온 것으로 보인다. 사실 수메르어 '안나'에서 아카드어 '아나쿠'로 바뀐 작지만 중요한 변화는 특정한 시대에 이루어졌음을 시사한다. 청동기 시대의 큰 물결이 서기전 2500년 무렵에 주춤했음은 고고학적 발견들이나 문서들을 통해서도 잘 기록된 사실이다. 아카드 왕조를 세운 아카드의 사르곤(Sargon)은 이 금속을 매우 높게 평가해, 자신을 기념하는 데 금이나

【그림 124】 사르곤의 모습을 새긴 조각상

은보다 이것을 선택했다. 【그림 124】 그것은 서기전 2300년 무렵의 일이었다.

야금의 역사를 연구하는 학자들은 청동에서 주석의 함량이 갈수록 떨어지는 현상을 통해 주석 공급이 점점 줄고 있었다는 사실을 확인했다. 그리고 문서들을 통해 대부분의 청동 제품들이 옛날 청동 제품들을 녹인 뒤 그 녹은 합금에 더 많은 구리를 넣어 만든 것임도 발견했다. 어떤 경우에는 주석 함량을 2퍼센트까지 낮추기도 했다. 그러다가 알 수 없는 이유로 상황이 갑자기 바뀌었다. 포브스는 이렇게 썼다.

중기 청동기 시대 이후, 곧 서기전 2200년 이후에야 진짜 청동의 형태가 이용되기 시작했다. 주석 함량이 높은 청동기가 보다 흔해졌으며, 이전 시기처럼 복잡한 모양에만 한정해 주석 함량이 높은 청동기를 쓰는 일은 사라졌다.

아눈나키는 인간에게 서기전 제4천년기에 찬란한 문명을 일으킬 청동을 주었는데, 1,000년 뒤에 다시 구원의 손길을 뻗쳤던 듯하다. 그러나 처음의 알 수 없는 주석 산지는 구대륙에 있었던 것으로 보이지만, 두 번째 상황에서의 산지는 완전히 수수께끼였다.

그렇다면 여기서 대담한 주장을 해보자. 새로운 산지는 신대륙이었다고 말이다.

우리가 생각하는 대로 신대륙의 주석이 구대륙의 문명 중심지로 갔다면 공급지는 딱 한 군데밖에 없다. 바로 티티카카 호다.

그것은 우리가 보았던 대로 '주석의 돌'이 나는 호수를 의미한다는 그 이름 때문이 아니라, 볼리비아의 이 지역이 수천 년이 지난 오늘날에도 세계의 주요 주석 산지이기 때문이다. 주석은 희유 금속이라고는 할 수 없지만 부족한 광물이다. 경제성이 있는 물량으로는 제한된 몇몇 지역에서만 나기 때문이다. 현재 세계 생산량의 90퍼센트가 말레이시아·타이·인도네시아·볼리비아·콩고공화국*·나이지리아·중국(산출량 순)에서 생산된다. 근동과 유럽에 있던 몇몇 초기 산지들은 이미 바닥이 났다. 어디서나 주석은 충적 석석의 형태로 난다. 자연의 힘에 의해 광맥에서 쓸려나온 산화된 주석이다. 주석이 본래의 광맥에서 발견된 곳은 오직 두 곳뿐이다. 영국 콘월(Cornwall)과 볼리비아다. 콘월은 이미 바닥이 났다. 볼리비아만이 아직도 산에서 세계에 주석을 공급하고 있다. 그곳이 바로 수메르의 인안나 문서에 묘사된 대로 진짜 '주석 광산'인 듯하다.

해발 3,700미터의 높이에 있는 이 풍부하지만 접근이 어려운 광산들

---

*아프리카의 콩고(Congo) 강 북서쪽에 위치한 나라로, 같은 강 동남쪽의 콩고민주공화국과 이름이 비슷해 헷갈린다. (옮긴이)

은 주로 볼리비아의 수도 라파스 남동쪽과 포오포(Poopo) 호 동쪽에 몰려 있다. 강바닥에서 좀 더 쉽게 충적 석석을 얻을 수 있는 곳은 티티카카 호 동쪽 호반 지역이다. 고대인들이 귀중한 금속을 얻기 위해 원광을 모으던 곳이 그곳으로, 같은 방식의 생산이 지금도 거기서 계속되고 있다.

볼리비아 티티카카의 주석에 관한 가장 믿을 만한 연구 가운데 몇 가지가 데이비드 포브스(David Forbes)의 『남아메리카 광물학 연구 *Researches on the Mineralogy of South America*』에서 이루어졌다. 그것은 100년 이상 전에 이루어졌기 때문에 에스파냐인들의 정복 시대의 것에 최대한 가까운 그림을 제공할 수 있었다. 대규모로 기계화된 20세기의 작업이 풍경을 바꾸고 고대의 흔적들을 훼손하기 전의 모습이다. 순수한 주석은 자연 상태에서는 거의 없기 때문에, 그는 바위를 덮고 있는 순수한 주석 샘플을 보고 깜짝 놀랐다. 바위 안에 들어 있는 것이 아니라 샘플 안에 바위가 들어 있는 것이었다. 한 연구는 이 샘플이 오루로(Oruro)의 광산 안에서 나온 것이 아니라 풍부한 석석 충적광상의 것임을 확인했다. 포브스는 이 금속 주석이 번개로 인한 산불로 석석 원광이 '녹아' 만들어진 것이라는 설명을 전면 부정했다. 원광에서 주석을 회수하는 과정은 단순히 광석을 가열하는 것만이 아니기 때문이다. 우선 광석을 변환하기 위해 탄소와 결합시켜야 하고(SnO_2+C를 CO_2+Sn으로), 종종 찌꺼기를 정제하기 위해 다시 석회석과도 결합시켜야 하는 것이다.

그리고 포브스는 호수 부근 산맥에서 동쪽으로 흐르는 베니(Beni) 강의 지류 티푸아니(Tipuani) 강기슭에서 채취한 사금 속에서 금속 주석 표본을 구경했다. 그는 이 산지에 금덩이와 석석, 그리고 금속 주석 덩어리 및 알갱이들이 많음을 발견하고 깜짝 놀랐다(그 자신의 표현이다). 이는 분명히 누가 그 지역에서 금을 찾는 일을 했든 간에, 주석을 얻기 위해 그 원광을 어떻게 처리하는지도 알았다는 의미였다. 티티카카 호 바로 동쪽 지역을 탐사하던 그는 정련(회수)하고 녹인 주석이 매우 많다는 사실에 경악했다(역시 그 자신의 표현이다). 그는 이들 지역에서 금속 주석이 발견되는 '미스터리'가 "순전히 자연적인 원인으로만 설명될 수 없다"고 말했다. 소라타 부근에서 그는 청동으로 만든 철퇴 머리를 발견했는데, 분석 결과 88퍼센트 이상의 구리와 11퍼센트 이상의 주석으로 된 합금인 것으로 나타났다. 유럽과 근동의 "여러 고대 청동기에서 매우 이상적으로 생각했던 비율"이었다. 이 유적지는 "아주 먼 고대의 유적지"인 듯했다.

포브스는 또한 티티카카 호 주변에 사는 인디언들(아이마라 종족의 후예들이다)이 이 모든 흥미로운 장소들을 어디 가면 찾을 수 있는지 알고 있는 듯함을 깨닫고 놀랐다. 실제로 에스파냐 역사가 바르바(Barba)는 1640년에, 인디언들이 운영한 주석 및 구리 광산들을 에스파냐인들이 찾아냈다고 적었다. 주석 광산들은 "티티카카 호 부근"에 있었다. 포스난스키는 티와나쿠로부터 10킬로미터 떨어진 곳에서 그런 잉카 이전 시대의 광산들을 발견했다. 그와 그 이후의 다른 사람들은 티와나쿠와 그 주변 지역에 청동기 유물이 매우 많음을 확인했다. 그는, '태양의 문' 뒤쪽 홈들에는 금으로 만든 판자가 끼워져 있었고 그것은 돌쩌귀 같은 것으로 지탱돼 회전할 수 있도록 돼 있었는데, 그 지탱 부분은 무게를 견디기 위해 청동으로 만들어야만 했다고 단호하게 주장했다. 포스난스키는 티와나쿠에서, 푸마풍쿠에서와 마찬가지로 청동 볼트가 들어가도록 홈이 파인 돌 토막들을 발견했다. 푸마풍쿠에서 그는 금속 조각(틀림없이 청동이었다)을 하나 보았는데, 그것은 "이(齒)처럼 삐죽삐죽했으며

도르래나 무거운 것을 들어 올리는 도구처럼 보였다"고 한다. 그 물건은 그가 1905년에 보고 스케치했으나, 그의 다음 방문 때는 없어져 버렸다. 잉카 시대에나 현대에 들어서도 티와나쿠에 대한 조직적인 약탈이 자행됐는데, 신성한 섬들인 티티카카 섬과 코아티(Coati) 섬에서 발견된 청동 제품들은 티와나쿠 그곳에 한때 무엇이 있었는가에 대한 시사를 제공한다. 발견물들 가운데는 청동제 막대기와 지레, 끌·칼·도끼 등이 있다. 모두가 건설 공사에 쓰일 수 있는 도구들이지만, 어쩌면 채광 작업에 쓰였을 수도 있는 것들이다.

포스난스키는 그의 네 권짜리 학술서의 서두 부분에서 넓게는 볼리비아의 고원지대, 구체적으로는 티티카카 호 주변 지역에서 선사 시대에 이루어졌던 채굴 문제를 다루고 있다.

알티플라노(Altiplano)*의 산맥에서는 고대의 주민들이 유용한 금속들을 파낼 목적으로 뚫어놓은 굴들과 갱도들이 발견된다. 이 동굴들은 에스파냐인들이 귀금속을 찾기 위해 파놓은 것들과 구분된다. 고대 광부들의 유적은 에스파냐인들의 것보다 훨씬 오래된 것이다. (…) 아주 먼 옛날 어떤 똑똑하고 진취적인 종족이 (…) 이 산맥 깊숙한 곳에서 유용한(또는 진귀한) 금속들을 캐내다가 썼다.

그 먼 옛날 선사 시대의 안데스 사람들은 산속 깊은 곳에서 무슨 금속을 찾고 있었을까? 그것은 금이나 은이었을까? 분명히 아니었다! 더욱 유용한 금속을 찾으러 그들은 안데스 산맥의 가장 높은 봉우리까지 올라갔던 것이다. 그것은 주석이었다.

---

*에스파냐어로 '고원'이라는 뜻인데, 페루·볼리비아·칠레 일대의 안데스 산지 안에 펼쳐져 있는 고원지대를 가리키는 고유명사로 쓰인다. (옮긴이)

그리고 주석은 구리와 합금해서 '고귀한 청동'을 만드는 데 필요한 것이었다고 포스난스키는 설명했다. 이것이 티와나쿠에 간 사람들의 목적이었음은 티와나쿠에서 반지름 150킬로미터 이내의 지역에서 많은 주석 광산이 발견됨으로써 확인됐다고 그는 말했다.

그러나 안데스 사람들은 자신들의 청동기 도구들을 만들기 위해 이 주석을 필요로 했을까? 분명히 그렇지 않다. 저명한 야금학자 닐스 엘란드 노르덴셸드(Nils Erland Herbert Nordenskiöld, 1877~1932)는 중요한 연구 『남아메리카의 구리 시대와 청동기 시대 The Copper and Bronze Ages in South America』를 통해 그곳에서는 구리 시대도, 청동기 시대도 없었다고 주장했다. 남아메리카에는 발달된 청동기 시대나 심지어 구리 시대의 흔적이 전혀 없으며, 어쩔 수 없이 내리게 되는 결론은 거기서 어떤 청동제 도구가 발견되든 그것들은 모두 사실상 구대륙의 형태와 구대륙의 기술에 기반을 둔 것이라는 점이다. 노르덴셸드는 이렇게 썼다.

청동 및 구리로 만든 남아메리카의 무기들이나 도구들에 관한 우리의 모든 자료들을 검토해 보면 완전히 독창적인 것은 별로 없고 기본적인 형태의 대부분은 구대륙과 일치하는 어떤 것임을 인정하지 않을 수 없다.

그는 여전히 이 결론에 동의하기를 주저하는 태도를 보이면서 다시 인정한다.

청동기 시대에 신대륙의 금속 기술과 구대륙의 그것 사이에 상당한 유사성이 있다는 점을 인정할 수밖에 없다.

중요한 것은 그가 든 사례에 포함된 도구 일부가, 두 개의 탯줄 칼 상징을 얹은 수메르 여신 닌티의 머리 부분과 같은 모양의 손잡이를 갖고 있다는 점이다. 그녀는 나중에 시나이 광산의 주인이 되는 여신이다.

따라서 신대륙의 청동 역사는 구대륙과 연결되고, 신대륙의 청동 발원지인 안데스의 주석 이야기는 어쩔 수 없이 티티카카 호와 연결된다. 그런 점에서 티와나쿠는 그 주위에서 나는 광물들과 맺어져 핵심적인 역할을 했다. 그게 아니라면 그것이 도대체 왜 거기에 세워졌겠는가?

구대륙의 세 문명 중심지는 비옥한 강변에 세워졌다. 수메르 문명은 티그리스 강과 에우프라테스 강 사이의 평원에서 일어났고, 이집트/아프리카 문명은 나일 강을 따라 일어났으며, 인도 문명은 인더스 강을 따라 일어났다. 그들의 기반은 농업이었다. 강이 있어 가능했던 교역은 공업 원료를 제공하고 곡물과 완제품 수출을 가능케 했다. 강을 따라 도시들이 들어섰고, 상업은 기록된 문서를 필요로 했으며, 사회가 조직화되고 국제 관계가 발전함에 따라 교역이 번창했다.

티와나쿠는 그런 패턴과 맞지 않는다. 그곳은 사람들이 흔히 하는 말로 "한껏 빼입었지만 갈 곳이 없는" 격이었다. 그곳은 그 문화와 예술 형태가 안데스의 거의 모든 지역에 영향을 미친 대도시였다. 그러나 인적이 끊긴 곳에, 세계의 지붕에 있는 살기 어려운 호수 기슭에 건설됐다. 그리고 설사 광물들 때문이라고 하더라도 왜 하필 그곳이었을까? 해답은 지리가 제공해 줄 것이다.

티티카카 호에 대한 묘사는 대개 그곳이 배가 다닐 수 있는 세계의 강과 호수 가운데 가장 높은 곳에 있다는 말로 시작한다. 고도가 4,225미터다. 그것은 표면 면적이 8,310제곱킬로미터에 이르는 아주 커다란 호수다. 그 깊이는 30미터에서 300미터까지 다양하다. 길쭉한 모양이어서 길이는 최대 190킬로미터, 폭은 최대 70킬로미터다. 들쑥날쑥한 그 호안선(湖岸線)은 그것을 둘러싸고 있는 산들이 만들어내는 것인데, 많은 반도·곶·지협(地峽)·해협 등을 만들어낸다. 그리고 호수에는 40개 이상의 섬이 있다. 호수 북서쪽에서 남동쪽으로 펼쳐진 지형들은 그것을 감싸고 있는 산맥들에 의해 규정된다. 【그림 109 참조】 동쪽으로는 볼리비아 안데스의 거대한 산지 코르디예라레알(Cordillera Real)이 달리고 있다. 거기에는 소라타 지역의 우뚝 솟은 쌍봉 이얌푸 산과 라파스 바로 남동쪽의 인상적인 이이마니 산이 들어 있다. 이 산맥에서 호수로 흘러드는 몇몇 작은 강들을 제외하고는 대부분의 강이 동쪽으로 흘러 광대한 브라질 평원으로 내려간 뒤 3,000여 킬로미터 떨어진 대서양으로 흘러들어 간다. 거대한 석석 광상들이 발견된 곳은 바로 이 호수 동쪽 호반과 양쪽으로 흐르는 강 및 개울 바닥이다.

호수 북쪽에도 역시 인상적인 산들이 접해 있다. 거기서는 빗물이 대체로 북쪽으로 흘러 강들을 이룬다. 일부에서 아마존 강의 진짜 근원으로 생각하는 빌카노타 강도 그 하나다. 이 지류들은 모두 모여 우루밤바 강에 합쳐지며, 이들은 모두 북쪽으로 흘러 내려가다가 다시 북동쪽으로, 광대한 아마존 강 유역으로 들어가는 것이다. 잉카인들이 얻을 수 있었던 금의 대부분을 발견한 곳이 바로 그곳, 호수 및 코스코와 접해 있는 산들 사이에서였다.

티티카카 호의 서쪽 호반은 삭막하고 쓸쓸한 곳이지만 사람들이 가장 많이 살았다. 그곳 산골짜기와 후미, 호안과 반도에 오늘날의 마을과 도시가 옛 유적지들과 뒤섞여 있다. 호반 최대의 도시이자 항구인 푸노(Puno)와 인근의 수수께끼 유적지 시유스타니(Sillustani)가 그러하듯이 말이다. 그 지점에서는 근대의 철도 건설자들이 발견했듯이 길이나 철

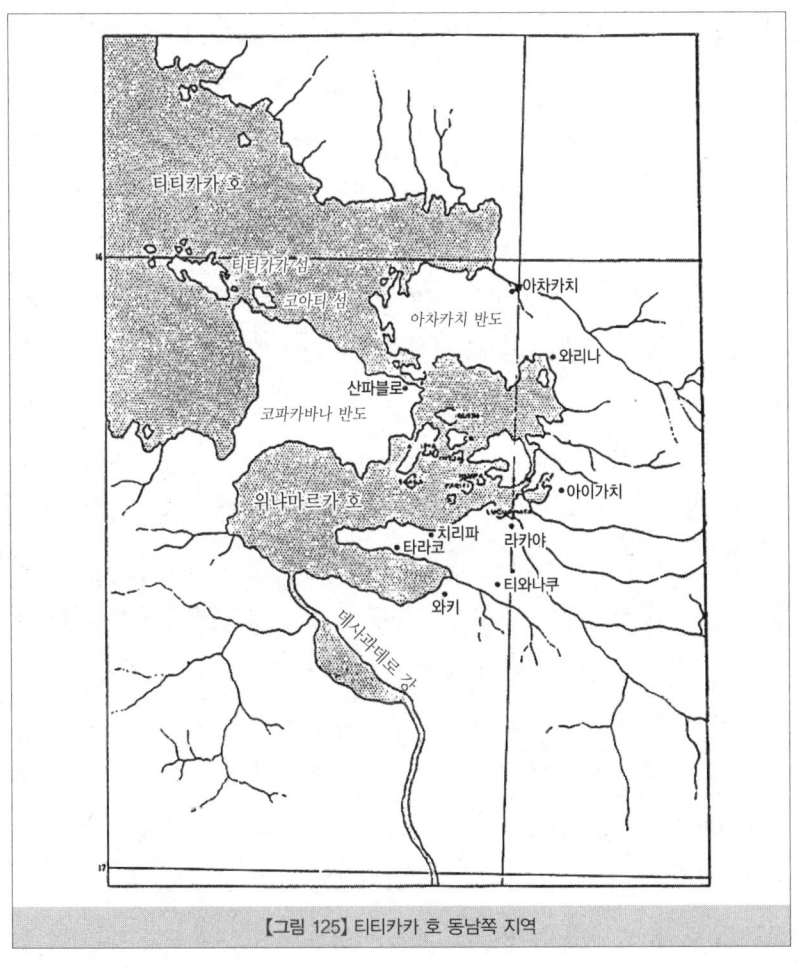

【그림 125】 티티카카 호 동남쪽 지역

로가 북쪽으로뿐만 아니라 안데스의 몇몇 틈새 가운데 하나를 통해 태평양과 해안 평원으로도 연결될 수 있다. 겨우 320킬로미터의 거리다.

   호수와 뭍의 지형과 지세는 호수 남쪽 부분으로 가면 상당히 달라진다. 그곳은 호수 동쪽 호안 대부분과 마찬가지로 페루가 아닌 볼리비아 영토다. 거기에 가장 큰 두 반도인 서쪽의 코파카바나 반도와 동쪽의 아차카치(Achacachi) 반도가 거의 닿을 듯이 붙어 있다. 【그림 125】 호수의 훨씬 큰 북쪽 부분과 작은 남쪽 부분 사이의 좁은 해협이 그 틈에 있다. 따라서 그 남쪽 부분은 석호(潟湖)의 성격을 지니고 있고 에스파냐 역사가들에 의해 그렇게 불렸다. 그곳은 바람목에 있는 북쪽 부분에 비해 잔잔한 호수다. 원주민 전승 속의 두 주요 섬인 '태양의 섬'과 '달의 섬'은 코파카바나의 북쪽 호안 코앞에 있다. '태양의 섬'은 지금의 티티카카 섬이고, '달의 섬'은 지금의 코아티 섬이다.

'창조자'가 대홍수 동안 자신의 두 아이, 즉 달과 태양을 숨긴 곳이 바로 이 섬들이었다. 한 판본에 따르면 대홍수 뒤에 태양이 하늘을 향해 떠오른 것은 티티카카 섬의 신성한 바위 티티칼라로부터였다고 한다. 또 다른 판본에 따르면 대홍수가 끝났을 때 햇볕이 가장 먼저 내리쬐인 곳이 이 신성한 바위였다고 한다. 그리고 첫 번째 부부는 이 신성한 바위 밑의 동굴에서 나와 땅에 다시 퍼져 살았다. 만코카팍이 금지팡이를 얻어 그것으로 코스코를 찾고 안데스 문명을 시작한 발원지이기도 하다.

이 호수에서 흘러나가는 강 가운데 가장 큰 데사과데로 강은 호수 남서쪽 구석에서 시작된다. 이 강은 티티카카 호의 물을 위성 호수인 포오포 호로 실어 나른다. 포오포 호는 티티카카 호 남쪽 420킬로미터 지점인 볼리비아의 오루로 주에 있는 호수다. 그곳으로 가는 도중의 곳곳에, 그리고 태평양 연안으로 가는 길인 볼리비아와 칠레의 국경이 맞닿는 곳에도 도처에 구리와 은이 있다.

이 모든 산맥들 사이의 물이 가득 찬 웅덩이가 마른 땅으로 이어져, 티와나쿠가 위치한 계곡 내지 고원을 형성하는 곳이 호수의 남쪽 호반이다. 호수 주변 어느 곳에도 이렇게 평평한 고원이 없다. 어느 곳에도 이렇게 부근에 석호 같은 물이 있어 호수의 다른 곳과 연결하고 수상 운송에 적합한 곳이 없다. 호수 주위에 이곳처럼 육지 세 방향으로 통하는 산의 고개들이 있고 북쪽으로는 물길이 통하는 곳이 없다.

그리고 금·은·구리·주석 등 귀중한 금속들이 가까이에 있는 곳은 이곳 말고는 없다. 티와나쿠는 그 목적을 위해 가장 적합한 곳이었기 때문에 그곳에 자리 잡은 것이다. 그곳은 남아메리카의, 신대륙의 야금 중심지였던 것이다.

그곳을 나타내기 위해 쓰인 갖가지 철자들(Tiahuanacu, Tiahuanaco, Tiawanacu, Tianacu)은 원주민들이 물려받아 가지고 있는 그대로 그 이름의 발음을 파악하기 위한 노력들일 뿐이었다. 우리가 생각하기에 그 본래의 이름은 티아나쿠(Tianacu)였다. 티티(Titi)와 아나쿠(Anaku)의 땅, '주석의 도시'다.

지명으로 쓰인 '아나쿠'가 아눈나키가 준 금속 주석을 뜻하는 메소포타미아어에서 왔다는 우리의 주장은 티와나쿠 및 티티카카 호와 고대 근동을 직접 연결시킨다. 그러한 주장을 뒷받침할 증거가 있다.

근동 문명이 싹트면서 등장한 청동은 서기전 3500년이 되면 완전한 야금 기술을 통해 이용하게 된다. 그러나 서기전 2600년 무렵에 주석의 공급이 감소해 거의 사라졌다. 그러다가 서기전 2200년 무렵에 갑자기 새로운 공급원이 나타났다. 아눈나키가 어떤 식으로든 개입해서 주석 위기를 끝내버리고 자기네가 인류에게 준 바로 그 문명을 구해낸 것이다. 그것은 어떻게 이룬 것일까?

몇 가지 알려진 사실부터 살펴보자.

근동에 주석 공급이 그렇게 갑자기 개선된 서기전 2200년 무렵에 수수께끼의 민족이 근동 무대에 나타났다. 그들은 그 이웃들에게서 카시트(Kassit)인이라 불렸고, 후대의 그리스인들에게는 코시아(Kossea)인으로 불렸다. 그 이름에 대한 학자들의 설명은 알려진 바가 없다. 그러나 우리는 그것이 석석(cassiterite)이라는 말의 뿌리일 가능성이 있다고 생각한다. 고대부터 주석 원광이 그렇게 알려졌던 것이다. 카시트인들이, 원광을 공급할 수 있는 사람들 또는 원광이 발견된 곳에서 온 사람들로 인식됐음을 시사한다.

서기 1세기 로마의 석학 가이우스 플리니우스 세쿤두스(Gaius Plinius Secundus)는 그리스인들이 '카시테로스(cassiteros)'라 부른 주석이 납보다 더 귀한 것이라고 썼다. 그는 트로야(Troja, 트로이) 전쟁 이후 그리스인들이 주석을 귀중하게 여겼다고 했다. 그리고 호메로스(Homeros)는 실제로 그것을 '카시테로스'라고 언급했다. 트로야 전쟁은 서기전 13세기에 소아시아 서쪽 끝에서 일어났는데, 그곳에서는 초기 지중해 그리스인들이 히타이트인들(또는 아마도 그들의 인도·유럽계 사촌들)과 접촉하고 있었다. 플리니우스는 그의 『박물지(博物誌) Historia Naturalis』에서 이렇게 썼다.

전설에 따르면 사람들은 카시테로스를 찾아 대서양의 섬들로 갔고, 고리버들로 만들고 가죽을 엮어 덮은 배에 그것을 싣고 왔다고 한다.

"거기서 주석이 많이 나기 때문에" 그리스인들이 카시테로스(Kassiteros)라 부른 이 섬들은 '지구의 끝'이라는 이름의 곳에 면한 대서양 끝에 있었다고 그는 적었다.

그 섬들은 여섯 개로, '신들의 섬'으로 불렸다. 어떤 사람들은 그곳을 '지복(至福)의 섬들'이라 불렀다.

이는 매우 흥미로운 진술이다. 그리스인들이 히타이트인들로부터 아눈나키가 바로 신들이라는 얘기를 모두 들었다면 그것이 바로 '아나쿠'의 의미를 모두 함축한 말인 것이다.

그러나 이 언급은 보통 콘월 앞바다의 실리(Scilly) 섬을 의미하는 것으로 받아들여지고 있다. 특히 페니키아인들이 서기전 제1천년기에 주석을 찾아 브리튼(Britain) 제도의 그 지역에까지 갔었음이 알려져 있기 때문이다. 그들과 동시대인인 선지자 에제키엘(Ezekiel, 에스겔)은 주석이 튀로스(Tyros, 튀레Tyre/피로/두로)의 페니키아인들이 원양 선박에 싣고 수입해 오는 금속 가운데 하나라고 구체적으로 언급한다.

플리니우스와 에제키엘의 언급은 페니키아인들이 당시 아메리카 대륙에 상륙했다는 많은 현대 저술가들의 이론에 가장 두드러진(그것들뿐인 것은 아니지만) 근거로서 제시되는 것들임은 분명하다. 그런 생각의 줄거리는 아시리아인들이 서기전 9세기 동부 지중해에 있던 페니키아인들의 독립 도시국가를 멸망시킨 뒤, 페니키아인들이 서부 지중해인 북아프리카에 새 중심지 카르타고(Karthago)를 건설한 데서 출발한다. 카르타고는 '새 도시'라는 뜻의 카르트하다쉬트(Kart-Hadasht)의 라틴어 표기인데, 페니키아인들은 그 새로운 기지에서 그들이 해오던 금속 교역을 계속했으며 또한 아프리카 원주민들을 노예로 사냥하기 시작했다. 서기전 600년에 그들은 이집트 왕 네카우 2세(Nekau II)가 원하는 금을 찾기 위해 아프리카를 주항(周航)했다. 그것은 400년 전 솔로몬 왕을 위해 했던 위업을 재현한 것이었다. 그리고 서기전 425년에 그들은 한

노(Hanno)라는 지도자의 지휘 아래 배를 타고 서아프리카로 가서 금과 노예를 공급할 거점을 세웠다. 한노의 원정대는 무사히 카르타고로 돌아왔고, 살아남은 그는 자신의 항해 이야기를 들려주었다. 그러나 그 이전과 이후의 다른 사람들은 대서양 조류에 휩쓸려 항로를 벗어났고, 배가 난파돼 아메리카의 어느 해안에 닿았다는 것이 이 이론의 주장이다.

북아메리카에서 발견된 유물들은 지중해 사람들이 거기에 있었음을 알려주는 증거로서 조금 불확실하니 제쳐놓더라도, 중·남아메리카에 있었던 흔적들은 좀 더 주목할 만하다. 이런 방향으로 위험을 자초한 얼마 안 되는 학자들 가운데 하나가 『콜럼부스 이전 Before Columbus』(1971)과 『역사의 수수께끼 Riddles in History』를 쓴 사이러스 고든(Cyrus Herzl Gordon, 1908~2001) 교수다. 그는 브라질(Brazil)이라는 이름이 '철'을 뜻하는 셈계 말 '바르젤(Barzel)'과 동일하다는 이전의 언급을 상기시킨 뒤 1872년 북부 브라질 유적지에서 발견된 이른바 「파라이바(Paraiba) 새김글」에 상당한 신뢰감을 표시했다. 그것이 발견된 지 얼마 지나지 않아서 사라졌고 그 발견 정황도 모호하기 때문에 학자들 대부분은 그것이 위조라는 생각에 빠져들었다. 특히 그것을 진품으로 받아들이면 구대륙과 신대륙 사이에 접촉이 전혀 없었다는 이론이 훼손될 것으로 생각했다. 그러나 고든은 해박한 지식을 동원하며 그 새김글이 진짜임을 받아들여야 한다고 주장했다. 그것은 서기전 534년 무렵에 근동에서 출항했다가 폭풍우를 만나 선단과 떨어진 한 페니키아 배의 선장이 남긴 메시지라는 것이었다.

이들 연구에 모두 공통되는 것은, 첫째로, 아메리카의 '발견'은 대양의 조류에 의해 배가 난파되거나 항로를 벗어난 결과로 생긴 '우발적 사건'이었다는 것이고, 둘째로, 그 시기는 서기전 제1천년기이며 그 후반기일 가능성이 가장 높다는 것이었다.

그러나 우리는 그보다 훨씬 이른 시기, 거의 2,000년 전을 말하고 있다. 그리고 우리는 구대륙과 신대륙 사이에서 이루어진 물건과 사람의 교환은 우발적인 것이 아니라 '신들', 곧 아눈나키의 계획적인 개입의 결과였다고 주장하고 있다.

카시트인들이 변장한 브리튼인이 아님은 분명하다. 근동의 기록들은 그들이 수메르의 동쪽, 지금의 이란에서 살았다고 적고 있다. 그들은 소아시아의 히타이트인들과는 물론, 후르리(Hurri)인들과도 연결됐다. 후르리인은 구약의 호리(Hori)인, 곧 '동굴의 사람들'로, 남부 메소포타미아에 살던 수메르인들과 북쪽에 살던 인도·유럽계 민족들 사이의 지리적·문화적 연결고리 노릇을 했던 사람들이다. 카시트인들과 (수메르인들을 포함한) 그 조상들은 서쪽으로 항해해 아프리카의 끝에서 대서양을 건너 브라질로 가거나, 아니면 동쪽으로 가서 인도차이나(Indochina)의 끝과 이어진 섬들을 거쳐 태평양을 건너 에콰도르·페루로 감으로써 남아메리카에 도착할 수 있었다. 어느 길로 가든 항해술과 해로도(海路圖)가 필요했다.

결론적으로 말해서 그런 지도는 분명히 있었다.

유럽의 항해자들은 콜럼버스 이후에야 옛날 지도를 가질 수 있지 않았나 하는 의문이 들 수 있다. 지금 일반적으로 받아들여지고 있는 바로는 콜럼버스가 이탈리아 피렌체(Firenze)의 천문학자이자 수학자이고 지리학자인 파올로 달 포초 토스카넬리(Paolo dal Pozzo Toscanelli, 1397~1482)로부터 그의 편지 사본과 지도를 얻었기 때문에 자신이 어디로 가는지 알 수 있었다는 것이었다. 이 편지는 토스카넬리가 1474년에 리스본(Lisbon)의 교회와 왕실에 보낸 것인데, 거기서 그는 포르투갈인들에게 아프리카를 돌지 말고 서쪽 항로를 개척해 인도로 갈 것을 권하고 있다. 토스카넬리는 서기 2세기에 쓰인 알렉산드리아(Alexandria)의 클라디오스 프톨레마이오스(Kláudios Ptolemaîos)의 저작들에 바탕을 둔 경직된 지리학의 신조를 버리고, 지구는 구체(球體)라는 히파르코스(Hipparkhos)나 에우독소스(Eudoxos) 같은 서기전 그리스 학자들의 생각과 그 이전 시기 그리스 석학들이 주장한 지구의 넓이 및 크기를 꺼내들었다. 그는 이런 생각에 대한 확증을 다름 아닌 구약에서 발견했다. 그 첫 라틴어 역본에 포함된 「제2 에스드라스(Esdras)」 같은 것들인데, 거기서는 분명히 '둥근 세계'를 말하고 있다. 토스카넬리는 그 모든 것을 받아들였으나 대서양의 폭을 잘못 계산했다. 그 역시 카나리아(Canaria) 제도 서쪽 6,300킬로미터쯤에 있는 땅이 아시아의 끝이라고 생각했다. 그곳은 콜룸부스가 땅을 만난 곳이었다. 그가 '서인도'라고 믿은 섬들이었는데, 그 잘못된 명명이 지금까지 남아 있는 것이다.

현대 연구자들은 포르투갈 왕이 심지어 콜룸부스가 발견한 섬들보다 동쪽으로 1,600킬로미터 이상 튀어나온 남아메리카의 대서양 연안을 그린 지도들도 가지고 있었다고 확신한다. 그들은 이런 믿음에 대한 확증을 1493년 5월에 교황이 발표한 절충안에서 찾는다. 그 절충안은 서쪽의 에스파냐인들이 발견한 땅과 (만약 있다면) 그 동쪽의 미지의 땅 사이에 하나의 구분선을 그은 것이었다. 포르투갈의 요구로 카부베르데(Cabo Verde) 제도 서쪽 1,800킬로미터에 그어진 이 남-북의 선은 그들에게 브라질과 남아메리카의 상당 부분을 안겨주었다. 이는 결국 에스파냐인들을 깜짝 놀라게 했지만 포르투갈인들은 그렇지 않았다. 그들은 이 대륙에 대해 미리 알고 있었던 듯하다.

사실상 지금까지 놀라울 정도로 많은 양의 콜룸부스 이전 시대 지도들이 발견됐다. 1351년의 메디치(Medici) 지도나 1367년의 피치가노 (Pizzigano) 지도 같은 일부 지도는 일본을 대서양 서쪽의 커다란 섬으로 그리고 있으며, 의미심장하게도 일본으로 가는 도중에 '브라실(Brasil)'이 라는 이름이 붙은 섬도 나타내고 있다. 다른 지도들에는 아메리카는 물 론 남극 대륙의 윤곽이 그려진 것도 있다. 남극의 모습은 그곳을 덮고 있는 얼음으로 인해 분명치 않았기 때문에, 놀랍게도 이 지도들이 남극 의 만년설이 녹았을 때 입수한 자료들을 바탕으로 그려졌음을 시사한 다. 그런 상태는 서기전 11000년 무렵의 대홍수 직후와 그 뒤 얼마 동안 존재했을 뿐이다.

이 있을 법하지 않지만 아직 남아 있는 지도들 가운데 가장 잘 알려 진 것이 터키 제독이었던 하지 피리(Hadji Muhiddin Piri, 1465~1554) 선장 의 지도다. 거기에는 서기 1513년에 해당하는 이슬람 날짜가 쓰여 있 다. 거기에 쓰인 제독의 메모에는 이 지도가 부분적으로 콜럼버스가 사 용한 지도를 바탕으로 했다고 적혀 있다. 오랫동안 중세 유럽의 지도들 과 아랍의 지도들은 프톨레마이오스의 지리학에 근거한 것으로 알려져 왔다. 그러나 여러 연구에 따르면 매우 정확한 유럽의 14세기 지도는 페니키아의 지도 제작법, 특히 서기 2세기의 인물인 튀로스의 마리노스 (Marinos)의 이론에 바탕을 두고 있었던 것으로 나타났다. 그러나 그는 어디서 자료를 얻었을까? 찰스 햅굿(Charles Hutchins Hapgood, 1904~1982) 은 피리 선장의 지도와 그 이전 지도들에 대한 가장 훌륭한 연구서들 가운데 하나인 『고대 해적 왕들의 지도 *Maps of the Ancient Sea Kings : Evidence of Advanced Civilization in the Ice Age*』(1966)에서 이렇게 결론지었다.

고대의 지도들이 제시한 증거들은 먼 옛날에 (…) 매우 발달한 진짜 문명이 존재했었음을 시사하는 것처럼 보인다.

그리스나 로마보다 발전되고, 항해술에서 18세기 유럽보다 앞서는 문명이었다. 그는 이 모든 것들 이전에 메소포타미아 문명이 있었음을 알게 됐다. 적어도 6,000년 이상 거슬러 올라가는 문명이다. 그러나 남극 대륙 같은 지도상의 어떤 모습들은 그로 하여금 메소포타미아인들 이전에 누가 있었을까 하는 의문을 가지게 했다.

이 지도들에 대한 연구는 대부분 대서양의 모습에 집중됐지만, 햅굿 팀의 연구는 피리 선장의 지도가 안데스 산맥과 거기서 동쪽으로 흐르는 아마존 등의 강들, 그리고 남위 4도에서 남위 40도에 이르는 남아메리카의 태평양 연안도 정확하게 그리고 있음을 확인했다. 에콰도르에서 페루를 거쳐 칠레 중부까지 이르는 지역이다. 햅굿 팀은 이런 것을 발견하고 놀랐다.

산을 그린 것을 보면 그것들은 바다에서 보고 그린 것임이 드러났다. 연안을 항해하면서 그린 것이지 상상 속에서 그린 것이 아니었다.

해안은 매우 상세히 그려져 파라카스 반도까지 확인할 수 있었다. 『역사의 문에서 Aux portes de l'histoire』를 쓴 스튜어트 피곳(Stuart Ernest Piggott, 1910~1996)은 남아메리카 태평양 연안의 그 튀어나온 부분이 프톨레마이오스 세계지도의 유럽 사본에도 나온다는 사실에 주목한 초기 사람들 가운데 하나였다. 그러나 그것은 망망대해 너머의 대륙으로서가 아니라 티에라미티카(Tierra Mitica, '신화의 땅')로서였다. 중국의 남쪽 끝에서부터 케르소네소데오로(Quersoneso de Oro, '황금의 반도')라 부르는 반도를 지나, 남쪽으로 우리가 지금 남극 대륙이라 부르는 곳까지 뻗쳐 있는 곳이었다.

이러한 발견에 따라 유명한 남아메리카 고고학자 이바라 그라소는 고대의 지도들에 대한 폭넓은 연구에 착수했다. 그의 결론은 『예수 시대 로마 지도에 나타난 아메리카 La Representación de América en mapas Romanos de tiempos de Cristo』로 출판됐다. 다른 연구자들과 마찬가지로 그는 '발견의 시대'를 이끈 유럽의 지도들이 프톨레마이오스의 저작에 바탕을 두고 있으며 그것은 다시 튀로스의 마리노스의 지도 제작법 및 지리학과 더 이른 시기의 정보에 바탕을 두고 있다고 결론지었다.

이바라 그라소의 연구는 티에라미티카라 불리는 '부속물'의 서쪽 해안 윤곽이 남아메리카 서쪽 해안의 모습과 태평양 쪽으로 튀어나온 부분에서 일치함을 분명하게 보여준다. 이곳은 전설들에서 선사 시대 상륙 장소로 처음부터 지적한 곳이다!

프톨레마이오스 지도의 유럽 사본에는 그 신화의 땅에 있는 한 곳의 이름으로 카티가라(Cattigara)라는 이름이 들어 있다. 이바라 그라소는 그 위치에 대해 이렇게 적고 있다.

실제로 람바예케(Lambayeque)가 위치한 곳이었고, 전체 아메리카 대륙에서 금 야금의 최대 중심지였다.

놀랄 필요도 없이 그곳은 선사 시대 금 처리 센터 차빈데완타르가 건설된 곳이었다. 그리고 아프리카계 올메카인들과 수염 난 셈계 사람들, 그리고 인도·유럽계 사람들이 만난 곳이었다.

카시트인들 또한 그곳, 티와나쿠에 더 가까운 파라카스 만에 상륙했

【그림 126a】
신의 모습을 표현한 카시트인들의 유물

【그림 126b】
사자들과 싸우는 길가메쉬

【그림 127a】
페루 도자기의 그림

【그림 127b】
차빈데완타르 청동판의 길가메쉬 묘사

을까?

카시트인들은 서기전 제3천년기와 제2천년기에 걸쳐 풍부한 야금 기술의 유산을 남겼다. 그들의 유물 가운데는 금과 은, 심지어 철로 만든 다양한 제품들이 있다. 그러나 그들이 가장 많이 사용한 금속은 청동이었고, 미술사가들과 고고학자들 사이에서 유명한 '로레스탄(Lorestán) 청동기'를 만들어냈다. 그들은 유물에 장식을 하지 않기도 했고 자기네 신들이나 전설 속 영웅들의 모습으로 장식하기도 했다. 【그림 126a】 그중

가장 즐겨 표현한 것이 사자들과 싸우는 길가메쉬였다.【그림 126b】

믿을 수 없는 일이지만 우리는 안데스에서 같은 주제와 예술적 표현을 발견했다. 레베카 카르논카체트 데 히라르드(Rebecca Carnon-Cachet de Girard)는 『고대 페루의 종교 La Religión en el Antiguo Perú』라는 연구에서 페루인들이 숭배하던 신들의 모습을 그려놓았다. 중·북부 해안 지역에서 발견된 도자기들에 그려진 것들이었다. 카시트인들의 청동기에 그려진 것들과 놀랄 만큼 닮았다.【그림 127a】 이제 생각나겠지만 히타이트 양식의 조각상들이 있었던 차빈데완타르에도 역시 '길가메쉬와 사자들' 장면이 그려진 것이 있었다. 구대륙에서 누가 그곳으로 와서 그 설화를 이야기해 주고 그림을 그렸는지는 모르지만, 그것은 티와나쿠에서도 마찬가지였다. 거기서 발견된 청동 제품 가운데 한 청동판은 로레스탄의 카시트인들이 남긴 것과 같이 이 근동 영웅이 등장하는 같은 장면 모습을 분명히 그리고 있다!【그림 127b】

'천사'의 묘사는 모든 고대인들의 미술에 들어 있다. 천사는 날개 달린 '전령 신'으로, 구약에서는 '말라크(Mal'akh)', 곧 '사자(使者)'라 했다. 히타이트의 천사들【그림 128a】은 '태양의 문'의 주인공인 신 옆에 있는 날개 달린 전령들【그림 128b】과 가장 닮았다. 고대 아메리카에서 일어난 일들을 재구성하는 데는, 테오티와칸과 티와나쿠 신들의 영토가 만나는 곳이라고 우리가 생각하는 차빈데완타르의 날개 달린 신이 그려진 판자에 메소포타미아인의 모습 대신 올메카인의 모습이 들어 있다는 사실이 중요하다.【그림 128c】

차빈데완타르의 인도·유럽계 신은 '황소의 신'이었다. 그곳에 있던 다른 조각가들이 믿은 신화 속의 동물이다. 그러나 남아메리카에는 에스파냐인들이 들여오기 전까지는 황소가 없었음에도 불구하고, 티티카

【그림 128a】 히타이트의 천사들

【그림 128b】 '태양의 문'에 그려진 전령들

【그림 128c】 날개 달린 신이 그려진 차빈데완타르 유물

카 호반 푸노 인근의 일부 인디언 마을들과 심지어 위라코차가 호수에서 코스코로 가는 도중에 머물렀다는 전설 속의 푸카라(Pucará)에서도 에스파냐인들의 정복 이전 시대부터 내려온 의식에서 황소를 숭배하는 것이 발견돼 학자들을 놀라게 했다.* 이 신은 티와나쿠와 남부 안데스에서는 번개로 무장하고 금속제 지팡이를 잡고 있는 모습으로 그려졌다. 그런 모습이 돌에 새겨지고 질그릇과 직물에 그려졌다. 그것은 고대 근동에서 잘 알려진 상징들의 조합이다. 바빌로니아와 아시리아인들에게 '천둥' 람만(Ramman)으로 불렸고 서부 셈계 사람들에게 하다드(Hadad)로 불렸으며 히타이트인들과 카시트인들에게 타르훈/테슙으로 불린 이 신은 그의 숭배 동물인 황소 위에 서서 한 손에 금속제 연장, 다른 손에 갈래가 진 번개를 들고 있는 모습으로 그려졌다. 【그림 129a】

구대륙의 신들을 처음 만들어낸 수메르인들은 이 신을 아다드(Adad) 또는 이쉬쿠르(Ishkur), 곧 '먼 산에 사는 자'라 불렀으며, 금속제 연장과 갈래가 진 번개를 들고 있는 모습으로 묘사했다. 【그림 129b】 그의 통칭 가운데 하나가 자바르딥바(Zabar Dibba), 곧 '청동을 얻어 분배하는 자'였으며, 이는 사실을 밝혀주는 단서다.

그는 페루 남부 해안 지역의 리막이나 안데스 산악지대의 위라코차가 아니었을까? 금속제 연장과 갈래 진 번개를 든 모습으로 도처에 나타나고, 그의 상징 번개가 여러 산들에 독자적으로 나타나는 그 신 말이다. 그는 심지어 티티카카 호 남서쪽에서 리베로와 폰 추디가 발견한 석각 속의 황소 위에 서 있는 신인지도 모른다. 【그림 129c】 '위라코차'라는 이름의 여러 변형들을 연구한 학자들은 그 구성 요소들이 '비/폭풍/

---

*그곳은 스파니(Jean Christian Spahni)가 《민족학 저널 Zeitschrift für Ethnologie》(1971)에서 말한 '콜럼버스 이전 시대의 숭배 장소'다.

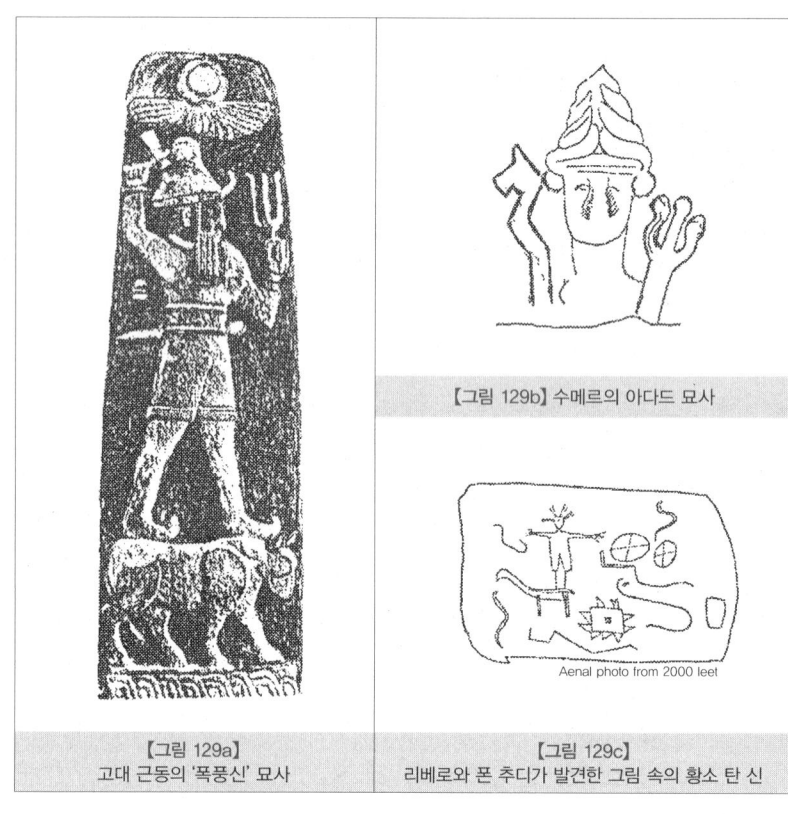

【그림 129b】 수메르의 아다드 묘사

Aerial photo from 2000 feet

【그림 129a】
고대 근동의 '폭풍신' 묘사

【그림 129c】
리베로와 폰 추디가 발견한 그림 속의 황소 탄 신

번개'를 '만드는/창조하는' '주인/최고신'을 의미한다는 데 동의하고 있다. 잉카의 한 찬가는 그를 "천둥 속에서 오시며 먹구름 속에서 오시는" 신으로 묘사하고 있다. 이는 이 '폭풍우의 신'이 메소포타미아에서 찬미되는 방식을 거의 축자적(逐字的)으로 옮겨놓은 것이다. 그리고 코스코에서 나온 황금 원반은 갈래 진 번개라는, 모든 것을 알려주는 상징을 가진 신을 그리고 있다. 【그림 85b 참조】

그 먼 옛날 어느 때 이쉬쿠르/테슙/위라코차는 그의 갈래 진 번개 상징을 하늘과 바다에서 모두가 볼 수 있도록 파라카스 만 산허리에 새겨

【그림 130】 파라카스 만 산허리에 새겨놓은 갈래 진 번개 상징

놓았다. 【그림 130】 파라카스 만은 햅굿 팀이 피리 선장의 지도에서 확인한 바로 그곳이며, 아마도 티와나쿠의 주석과 청동을 구대륙으로 운반하는 배들이 정박했던 항구였을 것이다. 그것은 신들과 인간들 모두에게 이렇게 주장하는 상징이었다.

이곳은 폭풍신의 영토다!

왜냐하면 「욥기」에서 말했듯이 거기에는 정말로 금덩이가 나는 땅, 그 지하가 불이라도 난 것처럼 어수선한 곳이 있었다… 그곳은 아주 높은 산봉우리에 있는 곳이었다.

독수리도 거기에 이르는 길을 알지 못하고
매의 눈도 그것을 분간하지 못했다.

_「욥기」 28:7

긴요한 금속을 공급해 준 신은 바로 그곳에서 일을 했다.

거기서 그분이 화강암에 손을 댄다.
그는 산을 뿌리째 뒤엎는다.
그는 바위에 갱도를 뚫고 (…)

_「욥기」 28:9~10

12 황금 눈물의 신들

황금 눈물의 신들

서기전 4000년 이후 어느 때에 니비루의 지배자인 위대한 아누가 공식 방문을 위해 지구에 왔다.

그가 이 고된 우주여행을 한 것은 그때가 처음은 아니었다. 지구 햇수로 44만 년(니비루 개념으로는 122년밖에 안 된다) 전에 그의 맏아들 엔키가 50명의 첫 아눈나키 부대를 이끌고 지구로 왔다. 다행스럽게도 이 일곱 번째 행성에 있는 금을 얻기 위해서였다. 니비루에서는 자연 감소에 더해 기술 발달로 인한 소모로 행성의 대기가 엷어져 위험에 처해 있었다. 대기는 호흡을 위해 필요할 뿐만 아니라, 행성을 온실 속에 감싸 넣는 역할을 함으로써 안에서 만들어진 열이 흩어지는 것을 막아주는 존재였다. 그래서 니비루의 상공 높은 곳에서 금 입자를 부유(浮遊)시켜야만 그곳이 얼어붙고 생명체가 없는 행성이 되는 것을 면할 수 있다고 그곳 과학자들은 결론을 내렸다.

뛰어난 과학자였던 엔키는 페르시아 만에 착수(着水)한 뒤 그곳 해안에 자신의 기지 에리두(Eridu)를 건설했다. 그의 계획은 페르시아 만의 바닷물에서 금을 추출해 낸다는 것이었다. 그러나 그런 방식으로는 충분한 금을 얻을 수 없었고, 니비루의 위기는 심화됐다. 계획을 성공적으로 이루어내겠다는 엔키의 다짐에 지친 아누는 사태를 직접 파악하기 위해 지구로 왔다. 그는 자신의 적통 승계권자 엔릴을 데리고 왔다. 엔릴은 맏아들은 아니었지만 어머니가 아누의 이복누이 안투여서 승계권자의 지위에 있었다. 그는 엔키와 같은 과학적인 재능은 없었지만 뛰어난 행정가였다. 자연의 신비에 매료되지 않았고, 맡은 일에 매달려 이루어내고야 마는 성격이었다. 그리고 모든 연구들이 보여주듯이 그가 해야 할 일은 금이 풍부한 남아프리카에서 금을 캐내는 것이었다.

계획 자체에 관해서뿐만 아니라 경쟁 관계인 이복형제 사이에서도 격렬한 논쟁이 벌어졌다. 아누는 심지어 자신이 지구에 남고 두 아들 가운데 하나에게 니비루의 통치를 대행시키는 것까지 생각했다. 그러나 그런 생각은 더 큰 분란만 일으켰다. 결국 그들은 제비뽑기를 했다. 엔키는 아프리카로 가서 채굴에 종사하게 됐다. 엔릴은 메소포타미아의 에딘에 머무르며 광석을 정련하고 금을 니비루로 실어 보내기 위해 필요한 시설들을 건설했다. 그리고 아누는 아눈나키의 행성으로 돌아갔다. 그것이 첫 번째 방문이었다.

그리고 두 번째 방문이 있었다. 또 다른 비상사태 때문이었다. 첫 번째 착륙이 있고 니비루 햇수로 40년 뒤에, 금광에서 일하도록 배치된 아눈나키가 폭동을 일으켰다. 그들이 깊은 광산에서 고된 노역에 시달린 것이 얼마나 그 원인이 됐는지, 그리고 두 이복형제 및 그 추종자들 사이의 시샘과 알력이 얼마나 영향을 미쳤는지는 오직 추측에 기댈 수밖에 없다. 그러나 엔키가 관리하던 남아프리카의 아눈나키가 폭동을 일으켰고, 채굴을 계속하길 거부했으며, 엔릴이 위기 진정을 위해 그곳으로 가자 그를 인질로 잡은 것만은 사실이다.

이 모든 사건들은 기록이 됐다. 수천 년 뒤 그 기록들은 지구인들에게 이 모든 일들이 어떻게 시작됐는지를 알려주었다. 신들의 각의(閣議)가 소집됐다. 엔릴은 아누가 지구로 와서 주재를 하고 엔키에 대한 판결을 내려야 한다고 고집했다. 모인 지도자들 앞에서 엔릴은 일련의 사태에 대해 설명하고 엔키가 폭동을 이끌었다고 비난했다. 그러나 폭동을 일으킨 자들이 하소연하자 아누는 그들에게 동정을 표시했다. 아눈나키들은 우주인이지 광부가 아니었다. 그리고 그들의 고통은 정말로 견뎌낼 수 없는 지경에 이르고 있었다.

그러나 그 일은 필요하지 않은가? 여기서 금을 캐내지 않으면 니비루의 생명체는 어떻게 살아남을 수 있겠는가? 엔키가 해법을 냈다. 그는 말했다. 일꾼 원시인을 창조해서 그들에게 힘든 일을 맡기자! 놀란 회중(會衆)에게 그는 자신이 의료 최고책임자 닌티(닌하르삭)의 도움을 받아 실험을 했다고 말했다. 지구에는 동아프리카에 원시적인 존재 원인(猿人)이 이미 있었다. 이 존재는 니비루의 '생명의 씨'가 진화한 것일 터였다. 니비루가 태곳적에 티아마트와 충돌할 때 니비루에서 지구로 건너온 것이었다. 그들과는 유전적인 호환성이 있었다. 필요한 것은 아눈나키 자신의 유전자 가운데 일부를 주어 이 존재를 개량하는 일이었다. 그러면 이 존재는 아눈나키를 닮은 아눈나키 형상의 생명체가 되고, 연장을 다루어 명령을 수행할 만한 지능을 갖추게 될 것이었다.

그리고 이렇게 해서 룰루아멜루(Lulu Amelu), 곧 '혼종 일꾼'이 창조됐다. 유전자를 조작하고 원인 여성의 난자를 실험실 플라스크에서 수태시킨 것이다. 잡종은 출산을 하지 못하기 때문에 여성 아눈나키가 매번 출산의 여신 노릇을 해야 했다. 그러나 엔키와 닌하르삭은 완전한 모형이 이루어질 때까지 시행착오를 거듭한 끝에 그 부분마저 해결했다. 그들은 그 완성품을 아담(Adam), 곧 '지구의 남자'라고 불렀다. 그것이 바로 지구인이다. 노예가 많이 생산되자 금이 많이 산출됐다. 일곱 개의 정착지는 도시가 됐고, 지구에 600명, 궤도 정거장에 300명이 배치된 아눈나키는 여유로운 생활을 영위하게 됐다. 일부는 엔릴의 반대를 무릅쓰고 '인간의 딸들'을 아내로 맞았으며 그들과의 사이에서 아이를 낳기도 했다. 아눈나키에게 금을 얻는 것은 이제 눈물을 흘리지 않아도 되는 업무였다. 그러나 엔릴에게 그것은 비뚤어진 임무로 보이기 시작했다.

이 모든 것은 대홍수와 함께 종말을 맞았다. 오랫동안 과학적 관측들은 남극 대륙 위의 만년설이 불안정해질 수 있음을 경고해 왔다. 다음 번 니비루가 지구 부근, 화성과 목성 사이를 지날 때 그 인력으로 이 거대한 얼음 덩어리가 대륙에서 미끄러져 나오면 전 세계에 걸쳐 해일을 일으키고 대양과 지구의 온도를 갑자기 변화시키며 미증유의 폭풍우를 불러올 수 있다는 것이었다. 엔릴은 아누와 상의한 뒤 명령을 내렸다. 우주선을 준비하고 지구를 떠날 채비를 하라!

그러나 그들의 피조물인 인류는 어떻게 하란 말인가? 엔키와 닌하르삭은 물었다. 인류를 절멸시켜라. 엔릴은 말했다. 그는 모든 아눈나키에게 비밀 엄수를 맹세케 했다. 절망에 빠진 지구인들이 아눈나키의 이륙 준비를 방해하지 못하도록 하기 위해서였다. 엔키 역시 어쩔 수 없이 맹세를 했다. 그러나 그는 벽에 대고 말하는 체하면서 자신의 심복인 지우수드라(Ziusudra)에게 잠수함인 티바투(Tibatu)를 만들도록 지시했다. 거기에 그와 그의 가족, 그리고 동물들을 충분히 태워서 물 사태를 견딤으로써 지구의 생명체가 절멸되지 않도록 하려는 것이었다. 그리고 그는 지우수드라에게 키잡이를 붙여주어 배를 근동에서 가장 눈에 잘 띄는 쌍봉 아라라트 산으로 끌고 가도록 했다.

아눈나키가 수메르인들에게 불러준 창조와 대홍수 문서들은 우리에게 익숙한 구약의 간결하고 편집된 판본에 비해 훨씬 상세하고 구체적인 이야기들을 전해주고 있다. 대재앙이 일어나던 무렵에 지구에는 반신반인들만 있었던 것은 아니었다. 신성한 열두 신 집단의 일원인 일부 주요 신들도 어떤 의미에서는 지구인이었다. 난나르(Nannar)/신(Sin)과 이쉬쿠르/아다드 등 엔릴의 지차(之次) 아들들은 지구에서 태어났다. 신의 쌍둥이 자식들인 우투(Utu)/샤마쉬와 인안나/이쉬타르도 물론 마찬가지였다. 엔키와 그로부터 비밀 '노아(Noah) 작전'에 대한 귀띔을 받았을 닌하르삭은 다른 신들과 함께 아눈나키가 지구를 영영 떠나지 말고 얼마 동안 지구 궤도에 남아 사태의 진전을 지켜보자고 제안했다. 그리고 과연 거대한 해일이 왔다 가고 비가 그친 뒤 지구의 산봉우리들이 다시 보이기 시작했으며, 구름 사이에서 비치는 햇빛이 하늘에 무지개를 그렸다.

엔릴은 인류가 살아남은 것을 발견하고는 처음에는 화를 냈다. 그러나 곧 화를 가라앉혔다. 그는 아눈나키가 여전히 지구에 머물 수 있음을 깨달았다. 그러나 그들이 도시들을 재건하고 금 생산을 재개하려면 인간이 번식하고 번영할 수 있어야 하고, 더 이상 노예가 아니라 동반자로 대우받아야 한다고 생각했다.

대홍수 이전 시기에는 아눈나키와 그들을 위한 공급 물자들이 왕래하고 금을 실어 보내기 위한 우주공항이 메소포타미아의 시파르(Sippar)에 있었다. 그러나 에우프라테스 강과 티그리스 강 사이의 그 풍요로운 땅 전체가 이제 수십억 톤의 진흙으로 뒤덮였다. 그들은 쌍봉의 아라라트 산을 여전히 중심으로 삼아 그곳에 착륙 회랑의 꼭짓점을 두고 나일 강 기슭의 위도 30도 지점에 인공의 쌍둥이 산을 세웠다. 기자의 두 대 피라미드가 그것인데, 시나이 반도에 있던 대홍수 이후의 우주공항에 내리는 비행선들을 위한 착륙 표적 노릇을 하는 것이었다. 새 우주공항은 메소포타미아의 그것만큼, 어쩌면 조금 더 아프리카의 금 산지로부터 가까웠다.

지구인들이 살아남아 번식하고 아눈나키에게 도움이 될 수 있도록 하기 위해 인류에게는 세 가지 측면에서 문명이 주어졌다. 필요한 작물의 씨가 니비루에서 왔고, 야생종의 곡물들과 동물들이 재배되고 사육됐으며, 점토 및 금속에 관한 기술들이 전수됐다. 마지막 것이 매우 중요했는데, 그것은 과거의 광산들이 모두 진흙과 물로 뒤덮여 있는 상태에서 아눈나키가 금 공급을 성공적으로 재개하는 문제와 연관되기 때문이었다.

대홍수 이후 니비루가 다시 한 번 지구와 가까워졌다. 그리고 필요한 물자들을 거기서 공급받을 수 있었다. 그러나 값어치 있는 것을 많이 보내지는 못했다. 옛 금광에서는 이제 숨은 광맥을 찾아내고 산허리에 굴을 뚫으며 땅에 갱도를 파고 바위를 발파해야 했다. 인류에게는 아눈나키가 그들의 광선총으로 찾아내고 발파한 것을 파내기 위해 연장(금속제 연장)이 주어져야 했다. 다행스럽게도 물 사태는 좋은 점도 있었다. 그로 인해 광맥이 드러났고 그것을 쓸어내 강바닥에 금덩어리가 진흙이나 자갈과 뒤섞여 있었기 때문이다. 이런 방식의 금 채취는 새로운 금 산지를 만들어냈다. 작업하기는 쉽지만 접근하거나 운반하기는 더 어려운 곳이었다. 이런 종류의 금덩이가 많은 곳은 지구의 반대편에 있었기 때문이다. 그곳의 대양에 면한 산맥을 따라 막대한 양의 금이 노출

돼 있었다. 금은 거기에 지천으로 널려 있었다. 아눈나키가 거기에 가기만 한다면, 그 금을 실어올 방법을 발견할 수만 있다면 말이다.

그리고 니비루가 다시 지구와 가까워졌을 때 위대한 아누와 그의 배우자 안투가 공식 방문차 지구에 왔다. 문제가 어디에 있는지 직접 보려는 것이었다. 인류에게 금속제 연장을 만들라고 안나와 안바르라는 신의 금속 두 가지를 주었는데 어떤 성과를 거두었는가? 지구 반대편으로 작업장을 확대해서 어떤 성과를 거두었는가? 창고에는 보고된 대로 금이 가득 차서 니비루로 실어갈 준비가 됐는가?

홍수가 지구를 휩쓴 뒤
왕권이 천상에서 내려왔을 때
왕권은 처음에 키쉬(Kish, 구스)에 있었다.

「수메르 왕 명부」에 있는 근동 첫 문명의 여러 왕조들과 수도들에 대한 암송은 이렇게 시작한다. 고고학은 실제로 이 수메르 도시가 매우 오래됐음을 확인했다. 그 23명의 지배자 가운데 하나는 그가 야금학자였다는 의미라고 이해할 수 있는 통칭을 갖고 있다. 그 22번째 지배자 엔멘바라게시(Enmenbaragesi)가 "엘람의 주조된 무기를 약탈해 간 자"라고 분명히 말하고 있는 것이다. 수메르의 동쪽과 남동쪽 산악 지역에 위치했던 엘람은 실제로 야금이 시작된 곳 가운데 하나였다. 그리고 주조된 무기라는 약탈물에 대한 언급은 서기전 4000년 직후의 고대 근동에 완전히 발달한 야금술이 존재했다는 고고학적 증거를 확인한다.

그러나 "키쉬는 무기에 맞았다"고 한다. 아마도 영토를 침략당했던 바로 그 엘람인들에게였던 듯하다. 그리고 왕권, 곧 수도는 우루크(구약의 에레크)라고 하는 완전히 새로운 도시로 넘어갔다. 그 열두 명의 왕들 가운데 가장 잘 알려진 이가 반신반인으로 유명한 길가메쉬다. 그의 이름은 '기빌(Gibil)에게 (바쳐진 자)'라는 뜻이었고, 기빌은 용해(鎔解)·주조의 신이었다. 금속 가공은 우루크의 지배자들에게 중요한 일이었던 듯하다. 그들 가운데 하나는 자신의 유명한 부분을 묘사하면서 '대장장이'라는 말을 썼다. 맨 처음 지배자는 우루크가 그저 신성 구역에 불과했던 때에 통치를 시작했는데, 그의 이름에는 '주조의 명인'을 뜻하는 메스(Mes)라는 접두어가 붙어 있었다. 그에 대해서는 기록이 이례적으로 길다.

> 우투 신의 아들 메쉬키앙가셰르(Mesh-ki-ang-gasher)가
> 에안나(Eanna)의 고위 사제 겸 왕이 됐다. (…)
> 메쉬키앙가셰르는 서쪽 바다로 가서
> 산으로 올라갔다.

이 기록이 통상 왕의 이름과 그의 재위 기간만이 나열되는 긴 글이라는 바로 그 사실로 말미암아, 이 부분은 유명한 업적을 기록한 매우 중요한 정보가 된다. '주조의 명인' 메쉬키앙가셰르가 어떤 바다를 건너고 어떤 산맥에 도착했는지 우리는 결코 확실하게 알 수 없을 것이다. 그러나 그 표현은 지구의 반대편을 시사하고 있다.

우리는 우루크에서 야금술을 향상시켜야 하는 절박성을 이해할 수 있다. 그것은 임박한 아누의 공식 방문과 관련이 있었다. 그에게 모든 것이 잘되고 있다는 인상을 주려면 바로 그 도시 우루크가 그를 기려

건설되고 야금술의 개가를 과시해야 했다. 신성 구역의 중심지에는 여러 층짜리 신전이 건립됐고, 그 모서리는 주조된 금속으로 만들어졌다. 그 이름 '에안나'는 일반적으로 '아누의 집'을 의미하는 것으로 받아들여진다. 그러나 그것은 '주석으로 만든 집'을 의미할 수도 있다. 아누의 우루크 공식 방문의 의전(儀典)과 프로그램을 기록한 세부 문건들에는 금으로 치장한 곳에 대한 이야기가 있다.

우루크 기록보관소에서 발견된 문서들은 필경사의 메모에 따르면 보다 이른 시기의 수메르 문서들을 베낀 것인데, 중간 부분 이후에나 알아볼 수 있다. 아누와 안투는 신전 안뜰에 좌정하고 나서 황금 홀(笏)을 운반하는 신들의 행렬을 사열했다. 그사이 여신들은 "아래 세계의 금 세공품"으로 덮인 에니르(Enir, '광명의 집')에서 손님들의 침소를 준비했다. 하늘이 어두워지자 한 사제가 지구라트의 맨 꼭대기 층으로 올라가 '천상에 있는 거대한 아누의 행성' 니비루의 예상된 출현을 관찰했다. 적당한 찬가가 낭송된 뒤 손님들이 황금 대야에 담긴 물로 손을 씻자 일곱 개의 금 쟁반에 담긴 저녁 식사가 나왔다. 금주전자에 담긴 맥주와 포도주도 따랐다. '창조자의 행성, 천상의 영웅 행성'을 칭송하는 찬가가 몇 가지 더 낭송되고 손님들은 횃불을 든 신들의 행렬을 따라 잠을 자기 위해 '황금 안뜰'로 들어갔다.

아침이 되자 사제들은 황금 향로를 채워 희생제를 올리고, 신들은 일어나 정성껏 만들어 금 접시에 담은 아침 식사를 대접받았다. 떠날 시간이 되자 손님 신들은 신들의 행렬을 따라 사제들의 찬송을 받으며 그들의 배가 정박해 있는 부두로 갔다. 그들은 '귀빈 문'을 지나 도시를 떠났고, '신들의 거리'를 지나 '신성한 부두, 아누의 배의 제방'에 도착했다. 거기서 그들은 '신들의 길'로 가는 것이었다. 아누와 안투는 '아키투

(Akitu)의 집'이라는 예배당에서 지구의 신들과 함께 기도회에 참석해 일곱 번 축복을 내려주었다. 그리고 나서 신들은 "손을 잡고" 떠나갔다.

이 공식 방문 때 아눈나키가 이미 신대륙의 금을 찾은 상태였다면 아누와 안투는 새로운 금 산지 시찰을 일정에 넣으려 하지 않았을까? 지구의 아눈나키는 자신들의 새로운 성과와 새로운 가능성, 니비루에 그 긴요한 금속을 충분히 영원토록 공급한다는 약속을 두 신에게 각인시키려 하지 않았을까?

만약 그 대답이 '그렇다'라면 티와나쿠와 그 주변 여러 곳의 존재가 설명될 수 있다. 수메르에서 옛 땅 방문을 대비해 완전히 새로운 신성 구역과 황금 울타리로 둘러싸인 도시 '신들의 거리', 그리고 '신의 부두' 등이 건설됐다면, 신대륙의 심장부에서도 완전히 새로운 황금 울타리와 신의 거리와 신의 부두를 갖춘 새 도시가 비슷하게 건설됐을 것이라고 추측할 수 있다. 그리고 우루크에서와 마찬가지로 저녁 하늘에 니비루가 나타나고 이어서 다른 행성들이 떠오르는 것을 확인하기 위한 관측소를 발견할 수 있으리라고 예측할 수 있다.

우리는 오직 그러한 병행 관계만이 칼라사사야에서와 같은 그런 관측소의 필요성을 설명해 줄 수 있다고 생각한다. 그렇게 정밀한 관측을 위한, 서기전 4000년 무렵이라는 그 이른 시기의 관측소를 말이다. 오직 그러한 공식 방문만이 푸마풍쿠의 공들인 건축과 그 거대한 부두, 그리고 황금 판자로까지 덮은 울타리를 설명해 줄 수 있다고 우리는 주장한다. 그것이 푸마풍쿠에서 고고학자들이 발견한 바로 그대로이기 때문이다. 티와나쿠 '태양의 문'의 뒷부분 판자처럼 황금 판자로 문 부분만 덮은 것이 아니라 벽 전체, 현관과 처마까지도 금으로 씌웠다는 움직일 수 없는 증거인 것이다. 포스난스키는 갈고 다듬은 여러 돌 토막에서 작고 둥근 구멍이 죽 나 있는 것을 발견하고 사진을 찍었다.

그것은 벽을 덮은 황금 판자를 지탱하는 데 이용된 것이었다. 역시 금으로 만든 못을 박아서 말이다.

그는 1943년 4월 지리학회에서 이 문제에 관해 강연하면서 이 돌 토막 하나를 제시했다. 거기에는 금으로 만든 못 다섯 개가 여전히 박혀 있었다. 다른 못들은 금 사냥꾼들이 금 판자를 떼어낼 때 함께 뽑혀나갔다.

푸마풍쿠에서 그 이른 시기에 우루크의 에니르에서처럼 벽과 천장과 처마가 금으로 덮인 건물이 세워졌을 것이라는 가능성은 푸마풍쿠의 의식용 문을 장식한 얕은 부조와 티와나쿠의 일부 거대한 주신상(主神像)들에 금을 박아 넣었다는 사실로 말미암아 더욱 큰 의미를 지닌다. 포스난스키는 "부조 주위에 지름 2밀리미터 정도씩 되는" 부착용 구멍이 있음을 발견하고 사진을 찍었다. 그가 '달의 문'이라고 이름 붙인 푸마풍쿠의 제일 큰 문은 위라코차의 부조와 그 아래 굽은 무늬 속 신의 얼굴에 "금을 박아 넣은" 모습이었다.

금이 주요 그림문자들을 매우 밝게 빛나게 함으로써 두드러지도록 했다.

포스난스키가 발견한 것 가운데 마찬가지로 중요한 것이 있다. 이 형상들에서 신의 눈을 묘사한 곳에는 금이 박혀 있었고 금으로 된 못이 "작고 둥근 터키옥 판들을 눈구멍 안에 고정시키고 있었다"는 점이다. 포스난스키는 이렇게 말했다.

우리는 가운데 구멍이 난 이 터키옥들을 티와나쿠 문화층들에서 여럿 발견했다.

이러한 사실을 근거로 그는 문의 부조들뿐만 아니라 티와나쿠에서 발견된 거대한 석조 신상들도 얼굴에 금을 박아 넣고 눈에 터키옥을 박아 넣었음을 믿게 됐다.

이 발견은 가장 주목할 만하다. 남아메리카 어디에도 청록색 준보석인 터키옥이 없기 때문이다. 터키옥은 서기전 제5천년기 말에 시나이 반도와 이란에서 초기 채굴이 시작된 광물로 알려지고 있다. 게다가 이 상감(象嵌) 기술은 순전히 근동의 것이고 아메리카의 다른 어느 곳에서도 나타나지 않는다. 그 이른 시기에는 틀림없이 그렇다.

티와나쿠에서 발견된 거의 모든 조각상들은 양쪽 눈에서 각기 세 방울의 눈물을 흘리는 모습으로 묘사된다. 그 눈물들은 금으로 상감돼 있는데, 지금 라파스 황금박물관에 전시된 조각상 일부에서 아직도 볼 수 있다. '엘프라일레(El Fraile, 수도사)'라는 별명이 붙은 한 유명한 거대 석상은 높이가 약 3미터인데, 티와나쿠의 다른 거대 석상들과 마찬가지로 사암에 새겨졌다. 【그림 131a】 이는 이들 모두가 초기 티와나쿠 시대의 것임을 시사한다. 이 신은 오른손에 삐죽삐죽한 연장을 들고 있다. 양쪽 눈에서는 양식화된 세 방울의 눈물이 떨어지고 있음을 분명히 볼 수 있는데, 그것은 틀림없이 금으로 상감이 돼 있었을 것이다. 【그림 131b】 비슷한 세 방울의 눈물은 '거인의 머리'라 불리는 얼굴에서도 볼 수 있다. 【그림 131c】 이는 보물 사냥꾼들이 거대한 석상을 부순 것인데, 티와나쿠의 건설자들이 "돌을 합성하는 기술을 가졌고" 조각상들은 돌에 새긴 것이 아니라 조각상 안에 금을 숨길 수 있도록 하는 마법의 공정에

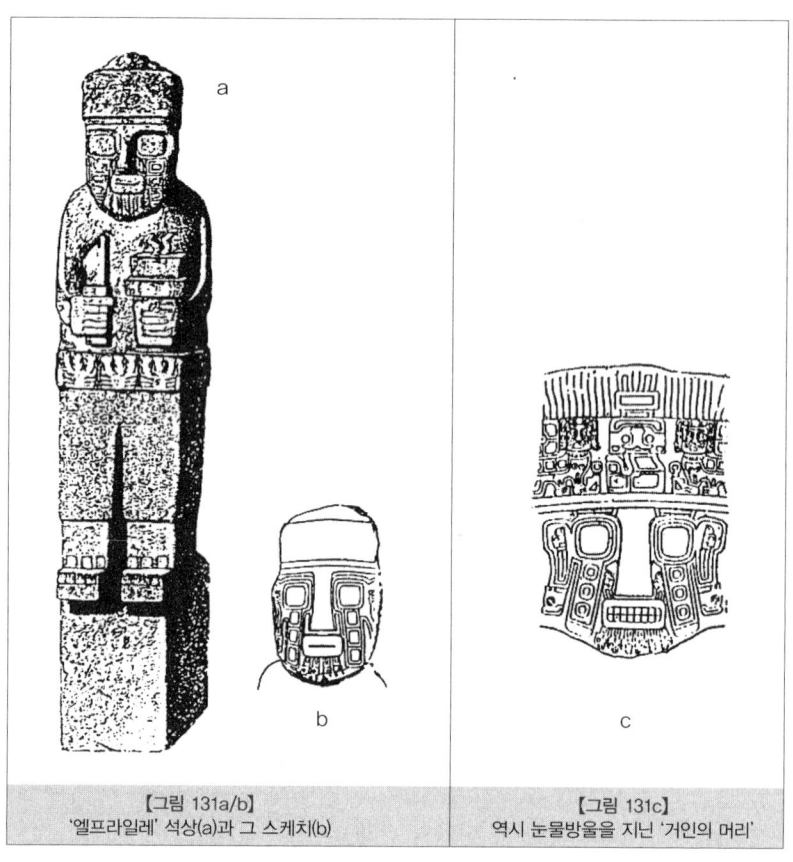

【그림 131a/b】
'엘프라일레' 석상(a)과 그 스케치(b)

【그림 131c】
역시 눈물방울을 지닌 '거인의 머리'

따라 주조됐다는 현지 신앙이 있었기 때문에 부순 것이었다.

이런 믿음은 신의 눈물이 금으로 상감됐기 때문에 지속됐던 것으로 보이는데, 안데스 사람들이(아스테카인들도 마찬가지로) 금덩이를 '신들의 눈물'이라고 부르던 습관 역시 그것으로 설명된다. 이 조각상들은 모두 역시 눈물 흘리는 모습으로 나타나는 '태양의 문'에 있는 신과 같은 대상을 묘사한 것이기에 그 신은 '눈물 흘리는 신'으로 불리게 된다. 우리가 수집한 증거들로 보면 그를 '황금 눈물의 신'이라고 불러도 무방하리

【그림 132】 완카이 출토의 폭풍신 조각품

라 생각된다. 부속 유적지인 완카이(Wancai)에서 발견된 거대한 바윗돌 조각은 메소포타미아 신들의 전형적인 머리장식인 원뿔 모양의 머리장식을 한 신을 묘사하는데, 눈물 대신 번개가 그려져 있어 그가 폭풍신임을 분명하게 알려준다. 【그림 132】

푸마풍쿠의 황금 판자를 씌운 돌 토막 가운데 하나에는 '수수께끼의 구멍'과 깊은 홈이 파여 있고, 모서리에는 깔때기를 꽂을 수 있는 자리가 나 있다. 포스난스키는 그것이 희생제를 위한 제단의 일부라고 추측했다. 그런데 티와나쿠 인근의 몇몇 부속 유적지들 가운데 하나는 돌 유적들이 하나의 작은 푸마풍쿠를 이루고 금 세공품들도 발견된 곳인데, 추키파흐차(Chuqui Pajcha)라고 불린다. 그것은 아이마라어로 '금물을 붓는 곳'이라는 뜻이어서 희생제의 술이 아니라 금 생산 공정과 관련 있음을 시사한다.

티와나쿠와 그 부속 유적지들에 금이 있었고 그 양이 풍부했음은 전설과 설화와 지명뿐만 아니라 고고학적 유물들로도 분명히 입증된다.

그 모양이나 장식들('황금 눈물의 신'의 양식화된 형상과 계단 및 십자가)로 인해 학자들이 '고전 티와나쿠'로 분류한 많은 금 제품들이 1930년대와 1940년대, 1950년대의 발굴을 통해 인근 육지 유적지는 물론 섬들에서도 발견됐다. 특히 주목할 만한 고고학 조사단은 미국자연사박물관(AMNH)이 후원한 윌리엄 베넷(William C. Bennett) 팀, 피바디고고민족학박물관의 알프레드 키더(Alfred Vincent Kidder, 1885~1963) 팀, 스웨덴민족학박물관의 시그 뤼덴(Stig Rydén) 및 당시 라파스의 고고학박물관 큐레이터였던 막스 포르투갈(Max Portugal) 팀 등이다.

발굴품들 가운데는 잔과 병, 원반, 관, 핀 등이 있는데, 핀 가운데 하나는 길이가 15센티미터쯤 되고 머리 부분이 세 갈래가 진 깃털 모양을 한 것도 있었다. 두 신성한 섬인 '태양의 섬' 티티카카와 '달의 섬' 코아티에서 발견된 금 제품들에 대해서는 포스난스키가 티와나쿠와 그 주변에 대해서 쓴 그의 『도설 티와나쿠 가이드』에서 묘사했고, 아돌프 반델리어(Adolph Francis Alphonse Bandelier, 1840~1914)는 『티티카카 섬과 코아티 섬 The Islands of Titicaca and Coati』에서 더욱 상세히 묘사했다. 티티카카에서의 발견은 주로 신성한 바위와 그 동굴 주변의 미확인 유적에서 나왔다. 학자들은 이 유물들이 티와나쿠 초기의 것인지, 일부에서 생각하듯이 잉카 시대의 것인지에 대해 의견을 통일시키지 못하고 있다. 잉카인들이 네 번째 잉카 지배자인 마이타카팍(Mayta Qhapaq) 치세에 이 섬에 와서 참배하고 사당을 세웠다는 사실이 알려져 있기 때문이다.

티와나쿠와 그 주변에서 발견된 금제 및 청동제 유물들을 보면 이 지역에서는 금 제품이 청동(곧 주석) 제품보다 먼저였음에 추호의 의문이 있을 수 없다. 포스난스키는 단호하게 청동기를 티와나쿠 제3기로 내려잡고 청동 거멀못이 금을 사용하던 시기의 구조물들을 수리하는 데 사용된 경우가 많음을 보여주었다. 인근 산들의 광산에서는 주석 원광과 금이 같은 곳에서 산출된 흔적을 분명하게 보여주기 때문에, 석석의 존재가 드러난 것은 아마도 티티카카 지역에서 사금 채취에 이어 금을 발견하면서부터였을 것이다. 그 두 가지는 같은 강바닥과 개울에서 뒤섞여 발견된다. 티푸아니 강과 이얌푸 산에서 흘러나오는 강에서는 주석 원광 외에 금도 난다고 『볼리비아와 파나마 운하의 개통 Bolivia and the Opening of the Panama Canal』(1912)이라는 제목이 붙은 볼리비아의 공식 보고서는 말한다.

두 강은 모두 많은 양의 금을 함유한 자갈이 있는 것으로 유명하다.

1미터 깊이로 들어가도 바위의 끝은 보이지 않는다. 놀랍게도 "금의 함량은 돌의 깊은 곳으로 들어갈수록 높아진다"고 한다. 이 보고서는 티푸아니 강의 금이 순도 92~98퍼센트(22~23.5K)임을 지적하고 있다. 거의 순금에 가깝다. 볼리비아의 사금 채취장 명부는 거의 끝이 없을 정도다. 에스파냐의 정복 이후 수백 년 동안 수탈을 당한 뒤에도 마찬가지다. 에스파냐인들이 1540년에서 1750년 사이에 볼리비아의 여러 산지에서 긁어간 금만도 1억 온스가 넘는다.

지금 볼리비아로 불리는 땅은 19세기에 독립하기 전까지 상(上)페루(Alto Perú)로 불렸고 에스파냐의 페루부왕령(副王領)의 일부였다. 광산 자원에는 분명히 국경이 없으며, 우리는 이미 앞에서 에스파냐인들이 페루 본토에서 풍부한 금·은·구리를 발견했음을 언급한 바 있다. 유럽인들은 남·북아메리카의 서부에서 나는 모든 금의 주(主)광맥이 안데스의 페루 지역에 있다고 믿었다.

남아메리카 광물 자원 지도를 보면 분명한 그림이 제시된다. 금·은·구리 등 세 개의 폭이 다른 광맥의 띠가 안데스 산맥의 북서-남동 사면을 따라 북쪽의 콜롬비아에서 남쪽으로는 칠레와 아르헨티나까지 구불구불 이어지고 있는 것이다. 그 선들을 따라 세계에서 가장 유명한 이 광물들의 광산들이 점점이 박혀 있다. 일부는 순전히 광물들로만 이루어진 산으로 생각된다. 서서히 가해진 자연의 힘과, 그리고 틀림없이 일어난 대홍수의 거대한 물 사태가, 이 금속들과 그 원광들을 바위 속에 묻힌 광맥에서 끄집어내 그것들을 노출시키고 산허리와 강바닥으로 쓸려 내려가게 했다. 남아메리카의 큰 강들은 대부분 안데스 산맥의 동쪽으로 흐르고 브라질의 광대한 평원을 거쳐 대서양으로 흘러들어 가기 때문에 금과 구리 역시 대륙의 이쪽 부분에 풍부한 것은 당연한 일이다.

그러나 사광이든 채굴에 의한 것이든 모든 금속들의 궁극적인 근원이 되는 것은 안데스 산맥 속의 광맥이다. 그리고 지도상에 식별을 위해 서로 다른 색깔로 칠해져 얽혀 있는 광맥들의 띠를 보면 이중나선 구조의 디엔에이(DNA, deoxyribonucleic acid, 디옥시리보핵산)가 그 자신 및 짝인 아르엔에이(RNA, ribonucleic acid, 리보핵산)와 꼬여 있는 채색 그림과 닮은 모습이 나타난다. 지구에 살고 있는 모든 것의 생명과 유전을 위한 유전자 사슬 말이다. 이 띠들 안에 다른 귀중하고 심지어 희귀한 광물들도 있다. 백금·창연(蒼鉛, 비스무트)·망간·볼프람(텅스텐)·철·수은·유황(硫黃)·안티몬·석면(石綿, 아스베스토스)·코발트·비소(砒素)·납·아연(亞鉛) 등이다. 그리고 현대 및 고대의 용해·정련에 매우 중요한 석탄·석유도 있다.

풍부한 금 광맥 일부는 부분적으로 쓸려 내려와 티티카카 호 동쪽과 북쪽 강바닥에서 발견할 수 있다. 그곳, 호수를 북동쪽에서부터 남동쪽까지 감싸고 있는 코르디예라레알에 네 번째 띠가 다른 띠들 사이에 끼어 있다. 석석이라는 형태의 주석 띠다. 그 띠는 호수의 동쪽 호반에서 뚜렷해져서 티와나쿠 분지를 따라 서쪽으로 구부러진 뒤, 남쪽으로 데사과데로 강과 거의 나란하게 이어진다. 띠는 오루로와 포오포 호 부근에서 다른 세 개의 띠들과 합쳐진 뒤 거기서 사라진다.

아누와 그의 배우자가 이 광물 자원들을 보기 위해 도착했을 때 티와나쿠의 신성 구역과 그 황금 안뜰, 그 부두 등은 모두 마련돼 있었다. 아눈나키는 서기전 4000년 무렵에 이 모든 것을 건설하기 위해 누구를 징발해 데려왔을까? 그즈음에는 수메르 주변의 산악지대 사람들이 이미 초보적인 야금술과 석조 건축의 전통을 가지고 있었는데, 그들이 데려온 기술자들의 일부였을 수 있다. 그러나 주조 기술을 포함한 진짜 야금 기술과 고층 건축 기술, 건축 설계도에 따라 건축물을 짓는 기술, 별들의 위치를 추적하는 법 등은 수메르인들이 지니고 있었다.

반지하인 신의 안뜰 속 중심 조각상은 알 수 없는 고관들의 모습을 그린, 안뜰 벽에 끼워져 있는 여러 석조 두상들의 경우와 마찬가지로 수염 난 모습이었다. 많은 경우 수메르의 고관들처럼 머릿수건을 둘렀다.【그림 133】

잉카인들이 어디서, 어떻게 수메르인들의 승계 원칙(그것은 아눈나키가 준 것이다)을 습득해 고대 제국의 관습을 이었는지 의문이 들지 않을 수 없다. 왜 잉카 사제들은 주문을 욀 때 하늘에는 '지아나(Zi-Ana)'라는 마법의 말을 하고 땅에는 '지키아(Zi-ki-a)'라는 말을 하면서 비는 걸까? 이는 『신화 에세이 *Ensayo Mitológico*』를 쓴 라포네 케바도(S. A. Lafone Quevado)에 따르면 케추아어나 아이마라어 어느 것으로도 전혀 의미가 없는 말들이다. 그러나 수메르어로 '지아나'는 '천상의 생명'을 뜻하고

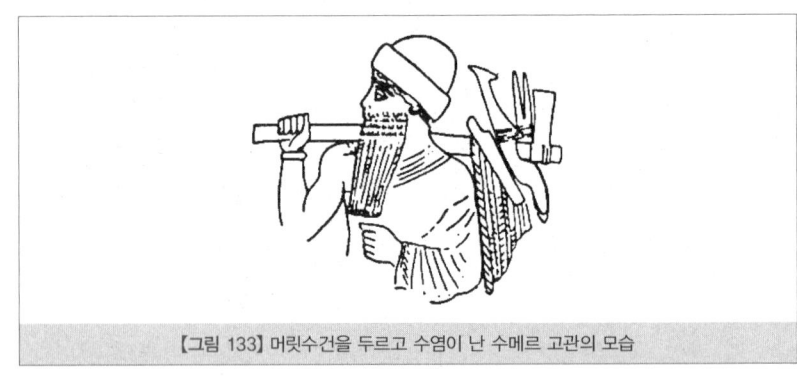

【그림 133】 머릿수건을 두르고 수염이 난 수메르 고관의 모습

'지키아'는 '땅과 물의 생명'을 뜻한다. 그리고 잉카인들은 왜 고대 제국 시대부터 안타(Anta)라는 말을 금속 일반이나 특히 구리를 가리키는 말로 계속 써왔을까? 안타는 수메르어로 안나(Anna, 주석)나 안바르(Anbar, 철)와 같은 부류였을 것이다.

그 후손들에게도 물려진 이 수메르 야금 용어의 잔재들은 수메르 광업에서 쓰였던 그림문자의 발견으로 증폭된다. 아돌프 바스티안(Adolf Bastian, 1826~1905)이 이끈 독일 고고학자들은 콜롬비아의 금 생산 중심지에 있는 마니살레스(Manizales) 강기슭의 바위에 새겨진 그러한 부호들을 발견했다.【그림 134a】그리고 동부 지역의 강바닥들을 탐사하던 에두아르 앙드레(Édouard François André, 1840~1911) 휘하의 프랑스 정부 조사단은 인공적으로 확장된 동굴 위 바위에 새겨진 비슷한 부호들을 발견했다.【그림 134b】안데스의 금 생산지들과 그곳으로 가는 길가, 또는 '우루(Uru)'라는 말이 지명에 들어간 곳들에 있는 여러 석각(石刻)에는 수메르의 쐐기문자나 그림문자를 닮은 부호들이 들어 있다. 예컨대 티티카카 호 북서쪽의 석각 가운데서 발견된, 뭔가를 내쏘는 십자가 같은 것들이다.【그림 134c】십자가는 수메르인들이 행성 니비루를 상징하기 위

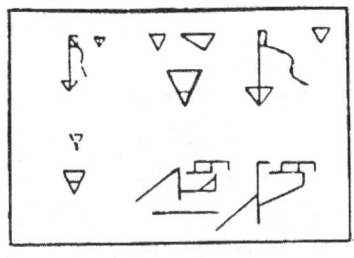

【그림 134a】 독일 고고학자 팀이 발견한 부호들

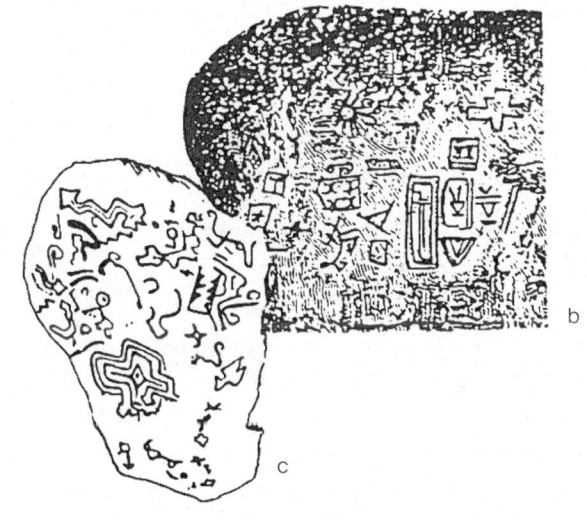

【그림 134b/c】 프랑스 조사단이 발견한 부호들(b)과 티티카카 호 석각의 부호들(c)

해 썼던 상징이다.

이 모든 것에 더해, 티티카카 호로 데려온 수메르인들 가운데 일부일 가능성이 있는 사람들이 오늘날까지도 남아 있다. 지금 그들 가운데 수백 명만이 남아 있는데, 그들은 호수의 몇몇 섬에 살면서 갈대배를 타고 다니고 있다. 지금 이 지역 주민의 대부분을 차지한 아이마라와 코야(Kolla) 종족 사람들은 '우루(Uru)'라 불리는 이들이 이 지역 초기 거주자들의 후예이며 다른 땅에서 온 이방인들이라고 생각한다. 그 이름은 '오래된 자들'을 의미하는 것으로 받아들여진다. 그러나 그들은 수메르의 수도 우르(Ur)에서 왔기 때문에 그렇게 불린 것이 아닐까?

포스난스키에 따르면 우루인들은 다섯 샴프트니(Samptni, 신)에게 이름을 붙였다. '늙은(또는 높은) 신'을 의미하는 파카니말쿠(Pacani-Malku), '신'을 뜻하는 말쿠(Malku), 그리고 지구의 신과 물의 신, 태양의 신이다. 말쿠라는 말은 분명히 근동에서 온 말이다. 그곳에서는 이 말이 '왕'을 의미했다(히브리어와 아랍어에서는 아직도 그러하다). 우루인들에 관한 연구는 많지 않은데, 라울 라바레(Raoul Weston La Barre, 1911~1996)는 《미국인류학회 회지 American Anthropologist》(43권)에 기고한 글에서 우루인들의 '신화'를 이렇게 전했다.

> 호수의 사람들인 우리는
> 지구에서 가장 오래된 민족이다.
> 우리는 오랫동안 여기 살았다.
> 태양이 숨겨졌을 때 이전부터다. (…)
> 태양이 스스로 숨기 이전에
> 우리는 이미 이곳에 오랫동안 살고 있었다.
> 그 뒤에 코야인들이 왔다. (…)
> 그들은 자기네 신전의 기초를 놓을 때
> 우리 신체를 희생으로 바쳤다. (…)
> 티와나쿠는 어둠의 때 이전에 세워졌다.

우리는 이미 '어둠의 날', 곧 "태양이 숨겨졌을 때"가 서기전 1400년 무렵이었음을 확인한 바 있다. 그것은 전 세계적인 사건이어서 그 흔적이 지구 양쪽 사람들의 저작과 기억 속에 남아 있음을 우리는 제시했다. 이 우루의 전설(또는 집단 기억)은 티와나쿠가 그 사건 이전에 건설됐고 우루인들은 또한 그 오래 전부터 그곳에 거주했음을 확인한다.

오늘날에도 호수의 아이마라 종족 사람들은 갈대배를 타고 호수를 돌아다니는데, 그들은 갈대배 만드는 법을 우루인들로부터 배웠다고 말한다. 이 배들과 수메르인들의 갈대배가 놀랍도록 유사한 데 착안한 토르 헤위에르달은 그 배를 복제해 고대 수메르인들이 대양을 건널 수 있었음을 증명하기 위한 '콘틱시' 항해에 나섰다. 콘틱시는 위라코차의 통칭 가운데 하나다.

수메르/우루인들이 안데스에 존재했던 범위는 '우루'가 아이마라어와 케추아어 등 모든 안데스 말들에서 '낮'을 의미한다는 사실 등의 흔적들을 통해 찾아볼 수 있다. 메소포타미아에서는 그것이 '햇빛'이라는 뜻이었으니 같은 의미다. 그런 부류의 다른 안데스 말에는 물을 뜻하는 '우마(uma)/마유(mayu)', 붉은색을 뜻하는 '쿤(khun)', 손을 뜻하는 '캅(kap)', 눈(眼)을 뜻하는 '에누(enu)/이에누(ienu)', 바람을 뜻하는 '마카이(makai)' 등이 있다. 이들은 분명히 메소포타미아에서 온 말들이어서 파블로 파트롱(Pablo Patron)은 『아메리카 언어에 대한 새로운 연구 Nouvelles études sur les langues américaines』에서 이렇게 결론지었다.

페루 원주민들의 케추아어와 아이마라어는 수메르/아시리아에서 온 것임이 분명히 입증됐다.

'우루'라는 말은 볼리비아와 페루의 여러 지명의 구성 요소로 나타난다. 주요 광업 중심지 오루루(Oruru), 잉카의 신성한 계곡 우루밤바(Urubamba)와 그곳의 유명한 강 등 이루 헤아릴 수도 없다. 우루밤바는 '우루 평원(계곡)'이라는 뜻이다. 실제로 이 '신성한 계곡' 중앙에는 스스로 티티카카 호 우루인들의 후예라고 생각하는 종족의 일부가 아직도 동굴 속에 살고 있다. 그들은 자기네가 동굴 주거지를 떠나면 산이 무너져 세상의 종말이 온다고 주장하며 동굴에서 떠나 일반 주택으로 옮겨가기를 거부하고 있다.

메소포타미아 문명과 안데스 문명 사이에는 다른 명백한 연결도 있다. 예컨대 수메르 수도 우르가 티와나쿠의 경우와 마찬가지로 북쪽 항구와 남동쪽 항구가 있는 운하(에우프라테스 강과 그곳을 거쳐 바다로 연결된다)로 둘러싸여 있다는 사실을 어떻게 설명할 수 있겠는가? 그리고 코스코 중앙 신전에 '황금 안뜰'이 있고 그곳의 벽이 황금 판자로 덮여 있음을 어떻게 설명할 수 있을까? 푸마풍쿠 및 우루크에 있는 것과 똑같이 말이다. 그리고 코리칸차에 있는, 니비루와 그 궤도를 묘사한 '그림으로 보는 구약'은?

에스파냐인들이 도착했을 때 그들로 하여금 인디언들을 이스라엘의 '사라진 열 종족'의 후예로 생각하게 만든 여러 관습들이 있었다. 해변의 도시들과 거기에 있는 신전들은 탐사자들로 하여금 수메르의 신성 구역과 지구라트를 연상케 했다. 그리고 아메리카에서는 티와나쿠 인근 해안 주민들의 이례적으로 화려한 직물을, 수메르의 직물, 특히 아름다운 디자인과 색깔로 고대 세계에서 유명했던 우르의 직물과 비교하지 않고 어떻게 설명할 수 있을까? 왜 그려진 신들은 원뿔 머리장식을 얹었고, 여신은 닌티의 탯줄 칼 상징을 갖고 있을까? 왜 책력에는 메소포타미아와 마찬가지로 세차 현상이 들어 있고, 황도대는 수메르와 마찬가지로 12궁으로 나누었을까?

　우리가 앞에서 얘기했던 모든 증거들을 다시 들먹일 필요도 없이, 우리가 서기전 4000년 무렵 이 지역에 아눈나키의 손길이 미치고 수메르인들이(그들만이든 다른 이웃들과 함께든) 존재했음을 인정한다면 안데스의 시초에 관한 모든 수수께끼의 조각들은 아귀가 맞을 것이라고 우리는 생각한다. 창조자와 그의 두 아들인 달과 태양이 '태양의 섬'(티티카카 섬)에 있는 신성한 바위에서 하늘로 올라간 것은 아누와 그의 손자 신(Sin), 그리고 신(Sin)의 아들 샤마쉬가 떠난 것에 대한 기억일 것이다. 푸마풍쿠에서 잠깐 배를 타고 대기하고 있던 아눈나키의 비행선까지 간 것이다.

　우루크에서의 그 뜻깊은 밤에 니비루가 나타나자마자 사제들은 횃불을 밝혔고 그것이 인근 마을들에 신호가 됐다. 그곳들에 모닥불이 피워졌고 그것 역시 이웃 주거지들에 신호가 됐다. 그리고 곧 온 수메르 땅에 불이 밝혀져 아누와 안투의 방문과 '신들의 행성' 관측을 축하했다.
　당시 사람들이, 지구 햇수로 3,600년 만에 한 번 일어나는 천체 현상을 목격하고 있음을 스스로 알았든 몰랐든, 그들은 분명히 그것이 자기 생애 동안 단 한 번밖에 볼 수 없는 현상이라는 것을 알았다. 인류는 끊임없이 그 행성이 돌아오기를 고대했고, 그들은 당연히 그 시대를 '황금시대'로 기억했다. 그것은 실제로 금을 사용한 시대였을 뿐만 아니라, 인류에게 평화와 유례없는 진보를 가져다준 시대였기 때문이었다.
　그러나 아누와 안투가 니비루로 돌아가자마자 곧바로(아눈나키의 시간관념으로) 아눈나키 가문들 사이의 평화적인 지구 분할은 흐트러지고 말

앉다. '바벨탑' 사건이 일어난 것은 우리 계산으로 서기전 3450년 무렵이었다. 그것은 마르둑/라가 메소포타미아의 지배권을 자신의 도시 바빌론으로 가져오려던 시도였다. 이 시도는 엔릴과 닌우르타에 의해 좌절됐지만, 발사용 탑 건설에 인간이 동원됐기 때문에 신들은 인류를 분산시키고 언어를 흐트러뜨리기로 결정했다. 단일 문명과 그 언어는 이제 쪼개지게 됐다. 그리고 350년 동안 지속된 혼란기가 끝난 뒤 자신의 독자적인 언어와 초보적인 문자를 가진 나일 강 문명이 형성됐다. 이집트학 연구자들은 그것이 서기전 3100년 무렵의 일이라고 말하고 있다.

문명사회인 수메르의 통치권을 차지하는 데 실패한 마르둑/라는 이집트인들에게 문명을 주는 것을 기화로 그 땅으로 돌아가 그곳의 왕권을 동생 토트로부터 되찾았다. 토트는 이제 백성 없는 신의 신세가 됐다. 우리는 토트가 자신의 심복들과 함께 새로운 영지에 둥지를 틀었다고 생각한다. 그곳이 바로 메소아메리카다.

그리고 우리는 더 나아가 그 일이 그저 "서기전 3000년 무렵"이 아니라 정확히 서기전 3113년에 일어났다고 본다. 그때, 그해, 심지어 그날에 메소아메리카인들은 자신들의 '만년력'을 시작했던 것이다.

책력을 중요한 사건이 일어난 날에 고정시킴으로써 시간의 흐름을 계산하는 것은 전혀 이상할 게 없는 일이다. 유럽의 책력인 서력(西曆)은 예수의 탄생으로부터 햇수를 따진다. 이슬람교도들의 책력은 무함마드(Muhammad, 마호메트)가 마카에서 마디나(Madinah, 메디나)로 옮겨간 '히즈라(Hijrah, 헤지라)'로부터 시작한다. 이전의 여러 나라들과 왕조들의 사례를 건너뛰고 유대교도들의 책력을 살펴보자. 그것은 사실상 엔릴에게 바쳐진 수메르 도시 니푸르의 고대(그리고 사상 첫) 책력이었다. 유대인들의 햇수 계산(1988년이 5,748년째다)이 '세상의 시작'부터 출발했다는 일반적인 생각과는 달리, 그것은 사실 서기전 3760년의 니푸르 책력 시작에서 출발했다. 우리는 그해가, 아누가 지구를 공식 방문했던 해라고 생각한다.

그렇다면 켓살코와틀, 곧 '날개 달린 뱀'이 자신의 새 영지에 도착한 때가 메소아메리카 책력 만년력의 시작이라는 우리의 주장을 받아들이지 못할 이유가 무엇인가? 특히 그 땅에 책력을 도입한 것이 바로 그 신인데 말이다.

토트는 수메르 문서들에서 닌기쉬지다로 알려진 '생명나무의 신'인데, 자신의 형 때문에 권좌에서 밀려났기 때문에 자연스럽게 형의 적인 엔릴계 신들이나 그들의 으뜸 전사인 닌우르타와 동맹자가 됐다. 닌우르타가 구데아에게 자신의 지구라트 신전을 지어달라고 했을 때, 건축 설계도를 그려준 것이 닌기쉬지다/토트였음은 기록에 남아 있다. 그는 신전 건설에 희귀한 자재들을 지정했을 수도 있고, 그 공급을 보장할 방안도 갖고 있었을 것이다. 그는 엔릴계 신들의 친구로서 이쉬쿠르/아다드와 그의 통제 아래 있는 티티카카 지역의 안데스 영지를 우호적으로 대해야 했다. 그는 아마도 거기서 환영받는 손님이기도 했을 것이다.

실제로 우리는 '뱀의 신'과 그의 아프리카인 부하들이 아마도 티와나쿠 인근의 일부 부속 금속 가공 단지를 만드는 데 조력했으리라는 근거를 발견할 수 있다. 티와나쿠 1기에서 2기 사이에 해당하는 시기의 일부 돌기둥과 조각상들은 뱀 상징을 장식하고 있다. 이런 정황이 아니라면 이 상징은 티와나쿠에서는 드물고 생소한 것이다. 그리고 인근 유적지들에서 발견된 사람 조각상들【그림 135】과 원주민들이 옮겨다가 티와나쿠 마을 교회 문 앞에 장식품으로 놓아둔 거대한 두 개의 반신상【그림 136】은 마모된 상태이긴 하지만 흑인종의 모습을 드러내고 있다.

【그림 135】 티와나쿠 인근에서 발견된 사람 조각상들

　포스난스키는 유적이 매우 오래됐다는 그의 주장이 '공상적'이라는 비판을 받은 데 데어서, 사암이 건축과 조각에 쓰였던 제1기에서 딱딱한 안산암이 사용되기 시작한 제2기로의 이행 시기에 대해 말하려 하지 않았다. 그러나 그러한 변화가 티와나쿠의 초점이 금에서 주석으로 옮겨감도 보여준다는 사실은 그 시기가 서기전 2500년 무렵임을 시사한다. 우리의 추측대로 근동의 산악 영지를 맡고 있던 아다드와 닌우르타 등 엔릴계 신들이 멀리 새 영지에 나가 카시트인들의 식민지를 건설하는 데 여념이 없었다면 그것은 거의 같은 시기에 인안나/이쉬타르가 근동에서 권력을 찬탈하고 그녀가 사랑했던 남편 두무지(Dumuzi)의 죽음(그녀는 마르둑이 죽였다고 주장했다)에 대한 복수를 위해 마르둑/라에게 피비린내 나는 공격을 펼쳤던 까닭을 설명해 준다.

　걱정에 싸인 신들이 그 모든 곳에서 멀리 떨어진 안데스에 새 문명을

【그림 136】 티와나쿠 교회 문 앞으로 옮겨진 반신상들

건설하기로 결정한 것은 바로 이때, 그리고 아마도 옛 영지들이 불안정한 결과로서였을 것이다. 티와나쿠는 주석 공급에 초점을 맞추도록 돼 있었지만, 거기에는 안데스 사면 전역에 걸쳐 거의 마르지 않는 금의 원천이 있었다. 필요한 것이라고는 안데스 사람들에게 금을 찾기 위해 필요한 기술을 가르치고 연장을 주는 것뿐이었다.

그리고 몬테시노스가 결론지었듯이 서기전 2400년 무렵에 만코카팍

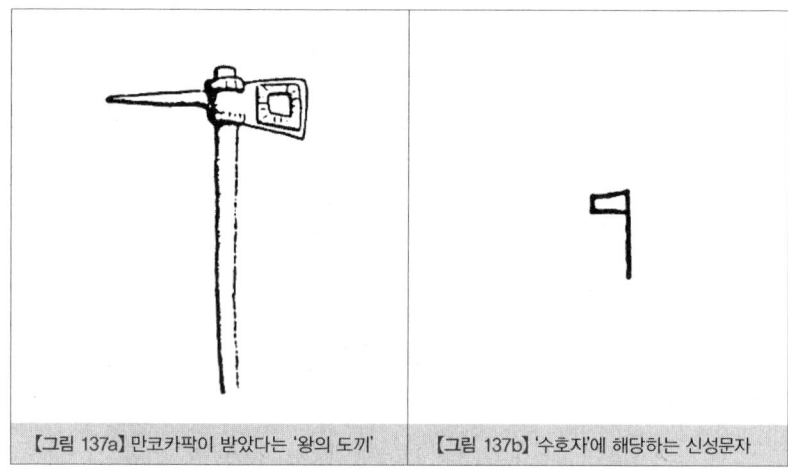

【그림 137a】 만코카팍이 받았다는 '왕의 도끼'   【그림 137b】 '수호자'에 해당하는 신성문자

이 티티카카에서 금지팡이를 받고 금이 나는 땅 코스코로 갔다.

이 지팡이는 어떻게 생겼고 어떤 목적으로 쓰였을까? 이 문제에 관한 가장 철저한 연구 가운데 하나가 후안 라레아(Juan Larrea, 1782~1847)의 『잉카의 왕관 Corona Incaica』이다. 그는 유물과 전설, 잉카 지배자들에 대한 그림 묘사 등을 분석한 뒤 그것은 도끼였다고 결론지었다. 유아리(Yuari)라고 부르는 물건인데, 처음 만코카팍이 받았을 때는 투파유아리(Tupa-Yuari), 곧 '왕의 도끼'라고 불렸다는 것이다.【그림 137a】 그러나 그것은 무기였을까, 연장이었을까?

그 해답을 찾기 위해 고대 이집트로 가보자. 이집트어로 '신/신성한'에 해당하는 것이 '네테루(Neteru)', 곧 '수호자'다. 그러나 그것은 바로 수메르를 가리키는 이름이다. 정확하게는 슈메르(Shumer)인 그곳은 '수호자들의 땅'이다. 그리고 구약과 위경(僞經) 문서들의 초기 그리스 역본에는 네필림(곧 아눈나키)이라는 말이 '수호자'로 번역됐다. 이 말에 해당하는 신성문자가 도끼다.【그림 137b】 윌리스 버지(Ernest Alfred Thompson

Wallis Budge, 1857~1934)는 『이집트의 신들 The Gods of the Egyptians』(1904)의 '신의 상징으로서의 도끼'라는 장에서 그것이 금속으로 만든 것이라고 결론지었다. 그는 이 상징과 '네테르(Neter)'라는 말도 아마도 수메르인들에게서 빌려왔을 것이라고 말했다. 그것이 사실임은 【그림 133】에서도 엿볼 수 있다.

이렇게 해서 안데스 문명은 시작됐다. 안데스 사람들에게 신의 금을 파낼 도끼를 줌으로써였다.

만코카팍과 아야르 형제들의 설화는 십중팔구 티와나쿠에서 메소포타미아인들이 금을 캐던 단계의 종말을 의미할 것이다. 공백기가 이어졌다. 그러다가 그곳은 세계의 주석 중심지로 되살아났다. 카시트인들이 도착해 주석이나 청동 완제품을 태평양 항로를 통해 실어 날랐다. 곧 다른 루트들도 개척됐다. 베니 강을 따라 동쪽 브라질의 대서양 연안으로 가서 대양의 조류에 힘입어 아라비아 해와 홍해를 거쳐 이집트로 가거나 페르시아 만을 거쳐 메소포타미아로 가는 루트가 있었음은 그 지역들에 놀랄 만큼 많은 청동기가 있는 정착지들이 존재한다는 점으로 시사된다. 고대 제국과 우루밤바 강을 거치는 루트도 가능하고 아마 있었을 것이다. 거석문화 유적지들과 마추픽추에서 순수한 주석 덩어리가 발견된 사실 등이 시사하는 대로다. 이 루트는 아마존 강과 남아메리카의 북동쪽 끝으로 이어진 뒤 대서양을 건너 서아프리카와 지중해로 가는 것이다.

그리고 메소아메리카에 문명인들의 주거지가 약간 생기게 되자 세 번째이자 좀 더 빠른 대안이 제시됐다. 태평양과 대서양 사이에 카리브 해를 통해 실질적인 육교 역할을 할 수 있는 좁은 목을 통해서다. 에스파냐 정복자들은 기본적으로 이 루트를 답습했다. 반대 방향이긴 했지만 말이다.

이 세 번째 루트는 올메카 문명의 것이었는데, 지중해 사람들의 존재가 입증하는 것처럼 서기전 2000년 이후 최선의 루트로 활용됐을 것이다. 서기전 2024년에 닌우르타가 이끄는 아눈나키가, 시나이의 우주공항이 마르둑의 부하들에게 유린될 것을 두려워한 끝에 핵무기로 그것을 파괴해 버렸기 때문이다.

치명적인 원자구름이 동쪽의 남부 메소포타미아를 향해 흘러갔지만 막을 수 없었고, 수메르와 그 마지막 수도 우르를 황폐화시켰다. 마치 운명이 그렇게 정해졌다는 듯이 구름은 남쪽으로 흘러가 바빌론은 화를 면했다. 그러자 마르둑은 곧 카나안인과 아무루인 부대의 부하들을 거느리고 진격해 들어가 바빌론에서 왕권 수립을 선언했다.

토트/켓살코와틀의 메소아메리카 영지에 있던 그의 아프리카인 부하들에게 문명을 주기로 결정한 것이 바로 그때였다고 우리는 생각한다.

올메카인들이 아프리카계 흑인임을 받아들이는 얼마 안 되는 학계 연구 가운데 하나가 하버드대학 슬라브및기타언어학과 교수인 레오 위너(Leo Wiener, 1862~1939)의 『아프리카, 그리고 아메리카 발견 Africa and the Discovery of America』이다. 그는 인종별 생김새들이나 다른 요소들도 고려했지만 주로 언어 분석에 근거해 올메카인들의 언어가 서아프리카의 니제르(Niger) 강과 콩고 강 사이에서 기원한 만데(Mande) 어군에 속한다고 결론지었다. 그러나 올메카 유적지의 진짜 연대가 밝혀지기 전인 1920년에 글을 쓴 위너는 이들이 중세의 아랍 선원들과 노예 장사꾼들에 의해 메소아메리카로 실려 왔다고 말했다.

반세기를 더 지난 뒤에 또 다른 학계의 중요 연구가 나와 이 문제에 정면으로 달려들었다. 알렉산데르 폰 부테나우(Alexander von Wuthenau)

의 『고대 아메리카의 뜻밖의 얼굴 Unexpected Faces in Ancient America』이다. 그는 메소아메리카의 미술 유산 가운데 셈계 및 흑인계 모습을 담은 풍부한 사진들을 통해 구대륙과 신대륙의 첫 번째 연결이 이집트 파라오 람세스 3세(Ramesses III) 때인 서기전 12세기에 이루어졌고 올메카인들은 이집트 최대 금 산지인 누비아의 쿠쉬(Kush)인들이었을 것이라고 추측했다. 그는 일부 다른 검은아프리카 사람들도 서기전 500년에서 서기 200년 사이에 "페니키아 및 유대인 배"를 타고 건너왔을 수 있다고 말했다. 이반 반 세르티마(Ivan Gladstone Van Sertima, 1935~2009)는 『콜롬부스보다 먼저 온 사람들 They Came Before Columbus』(1976)이라는 연구를 통해 이전에 나온 이 두 학술 연구 사이의 반세기 격차를 메우는 일에 나섰는데, 그는 쿠쉬 설에 기울었다. 그들이 메소아메리카를 함께 지배한 것은(아마도 배의 난파로 인한 것이었다고 생각되는데) 서기전 8세기에 쿠쉬의 흑인 왕들이 이집트 제25왕조의 왕들로서 왕좌에 올라 은과 청동을 교역할 때였다는 것이다.

이러한 결론은 거대한 올메카 두상들이 그 시기쯤에 만들어진 것이라는 생각으로 더욱 확고해졌다. 그러나 지금은 올메카 문화의 시작이 서기전 2000년 무렵으로 알려져 있다. 그렇다면 이 아프리카인들은 누구였을까?

우리는 레오 위너의 언어학적 연구가 옳다고 생각하지만 그의 연대 추정에는 찬성하지 않는다. 올메카인들이 남긴 거대 두상의 얼굴【그림 138a】들을 나이지리아의 옛 지도자 이브라힘 바방기다(Ibrahim Badamasi Babangida, 1941~) 장군【그림 138b】 같은 서아프리카인들의 얼굴과 비교해 보면 수천 년의 간격이 명백한 유사성에 의해 메워짐을 알 수 있다. 토트가 부릴 광업 전문가를 데려온 곳은 아프리카의 그 지역이었다. 그

【그림 138a】
올메카인들이 남긴 거대 두상

【그림 138b】
나이지리아 바방기다 장군

지역이 바로 금과 주석, 그리고 그것과 합금을 만드는 데 쓰이는 구리가 풍부한 곳이었기 때문이다. 나이지리아는 수천 년 동안 밀랍법으로 주조한 청동 소상(小像)으로 유명했다. 최근 그 유적지들 일부에 대한 방사성탄소 연대 측정을 했는데, 가장 오래된 것이 서기전 2100년이라는 연대가 나왔다.

지금 가나(Ghana)로 알려진 나라가 수백 년 동안 '황금 해안'이라는 이름으로 존재하고 있었던 곳이 바로 그 서아프리카였다. 예나 이제나 그곳은 금의 산지여서 페니키아인들에게까지 알려져 있었던 것이다. 그리고 이 지역에는 금세공 기술로 대륙 전체에서 유명한 아샨티(Ashanti)족이 있다. 그들의 세공품 가운데는 금으로 만든 저울추도 있는데, 그 모양이 축소판 계단식 피라미드인 경우가 종종 있다.【그림 139】그곳은 그런 구조물이 전혀 존재하지 않는 땅이다.

토트가 자신이 부릴 전문가들을 데려가기 시작한 것은 구대륙의 질

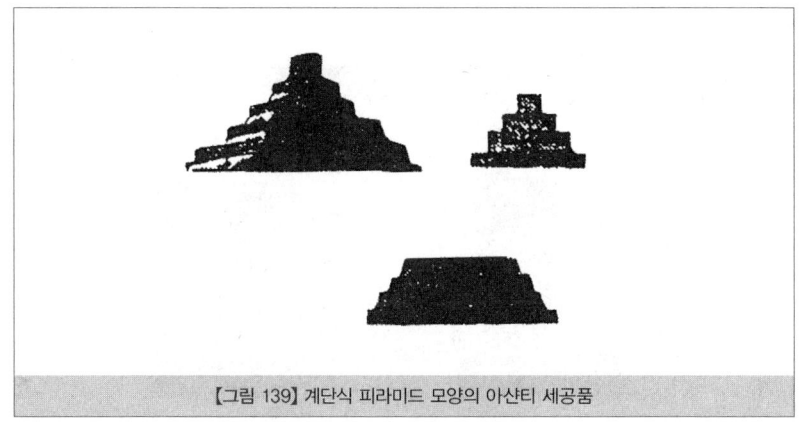

[그림 139] 계단식 피라미드 모양의 아샨티 세공품

서가 무너졌을 때였다고 우리는 생각한다. 새로운 생활, 새로운 문명, 새로운 광산 경영을 시작한 것이다.

우리가 보았듯이 이 광산들과 올메카인 광부들은 곧 남쪽으로 옮겨 갔다. 처음에는 멕시코의 태평양 연안으로, 그리고 다시 지협을 건너 남아메리카 북부로 갔다. 그들의 최종적인 목적지는 차빈 지역이었다. 거기서 그들은 금을 캐는 아다드 휘하의 광부들을 만났다. 금지팡이의 사람들 말이다.

새 영지에서의 황금시대는 영원히 계속되지 않았다. 멕시코의 올메카 유적지들은 파괴당했다. 올메카인들 자신과 수염 난 그 동업자들은 비참한 최후를 맞았다. 모체의 항아리에는 거인들을 사로잡은 모습과 날개 달린 신들이 금속제 칼을 들고 싸우는 모습이 그려져 있다. 고대 제국은 부족 간의 충돌과 침략을 겪었다. 그리고 티티카카 산악지대의 아이마라 전설은 해안에서 산으로 진격해 쳐들어온 침략자들이 그때까지 거기 있던 백인들을 죽였음을 전하고 있다.

황금 눈물의 신들 451

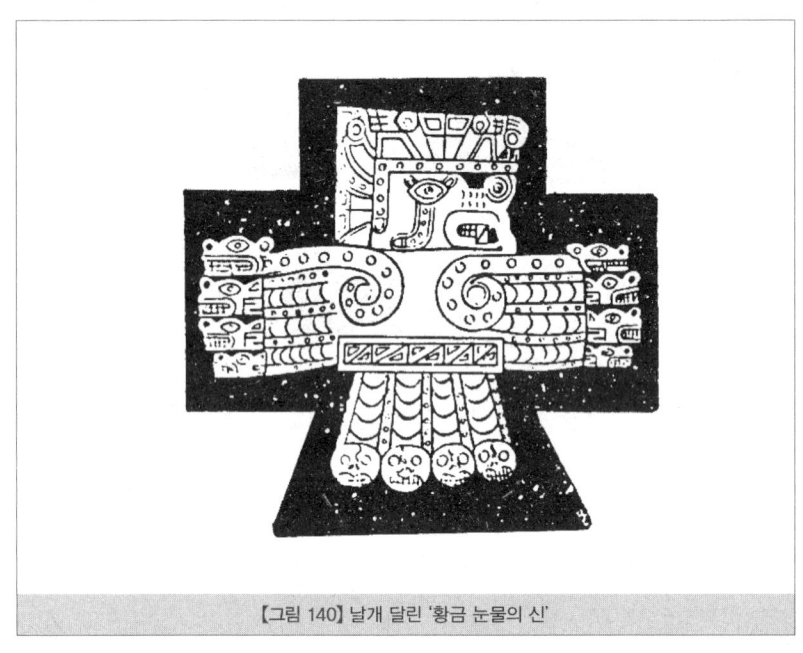

【그림 140】 날개 달린 '황금 눈물의 신'

   이것은 아눈나키의 갈등과 그들이 거기에 더욱더 인간을 연루시켰음을 반영하는 것이었을까? 아니면 이 모든 것은 신들이 떠난 뒤, 그들이 배를 타고 떠나고 하늘로 올라간 뒤에 일어나기 시작한 것일까?

   그것이 어느 쪽이든 곧 옛 영지와 새 영지 사이의 연결이 끊어졌음은 분명하다. 구대륙에서 아메리카는 그저 희미한 기억이 돼버렸다. 이런저런 옛날 작가들의 암시, 이집트 사제들로부터 들은 아틀란티스 전설, 심지어 알 수 없는 대륙들을 그려놓은 헷갈리는 지도들. 이 모든 것은 신화였을까? '헤라클레스(Hēraklēs)의 기둥' 너머에 정말로 금과 주석의 땅이 있었을까? 곧 새로운 영지는 잊힌 왕국이 됐다. 적어도 유럽 사람들에게는 말이다.

   그 새로운 영지에서는 세월이 흘러가면서 지나간 황금시대가 그저 전설 속의 기억으로만 남았다. 그러나 기억은 끊어지지 않고 설화는 살아남았다. 이 모든 것이 어떻게, 어디서 시작됐는지에 대해, 켓살코와틀과 위라코차에 대해, 그들이 훗날 어떻게 돌아올지에 대해서 말이다.

지금 우리는 거대한 두상들, 거석으로 만들어진 벽들, 버려진 유적지들, 눈물 흘리는 신이 지키는 외로운 문을 보면서 의문을 갖지 않을 수 없다. 이 신들이 그들과 함께 있었고 그들이 돌아오기를 기다리고 있다는 아메리카 사람들의 말은 맞는 것일까?

백인이 다시 와서 뒤집어놓기 전까지 이 모든 것이 시작된 안데스의 사람들은 빈 황금 울타리를 바라보며 요행히 그들의 날개 달린 '황금 눈물의 신' 【그림 140】을 다시 한 번 보게 되길 기다릴 수밖에 없었기 때문이다.

| 역자 후기 |

이 책은 우리의 지식 체계에는 없는 태양계의 열두 번째 행성에서 온 우주인들(아눈나키)이 인간을 창조했고 지구 문명을 건설했다는 주장을 펴는 시친의 '지구 연대기' 시리즈 가운데 네 번째 책이다. 원제는 『The Lost Realms』.

시친의 이 시리즈는 세 번째 책 『신들의 전쟁, 인간들의 전쟁』에서 지구 문명의 초기 역사를 본격적으로 다룬 바 있다. 물론 그의 관점에서다. 시친은 그 책에서 수메르 문명을 중심으로 한 이집트 문명과 인도 문명 등을 조명했는데, 이 네 번째 책에서는 이른바 '신대륙'으로 불리는 중·남아메리카 문명을 대상으로 했다.

사실 아메리카 대륙은 유럽인들에게나 신대륙이었지, 거기에도 이미 사람이 살고 있었고 그들이 가지고 있던 문화유산도 만만찮았다. 현대의 기술로도 불가능한 거석문화 등 '불가사의'급의 유적들과 당시 잉카인들의 문화 수준은 부합하지 않았고, 그것은 오늘날까지도 해명이 필요한 과제로 남았다.

시친이 이런 고대 문명들을 자신이 말한 아눈나키의 작품으로 보는 것은 당연한 귀결이다. 다른 행성에서 날아온 존재들이라면 당연히 지구 안의 다른 대륙에도 손을 뻗쳤을 것이기 때문이다. 게다가 그들이 '인간'을 창조했다면 같은 '인간'인 아메리카 원주민들도 그들의 작품일 수밖에 없다.

문제는 아메리카의 고대 문명들에서 아눈나키들의 '지문'을 찾는 일이다. 그리고 그들이 거기에 간 목적도 해명해야 한다. 그리고 그런 설명들은 그가 이전 책에서 펼쳐놓은 '특이한' 주장들과 부합해야 한다. 이 책은 그 모든 것에 대한 시친의 보고서다.

근동 지역(근동과 중동은 분명히 의미 차이가 있지만 우리는 통상 이 둘을 명확히 구분하지 않고 뭉뚱그려 중동이라고 부르는 반면에, 시친은 중동이라고 할 수 있는 지역까지 통틀어 계속 근동으로 부르고 있음을 기억해 둘 필요가 있다)을 다룬 앞 책에서는 점토판에 새겨진 풍부한 문헌 자료가 시친의 주장을 확인하는 논거로 쓰였고, 서양 사람들에게 친숙한 구약 기록으로 결정타를 날렸다. 그러나 아메리카 지역에는 그런 문헌 자료가 별로 없다. 그래서 시친은 이 책에서 원주민들의 전승과 유물·유적 들에 치중한다.

그런데 그저 아메리카에 이런저런 해명되지 않은 유적들이 있다고 말하는 것과 그것이 그가 말하는 아눈나키의 작품임을 입증하는 것은 차원이 다른 문제다. 특히 명확한 언어로 기록되지 않은 유물·유적은 해석자의 주관이 개입할 여지가 더 많기 때문에 입증 자료로서 한계를 지니게 마련이다.

그러나 시친은 예상 외로 많은 자료를 모아 자신의 주장을 입증하는 근거로 제시하고 있다. 유물·유적의 건설 방식이나 그 의미 등에서 근동 지역의 것들과 공통되는 사례들을 풍부하게 들고 있고, 전승이나 관습 등에서 근동과 구약에 연결되는 부분들도 다수 지적한다. 특히 유물 가운데 아프리카계나 지중해 연안 사람들의 모습이 많이 나타난다는 지적은 그 사진들을 보는 사람들로 하여금 어떤 문헌 증거들보다 더욱 강력한 입증 자료라고 느끼게 할 만하다.

물론 그 자신도 다소 황당한 느낌이었던지 관광 안내원의 말을 빌렸지만 '잉카'가 '카인'의 음절을 뒤집은 것 아니냐는 얘기 등 희한한 소리까지 있다. 그러나 독자들은 아눈나키가 금과 주석 등 광물 자원이 풍부한 아메리카에 새로운 거점을 만들었던 흔적이 지금 수수께끼로 남아 있는 온갖 유물·유적들이라는 시친의 주장들과 그 논거들에 초점을 맞추면 된다.

2010년 7월
옮긴이 이재황

| 참고 문헌 |

1. 잡지, 논문 및 연구서

Academia Colombiana de Historia : Biblioteca de Antropologia (Bogotá)
Acta Antropologica (Mexico City)
American Anthropological Association, Memoirs (Menasha, Wisc)
American Anthropologist (Menasha, Wisc)
American Antiquity (Salt Lake City)
American Journal of Anthropology (Baltimore)
American Museum of Natural History : Anthropological Papers (New York)
American Philosophical Society : Transactions (Philadelphia)
Anales del Instituto Nacional de Antropologia e Historia (Mexico City)
Anales del Museo Nacional de Arqueologia, Historia y Etnologia (Mexico City)
Annals of the New York Academy of Sciences (New York)
Anthropological Journal of Canada (Ottawa)
Anthropology (Berkeley)
Archaeoastronomy (College Park)
Archaeology (New York)
Arqueologia Mexicana (Mexico City)
Arqueologicas (Lima)
Atlantis (Berlin and Zurich)
Baessler Archiv (Berlin and Leipzig)
Biblical Archaeology Review (Washington, D. C.)
Biblioteca Boliviana (La Paz)
Bureau of American Ethnology : Bulletin (Washington, D. C.)
California University, Archaeological Research Facility : Contributions (Berkeley)
Carnegie Institution of Washington, Publications : Contributions to American Archaeology (Washington, D. C.)
Carnegie Institution of Washington, Department of Archaeology : Notes on Middle American Archaeology and Ethnology (Cambridge, Mass)

Connecticut Academy of Arts and Sciences : Memoirs (New Haven)
Cuadernos Americanos (Mexico City)
Cuzco (Cuzco)
El Mexico Antiguo (Mexico City)
Ethnographical Museum of Sweden : Monograph Series (Stockholm)
Harvard University, Peabody Museum of American Archaeology and Ethnology :
    Memoirs and Papers (Cambridge, Mass.)
Inca (Lima)
Instituto Nacional de Antropologia e Historia : Memorias and Boletin
    (Mexico City)
International Congresses of Americanists : Proceedings (Various cities)
Journal of the Ethnological Society of London (London)
Journal of the Manchester Egyptian and Oriental Society (Manchester)
Journal of the Royal Anthropological Institute (London)
Liverpool University Centre for Latin American Studies : Monograph Series
    (Liverpool)
Museum für Volkerkunde im Hamburg : Mitteilungen (Hamburg)
Museum of the American Indian, Heye Foundation : Contributions and Leaflets and
    Indian Notes and Monographs (New York)
National Geographic Magazine (Washington, D. C.)
National Geographic Society, Technical Papers : Mexican Archaeology Series
    (Washington, D. C.)
Natural History (New York)
New World Archaeological Foundation : Papers (Provo)
Revista del Museo de La Plata (Buenos Aires)
Revista del Museo Nacional (Lima)
Revista do Instituto Historico e Geografico Brasiliero (Rio de Janeiro)
Revista Historica (Lima)
Revista Mexicana de Estudios Antropologicos (Mexico City)
Revista Mexicana de Estudios Historicos (Mexico City)
Revista Universitaria (Lima)
Revue Anthropologique (Paris)

Revue d'Ethnographie (Paris)
Scientific American (New York)
Smithsonian Institution, Bureau of American Ethnology : *Bulletin* (Washington, D. C.)
Studies in Pre-Columbian Arts and Archaeology (Dumbarton Oaks)
University of California Anthropological Records (Berkeley)
University of California : Publications in American Archaeology and Ethnology (Berkeley)
University of Pennsylvania, the University Museum : The Museum Journal (Philadelphia)
Wira-Kocha (Lima)

2. 개인적인 저서 및 연구

Allen, G. : *Gold!* (1964).
America Pintoresca : Descripcion de viajes al Nuevo Continente (1884).
Anders, F. : *Das Pantheon der Maya* (1963).
Andree, R. : *Die Metalle bei den Naturvölkern* (1884).
Antiguo Perú : espacio y tiempo (1960) .
Anton, F. : *Alt-Peru und seine Kunst* (1962).
Arnorold, J. R. and W. F. Libby. : *Radiocarbon Dates* (1950)
Arte Prehispanico de Mexico (1933).
Aveni, A. F.(ed.) : *Archaeoastronomy in Pre-Columbian America* (1975).
____(ed.) : *Native American Astronomy* (1977).
____(ed.) : *Archaeoastronomy in the New World* (1982).
Batres, L. : *Teotihuacan o la Ciudad Sagrada de los Toltecas* (1889).
____ : *Civilization Prehistorica* (Estado de Veracruz) (1908).
Baudin, L. : *La Vie Quotidienne au Temps des Derniers Incas* (1995).
Baudin, L., C. Troll and C. D. Gibson. : *Los origines del Indio-Americano* (1937).
Belli, P. L. : *La Civilizacion Nazca* (1960).
Beltran-Kropp, M. : *Cuzco-Window on Peru* (1956, 1970)

Bennett, W. C. : *Excavations at Tiahuanaco* (1934).

―― : *Excavations in Bolivia* (1936).

―― : *The Ancient Arts of the Andes* (1954).

Bennett, W. C. and J. B. Bird. : *Andean Culture History* (1964).

Benson, E. P. : *The Maya World* (1967).

――(ed.) : *The Dumbarton Oaks Conference on the Olmecs* (1968).

Bernal, I. : *Ancient Mexico in Color* (1968).

―― : *El Mundo Olmeca* (1968).

―― : *Stone Reliefs in the Dainzu Area* (1973).

Bernal, I., R. Piña-Chan and F. Camara Barbachano. : *3000 Years of Art and Life in Mexico* (1968).

Bird, J. : *Paracas Fabrics and Nazca Needlework* (1954).

Bird, J.(ed.) : *Art and Life in Old Peru* (1962).

Blom, F. and O. La Farge. : *Tribes and Temples* (1926).

Bollaert, W. : *Antiquarian, Ethnological and Other Researches in New Granada, Equador, Peru and Chile* (1860).

Braessler, A. : *Ancient Peruvian Art* (1902/1903).

―― : *Altperuanische Metallgeräte* (1906).

Brinton, D. G. : *The Books of Chilam Balam* (1892).

British Academy, The. : *The Place of Astronomy in the Ancient World* (1974).

Buck, F. : *El Calendario Maya en la Cultura Tiahuanacu* (1937).

Burland, C. A. : *Peoples of the Sun* (1976).

Buse, H. : *Huaras y Chavin* (1957).

―― : *Guia Arqueologica de Lima* (1960).

―― : *Machu Picchu* (1961).

―― : *Perú 10,000 años* (1962).

Bushnell, G. H. S. : *Peru* (1957).

―― : *Ancient Arts of the Americas* (1965).

Cabello de Balboa, M. : *Historia del Perú* (1920).

Carnero Albarran, N. : *Minas e Indios del Perú* (1981).

Caso A. : *La religion de los Aztecas* (1936).

―― : *Thirteen Masterpieces of Mexican Archaeology* (1936).

_____ : *El Complejo Arquelogico de Tula* (1941).
_____ : *Calendario y Escritura de las Antiguas Culturas de Monte Alban* (1947).
_____ : *The Aztecs-People of the Sun* (1958).
_____ : *Los Calendarios Prehispanicos* (1967).
_____ : *Reyes y reinos de la Mixteca* (1977).
Centro de Investigaciones Antropologias de Mexico. : *Espendor del Mexico Antiguo* (1959).
Chapman, W. : *The search for El Dorado* (1967).
_____ : *The Golden Dream* (1967).
Coe, M. D. : *Mexico* (1962).
_____ : *The Maya* (1966).
Coe, M. D. and R. Diehl. : *In the Land of the Olmec* (1980).
Cornell, J. : *The First Stargazers* (1981).
Corson, C. : *Maya Anthropomorphic Figurines from Jaina Island* (1976).
Cottrell, A.(ed.) : *The Encyclopedia of Ancient Civilizations* (1980).
Crequi-Montfort, G. de. : *Fouilles de la mission scientifique française à Tiahuanaco* (1906).
D'Amato, J. and J. H. del Mazo. : *Machu Picchu* (1975).
Dennis, W. H. : *Metallurgy in the Service of Man* (1961).
Diccionario Porrua de Historia, Biografia y Geografia de Mexico (1971).
Dihl, R. A. : *Tula-The Capital of Ancient Mexico* (1983).
Disseldorf, E. P. : *Kunst und Religion der Maya Völker* (1926, 1931).
Disselhoff, H. D. : *Gott Muss Peruaner Sein* (1956).
_____ : *Kinder der Erdgöttin* (1960).
_____ : *Les Grandes Civilizations de l'Amérique Ancienne* (1963).
_____ : *Geschichte der Altamerikanischen Kulturen* (1967).
_____ : *Oasenstadte und Zaubersteine im Land der Inka* (1968).
_____ : *El Imperio de los Incas* (1973).
_____ : *Incaica* (1982).
Doering, H. : *Old Peruvian Art* (1926).
Dubelaar, C. N. : *The Petroglyphs in the Guianas and Adjacent Areas of Brazil and Venezuela* (1986).

Duran, Fray D. : *Historia de las Indias de Nueva España* (1867) (English translation by Heyden D. and F. Horacasitas, 1964).

Emmerich, A. : *Sweat of the Sun and Tears of the Moon* (1965).

―――― : *Gods and Men in Precolumbian Art* (1967).

Engel, F. : *Elementos de Prehistoria Peruana* (1962).

―――― : *Le Monde Précolumbien des Andes* (1972).

Fage, J. D. : *A History of West Africa* (1969).

Falb, R. : *Das Land der Inca* (1883).

Fernandez, A. : *Pre-Hispanic Gods of Mexico* (1984).

Festschrift Eduard Seler (1922).

Fisher, J. R. : *Silver Mines and Silver Miners in Colonial Peru* (1977).

Flornoy, B. : *Découverte des Sources des Andes a la Forêt Amazonienne* (1946).

―――― : *The World of the Inca* (1956).

―――― : *Amazone-Terres et Hommes* (1969).

Forbes, D. : *On the Aymara Indians of Bolivia and Peru* (1870).

Forbes, R. J. : *Metallurgy in Antiquity* (1950).

Furst, J. L. and P. T. Furst. : *Pre-Columbian Art of Mexico* (1980).

Garcia Rosell, C. : *Los Monumentos Arqueologicos del Perú* (1942).

Garcilaso de la Vega, el Inca. : *Royal Commentaries of the Incas* (translated into English by Livermore, H. V.) (1966).

Gates, W. : *An Outline Dictionary of Maya Glyphs* (1931).

Giesecke, A. A. : *Guide to Cuzco* (1924).

Gonzalez de la Rosa, M. : *Les deux Tiahuanacos* (1910).

Gordon, G. B. : *Prehistoric Ruins of Copan, Honduras* (1896).

Haberland, W. : *Die Kulturen Meso-und Zentralamerika* (1969).

Harlow, W. T.(ed.) : *Voyages of Great Pioneers* (1929).

Hawkins, G. S. : *Beyond Stonehenge* (1973).

Hedges, E. S. : *Tin and Its Alloys* (1959).

Heggie, D. C.(ed.) : *Arhaeoastronomy in the Old World* (1982).

Heim, A. : *Wunderland Peru* (1948).

Heizer, R. E., P. Drucker, and J. A. Graham. : *Investigations at La Venta* (1968).

Helfritz, H. : *Mexican Cities of the Gods* (1970).

Heyerdahl, T. : *The Kon-Tiki Expedition*. (1951).
———— : *The Ra Expeditions* (1971).
Homenaje al Profesor Paul Rivet (1955)
Ibarra Grasso, D. E. : *Tiahuanaco* (1956).
———— : *Prehistoria de Bolovia* (1965).
———— : *Cosmogonia y Mitologia Indigena Americana* (1980).
———— : *Ciencia en Tihuanaku y el Incario* (1982).
———— : *Ciencia Astronomica y Sociologia* (1984).
———— : *Pueblos Indigenos de Bolivia* (1985).
Illescas Cook, G. : *El Candelabro de Paracas y la Cruz del Sur* (1981).
Inwards, R. : *The Temple of the Andes* (1884).
Ixtlixochitl, F. de Alva. : *Historia Chichimeca* (Translated and edited by Bonte, H. G. : *Das Buch der Könige von Tezuco*) (1930).
Jenness, D.(ed.) : *The American Aborigines and Their Origin and Antiquity* (1933).
Joyce, T. A. : *South American Archaeology* (1912).
———— : *The Weeping God* (1913).
———— : *Mexican Archaeology* (1920).
———— : *Maya and Mexican Art* (1927).
Katz, F.: *The Ancient American Civilizations* (1972).
Kaufmann-Doig, F. : *Arqueologia Peruana* (1971).
———— : *Tiahuanaco a la luz de la Arqueologia* (1965).
Keating, R. W.(ed.) : *Peruvian Prehistory* (1986).
Krickberg, W. : *Altmexikanische Kulturen* (1956).
———— : *Felsplastik und Felsbilder bei den Kulturvolkern Altameriker* (1969).
Krickberg, W., H. Trimborn, W. Müller, and O. Zerris: *Pre-Columbian American Reli-gions* (1968).
Kroeber, A. L. : *Archaeological Explorations in Peru* (1926 and 1931).
Krupp, E. C. : *Echoes of Ancient Skies : The Astronomies of Lost Civilizations*(1983).
————(ed.) : *In Search of Ancient Astronomies* (1978).
————(ed.) : *Archaeoastronomy and the Roots of Science* (1983).
Kubler, G. : *The Art and Archaeology of Ancient America* (1962).
Kutscher, G. : *Chimu, Eine altindianische Hochkultur* (1950).

Lafone Quevedo, S. A. : *Tres Relaciones de Antiquedades Peruanas* (1950).
Landa, Diego de. : *Relacion de las cosas de Yucatán* (1956). (English translation by W. Gates : *Yucatan Before and After the Conquest.* (1937)).
Larrea, J. : *Del Surrealismo a Machupicchu* (1967).
Lathrap, D. W. : *The Upper Amazon* (1970).
Lawrence, A. W. and J. Young. (eds.) : *Narratives of the Discovery of America* (1931).
Leicht, H. : *Pre-Inca Art and Culture* (1960).
Lehmann, W. : *Einige probleme centralamerikanische kalenders* (1912).
____ : *The History of Ancient Mexican Archaeology* (1922).
Lehmann, W. and H. Doering, : *Kunstgeshichte des alten Peru* (1924).
Leon-Portilla, M. : *Pre-Columbian Literature of Mexico* (1969).
Lothrop S. K., : Zacaulpa : *A Study of Ancient Quiche Artifacts* (1936).
____ : *Metals from the Cenote of Sacrifice, Chichen Itza, Yucatan* (1952).
____ : *Treasures of Ancient America* (1964).
Lothop, S. K., W. F. Foshag, and J. Mahler, : *Pre-Columbian Art : The Robert Woods Bliss Collection* (1957).
Ludendorff, H. : *Über die Entstehung der Tzolkin-Periode im Kalendar der Maya* (1930).
____ : *Das Mondalter in der Inschriften des Maya* (1931).
Maguina, J. E. : *Lima Guide Book* (1957).
Maler, T. : *Explorations in the Department of Peten, Guatemala* (1911).
Mantell, C. L. : *Tin, Its Mining, Production, Technology and Application* (1929).
Markham, C. R. : *Peru* (1929).
____ : *Narratives of the Rites and Laws of the Yncas* (1883).
____ : *The Travels of Pedro de Cieza de Leon* (1884).
____ : *The Incas of Peru* (1912).
Marquina, I. : *Arquitectura Prehispanica* (1951).
Martinez Hernandez, J. : *La creacion del mundo segun los Mayas* (1912).
Mason, J. A. : *The Ancient Civilizations of Peru* (1957, 1968).
Maspero, G. : *Popular Stories of Ancient Egypt* (1915).
Maudsley, A.P. : *Explorations in Guatemala* (1883).
____ : *Archaeology* (1889~1902).

Mead, C. : *Prehistoric Bronzes in South America* (1915).

Means, P. A. : *Ancient Civilizations of the Andes* (1931).

Meggers, B. J. : *Ecuador* (1966).

Metropolitan Museum of Art New York : *The Iconography of Middle American Sculpture* (1973).

Meyer, C. and C. Gallenkamp. : *The Mystery of the Ancient Maya* (1985).

Middendorf, E.W. : *Wörterbuch des Runa Simi oder der Keshua-Sprache* (1890).

_____ : *Las Civilizaciones Aborigines del Perú* (1959).

Miller, M. E. : *The Arts of Mesoamerica* (1986).

Mitre, B. : *Las Ruinas de Tiahuanaco* (1955).

Montell, G. : *Dress and Ornaments in Ancient Peru* (1929).

Morley, S. G. : *The Inscriptions at Copan* (1920).

_____ : *The Inscriptions of Peten* (1937~1938).

Morris, A. A. : *Digging in Yucatan* (1931).

Morris, C. and D. E. : *Thompson. Huanaco Pampa* (1985).

Morris, E. H., J. Charolt, and A. A. Morris. : *The Temple of the Warriors at Chichen Itza* (1931).

Mosley, M. E. : *The Maritime Foundations of Andean Civilization* (1975).

Myers, B. S. : *Art and Civilization* (1967).

Neruda, P. : *Alturas de Machu Picchu* (1972).

O'Neil, W. M. : *Time and the Calendars* (1975).

Pardo, L. A. : *La Metropoli de los Incas* (1937).

_____ : *Los Grandes Monolitos de Sayhuiti* (1945).

_____ : *Ruinas del Santurio de Huiracocha* (1946).

_____ : *Historia y Arqueologia del Cuzco* (1957).

Paredes, R. : *Tiahuanaco y la Provincia de Ingavi* (1956).

_____ : *Mitos y supersticiones de Bolivia* (1963).

Patron, P. : *Nouvelles Etudes sur les Langues Américaines* (1907).

Piña-Chan, R. : *El pueblo del jaguar* (1964).

_____ : *Jaina, La casa en el agua* (1968).

_____ : *Chichen-Itza* (1980).

Ponce Sangines, C. : *Ceramica Tiwanacota* (1948).

_____ : *Tunapa y Ekako* (1969).

_____ : *Tiwanaku : Espacio, Tiempo y Cultura* (1977).

_____ : *La cultura nativa en Bolivia* (1979).

Portugal, M. and D. Ibarra Grasso. : *Copacabana* (1957).

Posnansky, A. : *Guia para el Visitante de los Monumentos Prehistoricos de Tihuanacu e Islas del Sol y la Luna* (1910).

_____ : *El Clima del Altiplano y la Extension del Lago Titicaca* (1911).

_____ : *Tihuanacu y la civilizacion prehispanica en el Altiplano Andino* (1911).

_____ : *Templos y Viviendes prehispanicas* (1921).

Prescott, W. H. : *History of the Conquest of Mexico* (1843).

_____ : *History of the Conquest of Peru* (1847).

Prieto, C. : *Mining in the New World* (1973).

Proskouriakoff, T. : *An Album of Maya Architecture* (1946).

_____ : *A Study of Classical Maya Sculpture* (1950).

Raimondi, A. : *El Perú* (1874).

_____ : *Minerales del Perú* (1878).

Ravines R. and J. J. Alvarez Sauri. : *Fechas Radiocarbonicas Para el Perú* (1967).

Reiss, W. and A. Stübel. : *Das Todenfeld von Ancon in Perú* (1880~1887).

Rice, C. : *La Civilizacion Preincaica y el Problema Sumerologico* (1926).

Rivet, P. : *Los origines del hombre Americano* (1943).

Roeder, G. : *Altaegyptische Erzählungen und Märchen* (1927).

Romero, E. : *Geografia Economica del Perú* (1961).

Roys, R. L. : *The Book of Chilam Balam of Chumayel* (1967).

Rozas, E. A. : *Cuzco* (1954).

Ruppert, K. : *The Caracol at Chichen Itza* (1933).

Ruz-Lhuillier, A. : *Campeche en la arqueologia Maya* (1945).

_____ : *Guia arqueologica de Tula* (1945).

Rydén, S. : *Archaeological Researches in the Highlands of Bolivia* (1947).

_____ : *Andean Excavations.* Vol. I (1957), Vol. II (1959).

Saville, M. H. : *Contributions to South American Archaeology* (1907).

Scholten de D'Ebneth, M. : *Chavin de Huantar* (1980).

Schmidt, M. : *Kunst und Kultur von Peru* (1929).

Seler, E. : *Peruanische Alterthümer* (1893).

_____ : *Gesammelte Abhandlungen zur Amerikanischen Sparach und Alterthumkunde* (1902~1903).

Shook. E. M. : *Explorations in the Ruins of Oxkintok, Yucatan* (1940).

Shook, E. M. and T. Proskouriakoff. : *Yucatan* (1951).

Sivirichi, A. : *Pre-Historia Peruana* (1930).

_____ : *Historia de la Cultura Peruana* (1953).

Smith, A. L. : *Archaeological Reconnaissance in Central Guatemala* (1955).

Smith, G. E. : *Ships as Evidence of the Migrations of Early Cultures* (1917).

Spinden, H. J. : *A Study of Maya Art* (1913).

_____ : *The Reduction of Maya Dates* (1924).

_____ : *New World Correlations* (1926).

_____ : *Origin of Civilizations in Central America and Mexico* (1933).

Squier, E. G. : *The Primeval Monuments of Peru* (1853, 1879).

_____ : *Tiahuanaco-Baalbek del Nuevo Mundo* (1909).

Steward, J. H.(ed.) : *Handbook of South American Indians* (1946).

Stirling, M. : *An Initial Series from Tres Zapotes, Veracruz, Mexico* (1939).

_____ : *Stone Monuments of Southern Mexico* (1943).

Stoepel, K. T. : *Südamerikanische Prähistorischel Tempel und Gottheiten* (1912).

_____ : *Discoveries in Ecuador and Southern Colombia* (1912).

Strebel, H. : *Alt-Mexico* (1885~1889).

Tello, J. C. : *Antiguo Perú : Primera epoca* (1929).

_____ : *Arte Antiguo Peruana* (1938).

_____ : *Origen y Desarrollo de las Civilizaciones Prehistoricas Andinas* (1942).

_____ : *Paracas* (1959).

Temple, J. E. : *Maya Astronomy* (1930).

Thomson, J. E. S. : *Maya Hieroglyphic Writing* (1950).

_____ : *A Catalog of Maya Hieroglyphs* (1962).

_____ : *The Rise and Fall of Maya Civilization* (1964).

_____ : *Maya History and Religion* (1970).

Tozzer, A. M. : *Chichen Itza and its Cenote of Sacrifices* (1957).

Tres Relaciones de Antiguedades Peruanas (1879, 1950).

Trimborn, H. : *Das Alte Amerika* (1959).

―――― : *Die Indianischen Hochkulturen des Alten Amerika* (1963).

―――― : *Alte Hochkulturen Südamerikas* (1964).

Tylecote, R. F. : *A History of Metallurgy* (1976).

Ubbelohde-Doering, H. : *Old Peruvian Art* (1936).

―――― : *The Art of Ancient Peru* (1952).

―――― : *Alt-Mexicanische und Peruanische Mallerei* (1959).

Uhle, M. : *Kultur and Industrie Südamerikanischer Völker* (1889).

―――― : *Pachacamac* (1903).

―――― : *The Nazca Pottery of Ancient Peru* (1912).

―――― : *Wesen und Ordnung der altperuanischen Kulturen* (1959).

Uzielli, G. : *Toscanelli, Colombo e Vespucci* (1902).

Valcarcel, L. E. : *Arte antiguo Peruana* (1932).

―――― : *The Latest Archaeological Discoveries in Peru* (1938).

―――― : *Muestrari de Arte Peruana Precolombino* (1938).

―――― : *Etnohistoria del Perú* (1959).

―――― : *Machu Picchu.* (1964)

Vargas, V. A. : *Machu Picchu–enigmatica ciudad Inka* (1972).

von Hagen, V. F. : *The Ancient Sun Kingdoms of the Americas* (1963).

―――― : *The Desert Kingdoms of Peru* (1964).

von Tschudi, J. J. : *Die Kechua-Sprache* (1853).

Westheim, P. : *The Sculpture of Ancient Mexico* (1963).

―――― : *The Art of Ancient Mexico* (1965).

Willard, T. A. : *The City of the Sacred Well* (1926).

―――― : *The Lost Empires of the Itzaes and Maya* (1933).

Willey, G. R. : *An Introduction to American Archaeology* (1966).

Willey, G. R.(ed.) : *Archaeology of Southern Mesoamerica* (1965).

Williamson, R. A.(ed.) : *Archaeoastronomy in the Americas* (1978).

Wiener, C. : *Pérou et Bolivie* (1880).

―――― : *Viaje al Yucatán* (1884).

Zahm, J. A. : *The Quest of El Dorado* (1917).

엘도라도, 혹은 사라진 신의 왕국들

초판 1쇄 인쇄 2010년 8월 16일
초판 1쇄 발행 2010년 8월 23일

지은이 제카리아 시친
옮긴이 이재황
기획   이근영, 이재영, 전미영

펴낸이 김환기
펴낸곳 도서출판 AK

주소   서울시 마포구 마포동 324-3번지 경인빌딩 3층
전화   02-3143-7995
팩스   02-3143-7996
등록   제 395-2009-000037호
이메일 book@booksorie.com
블로그 http://blog.naver.com/akbooks

ISBN   978-89-962449-9-8 03900
       978-89-962449-4-3 (세트)

※ 잘못 만들어진 책은 구입하신 서점에서 교환해 드립니다.